黑龙江省省级重点学科农林经济管理学科
黑龙江省高端智库现代农业发展研究中心 资助

农业与农村经济发展研究
2020

东北农业大学经济管理学院
东北农业大学现代农业发展研究中心

中国农业出版社
北 京

图书在版编目（CIP）数据

农业与农村经济发展研究. 2020 / 东北农业大学经济管理学院，东北农业大学现代农业发展研究中心编. —北京：中国农业出版社，2022.4
ISBN 978-7-109-29309-0

Ⅰ.①农⋯　Ⅱ.①东⋯ ②东⋯　Ⅲ.①农业经济发展—研究—中国—2020②农村经济发展—研究—中国—2020　Ⅳ.①F32

中国版本图书馆 CIP 数据核字（2022）第 057826 号

中国农业出版社出版

地址：北京市朝阳区麦子店街 18 号楼
邮编：100125
责任编辑：张　丽
版式设计：王　晨　责任校对：沙凯霖
印刷：北京中兴印刷有限公司
版次：2022 年 4 月第 1 版
印次：2022 年 4 月北京第 1 次印刷
发行：新华书店北京发行所
开本：720mm×960mm　1/16
印张：24.5
字数：460 千字
定价：98.00 元

前 言
FOREWORD

2020 年 2 月 5 日，中共中央、国务院印发中央 1 号文件《关于抓好"三农"领域重点工作　确保如期实现全面小康的意见》（以下简称《意见》），这是新世纪以来，党中央连续发出的第 17 个"1 号文件"。《意见》指出：2020 年是全面建成小康社会目标实现之年，是全面打赢脱贫攻坚战收官之年；打赢脱贫攻坚战是全面建成小康社会的重中之重；全面建成小康社会，最突出的短板在"三农"。要对标对表全面建成小康社会目标，强化举措、狠抓落实，集中力量完成打赢脱贫攻坚战和补上全面小康"三农"领域突出短板两大重点任务，持续抓好农业稳产保供和农民增收，推进农业高质量发展，保持农村社会和谐稳定，提升农民群众获得感、幸福感、安全感，确保脱贫攻坚战圆满收官，确保农村同步全面建成小康社会。

习近平总书记指出，"小康不小康，关键看老乡"。脱贫质量怎么样、小康成色如何，在很大程度上要看"三农"工作成效。农村基础设施不足、公共服务落后是农民群众反映最强烈的民生问题，也是城乡发展不平衡、农村发展不充分最直观的体现。中央 1 号文件提出了农村基础设施和公共服务 8 个方面的短板：农村公共基础设施、农村供水保障、农村人居环境整治、农村教育、农村基层医疗卫生服务、农村社会保障、乡村公共文化服务和农村生态环境治理。围绕这些方面，东北农业大学经济管理学院的广大教师和科研工作者秉持深厚的爱农情怀和兴农担当，高度关注"三农"问题并围绕这些短板开展研究，形成了丰硕的成果。为系统梳理这些成果，更好地服务"三农"发展，鼓励更多的教师、科研人员关注"三农"、投身"三农"，经济管理学院决定编辑出版 2020 年度的《农业与农村经济发展研究》。

东北农业大学是中国共产党在解放区创办的第一所普通高等农业院校，是一所"以农科为优势，以生命科学和食品科学为特色，农、工、理、经、管等多学科协调发展"的国家"211 工程"重点建设大学和"世界一流学科"建设高校。经济管理学院覆盖管理学和经济学两大学科门类，拥有农林经济管理博士学位授权一级学科（省级重点一级学科），依托本学科设有博士后科研流动站，在教育部第四轮学科评估中并列第八名；拥有农林经济管理、应用经济学、工商管理 3 个硕士学位授权一级学科；拥有工商管理硕士（MBA）、会计硕士（MPAcc）、农业硕士（MAM 农业管理领域）和金融硕士（MF）4 个专业学位授权点。开设农林经济管理、会计学、工商管理、市场营销、人力资源管理、金融学、保险学和国际经济与贸易 8 个本科专业，其中农林经济管理和会计学专业为国家级一流本科专业建设点，金融学、人力资源管理和市场营销专业为省级一流本科专业建设点。学院拥有黑龙江省高端智库——现代农业发展研究中心，依托智库平台在理论研究上围绕农村合作经济、畜牧经济、农垦经济、县域经济、农区林业经济、农村金融、农业保险等特色研究方向积极承担各级各类课题研究、决策咨询等，对乡村振兴战略实施的若干问题进行深入研究，并取得了较为丰硕的成果。

2020 年作为全面建成小康社会目标的实现之年和全面打赢脱贫攻坚战的收官之年，农业农村发展面临着"打赢脱贫攻坚战、补上全面小康'三农'领域突出短板"的两大任务，要抓好农业稳产保供和农民增收两个重点，要实现脱贫攻坚战圆满收官、农村同步全面建成小康社会两个"确保"。面对这样的使命和任务，东北农业大学经济管理学院广大教师和科研工作者将继续秉承学校"艰苦奋斗、

自强不息"的精神和"勤奋、求实、奉献、创新"的校风，坚持
"立足龙江、面向全国、发挥优势、积极服务"的宗旨，依托省级高
端智库平台，围绕优势研究领域开展课题研究、决策咨询等，继续
实现学院科学研究、社会服务、人才培养的全面发展。

　　2020 年度《农业与农村经济发展研究》的编辑和出版得到了黑
龙江省级重点学科东北农业大学经济管理学院农林经济管理学科和
省级高端智库现代农业发展研究中心以及相关研究课题的资助，得
到了全院师生员工的支持和帮助，在此一并表示感谢！

　　　　东北农业大学经济管理学院院长、教授、博士生导师

　　　　　　　　　　　　　　　张启文　博士

　　　　　　　　　　　　　　　2020 年 12 月

目　录
CONTENTS

承接农业公益性服务功能的经营性服务组织培育研究[*]

王 洋　代首寒　许佳彬

一、承接农业公益性服务功能的经营性服务组织发展现状分析

在我国，农业经营性服务组织是农业社会化服务供给的重要力量之一。农业经营性服务组织的数量、规模、资源禀赋等都关系着我国农业社会化服务供给的质量与水平。因此，把握我国农业经营性服务组织发展动态具有重要的意义。本部分从全国的角度阐述了当前我国农业经营性服务组织在各地的数量分布情况，进而考察样本农业经营性服务组织的经济基础、社会服务、人员配备、管理制度等方面的情况。

据北京元素咨询有限公司数据库显示，我国农业领域现有经营性服务组织约35万个，超15 000个的省份有7个，分别是河南、山东、河北、安徽、浙江、湖南、江苏。为了进一步了解经营性服务组织的详细情况，本研究于2019年底至2020年初，与北京元素咨询有限公司合作，通过招募调研员采用电话回访的方式，获取来自23个省及直辖市共计324个农业经营性服务组织的基本数据，其中黑龙江省97个，安徽省50个，河南省40个，江西省24个，吉林省14个，四川省14个，山东省13个，福建省9个，海南省9个，江苏省9个，甘肃省7个，山西省7个，广西壮族自治区7个，广东省4个，河北省4个，云南省4个，湖北省3个，贵州省2个，辽宁省1个，宁夏回族自治区1个，陕西省1个，天津市3个，西藏自治区1个。下面主要依据样本农业经营性服务组织的数据及访谈资料进行相关情况分析。

---

* 国家社会科学基金青年项目（项目编号：16CJY050）。

项目主要参加人：王立民、杨志武、余志刚、黄凤、王磊、姜冰、孙玥、王洋蕊、董悦昕等。

（一）农业经营性服务组织经济基础概况

在经济基础方面，主要调研了经营性服务组织的注册资本、固定资产总额、流动资产总额、营业总收入、农业服务收入、行政投入总额等方面的数据。全国样本农业经营性服务组织经济基础概况如表 1 所示。样本农业经营性服务组织注册资本在 100 万元以下的占比最多，共 108 家，占比 33.3%。固定资产总额在 300 万元以上的经营性服务组织有 133 家，占比 41.0%。年营业总收入在 100 万元以上的样本经营性服务组织有 189 家，占比为 58.3%。年农业服务收入在 50 万元以上的农业经营性服务组织占比最多，为 59.5%。组织的年行政投入总额多数在 10 万元以下，占比为 84.3%。整体来看，我国农业经营性服务组织资产规模偏小，千万元以上注册资本的组织比例偏低。由于经营性服务组织开展服务需要用到农机等大型机械设备，因此固定资产比例较高。超半数组织的农业服务营业额达 50 万元以上，说明开展农业服务是经营性服务组织的重要业务。组织的行政投入总额偏低，对外联络与交流尚需加强。

表 1 2019 年全国样本农业经营性服务组织经济基础概况

指标	释义	频数	百分比（%）	指标	释义	频数	百分比（%）
注册资本 （万元）	0～100	108	33.3	年营业总收入 （万元）	0～30	43	13.3
	100～300	95	29.3		30～50	39	12.0
	300～500	16	4.9		50～100	53	16.4
	500～1 000	68	21.0		100～300	95	29.3
	>1 000	37	11.4		>300	94	29.0
固定资产总额 （万元）	0～30	37	11.4	年农业服务收入 （万元）	0～10	34	10.5
	30～50	34	10.5		10～20	35	10.8
	50～100	45	13.9		20～30	20	6.2
	100～300	75	23.1		30～50	42	13.0
	>300	133	41.0		>50	193	59.5
流动资产总额 （万元）	0～30	63	19.4	行政投入总额* （万元）	0～10	273	84.3
	30～50	21	6.5		10～20	24	7.4
	50～100	66	20.4		20～30	9	2.8
	100～300	79	24.4		30～50	10	3.1
	>300	95	29.3		>50	8	2.5

数据来源：2019 年承接农业公益性服务功能的经营性服务组织培育研究问卷调查。

注：* 行政投入总额是指组织 2019 年交通费、通信费、礼品费、业务招待费、会议费等方面的费用。

（二）农业经营性服务组织社会服务概况

在社会服务方面，主要调研了 2019 年农业经营性服务组织服务耕地面积、服务农户数量、自成立以来获得各类别项目数量、资助总额及吸纳就业人数等方面的情况。全国样本农业经营性服务组织社会服务概况如表 2 所示。324 个样本农业经营性服务组织中有 308 个服务组织开展与耕地相关的服务，其 2019 年平均服务耕地面积为 4 159.4 亩*。324 个样本农业经营性服务组织平均服务农户 453 户，平均吸纳就业人数 104 人。自成立以来样本组织平均获得各类项目 10 个左右，资助金额约 110 万元，可见，我国近些年对农业领域资助力度较大。整体来看，农业经营性服务组织社会服务功能发挥良好，在服务农户、吸纳就业方面能够发挥很强的带动作用。

表 2　2019 年全国样本农业经营性服务组织社会服务概况

指标	平均值
2019 年组织服务耕地面积（亩）	4 159.4*
2019 年组织服务农户数量（户）	453.0
自成立以来获得各类别项目数量（个）	10.4
自成立以来获得各类别项目资助总额（万元）	110.4
自成立以来吸纳就业人数（人）	104.0

数据来源：2019 年承接农业公益性服务功能的经营性服务组织培育研究问卷调查。
注：* 表示样本中开展耕地服务的组织所服务耕地面积的均值。

（三）农业经营性服务组织人员配备概况

在人员配备方面，主要了解了组织员工人数以及各层次人才的基本情况。全国样本农业经营性服务组织人员配备概况如表 3 所示。样本农业经营性服务组织员工总人数在 5 人以下的占比最多，为 37%。大专以上学历员工数超过 20 人的占比最低，为 4.6%。在 324 个样本农业经营性服务组织中，280 家没有硕博人员，这部分占比高达 86.4%。样本农业经营性服务组织中拥有农技人员数量 5 人以下的占比最多，共有 263 家，占比 81.2%。整体来看，我国农业经营性服务组织人员规模偏小，样本中超 20 人规模的组织仅占 24.1%。且组织员工学历偏低，最高受教育程度为初中和高中的占比达 22.2%。高层次人才比较少，样本仅有 13.6% 的组织拥有硕博人员。可见，人才短缺是农

---

*　亩为非法定计量单位，1 亩≈666.7 平方米。——编者注

业经营性服务组织的短板之一，急需优化农业经营性服务组织人才队伍。

表3　2019年全国样本农业经营性服务组织人员配备概况

指标	释义	频数	百分比（%）	指标	释义	频数	百分比（%）
员工总人数（人）	≤5	120	37	硕博人数（人）	0	280	86.4
	6~10	78	24.1		1	18	5.6
	11~15	30	9.2		2	16	4.9
	16~20	18	5.6		3	4	1.2
	≥21	78	24.1		>3	6	1.9
大专以上学历员工人数（人）	≤5	252	77.8	农技人员人数（人）	≤5	263	81.2
	6~10	35	10.8		6~10	26	8.0
	11~15	13	4.0		11~15	14	4.3
	16~20	9	2.8		16~20	5	1.5
	≥21	15	4.6		≥21	16	5.0
员工最高受教育水平	初中及以下	23	7.1	管理人员数量（人）	≤3	220	67.9
	高中	49	15.1		4~5	50	15.4
	专科	106	32.7		6~10	37	11.4
	本科	102	31.5		11~15	4	1.2
	研究生	44	13.6		>15	13	4.0

数据来源：2019年承接农业公益性服务功能的经营性服务组织培育研究问卷调查。

（四）农业经营性服务组织管理制度概况

在管理制度方面，主要了解了组织是否是示范组织以及组织规章制度、年度计划、绩效考评等方面的情况。表4给出了324个样本农业经营性服务组织管理制度概况。其中，75个组织具有完善的规章制度，占比仅为23.1%，71个组织具有完善的年度计划，占比仅为21.9%，131个组织具有完善的绩效考评制度，占比不足一半，以上数据反映出样本农业经营性服务组织在管理方面存在严重缺陷，农业经营性服务组织在发展过程中对管理重视不够是其发展存在的另一个短板。

表4　2019年全国样本农业经营性服务组织管理制度概况

指标	类别	频数	百分比（%）
是否是示范组织	是	219	67.6
	否	105	32.4

（续）

指标	类别	频数	百分比（%）
是否有完善的规章制度	是	75	23.1
	否	249	76.9
是否有完善的年度计划	是	71	21.9
	否	253	78.1
是否有完善的绩效考评制度	是	131	40.4
	否	193	59.6

数据来源：2019 年承接农业公益性服务功能的经营性服务组织培育研究问卷调查。

二、经营性服务组织承接农业公益性服务功能的意愿分析

（一）理论分析与研究假设

1. 经济资本对承接意愿的影响

经济的约束是行动者所必须面对的限制条件。作为资本禀赋的基本形式之一，经济资本可以直接兑换成货币并物化为产权，它能够促使人们形成理性的惯习，从而影响实践决策（张翠娥等，2016）。其实通俗来讲，经济资本就是人们生产消费过程中实现生计目标所需的资金流动与资金积累（苏芳等，2009），与可以在市场上流通的金钱、发票等相类似（Bourdieu，1986）。对于经营性服务组织而言，其经济资本通常可以用固定资产总额、组织年收入、融资能力以及收入稳定性等进行衡量，经济资本对经营性服务组织承接农业公益性服务意愿的影响主要表现在两个方面：一是从效益角度分析，经营性服务组织承接农业公益性服务可以显著提高其经营收益。一般而言，随着组织内部资本逐渐雄厚，组织成员对于效益增长率的追求会逐渐提高，因此承接农业公益性服务意愿也会随之增强。二是从成本角度分析，经营性服务组织经济能力越强，抵御市场风险的能力就越强，即使外部营运成本提高也不会显著降低其承接农业公益性服务的意愿。根据上述讨论，本部分提出研究假设 H1。

H1：经营性服务组织经济资本越丰富，越愿意承接农业公益性服务。

2. 社会资本对承接意愿的影响

社会资本是指由个体所占有的社会关系网和所处的社会结构而形成的资源集合体，它能够聚合分散的个体，进而影响社会成员的集体行动意识。进一步解释，社会资本是嵌入个体的关系网络，是在人际关系和社会结构中能够为个

体行为提供便利的一种生产性资源（科尔曼，1992）。目前社会资本的度量标准尚未统一，但结合相关学者的研究发现，社会资本通常可用社会信任、社会参与、社会网络关系等进行测量（Tsai，1998；Adler，2002；张童朝等，2017），而社会信任是人们交往过程中形成的对交往对象可靠度的概念化期望，可分为人际信任与制度信任（Luhmann，1979；何可等，2015）。社会资本对经营性服务组织承接农业公益性服务的影响主要是通过形成某种"软约束"来规范和引导组织参与农业公益性服务的供给，具体表现为：一是农业公益性服务发展的阻碍源于政府与组织之间的合作力不足，而信任是达成二者合作的基础，当信任水平达到一定水平以后，政府与组织之间的交易成本会降到最低，此时二者的合作将趋于稳定；二是由于服务供给和需求的信息不对称，而关系网络能够有效构建信息共享机制，有助于各项信息在政府、组织、农户之间广泛传递。根据上述讨论，本部分提出研究假设 H2。

H2：经营性服务组织社会资本越丰富，越愿意承接农业公益性服务。

3. 文化资本对承接意愿的影响

文化资本是指借助不同教育行动传递的文化物品，是文化资源积累的结果（Bourdieu，2011）。文化资本与主观意识的形成息息相关，其决定了个人的价值取向和审美取向，并进一步影响着人们的行为决策。另外，文化资本表现的是行为人自身的内在价值和潜力，对人的影响是潜移默化和深远的（李潇，2017；文高辉等，2016）。一般而言，文化资本越丰富的经营性服务组织对承接农业公益性服务的必要性具有深刻的认知，能够清晰地认识到与政府建立购买关系的重要性和向农户提供服务的义务和责任。对于经营性服务组织来说，组织是否具备完善的规章制度、是否有完善的绩效考评制度、是否有完善的年度计划等决定了其文化资本的丰富程度，同时该组织是否为示范企业增加了其文化资本的深刻内涵。根据上述讨论，本部分提出研究假设 H3。

H3：经营性服务组织文化资本越丰富，越愿意承接农业公益性服务。

4. 人力资本对承接意愿的影响

人力资本强调的是体现在劳动者身上的资本，如劳动者的技能、文化技术水平与健康状况等，其特点在于它与人身自由联系在一起，不随产品的出卖而转移。亚当·斯密在肯定劳动创造价值以及劳动在各种资源中的特殊地位的基础上，明确提出了劳动技巧的熟练程度和判断能力的强弱必然要制约人的劳动能力与水平，而劳动技巧的熟练水平要经过教育培训才能提高，教育培训则是需要花费时间和学费的，即人力资本是需要投资的。对于经营性服务组织而言，人力资本直接影响到组织达成共识的难易程度、气氛和凝聚力，而这些又成为影响组织的战略制定与实施、组织结构正常运行及其有效性得以发挥的重要潜在因素。根据上述讨论，本部分提出研究假设 H4。

H4：经营性服务组织人力资本越丰富，越愿意承接农业公益性服务。

（二）研究设计

1. 数据来源

依照样本尽可能覆盖全面的原则，调查区域覆盖中国 23 个省（直辖市），涵盖部分 2015 年、2016 年和 2017 年政府购买农业公益性服务的试点区，同时还包括部分产粮大省。样本选取方法主要是通过分层抽样与典型抽样相结合的方式，首先根据各省经营性服务组织发展情况随机选择一定数量的样本县，其次根据样本县服务组织的整体发展情况选择具有典型性的服务组织进行调研，受访者为组织的决策者。在调研前分别对调研员进行系统培训，充分保证每份问卷的有效性。经过样本核实与数据校正，在剔除信息不全面、数据不合乎逻辑的样本后，最终获得 324 个有效样本，样本主要为农民专业合作社和农业服务企业。

2. 模型构建

（1）多元有序 Logistics 回归模型。 本研究主要探寻影响经营性服务组织承接农业公益性服务意愿的因素，对于经营性服务组织承接农业公益性服务意愿的识别，既可以采用二分类法，即"愿意"与"不愿意"，同时还可以采用多分类法，即"非常不愿意""不愿意""一般""比较愿意"和"非常愿意"，往往多分类法在衡量个体意愿时更加精准。同时多分类法中的意愿是层级递进的，是典型的有序多分类变量，为此在探究经营性服务组织承接农业公益性服务意愿的影响因素时，可以采用多元有序 Logistics 回归，模型构建过程如下。

设经营性服务组织承接农业公益性服务意愿为因变量 Y，Y 是 k 个等级的有序变量，在本研究中 $k=5$，即 Y_1 为"非常不愿意"，Y_2 为"不愿意"，Y_3 为"一般"，Y_4 为"比较愿意"，Y_5 为"非常愿意"，$\boldsymbol{X}^T=(x_1, x_2, \cdots, x_n)$ 为自变量矩阵。记等级 $j(j=1, 2, \cdots, k)$ 的概率为 $P(y \geqslant j|x)$，则等级大于等于 $j(j=1, 2, \cdots, k)$ 的概率为：

$$P(y \geqslant j|x) = P(y=j|x) + \cdots + P(y=k|x) \qquad (1)$$

式（1）中：$P(y \geqslant j|x)$ 称为等级大于 j 的累计概率。对式（1）做 Logit 变化，得：

$$\text{Logit} P_j = \text{Logit}[P(y \geqslant j|x)] = \ln \frac{P(y \geqslant j|x)}{1-P(y \geqslant j|x)} (j=1, 2, \cdots, k-1)$$

$$(2)$$

有序分类结果的 Logistics 回归定义为：

$$\mathrm{Logit}P_j = \mathrm{Logit}[P(y \geqslant j|x)] = -\alpha_j + \sum_{j=1}^{n}\beta_j x_i \ (j=1, 2, \cdots, k-1; \ i= \tag{3}$$

$1, 2, \cdots, n)$

等价于：

$$P(y \geqslant j|x) = \frac{1}{1 + \exp(-\alpha_j + \sum_{j=1}^{n}\beta_j x_i)} \tag{4}$$

式（3）和（4）中：α、β 为待估参数，x_i 为解释变量，是经营性服务组织的资本禀赋特征（包括经济特征、社会特征、文化特征和人力特征）。

对于多元有序 Logistics 模型，实际上是将 k 个等级分为两类，即 $\{1, 2, \cdots, j\}$ 和 $\{j+1, j+2, \cdots, k\}$，在这两类基础上定义的 Logistics 表示属于 $k-j$ 个等级的累计概率 $P(y \geqslant j|x)$ 与前 j 个等级的累积概率（$1-P(y \geqslant j|x)$）的比数之对数，因此也可以称该模型为累积比数模型。对于 k 类有序反应变量，可产生 $k-1$ 个累积 Logistics 模型，每个累积 Logistics 模型都可以看作是一个一般的二元 Logistic 模型，不过是将 1 至 j 类合并为一类，而将 $j+1$ 至 k 类合并为另一类，实际上就是通过合并将原来的多个反应转变为一般的二分类反应。

模型中都是待估参数。表示解释变量均为 0 时，在某一固定的 j 下的两类不同概率之比的对数值。对于 k 类反应变量，$k-1$ 个累积 Logistics 模型各有一个不同的估计；而对于 X_i，$k-1$ 个模型的系数均相同。表示自变量 X_i 每增加一个单位，Y 值提高一个或一个以上等级之比数比（odds ratio）的对数值。具体地说，系数表示其他自变量不变时，X_i 的两个不同取值水平 a 与 b，其比数比 $OR = \exp[\beta_i(b-a)]$。

（2）熵值法。 为综合评价各类资本水平，本部分采用熵值法进行赋权，进而通过加权平均的方法求出经营性服务组织综合资本水平。熵值法是一种根据各指标所含信息有序程度来确定权重的方法。信息熵描述了样本数据变化的相对速率，系数越接近于 1，距目标就越近，系数越接近 0，距目标就越远。信息熵越小，指标权重就越大，其具体计算步骤如下。

步骤 1：构建基础矩阵 $\boldsymbol{Y} = (y_{ij})$，$y_{ij}$ 代表第 i 个组织第 j 个指标的观测值，其中 $i=1, 2, \cdots, m$，$j=1, 2, \cdots, n$；

步骤 2：利用上述矩阵生成新的矩阵 $\boldsymbol{Z} = (Z_{ij})$，该矩阵中的元素与上述矩阵元素的对应关系如下：

$$Z_{ij} = \frac{y_{ij}}{\sum_{i=1}^{m} y_{ij}} \tag{5}$$

步骤 3：求出第 j 个指标的信息熵 E_j 与信息效应评价值 D_j，计算公式如下：

$$E_j = -K \sum_{i=1}^{m} z_{ij} \ln(z_{ij}) , \; D_j = 1 - E_j \qquad (6)$$

步骤 4：基于上述步骤 3，计算出指标权重 w_j 和综合评价值 V_i，计算公式如下：

$$w_j = \frac{D_j}{\sum\limits_{j=1}^{n} D_j} , \; V_j = \sum_{j=1}^{n} Y_{ij} \qquad (7)$$

（三）变量说明与统计

1. 因变量

在调研过程中询问经营性服务组织"您是否愿意承接政府购买农业公益性服务项目？"，并设置"非常不愿意""不愿意""一般""比较愿意"和"非常愿意"五个选项供其选择。从统计结果来看，"非常愿意"占比为 24.38%，"比较愿意"占比为 38.58%，"一般"占比为 22.84%，"不愿意"占比为 12.04%，"非常不愿意"占比为 2.16%。由此可见，经营性服务组织承接农业公益性服务意愿整体较高，非常愿意和比较愿意的比重达 62.96%。

2. 自变量

本部分重点考察资本禀赋对经营性服务组织承接农业公益性服务意愿的影响，其中资本禀赋包括经济资本、社会资本、文化资本和人力资本，结合理论逻辑分析，将各类资本又细分成多项具体指标，现对其赋值及描述性统计进行详细阐述（表 5）。

（1）经济资本。选取经营性服务组织的注册资金、固定资产总额、服务收入作为衡量组织经济资本的具体指标。

（2）社会资本。选取人际信任、制度信任、关系网络、社会责任、社会参与作为衡量组织社会资本的具体指标，这些指标在调研过程中采取李克特五级量表形式供组织决策者进行选择，人际信任采用"同不同意在这个社会上，绝大多数人都是可以信任"衡量，样本均值为 3.19；制度信任采用"您在与政府打交道时，对政府所持态度"衡量，样本均值为 3.94；关系网络采用"您认为在生产经营过程中与市场或其他经营者建立广泛社交网络的重要性"衡量，样本均值为 4.16；社会责任采用"本组织平时对于所在村落的帮助与贡献（提供就业机会、基础设施建设等）"衡量，样本均值为 3.73；社会参与采用"您平时会不会与其他经营性服务组织广泛交流"衡量，样本均值为 3.81，整体来看，经营性服务组织社会资本水平较高。

（3）文化资本。选取年度计划、绩效考评制度、规章制度、示范企业作为衡量组织文化资本的具体指标。在调研过程中询问组织决策者"是否有完善的年度计划""是否有完善的绩效考评制度""是否有完善的规章制度""是否是示范企业"度量组织文化资本。

表 5　变量选取与赋值说明

潜变量	指标	赋值说明	平均值	标准差
承接意愿	是否愿意承接农业公益性服务项目	完全不愿意＝1；不愿意＝2；一般＝3；比较愿意＝4；非常愿意＝5	3.71	1.03
经济资本	注册资本	组织注册资本总额（万元）：1＝0～100；2＝100～300；3＝300～500；4＝500～1 000；5＝1 000 以上	3.50	1.25
	固定资产总额	组织所拥有的固定资产总额（万元）：1＝0～30；2＝30～50；3＝50～100；4＝100～300；5＝300 以上	3.67	1.29
	服务收入	组织承接各项服务总收入（万元）：1＝0～10；2＝10～20；3＝20～30；4＝30～50；5＝50 以上	4.06	1.37
社会资本	人际信任	同不同意在这个社会上，绝大多数人都是可以信任：1＝非常不同意；2＝比较不同意；3＝说不上；4＝比较同意；5＝非常同意	3.19	0.98
	制度信任	您在与政府打交道时，对政府所持态度：1＝很不信任；2＝不太信任；3＝一般；4＝比较信任；5＝非常信任	3.94	0.98
	关系网络	您认为在生产经营过程中与市场或其他经营者建立广泛社交网络的重要性：1＝完全没必要；2＝不那么重要；3＝一般；4＝比较重要；5＝非常重要	4.16	0.91
	社会责任	本组织平时对于所在村落的帮助与贡献（提供就业机会、基础设施建设等）：1＝从来没有；2＝比较少；3＝一般；4＝比较多；5＝经常	3.73	1.13
	社会参与	您平时会不会与其他经营性服务组织广泛交流：1＝从来没有；2＝比较少；3＝一般；4＝比较多；5＝经常	3.81	1.10

（续）

潜变量	指标	赋值说明	平均值	标准差
文化资本	年度计划	是否有完善的年度计划：0＝否；1＝是	0.78	0.41
	绩效考评制度	是否有完善的绩效考评制度：0＝否；1＝是	0.60	0.49
	规章制度	是否有完善的规章制度：0＝否；1＝是	0.77	0.42
	示范企业	是否是示范企业：0＝否；1＝是	0.32	0.47
人力资本	年龄结构	组织内管理层年龄结构分布：1＝70后；2＝80后；3＝90后	1.45	0.57
	受教育水平	组织内管理层平均受教育水平：1＝初中以下；2＝高中；3＝专科；4＝本科；5＝研究生	1.93	0.26
	农技人员数量	组织内实际拥有农技人员数量：1＝5人以下；2＝5～10人；3＝11～15人；4＝16～20人；5＝20人以上	1.54	1.11

数据来源：结合调研数据得出。

（4）人力资本。选取年龄结构、受教育水平、农技人员数量作为衡量组织人力资本的具体指标。在调研过程中通过了解"组织内管理层年龄结构分布""组织内管理层平均受教育水平"和"组织内实际拥有农技人员数量"度量组织人力资本。从统计结果来看，经营性服务组织年龄结构样本均值为 1.45，受教育水平相对较低，样本均值为 1.93，组织内农技人员数量样本均值为 1.54。

（四）结果与分析

1. 多重共线性检验

为确保模型的可靠性，本部分在回归之前应用 SPSS 24.0 统计分析软件对方程中变量的多重共线性进行检验，主要通过变量容忍度和方差膨胀因子进行判断，多重共线性检验结果见表 6。通过检验结果可以发现各变量容忍度（Tolerance）均大于 0.1，方差膨胀因子（VIF）远小于 10，说明自变量之间不存在明显的多重共线性。

2. 平行线检验

多元有序 Logistics 回归的基本原理是将因变量的多个分类依次分割为多个二元的 Logistic 回归，因此在进行多元有序 Logistics 回归时假设几个二元 Logistic 回归自变量的系数相等，仅常数项不等，结果也只输出一组自变量的系数。所以在回归前须对自变量相等的假设（即"比较优势"假设）进行检验，又称平行线检验，如若不满足该假设，则需要考虑使用无序多分类 Logistics 回归。应用 SPSS 24.0 统计分析软件进行平行线检验，结果如表 7 所示。通过平行线检验结果可以发现，平行线检验中卡方值为 65.668，P 值为 1.000，P 值远大于 0.05，说明平行性假设成立，即各回归方程相互平行，可以使用多元有序 Logistics 回归进行分析。

表 6　多重共线性检验

变量	容忍度	方差膨胀因子	特征值	条件指数
常量			13.757	1.000
注册资本	0.390	2.565	0.726	4.353
固定资产总额	0.444	2.252	0.348	6.287
服务收入	0.765	1.307	0.270	7.132
人际信任	0.819	1.222	0.191	8.483
制度信任	0.688	1.453	0.144	9.782
关系网络	0.563	1.776	0.130	10.287
社会责任	0.510	1.960	0.107	11.323
社会参与	0.423	2.367	0.089	12.435
年度计划	0.604	1.655	0.072	13.830
绩效考评制度	0.524	1.908	0.050	16.650
规章制度	0.595	1.680	0.034	20.161
示范企业	0.707	1.414	0.033	20.819
年龄结构	0.920	1.087	0.025	23.423
受教育水平	0.904	1.106	0.019	27.199
农技人员数量	0.814	1.229	0.007	44.398

表 7　平行线检验结果

模型	−2 对数似然值	卡方	自由度	显著性
原假设	592.533 3			
常规	526.865	65.668	129	1.000

3. 实证结果分析

本部分应用 Stata 14.0 统计分析软件对模型进行估计，共计进行 5 次回归检验，其中模型（1）～（4）分别将经济资本、社会资本、文化资本和人力资本引入模型进行单独回归，模型（5）是将所有变量均引入到模型中，探究资本禀赋对经营性服务组织承接农业公益性服务意愿的影响，模型具体回归结果如表 8 所示。

表8 多元有序 Logistics 回归模型估计结果

变量类别	变量名称	模型（1）	模型（2）	模型（3）	模型（4）	模型（5）
经济资本	注册资本	1.505 4*** (0.181 9)				1.274 3* (0.179 9)
	固定资产总额	0.736 6*** (0.083 3)				0.724 7** (0.095 5)
	服务收入	1.216 6** (0.099 0)				1.199 1** (0.107 8)
社会资本	人际信任		1.400 3*** (0.141 9)			1.226 2* (0.129 7)
	制度信任		1.699 2*** (0.226 7)			1.644 9*** (0.231 1)
	关系网络		1.272 0 (0.198 6)			1.277 8 (0.208 1)
	社会责任		1.897 6*** (0.231 1)			1.623 2*** (0.219 6)
	社会参与		1.563 2*** (0.218 5)			1.671 8*** (0.255 1)
文化资本	年度计划			1.236 0 (0.373 6)		0.626 9 (0.208 4)
	绩效考评制度			2.510 5*** (0.707 9)		1.423 3 (0.432 1)
	规章制度			1.653 0 (0.509 3)		1.415 1 (0.469 2)
	示范企业			4.762 1*** (1.257 3)		5.303 4*** (1.562 8)
人力资本	年龄结构				1.422 1* (0.261 2)	1.282 1 (0.259 0)
	受教育水平				0.442 4* (0.190 0)	0.395 0** (0.187 3)
	农技人员数量				1.592 6*** (0.154 0)	1.032 8 (0.116 7)

（续）

变量类别	变量名称	模型（1）	模型（2）	模型（3）	模型（4）	模型（5）
	Log likelihood	−437.365 81	−357.085 5	−396.430 7	−434.664 2	−326.200 9
	LR chi2	23.74	184.30	105.61	29.14	246.07
	Prob＞chi2	0.000 0	0.000 0	0.000 0	0.000 0	0.000 0

注：＊、＊＊和＊＊＊分别表示在10％、5％和1％的水平下通过显著性检验。

从经济资本对承接意愿的影响来看，在模型（1）中，注册资本、固定资产总额、服务收入分别在1％、1％和5％的水平下通过显著性检验，且系数均为正，表明经营性服务组织注册资本越高、固定资产总额越高以及服务收入越高均有助于提高其承接农业公益性服务意愿。注册资本体现的是一个组织成立之初的资本情况，固定资产总额体现的是当前组织所拥有的经济实力，二者都能代表组织的经济实力，从理论与实践来讲，组织经济实力越雄厚，其业务开展能力就越强，业务开展范围也越广，从政府获得项目的机会也相对较多，因此承接农业公益性服务意愿也就会相对较高，通过实地调查也证实了这一结论的科学性。服务收入代表经营性服务组织在对外提供服务所获得的收益，当服务收入较高时，经营性服务组织自然愿意承接农业公益性服务。

从社会资本对承接意愿的影响来看，在模型（2）中，人际信任、制度信任、社会责任、社会参与均在1％的水平下通过显著性检验，且系数符号均为正，表明对于经营性服务组织而言，对外界环境和政府越信任，承担社会责任越多，社会参与越广泛，则越愿意承接农业公益性服务，表明当经营性服务组织对外界环境和政府表示信任时，既能与政府建立长期合作关系，同时又能将组织内部资源与外界共享，增加其承接农业公益性服务意愿。同时，经营性服务组织承担社会责任越多，为村集体贡献越多，表现出其具有更强的责任感，服务效果更能令农户满意。另外，经营性服务组织与市场上其他组织进行广泛交流可以有效解决信息不对称问题，增加组织内部信息容量，进而起到提高承接服务意愿的作用。

从文化资本对承接意愿的影响来看，在模型（3）中，绩效考评制度和示范企业均在1％的水平下通过显著性检验，且系数符号为正，表明组织绩效考评制度越完善，组织越愿意承接农业公益性服务，同时经营性服务组织是示范企业也会增加其承接服务的意愿。其实文化资本根植于组织体内，融于组织的理念和管理模式，文化资本的形成既是货币形式投资的结果，通过严格的考核标准建立正式规范，形成组织的主导观念，又是非货币形式投资结果所形成的日常观念，当企业具备完善的绩效考核制度，说明其已经形成了较为规范的从业标准，对于提高承接农业公益性服务意愿具有显著促进作用。

从人力资本对承接意愿的影响来看，在模型（4）中，年龄结构、受教育水平、农技人员数量分别在 10%、10% 和 1% 的水平下通过显著性检验，且系数符号为正，表明年龄结构越趋于年轻化、受教育水平越高、农技人员数量越多，经营性服务组织越愿意承接农业公益性服务。正如前文理论分析所言，人力资本直接影响到组织达成共识的难易程度、气氛和凝聚力，当一个组织内的成员越年轻化、受教育水平越高，其思想观念会愈加得开放，在与政府部门进行沟通和交易时会更加便利，也就会越愿意承接农业公益性服务。而组织内农技人员数量越多，其指导农业生产的能力就越强，相应地也会更加愿意承接农业公益性服务。

4. 稳健性检验

为了对数据整体稳健性进行评判，本部分利用熵权法对经济资本、社会资本、文化资本和人力资本中各指标进行赋权，综合评价出经营性服务组织各类资本的整体水平，然后将各类资本再次引入多元有序 Logistics 回归模型中，模型（6）～（9）是为了从整体上考察样本数据的稳健性，模型（10）是为将综合评价后的各类资本全部引入模型，进一步探究资本禀赋。需要强调的是，为消除各指标的量纲和单位差异且便于比较，本部分对经营性服务组织各类资本的评价结果分别乘以 100 处理，因此该回归结果重在比较相对值，而不关注绝对值的大小，具体回归结果如表 9 所示。从回归模型结果来看，在模型（6）～（9）中经济资本、社会资本、文化资本、人力资本均在 1% 水平下通过显著性检验，且系数符号均为正，一方面表明数据相对稳定，另一方面再次验证资本禀赋对经营性服务组织承接农业公益性服务意愿有显著正向影响，从模型（10）回归结果来看，社会资本未通过显著性检验，比较各资本影响系数来看，经济资本＞文化资本＞人力资本＞社会资本。

表 9　综合评价各类资本后多元有序 Logistics 回归模型估计结果

变量类型	模型（6）	模型（7）	模型（8）	模型（9）	模型（10）
经济资本	1.299 6**				1.224 5***
	(0.036 3)				(0.036 3)
社会资本		1.037 9***			1.012 1
		(0.012 8)			(0.013 2)
文化资本			1.045 5***		1.032 8***
			(0.004 9)		(0.005 3)

（续）

变量类型	模型（6）	模型（7）	模型（8）	模型（9）	模型（10）
人力资本				1.067 4***	1.029 0*
				(0.013 9)	(0.015 1)
Log likelihood	−401.411 3	−444.583 9	−396.730 8	−435.573 6	−369.663 8
LR chi2	95.65	9.30	105.01	27.32	159.14
Prob＞chi2	0.026 0	0.002 3	0.000 0	0.000 0	0.000 0

注：＊和＊＊＊分别表示在 10% 和 1% 的水平下通过显著性检验。

三、经营性服务组织承接农业公益性服务功能的能力分析

（一）理论逻辑分析和指标选取

承接农业公益性服务的能力呈现在两个方面，首先是有能力承接农业公益性服务并有能力实施，其次是可以持续承接农业公益性服务，并且能在组织所在区域产生一定的有利影响。本部分根据经营性服务组织的特性并结合政策文件，从实力、资源、规模、效益、成本、管理、创新七个维度对经营性服务组织承接农业公益性服务的能力进行评价，具体指标如表 10 所示。

表 10 经营性服务组织能力评价指标体系

要素	编号	指标名称	计算方法	含义
实力	X1	拥有农机数量	—	反映服务能力
	X2	大专以上员工数量	—	
资源	X3	获得政府补贴额度	—	反映组织社会关系和政府资源
	X4	获取政府项目数	—	
规模	X5	组织年营业额		反映企业产出总量
	X6	组织提供农业服务营业额		反映企业提供农业服务的总量
	X7	总员工数量		反映企业劳动力要素投入
效益	X8	农业服务利润率	农业服务利润/农业服务成本	反映组织获利能力
	X9	人均农业服务额	农业服务营业额/提供服务的人数	反映劳动力投入产出率
	X10	人均资产	资产总额/公司员工数	反映劳动生产率
	X11	农业服务专业性	农业服务收入/总收入	反映组织提供农业服务的专业性

（续）

要素	编号	指标名称	计算方法	含义
成本	X12	人力成本	组织年人力支出	反映劳动力要素投入成本
	X13	固定资产折旧	固定资产×折旧比例	反映企业固定成本情况
管理	X14	管理人员数量	—	反映组织管理水平
	X15	行政投入总额	—	反映组织管理投入
创新	X16	农业技术人员数量	—	反映组织技术水平
	X17	硕博士以上学历人数	—	反映组织创新能力
	X18	员工培训次数	—	反映组织对劳动力素质重视程度

各维度中，实力是其承接公益性服务的基础，包括组织拥有农机数量和大专以上员工数量；资源能反映经营性服务组织的社会关系，体现其获取公益性服务的渠道和掌握信息的优先性，包括获得政府补贴额度，获得政府项目数；规模反映组织年度的产出总量，也反映了企业的实力，包括组织年营业额、组织提供农业服务营业额、总员工数量；效益反映企业的盈利能力和一定程度的管理能力，包括农业服务业利润率、人均农业服务额、人均资产、农业服务专业性；成本反映企业的管理水平，包括人力成本、固定资产折旧；管理包括中层管理人员数量、行政投入总额；创新包括农业技术人员数量、硕博士以上学历人数和员工培训次数。

（二）经营性服务组织能力评价数据来源与模型构建

1. 数据来源

依照样本尽可能覆盖全面的原则，调查区域覆盖中国 23 个省（直辖市），涵盖部分 2015 年、2016 年和 2017 年政府购买农业公益性服务的试点区，同时还包括部分产粮大省。样本选取方法主要是通过分层抽样与典型抽样相结合的方式，首先根据各省经营性服务组织发展情况随机选择一定数量的样本县，其次根据样本县服务组织的整体发展情况选择具有典型性的服务组织进行调研。在调研前分别对调研员进行系统培训，充分保证每份问卷的有效性。在剔除信息不全面、数据不合乎逻辑的样本后，最终获得 324 个有效样本。

2. 模型构建

用因子分析法可以研究经营性服务组织众多维度之间的内在关系。通过将经营性服务组织七个维度进行降维，在众多指标中找出包含信息最多的综合因子来代表服务组织的原始数据。在七个维度中被选取的因子又称为公因子，公因子不仅反映了大部分指标之间的关联结构以及相互间的关联信息，还能减少信息含量较少的数据，简化数据结构。根据公因子提供的相关关系以及相应权重，为得到可靠、合理和可信的评价指标值奠定了坚实的基础。首先，通过极差标准化的方法对数据进行无量纲化处理，处理过程如下：

首先取 $x_j^{\max}$、$x_j^{\min}$ 分别表示第 j 个指标的最大值和最小值（$j=1$，2，$\cdots$，n）。对于效益（或正向）型指标，做指标规范化处理：

$$y_{ij} = \frac{x_{ij} - x_j^{\min}}{x_j^{\max} - x_j^{\min}}$$

对于成本（或负向）型指标，做指标规范化处理：

$$y_{ij} = \frac{x_j^{\max} - x_{ij}}{x_j^{\max} - x_j^{\min}}$$

决策矩阵记为 $\boldsymbol{B} = (y_{ij})_{m \times n}$，显然 $y_{ij} \in x[0, 1]$。

（三）经营性服务组织能力评价结果分析

1. 因子分析适宜性检验

进行因子分析前需要对样本数据进行因子分析适宜性检验。本部分采用 Bartlett 球形度检验方法和 KMO 检验方法，KMO 统计量用于比较变量间简单相关系数矩阵和偏相关系数的指标，一般 KMO 的值需要大于 0.5，在 0.7 以上效果比较好，当 KMO 统计量小于 0.5 时则不能进行因子分析。Bartlett 球形度检验的原假设为相关系数矩阵为单位阵，拒绝原假设表示变量之间存在相关关系，一般 Sig. 的 P 值要小于 0.05。因为原始指标之间单位不同，直接代入模型中测量会对结果造成影响，使得测算出来的结果有偏差，因此采用上文中标准化处理后的数据。运用 SPSS25.0 软件对 2019 年经营性服务组织各项指标进行检验分析，发现 KMO 值为 0.675 以及 Sig. 的最大 P 值小于 0.001（表 11），结果表明变量之间存在相关关系，适合做因子分析。

表 11　KMO 检验和 Bartlett 球形度检验

KMO 取样适切性量数		0.675
Bartlett 球形度检验	近似卡方	4 887.430
	自由度	153
	显著性	0.000

2. 公共因子提取

利用主成分分析法来确定公因子。通过 SPSS25.0 计算得出的相关矩阵特征值和方差累积贡献率结果如表 12 所示。从中可知，前七个公因子的特征值（转轴后）分别为 5.229、2.215、1.976、1.806、1.254、1.146 和 1.001，方差累积贡献率达 81.253%，说明七个因子已提取了原始数据 81.253% 的信息。因此可以用这七个公因子来代表原变量。

表 12　各变量总方差解释

成分	初始特征值			提取载荷平方和			旋转载荷平方和		
	总计	方差百分比（%）	累积（%）	总计	方差百分比（%）	累积（%）	总计	方差百分比（%）	累积（%）
1	5.229	29.048	29.048	5.229	29.048	29.048	3.83	21.276	21.276
2	2.215	12.304	41.352	2.215	12.304	41.352	3.024	16.798	38.074
3	1.976	10.978	52.33	1.976	10.978	52.33	2.016	11.198	49.272
4	1.806	10.034	62.364	1.806	10.034	62.364	1.957	10.871	60.143
5	1.254	6.964	69.329	1.254	6.964	69.329	1.564	8.691	68.834
6	1.146	6.365	75.694	1.146	6.365	75.694	1.221	6.784	75.618
7	1.001	5.559	81.253	1.001	5.559	81.253	1.014	5.635	81.253
8	0.947	5.262	86.515						
9	0.617	3.427	89.942						
10	0.591	3.282	93.225						
11	0.468	2.598	95.823						
12	0.255	1.418	97.24						
13	0.164	0.909	98.15						
14	0.113	0.626	98.775						
15	0.084	0.469	99.244						
16	0.071	0.394	99.638						
17	0.051	0.284	99.922						
18	0.014	0.078	100						

注：提取方法为主成分分析法。

3. 建立因子载荷矩阵并命名公因子

为了使各因子的典型代表变量更为突出，需要对因子载荷矩阵实行方差最大化正交旋转，使各公共因子的负荷系数更接近于 0 或 1。旋转后的因子载荷矩阵如表 13 所示。

4. 命名公因子

对比旋转前后的因子载荷系数表可知，所提取的七个公共因子的各变量存在载荷系数的差异。因此，因子的实际意义可以将载荷系数作为依据进行判断。由表 13 可知，公因子 F1 在变量 X1、X7、X14、X16、X17 有较大的因子载荷信息，即该因子反映了拥有农机数量、总员工数量、管理人员数量、农业技术人员数量、硕博士学历员工人数 5 个变量的信息。其中主要是包括机械设备与高端的人力资本，因此将其定义为机械设备和高端人才因子。

表 13　旋转后的成分矩阵

变量	成分						
	F1	F2	F3	F4	F5	F6	F7
X1	0.925	−0.123	0.016	0.014	0.033	−0.131	−0.007
X2	0.287	0.784	−0.059	−0.011	0.117	0.2	0.004
X3	0.432	−0.045	0.048	0.002	0.67	0.045	0.127
X4	−0.015	0.006	−0.012	0.013	0.038	−0.03	0.969
X5	0.076	0.914	−0.005	0.01	0.058	−0.079	−0.017
X6	0.089	0.896	0.204	0.005	−0.01	−0.078	0.012
X7	0.925	0.132	−0.007	0.014	0.086	0.072	−0.003
X8	−0.15	0.02	−0.035	0.105	0.042	0.651	−0.164
X9	−0.023	0.087	0.985	0.051	0.001	−0.019	−0.018
X10	−0.145	0.023	−0.029	0.207	0.16	−0.674	−0.152
X11	−0.004	0.014	0.994	−0.021	−0.005	−0.005	0.007
X12	0.066	0.012	0.017	0.973	−0.007	−0.033	0.006
X13	−0.042	0.168	−0.017	−0.012	0.829	−0.194	−0.061
X14	0.674	0.575	−0.038	−0.01	0.108	0.053	0.009
X15	−0.021	−0.009	0.014	0.975	−0.018	−0.031	0.004
X16	0.704	0.463	−0.04	0.003	0.248	0.162	0.037
X17	0.835	0.387	−0.007	0.028	0.106	−0.017	−0.024
X18	0.372	0.086	−0.053	−0.033	0.538	0.444	0.046

提取方法：主成分分析法。

旋转方法：凯撒正态化最大方差法。

　　公共因子 F2 在变量 X2、X5、X6 有较大的因子载荷信息，即反映了大专以上员工数量、组织年营业额、组织提供农业服务营业额 3 个变量的信息。其中主要是包括了服务组织经营状况，因此将其定义为组织经营状况因子。

　　公共因子 F3 在变量 X9、X11 有较大的因子载荷信息，即反映了人均农业服务额和农业服务专业性 2 个变量的信息。其中主要是包括组织经营效率和农业服务专业性，因此将其定义为效率和专业性因子。

公共因子 F4 在变量 X10、X12 有较大的因子载荷信息，即反映了人均资产和人力成本 2 个变量的信息。其中主要是包括企业的综合实力。因此将其定义为综合实力因子。

公共因子 F5 在变量 X3、X13、X18 有较大的因子载荷信息，即反映了获得政府补贴额度、固定资产折旧、员工培训次数 3 个变量信息。其中主要是包括了服务组织的社会资源和经营成本，因此将其定义为政府资源与成本因子。

公共因子 F6 在变量 X8 有较大的因子载荷信息，即反映了服务组织提供农业服务的利润率，因此将其定义为盈利能力因子。

公共因子 F7 在变量 X4 有较大的因子载荷信息，即反映了服务组织获得政府项目的数量，因此将其定义为资源拓展因子。

进一步结合总方差表，可知七个因子中，F1 的方差贡献率最高，为 21.276%，但是占七个公共因子的方差累计贡献率（81.253%）比重较小，而 F1、F2、F3 三个公共因子的方差累计贡献率达到了 49.272%，表明了经营性服务组织最重要的几项能力要包括机械设备、人才、较好的经营效率、提供农业服务的专业性。而 F4、F5、F6、F7 四个公共因子处于相对次要位置，表明经营性服务组织承接政府公益性服务的能力高低更多与 F1、F2、F3 有关。

5. 分区域因子得分计算

基于 SPSS24.0 的因子分析结果，根据所得的成分得分系数矩阵，可分别计算得到七个公共因子的分值，计算公式为：

$$F = \sum_{j=1}^{n} X_j W_i$$

式中：n 为评价指标体系的变量个数，X_j 为第 j 个指标的数值，W_i 为该项变量在第 i 个公因子上的载荷系数。在分别得到七个公共因子得分的基础上，可根据七个公共因子所占权重进一步计算服务组织供给公益性服务能力的综合得分，计算公式为：

$$F = \sum_{j=1}^{n} V_i F_i$$

式中：F 为经营性服务组织供给农业公益性服务能力的综合得分，V_i 为第 i 个公共因子的方差贡献率，F_i 为第 i 个公共因子的分值。

据此，将相关变量数据引入上述得分计算公式，可分别得到七个公共因子在每个经营组织层面上的得分以及综合得分。同时将样本以地区分类为华北地区、东北地区、华东地区等进行比较，分析区域间服务组织能力的差异；对示范组织和非示范组织进行分类评价，分析组织性质的差异对组织能力的影响（表 14）。

表 14　分地区和类别的综合得分及各因子得分情况

分地区和类别	综合得分	F1	F2	F3	F4	F5	F6	F7
示范组织	16.65	0.305	0.263	0.132	−0.067	0.35	0.254	0.042
非示范组织	−7.98	0.141	−0.116	−0.049	0.05	−0.144	−0.094	0.012
东北	−3.322	−0.094	−0.131	−0.006	0.162	0.357	−0.261	0.026
华北	6.912	0.310 86	7.300 08	−0.340 92	−0.767 09	−4.117 94	−0.851 14	−1.138 1
华东	−0.073	−0.044	0.123	−0.074	−0.064	−0.133	0.263	−0.053
华中	−0.076	−0.05	0.012	0.034	−0.118	0.252	0.457	−4.596
华南	−0.877	−0.188	0.369	−0.102	−0.068	−0.179	0.139	−0.102
西南	−1.097	0.425	−0.021	0.877	0.055	0.081	0.358	0.337
西北	−6.013	1.751	−0.453	0	−0.02	−0.036	−0.115	−0.083

从表 14 可以看出，示范组织的综合得分更高，且远高于非示范组织和各个省份的平均得分，这是因为示范组织是经过政府层层筛选出来的经营性服务组织，其基础设施比较完善、农业机械设备较为先进、从业人员受教育水平较高、有相对规范的规章制度，因此被政府选为示范组织，从而获得政府政策的扶持，进而获得更好的发展。可以看到 F5 的评分最高，达到了 0.35，机械设备与高端人才因子 F1 次之，达到 0.305，印证了示范组织农业机械设备先进、从业人员受教育水平高的现实情况，这些因素是经营性服务组织的基础，是其承接服务需要具备的基本条件，在此基础上又获得了较多的政府扶持资金，重视对员工进行培训等，进而推动示范组织具备更加雄厚的实力来承接农业公益性服务。非示范组织机械设备与高端人才因子 F1 评分最高，达到了 0.141，综合实力因子 F4 次之。非示范组织相对示范组织而言，组织结构、规章制度相对不完善，农业机械设备、从业人员数量和质量不高、获得政府补贴能力较弱，因此在具备基本的服务能力的基础上，非示范组织的能力同时也更多体现在服务组织带头人的个人资源状况，调研中发现非示范组织的人均资产更高，印证了这一点。因为非示范组织大多由少数带头人发起，发展前期带头人凭借其本身的经济实力支撑起服务组织的运转，组织的业务也由少数人来运行，其他方面能力相对较弱，因此非示范组织承接服务的能力相对示范组织较差。

从地区分类角度来看，样本中各地区经营性服务组织承接农业公益性服务的能力得分排名为：华北、华东、华中、华南、西南、东北、西北。华北地区综合评分最高，达到 6.912，其组织经营状况因子 F2 得分最高，机械设备与高端人才因子 F1 评分次之。反映了华北地区服务组织经营状况较好，因为华北地区大平原的耕作条件适合进行机械作业，并且农业服务开始得相对较早，有较好的接受度，因此经营状况好的服务组织往往会具备更好的发展空间，从而不断提高其承接服务的能力，在这样的现实状况下机械设备与高端人才因子F1的重要性就降低了。

华东地区和华中地区盈利能力因子F6评分最高，华南地区经营状况因子F2评分最高，盈利能力因子F6次之。华东、华中、华南地区市场经济发达，社会资本更加活跃，因此经营性服务组织的数量更多，竞争也更加激烈，在具备相应设备、人员的基础上，组织的盈利能力高低、经营状况好坏更能体现一个组织的能力。其中除了盈利能力外，华东地区经营状况因子F2得分排名第二，华中地区政府资源与成本因子F5排名第二，体现两区域的差异，华东、华南地区作为经济最发达的区域，组织的经营状况更能体现一个组织的能力，华中地区偏重于与政府的关系，这体现了地区的差异性。

东北地区政府资源与成本因子F5评分最高，综合实力因子F4次之。可以看出东北地区的经营性服务组织政府资源与成本因子最为重要，获得政府的支持显然对服务组织的发展有极大的帮助，这与东北地区的现实情况相一致，社会资本强的组织发起人往往更容易获得政府的支持，承接服务的积极性也更高，因此可以看出具备相应的政府资源也是服务组织能力的体现，政府支持对于组织的发展具有极大的促进作用。

西北和西南地区机械设备与高端人才因子F1评分最高，因此西南地区经济相对落后，经营性服务组织具备相应的机械设备和人员配备就容易在所在地区中脱颖而出，政府资源也向具备基本条件的服务组织倾斜，因此两地区的政府资源与成本因子评分也相对于其他因子较高，两地区经营性服务组织的能力更多体现在组织的硬实力上。

四、承接农业公益性服务功能的经营性服务组织培育的对策建议

（一）夯实经营性服务组织的经济基础

1. 拓展服务领域以满足多方面服务需求

我国不同地区农业经营性服务组织发展差异较大。不同地区耕地情况及种植情况不同，农民所需要的生产性服务也不同，服务供给水平也参差不齐。有些地区农民所需的生产性服务往往供给不足或没有供给，尤其是在农业公益性服务方面，有资质的承接服务主体数量较少。因此，要因地制宜，引导经营性服务组织拓展服务领域，实现经营性服务组织功能多样化、服务多元化，以提

升经济实力。

2. 提升服务质量以形成品牌和规模效应

农业服务规模化、标准化是未来发展的趋势。农业服务本身也是一种无形商品，其建设要依靠市场机制，通过优胜劣汰，实现服务市场的持久发展。因此，需要培育有竞争力的经营性服务组织，开展良性竞争，激发承接农业公益性服务的经营性服务组织的积极性，把自身的服务做大做强，打造一批有市场影响力的大规模的农业服务型组织，形成有品牌的服务、有规模的服务，进而实现经济实力的飞跃。

3. 加大对经营性服务组织的资金支持力度

政府应通过一系列扶持手段，例如财政补贴、信贷支持、税收减免等方式，大力支持农业经营性服务组织发展。第一，以政府购买服务方式向有能力承接农业公益性服务的供给主体购买服务，通过以奖代补的形式鼓励农业公益性服务供给主体不断提高自身业务水平，以此提升经营效益。第二，充分利用现有农业担保体系政策，鼓励并支持有能力的服务供给主体通过向银行借贷的方式拓宽融资路径，不断扩大服务领域，由服务单一化向服务综合化发展。第三，强化督导和调研，做好资金使用的反馈与调节机制，结合农户对服务供给主体的满意度，将政策资金有倾向性地分配，将有限的政策资金用于发展无限的供给潜力上，真正发挥政策引导和扶持的作用。

（二）提升经营性服务组织的管理能力

建议定期并持续实施经营性服务组织管理能力培训项目，与高等院校、企业等建立长期的合作关系，聘请管理方面的专家及成功企业的管理践行者，为经营性服务组织相关人员进行培训，培训重点集中在以下三个方面。

1. 提升经营性服务组织的规划与整合能力

规划与整合能力是组织管理的基础。规划与整合能力解决组织发展方向问题。农业经营性服务组织不仅要着眼于眼前的规划，更要进行长期发展战略的制定，深谋远虑，这样才不易迷失方向，才能更加适应瞬息万变的市场。

2. 提升经营性服务组织的决策与执行能力

决策与执行能力是组织管理的动能。决策与执行能力解决组织如何发展的问题。农业经营性服务组织是市场机制下自由竞争的个体，随时面临经济风险、市场风险等。能否处理好各种危机，能否做出正确的决策和判断并高效地执行决策关系到组织的长久发展。

3. 提升经营性服务组织的沟通与协调能力

沟通与协调能力是组织管理的保障。沟通与协调能力解决组织高效运转的问题。良好的沟通和协调能力可以极大提高组织的管理效率，提高资源利用效率。随着农业经营性服务组织规模的扩大，对外关系网络的扩建，沟通和协调能力就显得越来越重要。

（三）壮大经营性服务组织的人才队伍

针对当前我国农业经营性服务组织人才短缺的问题，建议从队伍规模、队伍结构及人才保障机制等方面着手培养经营性服务组织高层次人才梯队，加大人力资本投资，实现经营性服务组织人才效应溢出。

1. 扩大经营性服务组织人才队伍规模

制定人才激励政策，吸引国家高学历、高技能的人才投身于农业社会化服务领域，逐年扩大经营性服务组织人才队伍规模。一方面，加强对相关领域高校毕业生的宣传，让这些高学历的人才了解农业社会化服务领域以及行业发展前景，激发他们投身其中的意愿；另一方面，可以聘请农业服务领域相关专家，成为经营性服务组织的顾问或咨询专家，带动经营性服务组织成长。

2. 优化经营性服务组织人才队伍结构

针对当前我国经营性服务组织人才队伍结构不合理的问题，建议从年龄结构、知识结构、职称结构等方面来优化经营性服务组织的人才队伍结构。首先，鼓励年轻人加入农业经营性服务组织，增强组织活力，年轻人思想往往比较活跃，敢想敢做，与中年人的稳健成熟相配合，更有利于组织的发展；其次，鼓励不同专业领域的人才进入经营性服务组织，这有利于组织拓展业务，提高效率；最后，要优化经营性服务组织的职称结构，即高职称的人才应占到一定比例，这有助于提升组织的社会影响力，有利于扩大组织与外界的社会关系网络，进而获取更多资源。

3. 完善经营性服务组织人才保障机制

首先，应为经营性服务组织的高端人才创造良好的工作环境和氛围，为其提供更多施展才华的机会，国家项目及政策应向投身于农业社会化服务的高端人才倾斜；其次，重视完善福利制度，保证人才的福利待遇水平逐年提升，至少与其他行业持平；最后，应积极探索有利于调动人才积极性的奖励制度，对农业社会化服务领域有突出贡献的科技人员或工作者进行奖励，同时，要发挥先进人才的先锋示范带头作用，在全国范围内加强宣传，树立典型。

（四）推动经营性服务组织的模式创新

在政策和市场的双重作用下，农业经营性服务组织已经具备了发展的关键动能和时机，但要想达到农业公益性服务供给能力最大化，还需进一步创新发展模式，推动各类服务主体联合发展。

1. 鼓励服务组织之间的强强联合

不同地区都有不同的农业服务优势领域，各地区应结合自身特点，鼓励不同类型的经营性服务组织强强联合，开展跨区业务，形成"竞争＋合作"的双重发展局面。政府应出台相应的支持政策，对于区域内或跨区合作的经营性服务组织予以项目上的支持，并对合作成功的典型样本予以奖励。

2. 鼓励服务组织与高校及科研院所联合

强化经营性服务组织与高等院校、科研院所开展科研和人才合作的机会，提倡"经营性服务组织＋高等院校""经营性服务组织＋科研院所""经营性服务组织＋高等院校＋科研院所"等新型合作模式，扩大知识溢出效应。

（五）搭建经营性服务组织资源整合平台

经营性服务组织资源整合平台是指将与农业服务供给相关联的其他产业要素融合进来，方便经营性服务组织更好提供服务的资源平台，包括科学技术、金融保险、信息传导三个方面。

1. 建立服务于经营性服务组织的科学技术体系

经营性服务组织对科学技术的要求很高且需要持续更新。应整合高等院校、科研院所的科技资源，服务于经营性服务组织，以实现经营性服务组织服务能力的改造升级，不断将最新的科学技术传递到农业生产第一线，提高农业生产效率。

2. 建立服务于经营性服务组织的金融保险体系

随着业务的拓展及服务范围的扩大，经营性服务组织也会产生资金信贷、保险等方面的需求。应整合银行、保险公司等社会资源，设计符合经营性服务组织需要的金融产品和保险产品，以确保经营性服务组织的发展没有后顾之忧。

3. 建立服务于经营性服务组织的信息传导体系

经营性服务组织参与服务供给与市场竞争，离不开信息技术的支撑。应搭建多样的信息平台，集合各类有价值的信息（农户服务需求信息、市场价格信息、市场资源信息等）供经营性服务组织参考，并持续更新。

（六）营造经营性服务组织良性竞争氛围

1. 确保竞争健康有序

制定严格的服务供给规范制度及市场监管制度，一旦服务供需双方在交易过程中发生矛盾，能够提出快速、高效的解决办法。对农业服务领域严重违法失信主体，按照有关规定实施联合惩戒。对于服务供给能力弱、服务供给态度差、服务供给质量不佳的供给主体实行清退处理，引导其有序退出服务供给系统，有效避免系统内部秩序混乱，影响农业公益性服务供给系统的整体发展。

2. 确保信息公开透明

搭建经营性服务组织信息披露平台，将经营性服务组织的基本情况、业务范围、经营数据等定期公布，供农业生产经营主体参考。同时对经营性服务组织奖励资金发放、项目立项情况等也要在平台公示，供社会监督。

3. 确保奖惩公平公正

奖惩激励要做到科学化、民主化、制度化。真正有效的奖惩激励，一定做到公平公正，不以个人好恶、远近亲疏作为评价标准，而应依据经营性服务组织的真实情况进行，通过奖惩树立正确的激励导向，营造风清气正的政策环境。

（七）建立经营性服务组织信息反馈渠道

1. 鼓励服务客体真实反馈信息

制定反馈方案，明确反馈内容，广泛宣传农户对服务供给主体评价的重要性，通过构建完善的评价指标体系，从服务态度、服务质量、服务效率等方面对服务供给主体进行评价，不断提高农户积极参与农业公益性服务反馈体系建设意愿。实行有效反馈奖励制度，对长期积极参与农业公益性服务态度、质量、效率评价的农户予以适当奖励，奖励形式应包括精神奖励和物质奖励，以精神奖励夯实农户思想基础，以物质奖励满足农户生产需要。

2. 构建完善的信息处理及反馈系统

及时将农户反馈信息进行整合，构建集收集、分析、处理、回应等于一体的完整的服务处理系统，将评价结果反馈给经营性服务组织，并将结果提交到相关部门，作为经营性服务组织奖惩的重要依据。

3. 搭建多方主体互动制度与框架

积极推动和完善政策保障建设，营造有利于农业公益性服务体系建设的政策环境，形成政府主导、多元服务主体献力、农户广泛参与的理性互动制度与框架，通过责任联动和组织保障体制、经济补偿和典型激励机制，不断激发反馈机制活力。

（八）强化经营性服务组织社会管理责任

1. 引导经营性服务组织参与社会服务

经营性服务组织作为农业领域的服务主体，有着广泛的社会关系和丰富的市场经验，应积极引导经营性服务组织参与社会服务，包括信息传递、劳动力就业、劳动力培训、环境整治、社会保障福利等。对于有突出社会贡献的经营性服务组织应给予表彰和奖励。

2. 引导经营性服务组织参与社会治理

乡村基层社会治理面临的最大问题就是人手短缺。而经营性服务组织作为农村社会阶层的一员，理应担负起社会治理的重任，在应对突发社会公共危机等事件时，应号召广大的经营性服务组织投身其中，做农村社会发展的护航者和引路人。

项目负责人：王洋

主要参加人：王立民、杨志武、余志刚、黄凤、王磊、姜冰、孙玥、王泮蘅、董悦昕等

中国婴幼儿奶粉国际竞争力
水平测度与影响因素分析[*]

李翠霞　许佳彬　苏甜甜

面对国内市场信任危机与国外奶粉零关税进入双重压力，中国婴幼儿奶粉企业发展面临严峻挑战，探究中国婴幼儿奶粉国际竞争力水平及影响因素有助于提高中国婴幼儿奶粉在国际市场上的地位，进而推动中国乳业的可持续发展。在系统分析中国婴幼儿奶粉发展现状的基础上，从国际市场占有率、贸易竞争力指数、显示性比较优势指数和显示性竞争优势指数四个方面对中国婴幼儿奶粉国际竞争力进行测度，发现中国婴幼儿奶粉的国际竞争力处于较低水平，与奶业强国存在较大差距。基于钻石模型系统分析影响中国婴幼儿奶粉国际竞争力的因素，发现生产要素、需求条件、关联产业、企业生产战略以及政府作用和市场机遇是影响中国婴幼儿奶粉国际竞争力的关键因素，因此从国家、产业、企业、消费者四个维度提出提升中国婴幼儿奶粉国际竞争力的政策建议。

一、引言与相关研究进展

　　自 2016 年起，得益于二孩政策的全面放开，中国婴幼儿奶粉市场规模持续扩大，成为全球第二大婴童消费市场，2019 年市场规模达近 2 000 亿元。近年，国家出台了一系列重要政策文件，提出"提升国产婴幼儿配方奶粉的品质和美誉度"，"实施婴幼儿配方奶粉质量提升行动"，监管部门出台了一系列史上最严的管理政策，几年来牛奶质量水平发生了质的飞跃，各项理化指标和卫生指标均高于《生乳》国标，达到美国、欧盟等发达地区水平。在政府、行业、产业界的不懈努力下，婴幼儿配方奶粉质量大幅提高，抽检合格率逐年提升。截至 2019 年底，已批准的 160 余家企业的 1 300 多个产品合格率已达

　　* 国家自然科学基金面上项目（项目编号：71673042）。
　　项目负责人为李翠霞教授，主要参加人员有许佳彬、苏甜甜等。

99.8%，位居食品行业前列，此时婴幼儿奶粉质量安全达到历史最好水平。

虽然经过政府、企业和社会的持续努力，婴幼儿奶粉质量安全水平显著提升，但受到产业发展状况、社会环境、生态环境、从业者道德诚信和法律意识等因素的限制，婴幼儿奶粉质量安全事件仍时有发生，并对消费者的信心造成极大负面影响，形成信任危机。中国婴幼儿奶粉质量安全问题引发的"蝴蝶效应"一直在发酵，因担心国产奶粉的质量，中国大陆消费者纷纷出境采购奶粉，导致中国香港、德国、荷兰、新西兰、澳大利亚等地区和国家都已实施严格的奶粉限购政策和限制奶粉出境法规。目前此类案件判刑最重的是，2016年 2 月 24 日香港粉岭法院对 2015 年 12 月 17 日欲携带 85 千克配方奶粉出境的男子判处入狱 6 个月。许多消费者已经陷入认知误区，盲目跟风购买进口奶粉，形成"羊群效应"，对大多数合格的国产奶粉也抵触排斥，并波及整个乳品行业，甚至质疑政府不作为。

"洋奶粉"不断涌入占据国内市场需求，因缺乏价格比较优势，给国产婴幼儿奶粉竞争力造成巨大冲击。中国海关统计数据显示，2006—2015 年婴幼儿奶粉进口量以年均 22.70% 的增长率快速增长，其中 2009 年、2013 年和2015 年出现激增，同比增长率分别为 48.01%、34.18% 和 45.05%。国内消费者对于婴幼儿奶粉的年需求量为 60 万吨，按照 2015 年进口量 17 万吨计算，已超过整体需求量的 1/4，则 2016 年国内婴幼儿奶粉需求量的一半将由进口产品满足。同时，2015 年 6 月 17 日，中国与澳大利亚正式签署《中澳自贸协定》，并于 2015 年 12 月 20 日正式生效。在《中澳自贸协定》中，乳制品分别设置了 5、10 和 12 年的过渡期。在实现完全自由化后，乳制品的平均进口报关关税将由目前的 12.3% 降为零。其中，婴幼儿配方奶粉现行 15% 的关税将在协定生效后 4 年（即 2020 年）降为零。因此，《中澳自贸协定》实施以后，关税税率的降低以及没有任何特殊保护措施，使得澳大利亚婴幼儿奶粉价格与国产婴幼儿奶粉价格相比更具竞争优势，将会对国产婴幼儿奶粉带来巨大冲击。

从学术界现有研究来看，对于竞争力测度的评价指标种类纷呈，不一而足，裴长洪和王镭（2002）将竞争力指标分为显示性指标和解释性指标，显示性指标反映竞争力强弱，包括出口绩效、贸易专业化、显示性比较优势等指标；解释性指标反映竞争力形成的原因，包括劳动生产率、成本、企业规模、品牌商标售后服务等指标。很多学者直接运用显示性指标对某些具体行业的产品竞争力进行测度分析，如张清正（2014）和王娜玲（2014）分别评价我国农产品竞争力。而 Lall（2006）则是根据具体研究对象的特点，构建了产品技术复杂度指标，从产品的技术含量来衡量其竞争力。王艳花和霍学喜（2012）基于生产成本、销售价格、种植综合优势指数、品种结构分布及产品质量安全等价格及非价格因素，综合分析了我国七省的苹果生产竞争力。在竞争力评价的基础上，国内外学者发现企业生产率、国际分工、资源禀赋、技术创新、产业集聚等是影响竞争力的主要因素（Jiang 等，2015；Hans，2016；张振等，2011；崔晓等，2015）。另外，有部分学者关注奶粉竞争力问题，张亚伟等（2016）基于钻石模型对中国奶粉国际竞争力进行分析，徐雅楠等（2020）基于引力模型对中国奶粉国际竞争力及影响因素进行研究，但尚未发现有学者针对婴幼儿奶粉国际竞争力问题进行深入研究。

综合上述分析，面对国内市场信任危机与国外奶粉零关税进入的双重压力，中国婴幼儿奶粉企业发展面临严峻挑战。如何提升婴幼儿奶粉国际竞争力，坚守住国内市场，既是中国婴幼儿奶粉企业面临的巨大难题，也是目前需要尽快解决的首要问题。解决这一问题的根本途径是了解当前中国婴幼儿奶粉国际竞争力水平以及影响竞争力的关键因素。因此，本文在系统分析中国婴幼儿奶粉发展现状的基础上，从国际市场占有率、贸易竞争力指数、显示性比较优势指数和显示性竞争优势指数四个维度对中国婴幼儿奶粉国际竞争力进行测度，并基于钻石模型系统分析影响中国婴幼儿奶粉国际竞争力的因素，为提高中国婴幼儿奶粉在国际市场上的地位以及中国乳业的可持续发展提供参考意见与决策依据。

二、中国婴幼儿奶粉产业发展现状分析

中国是全球第二大婴童消费市场，其中婴幼儿奶粉消费占据婴童消费的比重相对较高。2008 年"三聚氰胺"事件爆发后，国产婴幼儿奶粉行业受到巨大冲击，众多消费者纷纷将消费需求转向国外市场，给国产婴幼儿奶粉竞争力带来前所未有的挑战。因此在分析中国婴幼儿奶粉国际竞争力之前，有必要从质量安全监管、产量与需求量、品牌市占率、贸易等维度出发对当前中国婴幼儿奶粉发展现状进行系统分析。

（一）国产婴幼儿奶粉质量监管体系日益完善

2008 年惊动乳制品行业的"三聚氰胺"事件一时间极大地打击了国内消费者的消费信心。2009 年味全婴幼儿奶粉被检测出致病菌，2012 年南山奶粉被检测出致癌物、美素佳儿被爆出假洋奶粉以及伊利奶粉检出超标汞等事件，使中国消费者对国产婴幼儿奶粉的信心一度跌至谷底，纷纷将目标转向国际市场，通过各种渠道购买进口奶粉（董姣姣等，2019），但这终究不是解决问题的有效手段，因此为恢复国人对国产婴幼儿奶粉的信心，中国政府陆续颁布了一系列婴幼儿奶粉监管制度、法律法规、检测标准等（图1），为婴幼儿奶粉生产企业制定了严格的行业规范和要求。同时，企业内部也在积极响应政府号召，严格按照国家要求生产，提高企业自律能力，保证产品质量。经过十余年的努力，国产婴幼儿奶粉质量监管体系日益完善，自 2015 年以后婴幼儿奶粉抽检合格率稳步上升，2015 年抽检合格率为 96.37%，2016 年为 98.70%，2017 年为 99.50%，2018 年为 99.80%，2019 年为 99.79%。在 2019 年抽检境内的 114 家婴幼儿奶粉生产企业的生产样品 1 721 个批次，100%合格，婴幼儿奶粉中的三聚氰胺连续 11 年零检出。

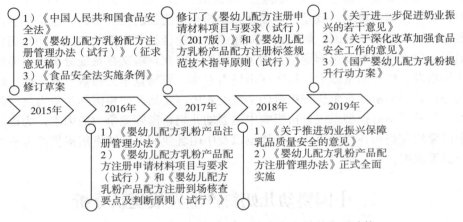

图 1　2015—2019 年与婴幼儿奶粉行业相关的主要政策
资料来源：依据公开文件整理。

（二）国产婴幼儿奶粉产量和需求量不断提高

从统计数据来看，国产婴幼儿奶粉产量和需求量均以低速增长态势在不断提高。2009 年，国产婴幼儿奶粉产量仅为 41.2 万吨，2009—2014 年，产量处于低速增长阶段，2015—2017 年，国产婴幼儿奶粉产量基本保持在 80 万吨左右，这与当时出台严格的产业政策有关，产业政策提高了婴幼儿奶粉企业在研发能力、生产能力、质量控制能力等方面的门槛，加速行业洗牌，淘汰落后产能，而 2018 年出台的《关于推进奶业振兴保障乳品质量安全的意见》提高了企业生产动能，使产量迅速提升，产量达到 97.2 万吨，到了 2019 年，产量接近 100 万吨，与 2009 年相比增长了 1 倍多，而需求量也从 2009 年的 47.4 万吨增长至 2019 年的 137.9 万吨，增幅接近 3 倍，国内消费者对婴幼儿奶粉的需求量在这 10 年间一直处于攀升状态，一方面与人均消费能力的提升有关，另一方面在全面放开二孩政策以后，国内消费者对婴幼儿奶粉的需求量也有所增加。另外，从统计数据上还可以发现，产量和需求量之间的不平衡也在逐渐扩大，2009 年需求量缺口仅为 6.2 万吨，到 2019 年，需求量缺口达到 38 万吨，这预示着国内生产水平的增速低于需求量的增速，国内消费市场仍有较大提升空间（图 2）。

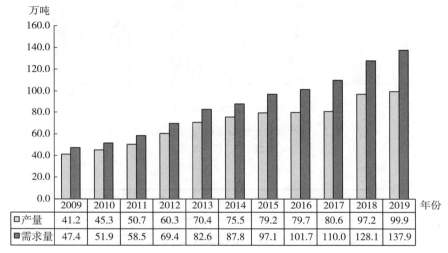

年份	2009	2010	2011	2012	2013	2014	2015	2016	2017	2018	2019
产量	41.2	45.3	50.7	60.3	70.4	75.5	79.2	79.7	80.6	97.2	99.9
需求量	47.4	51.9	58.5	69.4	82.6	87.8	97.1	101.7	110.0	128.1	137.9

图 2　2009—2019 年国产婴幼儿奶粉产量和需求量变化情况

数据来源：智研咨询。

（三）国产婴幼儿奶粉品牌市占率逐年提升

相较于国际品牌，国产品牌从价格定位、渠道下沉力度、营销推广方式等方面更加适合低线市场，更加受益于中小品牌的出清。从智研咨询公布的 2014—2019 年婴幼儿奶粉行业排名前 20 的品牌中可以发现（图 3），国际品牌和国产品牌市场份额分别提升了 10.3% 和 12.2%，国产品牌提升幅度更大；其中，飞鹤和君乐宝提升尤为明显，国际品牌除达能旗下爱他美提升明显外，其余品牌市场份额多小幅度提升甚至出现下滑，由此可见，国产婴幼儿奶粉品牌有逐步崛起的趋势。从智研咨询 2019 年对婴幼儿奶粉线上销售的统计来看（图 4），进口品牌占绝对优势，榜单前 10 位中有 8 个是进口奶粉品牌，合计市场份额占比近 40%。但是国产婴幼儿奶粉的两大品牌飞鹤和伊利跻身榜单，分别位列第七和第八，合计市场份额接近 10%，这也充分地展现出了在"三聚氰胺"事件发生以后，国产婴幼儿奶粉正在逐步恢复销售市场动能，飞鹤和伊利也在用自身发展实际打造国产婴幼儿奶粉样板。

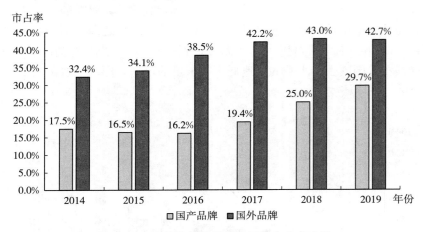

图 3　国产婴幼儿奶粉品牌与国外市占率比较

数据来源：智研咨询。

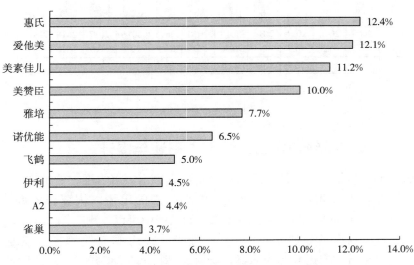

图 4　2019 年中国线上婴幼儿奶粉销售额 Top10 品牌

数据来源：智研咨询。

（四）婴幼儿奶粉进口数量和进口金额增速放缓

近年来，中国婴幼儿奶粉进口数量和进口金额逐年增加，但是增速呈现下滑趋势（图 5、图 6）。2014 年中国婴幼儿奶粉进口量为 12.1 万吨，进口金额为 15.5 亿美元，到 2019 年，中国婴幼儿奶粉进口数量增长至 34.6 万吨，进口金额增长至 51.9 亿美元。虽然进口量和金额在不断增加，但从进口数量增长率和进口金额增长率来看，均呈现下滑趋势，进口数量增长率由 2015 年的 30.86% 下滑至 2019 年的 6.07%，而进口金额增长率由 2015 年的 37.25% 下滑至 2019 年的 8.09%。婴幼儿奶粉进口数量和进口金额增速的放缓有三方面原因：一是国产婴幼儿奶粉自主产能不断提升，对外资品牌的冲击力量巨大；二是在配方注册制实施以后，未通过注册制的进口婴幼儿奶粉品牌只能通过跨境购的方式进入中国市场，降低了进口速率；三是国外婴幼儿奶粉安全事故频发，降低国内消费者对国外品牌的信任度，如 2018 年 1 月法国兰特黎斯全球召回 7 000 吨沙门氏菌污染婴幼儿配方奶粉事件，2 月瑞士乳业巨头赫尔达夫生产的宾博奶粉被国家质量监督检验检疫总局宣布 35 吨不合格，未准入境。

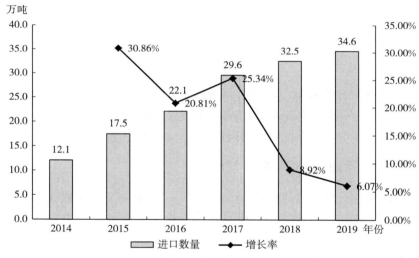

图 5　2014—2019 年中国婴幼儿奶粉进口数量及增长率
数据来源：中国海关总署。

三、中国婴幼儿奶粉国际竞争力水平测度

在分析产品国际市场竞争力时，通常采用国际市场占有率、贸易竞争力指数、显示性比较优势指数和显示性竞争优势指数，这四者可以综合评判出某一产品的国际竞争力情况（徐雅楠等，2020）。因此本文采用这四个指数分析中国婴幼儿奶粉国际竞争力水平，数据来自联合国 UN Comtrade 数据库，根据 HS（商品名称及编码协调制度的国际公约）的分类标准，婴幼儿奶粉的编码

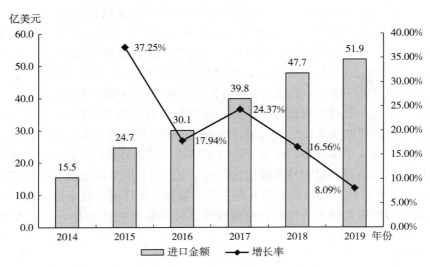

图 6   2014—2019 年中国婴幼儿奶粉进口金额及增长率

数据来源：中国海关总署。

是 190110，参考徐雅楠等（2020）对中国奶粉国际竞争力的研究，选取 2019 年婴幼儿奶粉出口额排名前 10 位的国家作为对照分析中国婴幼儿奶粉的国家竞争力情况，其中整体数据的时间跨度为 2000—2019 年。

（一）国际市场占有率（MS）

国际市场占有率表述的是某一产业或某一产品国家竞争力的实际情况，将每个国家或区域同一产业或同一产品在世界市场上的竞争能力做比较，它是"一国出口总额与世界出口总额的比值，表明一国某产业或产品国际竞争力强弱的改变程度，比值越大说明该国该产业或该产品的出口竞争力越大"（韩灵梅，2015）。国际市场占有率计算公式如下：

$$MS_{ij} = \frac{X_{ij}}{X_{wj}} \tag{1}$$

式（1）中：MS_{ij} 代表 i 国 j 种产品的国际市场占有率；X_{ij} 代表 i 国 j 种产品的出口总额；X_{wj} 代表世界 j 种产品的出口总额。

从表 1 可以看出，2000 年婴幼儿奶粉出口国主要集中在爱尔兰、荷兰、美国、德国、法国，其国际市场占有率分别为 28.69%、18.14%、10.04%、8.46%、8.29%。到 2005 年，婴幼儿奶粉国际市场率排序发生一定改变，此时出口占比较大的国家依次为爱尔兰、荷兰、法国、德国。到 2019 年，婴幼儿奶粉出口国主要集中在荷兰、新西兰、法国、爱尔兰、德国和澳大利亚，其国际市场占有率均超过 5%，其中荷兰婴幼儿奶粉国际市场占有率达 22.62%，一直处于相对领先地位，2000—2014 年一直处于增长态势，2014 年达到历史最高点，国际市场占有率达 28.72%，虽然从 2015 年开始稍有下降，但一直保持在 20% 以上；新西兰婴幼儿奶粉国家市场占有率一直处于递增趋势，2000 年国际市场占有率仅有 0.42%，到 2019 年已经增长至 10.10%，这得益于新西兰畜牧业发展的资源优势，据统计，世界上 70% 的婴幼儿奶粉产品均采用新西兰生产的原料①；法国婴幼儿奶粉国际市场占有率一直处于临界值 10% 上下波动；爱尔兰婴幼儿奶粉国际市场占有率一直处于下降趋势，从 2000 年的"婴幼儿奶粉国际市场占有率巨头"下滑至 2019 年的排名第四，年均增速为 −5.81%；德国婴幼儿奶粉国际市场占有率也一直处于小幅波动范畴，与 2000 年相比，2019 年也有所下降；澳大利亚婴幼儿奶粉国际市场占有率近年来增幅相对较大，2000—2019 年平均增速达 7.40%。中国婴幼儿奶粉国际市场占有率虽然一直处于极低水平，2008 年"三聚氰胺"事件爆发后更是给中国婴幼儿奶粉行业带来巨大冲击，波及整个产业链条，国际市场占有率一直萎靡不振，从 2014 年开始稍有回升，但增速并不明显，虽然从 2000 年到 2019 年中国婴幼儿奶粉国际市场占有率年均增速达 20.08%，但整体水平与婴幼儿奶粉出口大国相比仍差距较大。

表 1   2000—2019 年中国与世界主要婴幼儿奶粉出口国的国际市场占有率比较

单位：%

年份	荷兰	新西兰	法国	爱尔兰	德国	澳大利亚	中国	瑞士	美国	墨西哥
2000	18.14	0.42	8.29	28.69	8.46	1.53	0.11	2.91	10.04	3.06
2005	16.00	1.63	12.19	24.51	7.39	0.25	0.01	2.02	3.49	4.02
2007	12.66	3.20	11.20	23.48	4.76	0.08	0.02	2.40	2.69	4.52
2008	14.23	3.06	10.04	20.45	5.25	0.58	0.02	3.33	2.78	4.26
2009	19.48	3.37	9.37	18.41	6.05	0.73	0.02	2.48	2.71	3.38
2010	20.97	3.73	9.69	16.12	5.64	0.74	0.02	3.17	2.84	4.51
2011	20.34	5.15	11.16	15.27	5.90	0.53	0.04	3.40	2.94	4.73
2012	22.04	3.95	11.33	14.21	6.24	0.62	0.04	3.75	2.89	4.64
2013	23.03	4.85	11.23	12.99	6.42	0.78	0.04	3.90	3.28	4.68
2014	28.72	3.51	9.44	14.42	6.20	0.70	0.08	3.55	3.16	1.35

---

①   百度百科：https：//baike.baidu.com/item/%E6%96%B0%E8%A5%BF%E5%85%B0%E5%A5%B6%E7%B2%89/9405692?fr＝aladdin。

（续）

年份	荷兰	新西兰	法国	爱尔兰	德国	澳大利亚	中国	瑞士	美国	墨西哥
2015	25.38	3.93	9.54	16.15	6.34	1.67	0.10	3.64	3.78	1.84
2016	23.81	7.09	8.95	15.83	7.09	3.29	0.36	3.84	3.05	1.50
2017	21.09	7.58	10.50	15.07	8.06	3.83	0.79	3.74	3.02	1.17
2018	23.36	8.35	9.23	11.13	7.46	5.15	2.70	4.15	3.04	1.46
2019	22.62	10.10	9.55	9.20	6.96	5.94	3.56	3.30	2.94	2.77
年均增速	1.17	18.22	0.75	−5.81	−1.02	7.40	20.08	0.66	−6.26	−0.52

数据来源：联合国 UN Comtrade 数据库。

（二）贸易竞争力指数（TC）

贸易竞争力指数是指某个国家或区域某种产品的净出口额占该种产品进出口贸易总额的比重，该指数表明的是一个国家或区域的某种产品是属于贸易逆差还是贸易顺差（肖黎等，2019）。贸易竞争力指数计算公式如下：

$$TC_{ij} = \frac{X_{ij} - M_{ij}}{X_{ij} + M_{ij}} \tag{2}$$

式（2）中：TC_{ij} 为贸易竞争力指数；X_{ij} 为 i 国 j 种产品的出口总额；M_{ij} 为 i 国 j 种产品的进口总额。

TC 指数指介于 −1 和 1 之间。若 $TC = -1$，则表示一国该种产品的出口量为零，只进口该产品；若 $TC = 1$，则表示一国该种产品的进口量为零，只出口该种产品；若 $TC = 0$，则表示一国既进口该种产品也出口该种产品，并且进口量等于出口量；若 $-1 < TC < 0$，则表示一国该种产品的进口量大于出口量，国外竞争力比较弱；若 $0 < TC < 1$，则表示一国该种产品的进口量小于出口量，具有较强的国外竞争力。当 TC 值越接近 −1 时，表明该种产品进口得越多出口得越少，有很弱的国际竞争力，相反，TC 值越接近 1，表明该种产品的国际竞争力越强。

从表 2 可以看出，2000 年爱尔兰和美国贸易竞争力指数较高，均超过了 0.9，荷兰、德国、瑞士贸易竞争力指数也相对较高，处于 0.6～0.9。2019 年，新西兰、瑞士、美国、荷兰、爱尔兰等国家贸易竞争力指数位居前列，指数分别为 0.98、0.89、0.88、0.88 和 0.85。新西兰婴幼儿奶粉的国际竞争力一直较高，与 2000 年相比，2019 年贸易竞争力指数提高近 1 倍；瑞士婴幼儿奶粉贸易竞争力指数从 2000 年的第五位上升至 2019 年的第二位，国际竞争力在不断提高；2019 年美国婴幼儿奶粉贸易竞争力指数虽与 2000 年相比略有下降，但指数仍稳居前三位；荷兰婴幼儿奶粉贸易竞争力指数在不断提高，2012年指数达到近 20 年峰值，为 0.94，随后虽略有下降，但荷兰婴幼儿奶粉国际竞争力依旧较强；爱尔兰婴幼儿奶粉贸易竞争力指数虽然在 2019 年位列第五，但是这一指数一直呈下降趋势，2000—2019 年年均增速为－0.64%。其余国家如德国、澳大利亚、墨西哥等婴幼儿奶粉贸易竞争力指数相对较低，德国是呈持续走低态势，近三年有缓慢增长趋势；澳大利亚婴幼儿奶粉贸易竞争力指数多年间一直为负数，2007 年为－0.93，接近－1，2016 年由负转正，目前正缓慢增长；墨西哥婴幼儿奶粉贸易竞争力指数在 2000—2016 年处于小幅度波动范畴，最高达到 0.63，最低为 0.24；中国婴幼儿奶粉贸易竞争力指数与其他 9 个国家相比仍有较大差距，2000—2019 年一直为负数，2005—2011 年贸易竞争力指数均为－1，出口量几乎为零，竞争力水平极低，2019 年，中国婴幼儿奶粉贸易竞争力指数为－0.86，与之前年份相比竞争水平有所提升，但仍远不及其他国家，提高中国婴幼儿奶粉国际竞争力仍需做出巨大努力。

表 2　2000—2019 年中国与世界主要婴幼儿奶粉出口国的贸易竞争力指数比较

年份	荷兰	新西兰	法国	爱尔兰	德国	澳大利亚	中国	瑞士	美国	墨西哥
2000	0.79	0.52	0.59	0.96	0.71	0.39	－0.93	0.69	0.91	0.47
2005	0.70	0.97	0.74	0.96	0.38	－0.80	－1.00	0.67	0.92	0.24
2007	0.85	0.99	0.86	0.96	0.43	－0.93	－1.00	0.67	0.94	0.34
2008	0.90	0.95	0.72	0.96	0.48	－0.52	－1.00	0.78	0.94	0.40
2009	0.91	0.93	0.59	0.99	0.57	－0.41	－1.00	0.74	0.94	0.49
2010	0.93	0.85	0.63	0.98	0.54	－0.41	－1.00	0.79	0.83	0.60
2011	0.91	0.92	0.66	0.95	0.48	－0.47	－1.00	0.82	0.91	0.63
2012	0.94	0.89	0.62	0.94	0.59	－0.32	－0.99	0.86	0.96	0.59
2013	0.91	0.93	0.62	0.96	0.46	－0.24	－1.00	0.87	0.94	0.62
2014	0.88	0.86	0.69	0.96	0.31	－0.44	－0.99	0.86	0.96	0.33
2015	0.79	0.95	0.67	0.96	0.06	－0.10	－0.99	0.89	0.95	0.27
2016	0.82	0.97	0.68	0.96	0.12	0.04	－0.98	0.90	0.91	0.37
2017	0.80	0.98	0.74	0.89	0.16	0.35	－0.96	0.89	0.83	0.40
2018	0.85	0.98	0.68	0.87	0.33	0.35	－0.89	0.90	0.88	0.35
2019	0.88	0.98	0.74	0.85	0.36	0.43	－0.86	0.89	0.88	0.60
年均增速（%）	0.57	3.39	1.20	－0.64	－3.51	0.52	－0.41	1.35	－0.18	1.29

数据来源：联合国 UN Comtrade 数据库。

（三）显示性比较优势指数（RCA）

显示性比较优势指数（RCA）剔除了国家总量波动和世界总量波动的影响，以此更有利地表现出某产业或产品的相对竞争优势，是衡量一国产品或产业在国际市场竞争力最具说服力的指标（于海龙和李秉龙，2011），描述的是某国（区域）中某一产业出口额在该国（区域）中所占的比值与全球贸易中该产业与全球贸易总额的比值，其计算公式为：

$$RCA_{ij} = \frac{X_{ij}/X_i}{W_j/W} \tag{3}$$

式（3）中：RCA_{ij} 代表 i 国 j 产品的显示性比较优势指数；X_{ij} 为 i 国 j 产品的出口金额；X_i 为 i 国所有商品的出口金额；W_j 为 j 产品的世界出口金额；W 为世界所有商品的出口金额。

一般来说，若 $RCA > 2.5$，则表示该国产品具有极强的竞争力；若 $1.25 \leqslant RCA \leqslant 2.5$，则表示该国产品具有较强的竞争力；若 $0.8 \leqslant RCA \leqslant 1.25$，则表明该国产品具有中度的国际竞争力；若 $RCA < 0.8$，则表明该国产品竞争力弱。

从表 3 可以看出，2000 年爱尔兰婴幼儿奶粉显示性比较优势指数最高，为 23.63，具有绝对的竞争优势，荷兰婴幼儿奶粉竞争力也极强，为 5.34，瑞士、新西兰、法国、澳大利亚婴幼儿奶粉竞争力较强，分别为 2.27、2.01、1.76、1.51，而墨西哥、美国婴幼儿奶粉竞争力处于中等水平。到 2019 年，新西兰婴幼儿奶粉显示性比较优势指数达到了 46.37，表明新西兰婴幼儿奶粉产业具有极强的国际竞争力，爱尔兰、荷兰、澳大利亚、法国婴幼儿奶粉显示性比较优势指数也相对较高，均超过了 2.5，分别为 9.78、7.12、4.05 和 3.12，同样处于较高竞争水平，而瑞士、墨西哥、德国婴幼儿奶粉显示性比较优势指数分别为 1.91、1.09、0.85，处于中等竞争力水平，而美国婴幼儿奶粉显示性比较优势指数相对较低，为 0.32，竞争力水平较弱。中国婴幼儿奶粉显示性比较优势指数一直较低，2000—2016 年处于非常低的水平，接近于 0，2017、2018、2019 年中国婴幼儿奶粉显示性比较优势指数有所提升，三年分别为 0.06、0.21 和 0.26，虽然指数值在逐渐升高，但仍处于 0.8 以下，表明与其他奶业强国相比，中国婴幼儿奶粉国际竞争力还有很大提升空间。

表 3　2000—2019 年中国与世界主要婴幼儿奶粉出口国的显示性比较优势指数比较

年份	荷兰	新西兰	法国	爱尔兰	德国	澳大利亚	中国	瑞士	美国	墨西哥
2000	5.34	2.01	1.76	23.63	0.97	1.51	0.03	2.27	0.81	1.16
2005	4.64	7.63	2.85	22.61	0.77	0.24	0.00	1.56	0.39	1.90

（续）

年份	荷兰	新西兰	法国	爱尔兰	德国	澳大利亚	中国	瑞士	美国	墨西哥
2007	3.60	16.16	2.82	26.08	0.49	0.08	0.00	1.89	0.31	2.87
2008	4.08	15.66	2.64	25.18	0.56	0.49	0.00	2.59	0.33	2.29
2009	5.52	16.52	2.47	19.25	0.66	0.58	0.00	1.75	0.31	1.80
2010	6.40	17.88	2.85	20.09	0.67	0.53	0.00	2.44	0.33	2.27
2011	6.91	19.46	3.43	21.21	0.72	0.36	0.00	2.60	0.36	2.44
2012	7.17	19.02	3.65	21.26	0.80	0.43	0.01	2.16	0.34	2.25
2013	7.54	23.00	3.70	20.52	0.83	0.58	0.00	2.04	0.39	2.30
2014	9.35	15.68	3.10	21.79	0.77	0.54	0.01	2.12	0.36	0.63
2015	8.88	18.59	3.14	21.06	0.78	1.44	0.01	2.03	0.41	0.79
2016	8.03	33.19	2.89	18.93	0.84	2.74	0.03	1.99	0.33	0.63
2017	6.93	34.57	3.48	18.94	0.97	2.89	0.06	2.17	0.34	0.49
2018	7.57	39.94	3.09	12.70	0.91	3.88	0.21	2.54	0.35	0.62
2019	7.12	46.37	3.12	9.78	0.85	4.05	0.26	1.91	0.32	1.09
年均增速（%）	1.53	17.96	3.06	−4.54	−0.69	5.33	12.04	−0.90	−4.77	−0.33

数据来源：联合国 UN Comtrade 数据库。

（四）显示性竞争优势指数（CA）

显示性竞争优势指数是在产品的出口比较优势基础上减去该产品的进口比较优势（蒋美娟等，2013），其计算公式为：

$$CA_{ij} = RCA_{ij} - \frac{(M_{ij}/M_{it})}{(M_{wj}/M_{wt})} \tag{4}$$

式（4）中：CA_{ij} 代表 i 国 j 产品的显示性竞争优势指数；RCA_{ij} 代表 i 国 j 产品的显示性比较优势指数；M_{ij} 为 i 国 j 产品的进口金额；M_{wj} 为 j 产品的世界进口金额；M_{it} 为 i 国所有商品的进口金额；M_{wt} 为世界所有商品的进口金额。

通常情况下，若 $CA > 0$，则表示该产品具有比较优势；若 $CA < 0$，则表示该产品不具有比较优势；若 $CA = 0$，则表示该产品既无竞争优势又无竞争劣势。

从表4可以看出，2000 年爱尔兰婴幼儿奶粉的 CA 最高，为 22.80，远大于其他国家的 CA，表明爱尔兰婴幼儿奶粉国际竞争力最强，荷兰婴幼儿奶粉的 CA 也相对较高，为 4.55，表明其婴幼儿奶粉的国际竞争力也较强，仅中国的 CA 小于零，表明中国婴幼儿奶粉国际竞争力最弱，其余国家婴幼儿奶粉的 CA 均介于 0～2，同样具有较强的国际竞争力。到 2019 年，新西兰婴幼儿奶粉的 CA 最高，达到 45.97，表明其具有相当强的国际竞争力，其次爱尔兰、荷兰婴幼儿奶粉的 CA 也相对较高，分别为 8.52 和 6.61，也具有较强的国际竞争力，除中国婴幼儿奶粉 CA 为负以外，其他国家介于 0～3，婴幼儿奶粉国际竞争力也较强。从 2000—2019 年，中国婴幼儿奶粉 CA 一直为负数，且不断减小，竞争力一直较弱。

表 4　2000—2019 年中国与世界主要婴幼儿奶粉出口国的显示性竞争优势指数比较

年份	荷兰	新西兰	法国	爱尔兰	德国	澳大利亚	中国	瑞士	美国	墨西哥
2000	4.55	1.29	1.25	22.80	0.83	0.82	−0.99	1.80	0.78	0.68
2005	3.65	7.54	2.43	21.75	0.05	−1.76	−0.76	1.22	0.38	0.69
2007	3.25	16.09	2.62	25.33	0.23	−1.82	−1.14	1.47	0.31	1.74
2008	3.83	15.31	2.24	24.24	0.30	−1.09	−1.34	2.21	0.33	1.28
2009	5.19	15.92	1.86	18.97	0.42	−0.82	−1.76	1.43	0.31	1.14
2010	6.10	16.29	2.25	19.59	0.41	−0.90	−1.64	2.10	0.31	1.66
2011	6.57	18.58	2.84	20.22	0.42	−0.80	−1.61	2.32	0.35	1.89
2012	6.92	17.98	2.93	20.14	0.55	−0.41	−1.65	1.99	0.33	1.68
2013	7.15	22.12	2.97	19.79	0.45	−0.44	−1.88	1.88	0.38	1.76
2014	8.64	14.46	2.58	21.04	0.24	−1.02	−1.86	1.94	0.36	0.29
2015	7.83	18.22	2.67	20.52	0.02	−0.02	−2.67	1.90	0.40	0.40
2016	7.20	32.81	2.43	18.36	0.07	0.38	−3.16	1.87	0.32	0.37
2017	6.12	34.22	3.06	17.40	0.15	0.59	−3.69	2.03	0.32	0.30
2018	6.90	39.59	2.61	11.33	0.38	1.95	−3.62	2.41	0.33	0.34
2019	6.61	45.97	2.72	8.52	0.39	2.15	−3.88	1.78	0.31	0.82
年均增速（%）	1.99	20.69	4.18	−5.05	−3.90	5.20	7.45	−0.06	−4.74	0.99

数据来源：联合国 UN Comtrade 数据库。

四、中国婴幼儿奶粉国际竞争力影响因素分析

钻石模型是迈克尔·波特在充分吸收与借鉴绝对优势理论、相对优势理论等一系列理论的基础上提出的，该模型建立了全面系统的产业竞争力分析框

架，是研究产业国际竞争力最经典的理论模型（黄祖辉等，2010）。波特（2002）认为，决定一个国家或一个行业竞争优势的因素由基本因素和辅助因素两部分组成，其中基本因素包括生产要素、需求条件、企业生产、关联产业战略，辅助因素包括政府作用和市场机遇。根据婴幼儿奶粉的生产特点，参照波特的核心观点，本文构建了婴幼儿奶粉国际竞争力的钻石模型。根据图7所示的钻石模型，婴幼儿奶粉国际竞争力主要由生产要素、需求条件、企业生产战略、关联产业、政府作用与市场机遇共同决定。现就影响婴幼儿奶粉国际竞争力的各因素进行系统分析。

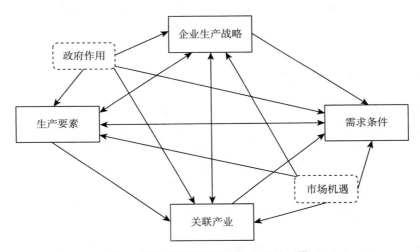

图 7　婴幼儿奶粉国际竞争力的钻石模型

（一）生产要素因素

生产要素是指在一国某个特定产业利用其土地资源、劳动力资源、资金资源等进行生产活动，国家生产要素由这些资源的整体状况所决定，具体细分为初级生产要素和高级生产要素。初级生产要素是指这个国家所拥有的自然资源禀赋，例如适宜产品生产的土壤、气候等；高级生产要素则是指通过人力资源改造或资本投入持续不断创造出的高端生产条件，例如高素质人才、高端技术等。高级生产要素决定了竞争优势的质量（刘丽娜，2017）。

对于婴幼儿奶粉而言，其主要生产原料是生鲜乳，因此生鲜乳作为初级生产要素直接影响婴幼儿奶粉的国际竞争力。从整体上来看，虽然中国具有丰富的土地资源，但同时中国也是世界上人口最多的国家之一，人均土地占有量仅有 0.54 公顷，属于典型的人多地少型国家，人均耕地水平与人均草地面积远低于法国、德国、荷兰、新西兰、美国等奶业强国，造成谷物饲料、蛋白质饲料以及优质苜蓿等牧草资源严重短缺，带来的是生产成本居高不下，成为制约婴幼儿奶粉生产价格不占优势的基本原因。另外，作为生鲜乳最重要的供给主体奶牛，其品种的优良决定了生鲜乳质量与产量，因此种质资源是婴幼儿奶粉生产要素中的高级生产要素。世界各地所有牛的品种数加总超过800种，但并不是所有牛都适合产奶，被誉为"世界上产奶量最高"的荷斯坦奶牛，年产奶量在7 500～8 000千克，世界主要奶业发达国家纯种荷斯坦奶牛比例在80%左右，日本为99%，美国为93%，新西兰为80%以上，而中国不足50%（张亚伟等，2016）。同时，受高端人才、科技创新、资金约束等因素的影响，中国奶牛单产水平相对较低，这也是制约中国婴幼儿奶粉国际竞争力不强的重要因素。

（二）需求条件因素

在钻石模型中，本国市场中存在的需求因素称之为需求条件，例如需求结构、需求数量以及需求侧重等。波特（2002）指出，商品生产厂家对消费者的需求状况最了解，而国内需求特点对产品特征的形成和创新具有深远影响，主要是由于：①生产厂商为追求利润最大化而不断提升产品质量，降低生产成本，满足消费需求；②消费者需求不断朝着个性化和多样化方向发展，独特的买方需求会刺激新产品的诞生；③人们日益增长的消费需求督促厂商将规模经济达到最大效用。

根据腾讯研究院最新公布数据显示，2019年中国新生儿家庭中有超过92%的家庭使用婴幼儿奶粉，且婴幼儿奶粉的使用阶段主要是0～3岁的婴幼儿。但是近年来国内婴幼儿奶粉基础消费人群处于持续轻微下滑阶段，0～3岁总人口已经走过了拐点，从2017年开始不断下降，到2020年下降速度放缓，其中2020年0～3岁总人口约有4 502万，到2023年约有4 364万，而到2025年将下降到4 270万[①]，因此从需求结构上来看，未来一段时间内中国婴幼儿奶粉竞争力提升阻力较大。正如前文所述，虽然消费者对国产婴幼儿奶粉的需求量在不断增加，但这一速度是迟缓的，每年需求量的增加在10万吨左右，这与人口大国需求量不相匹配。同时在需求侧重上，依据2019年对中国消费者购买婴幼儿奶粉最关注因素的调查发现，消费者关注前三的要素是品牌、安全和营养成分。因此提升中国婴幼儿奶粉国际竞争力的前提是要关注本土的消费需求。

---

① 搜狐网：https://www.sohu.com/a/373312245_100258568。

（三）关联产业因素

产业链的高效、完整可以促使该产业形成规模效应，增强其竞争实力。波特（2002）指出，具有较强国际竞争力的本国供应商可以通过快速的物流方式，传递最符合经济成本的生产资料，使中游的生产商获得相对其他人更强的竞争优势，并且通过下游或相关支持性产业合作，以最迅速的方式打开市场进行产品销售，既有助于获得超额利润，同时还有助于促进下游产业发展。

从婴幼儿奶粉全产业链来看，婴幼儿奶粉生产企业属于中游产业，与之相关的上游产业包括奶牛养殖业、生鲜乳生产企业以及包装材料生产企业，下游企业主要是指销售企业，包括专卖店、商超、母婴店、电商平台等，同时在这一产业链中运输业也起到至关重要的作用。对于奶牛养殖业和生鲜乳生产企业，前文已经重点阐述，而对于上游产业中的包装材料生产企业来说，其在很大程度上决定着婴幼儿奶粉产业的质量安全，因为这些企业是与产品直接接触的，是产品本身质量安全之外的重要安全因素，对婴幼儿奶粉质量安全产生间接影响，进而影响婴幼儿奶粉竞争力。下游企业中销售企业的销售行为也会对婴幼儿奶粉竞争力产生重要影响，营销战略的制定、营销人员的培训、售后服务的跟进等都将影响消费者对婴幼儿奶粉的购买力，进而影响其国际竞争力。同时在整个关联企业中最不容忽视的就是运输业的发展，生鲜乳对冷链运输的要求较高，能否完全实现运输的绝对安全依赖于运输业的高效性。

（四）企业生产战略因素

企业生产战略主要讨论了某一特定产业内部结构组成、层次组合以及竞争对手实力对自身竞争力的影响。就产业中某个指定的企业而言，如果该企业的长期战略、经营方式、组织形式等具有较强的科学性、前瞻性、可持续性，则有助于增强该企业的竞争力，同时对其他企业也可以带来较好的示范效果，进而有助于提高整体产业竞争力。

从对国外奶业发达国家成功经验的总结中可以发现，往往企业做大做强的关键是拥有较高的产业集中度，产、加、销一体化经营既可以节约生产成本，还可以有效保障婴幼儿奶粉的质量安全，国外很多婴幼儿奶粉生产企业的产业集中度较高，像雀巢、达能、恒天然、富仕兰等婴幼儿奶粉年度营业额均在200亿元左右，而中国的飞鹤和伊利婴幼儿奶粉年度营业额在100亿元左右，与国外相比仍有较大差距。同时产业间关联度也是影响婴幼儿奶粉国际竞争力的重要因素，奶业强国大多通过协会的力量，统筹婴幼儿奶粉的生产、包装、运输、销售等，产业集中度高，利益联结机制紧密，而中国婴幼儿奶粉生产企业更多是"单打独斗"，需要通过资源整合提高产业间的紧密程度，提高婴幼儿奶粉国际竞争力。

（五）政府作用与市场机遇因素

作为辅助因素，一般政府作用与市场机遇是相继产生的，政府出台相关政策的目的是创造更多机会。政府作用主要是指在产业发展过程中出台了支持与保护性的政策、法律法规等，不断激发产业创新能力，促使生产动能不断提升（赵俊仙等，2018）。而市场机遇是一种偶然性事件，是指在政策指导下所带来的生产技术变革，具体包括产品生产技术变革、消费需求的增加等。

从婴幼儿奶粉产业发展概况来看，短期内实现技术的变革、消费需求的激增难以实现，但往往国内生产政策和国际贸易政策的出台在约束婴幼儿奶粉生产的同时，也是在不断地创造市场机会，促进婴幼儿奶粉产业快速发展。梳理近五年国家各部委出台的与婴幼儿奶粉有关的政策文件可以发现，这些内容在约束厂商生产婴幼儿奶粉标准的同时也在激励厂商开拓新的市场领域，主要政策内容包括：一是 2015 年出台的《中国人民共和国食品安全法》明令要求婴幼儿奶粉的产品配方需经国务院食品药品监管部门注册，且同一企业不得用同一配方生产不同品牌的婴幼儿配方乳粉；二是 2016 年中国向世界贸易组织递交《婴幼儿配方乳粉残品配方注册管理办法（送审稿）》，第一次通过文件的形式明确把进口奶粉纳入管理范围；三是 2019 年出台的《关于进一步促进奶业振兴的若干意见》和《国产婴幼儿配方乳粉提升行动方案》均强调要提升国产婴幼儿配方乳粉的品质、竞争力和美誉度，提高市场占有率，实施国产婴幼儿配方乳粉"品质提升、产业升级、品牌培育"三大行动计划，实现自给水平稳定在 60％以上，质量安全追溯体系建设覆盖 60％以上。

但不可忽视的一点是，《中澳自贸协定》第二章货物贸易部分第十四条提出了农产品特殊保障措施，即中国对超出规定数量的进口农产品将实施特殊保障措施，关税税率将由协议税率改为基础税率，但婴幼儿奶粉未列入设置特殊保障措施的农产品范围之内。因此，《中澳自贸协定》实施以后，关税税率的降低以及没有任何特殊保护措施，使得澳大利亚婴幼儿奶粉价格与国产婴幼儿奶粉价格相比更具竞争优势，将会给国产婴幼儿奶粉带来巨大冲击。

五、提升中国婴幼儿奶粉国际竞争力的政策建议

通过前文的研究可以发现，虽然在 2008 年"三聚氰胺"事件发生以后，中国政府和婴幼儿奶粉生产企业做出大量努力，竭尽全力缓解这一负面冲击，

但从发展实际来看，当前中国婴幼儿奶粉国际竞争力水平与奶业强国相比仍有较大提升空间，提升中国婴幼儿奶粉国际竞争力要从国家层面、产业层面、企业层面以及消费者层面四个维度综合兼顾。

（一）完善婴幼儿奶粉产业的政策支持体系

一是，建立健全婴幼儿奶粉产业政策支持保障体系，加大对规模化奶牛养殖场的政策扶持力度，积极支持乳制品生产企业的生产经营，增加对奶业发展抗风险能力的投入；二是，加强婴幼儿奶粉产业监管和处罚力度，严格按照最新质量检测标准建立追溯体系，坚持"市场买样、异地抽样、月月抽检、月月公布"原则，对国内所有婴幼儿配方乳粉生产企业全覆盖抽样；三是，建立国产婴幼儿奶粉品牌国际化的支持服务体系，支持国产婴幼儿奶粉品牌布局海外工厂，抢占产能，提升品牌国际形象。

（二）加强婴幼儿奶粉产业链条的资源整合

一是，引导国产婴幼儿奶粉差异化竞争，针对不同区域、不同消费层次的群体实行差异化供给策略，明确产品定位，在满足一二线城市消费需求之外，重点开拓三四线城市以及农村消费市场；二是，整合国产婴幼儿奶粉行业资源，鼓励各地通过企业并购、协议转让、联合重组、控股参股等多种方式开展婴幼儿奶粉企业兼并重组，淘汰落后产能，提高产业集聚度；三是，加强对婴幼儿奶粉产业及关联产业的监督，充分发挥媒体监督功能，在确保质量安全的基础上提高婴幼儿奶粉产业的服务效率与服务水平。

（三）拓宽婴幼儿奶粉企业市场营销格局

一是，推广"全球资源＋互联网思维"的生产销售模式，在奶源获取上，可与新西兰、澳大利亚等奶牛养殖企业建立起合作关系，婴幼儿奶粉从奶牛饲养、生产到罐装全部在国外完成，在销售上，不断将互联网技术应用于产品营销策略中，利用电商平台垂直销售，进一步压缩营销成本；二是，提升国产婴幼儿奶粉的品牌美誉度，秉承专业、关爱、呵护、可信赖等经营理念，不断完善和突破产品营养配方，夯实产品质量，让更多消费者满意和放心；三是，从长远目标谋划企业发展方向，培养国产婴幼儿奶粉国家化战略眼光，提高自身责任感和使命感，将婴幼儿奶粉产业做大做强为己任。

（四）提高消费者对国产婴幼儿奶粉的购买力

一是加强媒体舆论导向作用，宣传推介国产婴幼儿奶粉品质和美誉度，提振国民消费信心，提高对国产婴幼儿奶粉的购买力；二是以价格优势吸引消费者对国产婴幼儿奶粉的关注度，国产婴幼儿奶粉竞争力弱一方面源自消费者对国产奶粉不信任，另一方面是未形成价格优势以吸引消费者购买，要在保障企业生产利润的同时用价格优势抢占国内销售市场；三是引导消费者树立正确消费观，不盲目追随国外婴幼儿奶粉品牌，呼吁消费者摒弃"崇洋"心态，坚信"适合的，才是最好的"，养成理性消费习惯，不要落入"只买贵的，不买对的"的消费误区。

项目负责人：李翠霞
主要参加人：许佳彬、刘辰洋、苏甜甜、崔力航、张聪、奚卉彤、赵玥、
窦畅、宋亚东

金融包容促进精准扶贫与
脱贫长效机制与对策研究[*]

辛立秋　孙　宇　陈永萍

2004 年，中央 1 号文件首次强调了重视农业发展，增加农民收入，缩小城乡差距。随后，2004—2017 年出台的中央文件都强调了农业发展的重要性。指出要改善贫困状况，农村改革主要侧重于农村金融机构的改革。增强农村地区的金融服务水平，增强普惠金融的力度，推进农村现代化建设，提高农村经济发展水平，缩小城乡收入差距，实现脱贫。2013 年，十一届三中全会在金融深化改革中增加了"发展普惠金融"内容。2016 年正式将"普惠金融"作为国家战略规划。2017 年，中央银行强调加大普惠金融力度，加强金融机构在农村的服务程度，使金融体系带动农村经济增长，实现金融包容促进精准扶贫与脱贫。要拓宽农村资金筹集渠道，加大对农村地区的金融投入，提升农村的金融服务水平，金融包容的重点要在农村。

普惠金融指金融服务要覆盖到有能力承担金融产品成本但却缺少相关金融服务渠道而得不到金融服务的群体，使有能力负担金融服务的各个阶层平等地享用金融产品。强调要加大金融服务的覆盖范围，达到金融服务覆盖最大化，从金融的角度最大限度地增加人们的福利水平。金融包容作为普惠金融的延伸，更加注重金融机构在农村地区、偏远地区的可及性，丰富了原有的普惠金融理论。

一、黑龙江省贫困情况

黑龙江省是我国重要的粮仓，截至 2018 年末，农业总产值为 5 586.6 亿元，占黑龙江省总产值的 34.1%，可见农业在黑龙江省处于重要地位。黑龙江农村人口为 1 505.5 万人，占总人口的 40.3%，贫困人口数近 27 万人，占

＊　黑龙江省社会科学研究规划项目（课题编号：17JYB082）。

项目负责人为辛立秋教授，主要参加人员有万祥荣、赵丽娟、胡畔、吕双、庞金波、鲍宪军、孙宇、陈永萍。

总人口的 0.7%。

1. 黑龙江省贫困人口规模情况

按照全国的扶贫脱贫标准，到 2017 年末，黑龙江省共有 53 万贫困人口（2010 国家标准），14 个国家级贫困市县，8 个省级贫困县，与 2016 年相比减少了 6 个，其中包括 3 个深度贫困县，共 1 778 个贫困村，涵盖了 107 个深度贫困村。党的十八大以来，依照行政区划对黑龙江省范围内的贫困村进行量化排序，含有数量过百贫困村的地区有：齐齐哈尔市 443 个，贫困村比率 35.19%；绥化市 424 个，贫困村比率 31.74%；佳木斯市 278 个，贫困村比率 30.62%；哈尔滨市 168 个，贫困村比率 8.91%。截至 2018 年底，17.2 万农村贫困人口脱贫，超额完成 15 万人脱贫任务，在 2017 年 5 个国贫县、8 个省贫困县摘帽的基础上，又有 10 个国贫县申请摘帽。

以每人每年 2 300 元的国家贫困标准衡量（2010 标准），2010 年黑龙江省贫困人口总数是 239 万人，截至 2017 年底，已经完成 186 万人脱贫任务，贫困发生率共下降了 9.8 个百分点，自"十二五"时期以来，贫困范围在不断缩小。在早期阶段，下降速度较快，后来下降速度逐渐平缓，伴随经济的高速发展，贫困的特征越来越多样且顽固性增强，使得脱贫工作面临阻碍，脱贫工作进入攻坚克难的阶段。2016—2017 年，黑龙江省坚持贯彻习近平总书记关于扶贫脱贫的"六个精准"的要求，因户、因人施策进行对贫困户进行定向、专项扶贫脱贫，减贫效果明显，贫困人口数量大幅下降。2016—2017 年有 33 万人从贫困户脱贫，贫困发生率由 2015 年的 4.6% 降低至 2.9%（表 1）。截至 2018 年末，黑龙江省农村贫困发生率为 1.4%，比上年下降 1.3 个百分点，降幅为近六年最大。

表 1　2010—2017 年黑龙江省贫困规模概况

年份	贫困人口规模（万人）	同比下降（万人）	贫困发生率（%）
2010	239		12.7
2011	155	84	8.3
2012	130	25	6.9
2013	111	19	5.9
2014	96	15	5.1
2015	86	10	4.6
2016	69	17	3.7
2017	53	16	2.9

数据来源：中国农村贫困检测报告、关于黑龙江省 2017 年国民经济和社会发展计划执行情况与 2018 年国民经济和社会发展计划草案的报告整理得到。

2. 黑龙江省贫困人口收入情况

近年来，黑龙江省农村常住居民人均收入增长较快。2016 年黑龙江省农村常住居民人均可支配收入 12 123 元，同比增长 6.6%，2017 年黑龙江省农村常住居民人均消费支出同比增长 11.7%，达到 10 524 元，农村常住居民人均可支配收入同比增长了 7%，达到 12 665 元。2018 年黑龙江省农村居民人均可支配收入为 13 804 元，比上年增长 9.0%。

2016 年黑龙江省贫困地区农村常住居民人均可支配收入 7 828 元，较上年增长了 9.1%，2017 年黑龙江省贫困地区农村常住居民人均可支配收入同比增长了 9.5%，达到 8 572 元。2018 年黑龙江省贫困地区农村居民人均可支配收入为 9 621 元，同比增长 12.2%。

二、黑龙江省农村金融包容情况

（一）黑龙江省金融包容发展情况

近年来黑龙江省农村金融发展较快，在一定程度上促进了农业经济的发展。本部分从金融包容的渗透性、可接触性、可利用性三个维度对黑龙江省的金融包容水平进行定量分析，为黑龙江省金融包容水平测评提供基础。

1. 黑龙江省金融包容渗透性

（1）黑龙江省银行类金融机构覆盖情况：黑龙江省银行类的金融机构的覆盖情况涵盖两点：一是网点及从业人员数量，二是分布情况。一般在研究银行这类金融机构时，金融机构网点与金融机构从业人员的地理密度、人口密度必须考虑进去。地理密度更高，其代表着金融机构的覆盖程度越广，其供给的金融包容效率更高；人口密度更高，更多的人就会从金融机构那里获得更多的金融产品。从表 2 数据得出，从 2006 年到 2017 年，每万平方公里可获得包容的银行类金融机构网点数由 125.815 0 个增加至 140.190 2 个，每万人可获得包容的银行类金融机构网点数由 1.494 1 个上升至 1.757 4 个，每万平方公里可获得包容的银行类金融机构从业人员数由 1 985.793 0 人上升至 2 585.539 1 人，每万人可获得包容的银行类金融机构从业人员数由 23.582 3 人上升至 32.276 5 人。总体而言，从地理及人口密度上分析，供给水平在不断提升，金融包容所覆盖的范围也在逐步拓宽，增强了金融包容的渗透程度。

表 2　2006—2017 年黑龙江省银行类金融机构分布情况

年份	金融机构网点地理密度（个/万平方公里）	金融机构网点人口密度（个/万人）	金融机构从业人员地理密度（人/万平方公里）	金融机构从业人员人口密度（人/万人）
2006	125.815 0	1.494 1	1 985.793 0	23.582 3
2007	131.299 6	1.558 8	2 056.630 0	24.417 1
2008	130.726 9	1.551 6	2 082.533 0	24.718 2
2009	133.083 7	1.579 2	2 330.176 2	27.650 3
2010	132.973 6	1.575 0	2 356.762 1	27.914 7
2011	136.409 7	1.615 3	2 456.652 0	29.090 2
2012	140.770 9	1.666 9	2 514.581 4	29.776 2
2013	142.599 1	1.688 1	2 678.986 8	31.714 7
2014	144.801 8	1.715 1	2 742.422 9	32.482 7
2015	146.189 4	1.741 1	2 742.797 4	32.666 1
2016	141.078 2	1.756 5	2 635.623 6	32.815 2
2017	140.190 2	1.757 4	2 585.539 1	32.276 5

数据来源：2007—2018 年《黑龙江金融年鉴》计算所得。

（2）黑龙江省保险机构的覆盖情况：2017 年黑龙江省保险总机构数量 2 536 个，其中人寿保险公司为 1 451 个，高于财产保险公司的 1 085 个。2006—2017 年黑龙江省的保险机构个数总体趋势是在上升与下降间来回变动，2008 年受金融危机影响处于波谷，2013 年处于波峰，2014 年之后受国家政策调整影响，保险机构数增加 316 家。

从地理密度和人口密度分析黑龙江省保险机构的分布情况（表 3）可知，无论是地理密度，还是人口密度都显著上升，并且其变化的趋势与保险机构相似，说明黑龙江省的保险机构的涵盖面积较广，但近年来有下降的趋势，与 10 年前相比，农村金融包容的渗透性有显著提升，但仍面临一系列的问题。

表 3　2006—2017 年黑龙江省保险机构分布情况

年份	保险机构地理密度（个/万平方公里）	保险机构人口密度（个/万人）
2006	44.493 4	0.528 4
2007	48.105 7	0.571 1

（续）

年份	保险机构地理密度（个/万平方公里）	保险机构人口密度（个/万人）
2008	32.158 6	0.381 7
2009	44.008 8	0.522 2
2010	60.176 2	0.712 8
2011	60.991 2	0.722 2
2012	61.233 5	0.725 1
2013	61.365 6	0.726 5
2014	59.118 9	0.700 2
2015	53.810 6	0.640 9
2016	52.727 2	0.656 4
2017	53.615 2	0.669 3

数据来源：2007—2018 年《黑龙江金融年鉴》计算所得。

2. 黑龙江省金融包容可接触性

（1）黑龙江省银行类金融机构经营情况：黑龙江省银行类金融机构以金融机构业务种类、存贷款为主要经营方式。存贷款余额也可以反映资金对黑龙江省经济发展的支持力度，存贷差可反映金融机构资金利用情况，存贷差越高，资金利用程度越低。从表 4 可以看出，黑龙江省存贷款余额和人均存贷款余额均持续上升，表明金融服务的可获得性在持续提高，金融机构的存贷差呈现先升后降的形态，即资金利用率由 2008—2013 年逐步降低，随着近年来调整利率、降低准备金、利用货币政策工具进行调控，金融机构资金利用率逐步提升。黑龙江省存款余额和贷款余额年均增长率均为 2.07%，人均存款余额和贷款余额年均增长率均为 2.29%，2017 年存款余额是 2008 年的 1.6倍，贷款余额是 2008 年的 3.2 倍，人均存款余额增长了 70%，人均贷款余额增长了 230%，表明黑龙江省金融服务的可获得性近十年的提高幅度较大。

通过分析城乡居民人均存贷款余额显示银行类金融包容可接触性状况，表 5 可以看出 2006 年人均存款余额和人均贷款余额分别为 18 109.9 元/人和10 389.5 元/人，2017 年增长到 62 325.4 元/人和 50 695.1 元/人，可以看出在金融包容方面，城乡居民可接触性不断上升。

表 4 2008—2017 年黑龙江省金融机构存贷款余额概况

年份	存款余额（亿元）	贷款余额（亿元）	存贷差（亿元）	人均存款余额（元/人）	人均贷款余额（元/人）
2008	8 993.8	4 532.7	4 461.1	23 513	11 850
2009	11 022.8	5 988.3	5 034.5	28 810	15 652
2010	11 937.4	7 230.5	4 706.9	31 144	18 864
2011	14 416.4	8 761.1	5 655.3	37 601	22 851
2012	16 326.6	9 906.7	6 419.9	42 584	25 839
2013	18 131.8	11 359.4	6 772.4	47 280	29 620
2014	19 254.8	13 391.7	5 863.1	50 234	34 938
2015	21 218.9	16 214.9	5 004.0	55 663	42 537
2016	22 179.0	17 725.0	4 454.0	58 381	46 657
2017	23 615.1	19 208.4	4 406.7	62 342	50 709

数据来源：《黑龙江金融年鉴》《黑龙江统计年鉴》《黑龙江省金融运行报告》。

表 5 2006—2017 年黑龙江省城乡居民人均存贷款情况

年份	城乡居民人均存款（元/人）	城乡居民人均贷款（元/人）
2006	18 109.9	10 389.5
2007	19 769.1	11 130.8
2008	23 513.2	11 850.2
2009	28 810.2	15 651.6
2010	31 143.8	18 863.8
2011	37 601.5	22 851.1
2012	42 583.7	25 839.1
2013	47 279.8	29 620.3
2014	50 234.3	34 937.9
2015	55 663.4	42 536.5
2016	58 381.1	46 657.0
2017	62 325.4	50 695.1

数据来源：2007—2018 年《黑龙江金融年鉴》计算所得。

（2）**黑龙江省保险机构经营情况。**黑龙江省保险机构的经营状况包括：保险机构业务种类和保费收入及赔付状况。截至 2017 年末，黑龙江省的保费收入达 931.41 亿元，其中农业保险共计 35.46 亿元，占总体收入的 3.81%。通过

图 1 可以看出黑龙江省农业保费的收入与赔付款项整体上实现了增长，赔付率也在波动的过程中有所提高，意味着农业保险已实现为农户的生产经营提供保障。得到保障的居民的数量也在上升，进一步提升了保险包容的可接触程度。

保险包容可接触性的情况也可以用城乡居民人均保费收入来反映。人均保费收入从 2006 年的 411.2 元/人到 2017 的 2 458.2 元/人，扩大了近 6 倍，充分说明了 2006—2017 年金融包容的可接触性程度明显增强。

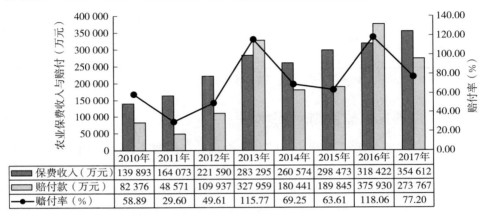

	2010年	2011年	2012年	2013年	2014年	2015年	2016年	2017年
保费收入（万元）	139 893	164 073	221 590	283 295	260 574	298 473	318 422	354 612
赔付款（万元）	82 376	48 571	109 937	327 959	180 441	189 845	375 930	273 767
赔付率（%）	58.89	29.60	49.61	115.77	69.25	63.61	118.06	77.20

图 1　2010—2017 年黑龙江省农业保费收入及赔付情况

3. 黑龙江省金融包容使用效用性

黑龙江省金融包容使用效用可以从金融机构、保险机构产品的使用效率得以体现。参照国内学者的标准，在衡量居民的使用情况时，采用存款余额占 GDP 比重、贷款余额占 GDP 比重、保费收入占 GDP 比重这三方面进行分析。据表 6 显示，2006—2017 年三项比重都不断上升，其中前两项上升比例较大，后一项上升比例较小，可以看出存贷款余额占 GDP 的比重相对于保费收入要高，此情况可以反映出近年来黑龙江省存贷款在使用程度上优于保险产品。

表 6　2006—2017 年黑龙江省金融产品的使用情况

单位：%

年份	存款余额占 GDP 比重	贷款余额占 GDP 比重	保费收入占 GDP 比重
2006	1.114 6	0.639 4	0.025 3
2007	1.064 1	0.599 2	0.021 9
2008	1.081 7	0.545 2	0.030 2
2009	1.283 7	0.697 4	0.032 4
2010	1.151 3	0.697 3	0.033 1

（续）

年份	存款余额占 GDP 比重	贷款余额占 GDP 比重	保费收入占 GDP 比重
2011	1.145 8	0.696 3	0.025 3
2012	1.192 5	0.723 6	0.025 1
2013	1.254 4	0.785 8	0.026 6
2014	1.280 3	0.890 4	0.033 7
2015	1.406 7	1.075 0	0.039 2
2016	1.441 5	1.152 0	0.044 6
2017	1.484 9	1.207 8	0.058 6

数据来源：2007—2018 年《黑龙江金融年鉴》计算所得。

（二）黑龙江省金融包容水平

本文选取黑龙江省 1998—2017 年金融统计数据测算农村金融的包容指数，数据来自《黑龙江统计年鉴》《黑龙江金融年鉴》。选取上述数据作为本文选取的数据来源基于以下三点：一是以省为单位的关于农村金融统计数据获得难度较大；二是在城乡范围内金融机构的归属不明确，无法确定是否应该将农村地区纳入包容范围；三是将经济社会中的各个主体融入正规金融系统是农村金融包容的主旨，对于农户和小微企业来说，农村地区更应该纳入其中。综合分析国内外数据库统计及相关研究经验来看，在测度农村金融包容指数时，采用省（市）的数据是可行有效的。

1. 黑龙江省农村金融包容指标体系构建

利用 FII 模型是测度农村金融发展水平的主要手段，其指标体系构建从金融供给和金融需求两个方面进行，遵循客观真实性、全面性、易得性及可量化性原则。

本文采取 Beck 等（2007）、Sarma（2008，2011）与联合国人类发展指数（HDI）的架构，从渗透性、可利用性、使用度三方面构建体系，在选取世界银行全球农村金融包容指标体系的基础上，增加了保险指标，如表 7 所示。

表 7　农村金融包容指数指标体系

维度	指标类别	指标	性质
渗透性	银行类金融机构覆盖程度	每万平方公里拥有银行类金融机构数	正向
		每万人拥有银行类金融机构数	正向
		每万平方公里拥有银行类金融机构从业人员数	正向
		每万人拥有银行类金融机构从业人员数	正向

（续）

维度	指标类别	指标	性质
渗透性	保险机构覆盖程度	每万平方公里拥有保险机构数	正向
		每万人拥有保险机构数	正向
可利用性	存款业务情况	人均存款余额	正向
	贷款业务情况	人均贷款余额	正向
	保险业务情况	人均保费收入	正向
使用度	存款使用效用	存款余额占 GDP 比重	正向
	贷款使用效用	贷款余额占 GDP 比重	正向
	保险使用效用	保费收入占 GDP 比重	正向

2. 测度结果及评价

根据以上方法对黑龙江省 1998—2017 年的农村金融包容水平进行测算，从表 8 可以看出黑龙江省农村金融包容指数在二十年间增长了 3.83 倍，整体呈增长态势，且可分为三个阶段：第一个阶段是 1998—2003 年，上升速度较为迟缓；第二个阶段是 2004—2007 年，有小幅度增长，慢慢呈现平稳状态；第三个阶段是在 2008—2017 年，上升速度明显加快并持续增长，2010—2011 年出现短暂下降，其后自 2012 年起，普惠金融发展重新进入持续平稳高速发展阶段，2014 年增长率达到 20.60%，同比增长 12.14 个百分点，2017 年增速提高到 19.79%。

表 8 1998—2017 年黑龙江省金融包容指数

年份	IFI	年份	IFI	年份	IFI	年份	IFI
1998	0.143 9	2003	0.188 4	2008	0.255 1	2013	0.361 1
1999	0.154 6	2004	0.248 1	2009	0.313 6	2014	0.435 5
2000	0.156 3	2005	0.245 7	2010	0.338 6	2015	0.513 6
2001	0.166 8	2006	0.248 3	2011	0.317 8	2016	0.580 7
2002	0.194 4	2007	0.238 2	2012	0.332 9	2017	0.695 6

数据来源：《黑龙江统计年鉴》《黑龙江金融年鉴》整理计算。

经过对 1998—2017 年黑龙江省农村金融包容各项指标进行测评，得到黑龙江省金融包容的三项指标维度的权重分别为 0.223、0.521、0.256，可见，金融包容的可利用性在农村金融包容所发挥的作用最大，另外两项比重相近。为进一步探究各指标在金融包容指数中的具体数据，利用各项农村金融包容指数和它所占权重的乘积，结果如图 2。图 2 反映了普惠金融发展过程中三个维度的变化情况，2003 年普惠金融的渗透性达到最低水平，原因是金融体制改革使大型商业银行从县域撤出，导致金融机构数量大幅缩减，导致渗透性指标陡然下降，在 2008 年金融危机的影响下，普惠金融发展的渗透性也受到影响而下降。总的来看，三项指标在 20 年间整体上升趋势明显，其中金融包容的可利用性上升幅度最大，由此可见，在农村金融包容水平测度中，金融包容的可利用性在农村金融包容水平测度中占比较大，使用效用性和渗透性处于一个均势的状态。

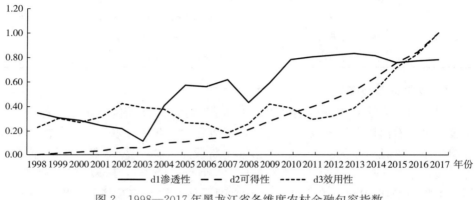

图 2　1998—2017 年黑龙江省各维度农村金融包容指数

三、金融包容对精准扶贫与脱贫的影响

（一）金融包容促进精准扶贫与脱贫的作用机理

金融包容可以提高农户金融服务水平，带动农村的经济发展，进而实现偏远贫困地区的脱贫目标。包容性金融主要通过直接和间接效应作用于农户收入，达到精准扶贫与脱贫标准。

1. 直接作用机制

（1）门槛效应。 金融服务的门槛效应是指即使农民在有金融服务需要时，也会因为无法满足金融机构要求的条件而被排斥在外。金融机构在提供金融产品时，如提供贷款服务，为了减轻自身风险，会要求客户提供相应的抵押品。但由于农户的收入来源不稳定、工资低，在有金融服务需要时，由于无法满足金融机构的贷款条件，无法享受金融服务。这将农户排除在金融产品的服务范围外，进一步拉大城乡收入的差距。而且农民的文化素质低，对金融知识不了解，无法达到使用金融产品的基本条件，自己放弃享受金融服务的机会。而城市居民的文化程度较高，获得的金融知识较多，可以利用金融产品实现财富的增值，这也是从门槛效应来解释城乡差距变大的一个原因。而且由于城市容易获得金融资源，这有利于城市企业规模的扩建，增加城市居民的就业水平。而农村获取金融资源难度大，所以企业贷款成本高，不利于企业的发展，会降低农户的就业率，进一步拉大城乡居民收入差距。因此，金融包容通过降低金融服务的门槛效应，增加农户的收入。

（2）非均衡效应。金融服务的非均衡效应是指金融机构的分布多集中在城市，所以当农户存在金融服务需要时，无法得到应有的满足，这种农村地区金融服务水平低下的情况进一步拉大了城乡收入差距。金融服务的非均衡包括金融服务机构的非均衡、金融服务业务的非均衡、金融服务价格的非均衡。金融服务机构的非均衡是指金融机构作为企业，追求利润最大化是它的属性。由于农村的金融服务需求小于城市，农民的收入低且来源不确定，导致在农村设立的金融机构会面对风险大于成本的情况，所以大量的金融机构从农村转移至城市，以提高企业的金融服务效率、降低企业的金融服务成本、增加企业的利润，进而农村地区的金融机构数量较少。金融服务业务的非均衡是指农户也可以获得金融服务，但与城市居民相比较，金融创新的业务没普及到农村，农户只是获得存、贷款的基本金融服务，这不利于农村金融服务的发展，不利于政府扶贫政策的实施。金融服务价格的非均衡是指农民收入不稳定加大农村金融机构的风险，金融机构为了降低风险，向农户提供金融服务时，会相应提高金融产品的价格、提高相应的贷款利率。由于增加获取金融服务的成本，导致原本金融意识不强的农户降低自己的金融需求，导致城乡金融服务水平差距扩大，不利于脱贫目标的实现。金融包容通过降低金融服务的非均衡效应，缩小城乡差距。

（3）投资乘数减贫效应。投资乘数指的是政府运用财政政策，增加一单位投资时引起的国民收入增加量。投资乘数 $K = \Delta Y / \Delta I = 1/1 - C (0 < C < 1)$。其中，$Y$ 代表国民收入，I 代表投资，C 代表边际消费倾向，C 的取值范围在 $0 \sim 1$。由此可见，投资乘数 K 的取值大于1，即政府增加一单位投资，国民收入增加的倍数大于1。而且政府对一个部门的投资不仅会引起该部门的收入增加，还会引起各个相关部门的收入增加，进而带动国民总收入增加。因此，要实现偏远地区农村的脱贫，就要加大农村的投资力度。

2. 间接作用机制

间接作用指金融包容使得农村地区的金融服务水平提高，以国民经济为传导机制，进一步带动了农村经济增长，增加农户收入，帮助农户脱贫。首先，金融服务水平的提高会带动国民经济的增长。Pagano（1993）借助 AK 模型分析了金融服务对经济的影响，结果表明，金融服务通过促进储蓄率、投资率、资源配置效率确实可以提高国民经济水平。Levine（1993）分析得出，金融服务的发展可以提升金融资源的配置效率、增加投资率，促进企业技术水平的提高，提升企业的生产效率，带动生产要素的有效配置，提高经济发展水平。综述国内外的研究成果，金融包容主要通过储蓄和投资两方面来带动国民经济增长。金融服务供给增加，储蓄率也会增加，企业融资成本降低，增加企业的资金来源，促使企业改进技术，提高生产效率带动经济增长。金融包容提高金融资源的配置效率，使金融资源流向缺少金融服务但未来有发展可能的企业，从而带动有潜力企业的发展，提高国民经济水平。

其次，国民经济增长会反过来促进企业经营规模的扩大，增加国民的就业水平，使农村劳动力就业率增加，带动农村经济的增长，缩小城乡收入差距。国民经济的增长会带动农村经济的增长，虽然城乡收入差距的绝对值会增加，但通过政府税收的量能负担原则、政府的转移支付等手段，使城乡居民的收入差距相对值缩小，有助于实现政府的扶贫、脱贫目标。

（二）金融包容促进黑龙江省扶贫脱贫的实证分析

本部分从金融包容角度分析金融发展和扶贫脱贫这两者之间的关系，金融包容对于扶贫脱贫工作的推进效用，金融包容又在多大程度上能够助力扶贫脱贫？金融包容可以发挥怎么样的效用？由于 2018 年《黑龙江统计年鉴》及《中国农村贫困报告》暂未发布，部分金融数据不全，本部分选取了 1997—2016 年黑龙江省的数据进行分析。

1. 线性回归模型

（1）指标选取。指标构建如表 9，被解释变量为贫困程度，本文采取恩格尔系数进行测算。按照恩格尔定律，恩格尔系数越高，表明食物支出占居民总消费支出的比重越大，代表着居民生活水平较低及贫困程度较高，指标为正。在测算时，将金融包容的三项指标作为解释变量。进一步研究发现随着经济开放，经济体发展的整体水平受到对外开放程度的影响，于是在控制变量的选择上，选择经济发展这一重要因素。

表 9　变量描述性统计

变量	符号表示	计算公式	平均值	标准差	最大值	最小值
贫困程度	*pov*	恩格尔系数	0.38	0.08	0.55	0.28
普惠金融渗透性	*d*1		0.53	0.24	0.83	0.12
普惠金融可得性	*d*2		0.31	0.31	1.00	0.00

（续）

变量	符号表示	计算公式	平均值	标准差	最大值	最小值
普惠金融效用性	$d3$		0.46	0.19	1.00	0.20
经济发展	gdp	人均GDP	2.09	1.25	4.05	0.71

数据来源：《黑龙江金融年鉴》《黑龙江统计年鉴》。

（2）协整检验。对变量进行线性回归分析，目的是检验各个变量间是否存在长期均衡关系，对模型进行协整检验，对残差项进行平稳性检验结果如表10。

表10　残差平稳性检验结果

变量	ADF值	P值	10%水平临界值	5%水平临界值	1%水平临界值
ut	-2.876	0.006 5	-1.607	-1.960	-2.692

由表10可知，残差项存在1个单位根，因此贫困程度和普惠金融各指数以及经济水平之间存在长期协整关系，为使模型精准度更高，对模型进行误差修正，误差修正模型设置为：

$$D pov = c + \alpha D d1 + \beta D d2 + \chi D d3 + \delta D gdp + ut(-1)$$

得到的误差修正模型结果为：

$$D pov = 0.517 - 0.181 D d1 - 0.339 D d2 - 0.285 D d3 - 0.214 D gdp + 0.428 ut(-1)$$
$$t = (8.863)\ (-0.192)\ (-2.591)\ (-2.556)\ (-4.519)\ \ (1.554)$$
$$R^2 = 83.492 \quad 调整后 R^2 = 76.078$$

估计结果表明，贫困程度的变化不仅取决于普惠金融指数三个指标和经济发展的变化，而且还取决于上一期模型对均衡水平的偏离，误差项 ut 的估计系数0.428体现了对偏离的修正，上一期偏离越远，本期修正的量就越大，系统存在误差修正机制，上一期偏离程度对本期贫困程度作用为正向。

通过协整结果可知，当普惠金融渗透性提高1个单位时，贫困程度下降0.181个单位，渗透性指标对贫困存在负影响，是三个指标中对贫困影响最小的指标；当普惠金融服务的可得性提高1个单位时，贫困程度下降0.339个单位，是三个指标当中对贫困程度的影响最大的指标；当普惠金融效用性提高1个单位时，贫困水平下降0.285个单位；当经济发展水平提高1个单位时，贫困水平下降0.214个单位。整体来看，验证了普惠金融三个维度对于贫困均存在抑制作用，经济发展对于贫困也具有减缓作用。

2. 向量自回归模型的设定

向量自回归模型或多变量时间序列是由 Christopher Sims 在1980年提出

的。其主要内容是将多个经济变量整合为一个系统进行预测，其优势在于不用提前确认内生变量与外生变量的缺点，便于研究的进行，模型无外生变量的形式为：

$$Y_t = \alpha + \beta_1 Y_{t-1} + \beta_2 Y_{t-2} + \cdots + \beta_p Y_{t-p} + \varepsilon_t$$

（1）模型中各变量的平稳性检验。通过将模型里各变量取对数运算来规避"伪回归"的情况。第一步先要将对时间序列中的各变量采取平稳性检验，目的是保证残差平稳，如果出现不平稳序列，那么将要对其采取差分处理（表 11）。

表 11　序列平稳性检验结果

变量	检验类型（C，T，K）	ADF 统计量	稳定性结论
$pov/Dpov$	(C, 0, 0)/(C, 0, 1)	$-1.242/-3.620^{**}$	不稳定/稳定
$d1/Dd1$	(C, 0, 0)/(C, 0, 1)	$-1.362/-4.655^{***}$	不稳定/稳定
$d2/Dd2$	(C, 0, 1)/(C, 0, 0)	$-2.121/-3.334^{**}$	不稳定/稳定
$d3/Dd3$	(C, 0, 0)/(C, 0, 0)	$-1.145/-3.358^{***}$	不稳定/稳定
$gdp/Dgdp$	(C, T, 0)/(C, T, 1)	$-2.370/-5.239^{***}$	不稳定/稳定

注：$***$ 表示 1% 显著水平，$**$ 表示 5% 显著水平。

检验结果表明原始序列不稳定，一阶差分之后在 5% 的显著性水平下通过单位根检验，一阶差分序列平稳。

（2）最优滞后阶数确定。因为变量的一阶差分序列较为稳定，确定滞后项 p 的最优阶数是利用 Var 模型前的必备步骤，为确保 Var 模型的有效运行，要提前确定好最优滞后阶数，目的是消除掉误差项 ε_t 中的自相关性。常用的滞后阶数判断准则有 AIC（赤池信息准则）、SBIC（施瓦茨-贝叶斯信息准则）、HQIC（汉南-奎因准则），结合其他判别指标，衡量模型的滞后期最大的情况（表 12）。

表 12　Var 模型滞后阶数检验结果

lag	FPE	AIC	HQIC	SBIC
0	$6.97e-07^*$	$-2.825\ 606^*$	$-2.806\ 118^*$	$-2.629\ 556^*$
1	$1.15e-06$	$-2.392\ 598$	$-2.295\ 160$	$-1.412\ 347$
2	$2.21e-06$	$-2.148\ 284$	$-1.972\ 894$	$-0.383\ 832$

注：$*$ 表示相对应的判断准则所选择的滞后阶数。

据检验结果分析，根据 AIC、HQIC、SBIC 等多个判别准则的结果同时达到最小时，最优滞后阶数为 0 阶。

3. Var 系统稳定性检验

检验 Var 系统是否平稳，常用方法是一般运用 AR 根图来检测 Var 系统的平稳性，若模型中所有特征根的模数均小于 1，在 AR 根图上表现为所有特征根位于单位圆内，代表着 Var 系统稳定性很好，分析见表 13、图 3。

表 13　AR 根表

特征根	模数
$0.982\ 573-0.016\ 846i$	0.982 717
$0.982\ 573+0.016\ 846i$	0.982 717
$0.386\ 687-0.753\ 804i$	0.847 200
$0.386\ 687+0.753\ 804i$	0.847 200
0.707 999	0.707 999
$0.166\ 451-0.656\ 058i$	0.676 844
$0.166\ 451+0.656\ 058i$	0.676 844
$-0.675\ 902$	0.675 902
$-0.499\ 938-0.413\ 067i$	0.648 508
$-0.499\ 938+0.413\ 067i$	0.648 508

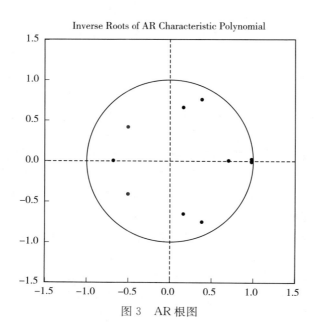

图 3　AR 根图

4. 实证结果分析

通过研究分析得出以下结论：在金融包容的三项指标里，金融包容可得性对贫困影响的效用最大，当提高 1 个单位的可得性，贫困水平因此而下调 0.339 个单位，由此可以看出要想减缓贫困的发生率，不断满足贫困人群对于金融的需求程度十分重要。影响贫困效用排在第二位的是金融包容的效用性，当提高 1 个单位的效用性指数，贫困水平因此而下调 0.285 个单位，这表明提升金融资金的利用水平对于减缓贫困的发生率具有较强的效用，金融包容渗透性指标每当上升 1 个单位的渗透性指标，贫困水平就会下调 0.181 个单位，这表明在扶贫脱贫过程中增强金融机构的覆盖率也发挥着重要作用。

四、金融包容促进黑龙江省精准扶贫与脱贫的对策

通过对黑龙江省贫困情况的分析，可确定金融包容是促进精准扶贫与脱贫的主要因素，所以促进精准扶贫与脱贫的最有效方式就是提升金融包容性。除此之外，政府的积极性引导和农户自身的主动性也会促进脱贫。

（一）建立多层次广覆盖的包容性金融服务体系

1. 提高金融包容的渗透性

准确定位市场中的各类金融机构，建立商业性、政策性、中小型等金融机构并存的多层次市场环境，对不同的金融机构实行差异化监管，在各类金融机构间施行差异化竞争。

（1）增大商业性机构的广度。 商业性金融机构的主体是大型商业银行，其主要特征表现为产品过硬、资金充足、潜力巨大等，由此要合理运用商业银行的这些优点，增加其县城区域的网点数量，适当下放网点的业务权力，降低其机构的准入门槛和金融监管，促使金融服务覆盖到贫困区域。

（2）全面发挥政策性机构的扶持作用。 中国农业发展银行是主要的涉农政策性金融机构，应主动发挥其政策的主导作用，贯彻落实农业政策，有效开办财政支农业务，提升服务的质量，提高服务的效率。和商业性银行形成互补，补充商业银行服务范围之外的领域，为满足"三农"基本生产生活，应用金融服务积极支持农村基础设施、居民住房、水利工程、土地流转等相关建设。

（3）稳固中小型机构的地位。 中小金融机构起初阶段不仅服务个体经济和私营经济，也服务于小微企业和农户。稳固该类金融机构的地位，既可发挥其灵便的经营模式，便于提供资金给缺少担保物的小微企业和农户，又可以突围大型商业银行的垄断环境，让金融市场多元化发展。

（4）倡议建立社区金融便利店。社区金融组织用来填补金融网点覆盖不足和农户享受不到金融服务的遗憾，许多地区的社区性质的金融组织都是由商业银行引导出资和社区组织参与的形式组建，实现区域化的经济结构。例如某些偏远地区建立家门口金融或是马背上的银行等金融便利店的服务创意，方便于小微企业和农户及时享受到金融服务，将金融服务的渗透性发展到贫困地区，实现精准扶贫。黑龙江省可学习组建该类社区金融组织，在特殊社区成立试点，再根据区域特点宣传发展，运用社区获取信息方便的优势来为不同贫困人群提供差异化的金融产品和服务。

（5）促进非正规金融合法化。放宽市场的准入门槛，让有条件的民间机构融入市场，促使一些非正规金融机构合法化。首先，要提升监管部门对非正规金融机构的包容性，放宽市场的准入原则，引导它们建立合理的运营机制。其次，还要合理规范民间金融机构，既要取消不合规的民间组织还要引导民间的错误操作，为民间成熟的组织颁发经营执照，促使非正规金融机构的合法化。

2. 加大金融服务的可及性

增加黑龙江省金融服务的可及性，即增加服务和创新金融产品。黑龙江省的金融机构应将服务与创新充分结合，以提升获得金融产品和服务的概率。

一是增加基础性金融服务。大幅度增加金融机构的基础性设施，例如服务网点的基本服务和基础设备等，紧紧围绕满足客户的服务理念，同时注重建设金融机构的后线设施，例如信贷制度和担保制度，供给金融支持给前线金融服务。一旦前线和后线基础性服务和设施跟上了，开始倡导金融机构与农村小卖部、供销合作社和服务站合作，打造代理服务，形成服务于偏远地区的快捷系统。

二是创新基础金融服务和产品。针对不同的群体实施差异化和多样化的金融产品和服务，以满足各类需求主体的所需。对于一般的农户，可针对他们供给周期短、快捷、担保要求低的产品种类，满足其农业生产所需的金融服务。对于小微企业和农业种植大户，除了提供和一般农户相同的信贷产品外，还要提供投资、理财基金、债券和票据等产品，使得产品种类丰富多样。此外，创新贷款担保方式弱化了对贫困人群的担保要求。对于一般的农民，可用土地承包经营权、农村宅基地、农机器械进行抵押担保。对于种植大户，可将其已存在的资产转换成经营权作抵押贷款。例如，农业种植大户可以利用土地承包经营权、农产品订单、储备货物等进行抵押融资。

三是运用互联网丰富金融市场，鼓励使用移动端进行收付款。运用互联网融入金融的形式，不单缩减了金融供给方的人员成本，同时缩减了为贫困人员供给服务的花销，可以更加方便快捷地服务于边缘区域的贫困人群。首先，针对小微企业和一般的贫困农户开办移动端的银行服务，搭建起农业种植和生活联系的网络社区，联合银行的服务系统，让农民在查询资讯、生产种植、经营等相关活动上感受到方便。其次，搭建移动支付平台。加大金融服务可及性的关键就在于是否让贫困群体享受到金融服务，即小微企业和贫困农户能否以低成本去享受更多、更好的金融服务。

四是增加保险种类和加大保险保障程度。一是重新调整农业类保险结构，蓄力研发全新的保险种类。由于黑龙江省一般生产四种粮食作物，即大米、小麦、大豆和玉米，大型养殖主要是奶牛与母猪，所以保险补贴主要是根据这几大类别进行提供的，而保险对象中却很少能看到其他的种植或养殖种类，所以可按照不同的经济作物创新保险种类。同样，农业种植生产会受到气象、收益成本或其他因素的影响，研发有关气象和成本的保险种类。二是农民本年度从事种植生产所获得的收益会用于下一年度的种植本金，使生产活动的资金能够循环，故可以及早用收入保险抵消成本保险，加大保险保障程度。

3. 强化金融服务的使用效用性

（1）优化金融服务功能。 一方面，在经济发展相对缓慢的贫困地区建立金融网点，不仅可以弥补边远地区的金融困局，消除金融排斥现象，还能运用业务网点刺激地区的经济，满足需求群体的基本需求。而对于非经济落后区域，倡导建立自动柜员、自动存取款机、缴费机和终端咨询等一系列的自助终端设备，并指导该区域群体使用互联网金融平台。另一方面，对于低学历者和老年农民，采用实体渠道和人工服务等可直接获取的服务方式，全方位渗透金融服务和产品；对于受过高等教育的青年和能接受新鲜事物的居民，通过培训和教育等方式让他们学习金融知识，鼓励他们安全、正确地使用金融产品，提升自身脱贫意识。

（2）弱化金融服务不良现象。 首先，金融行业内的供求信息不对称会加大供给主体和需求主体间的矛盾。故加强各方信息平台的建设很有必要，通过平台的建设使资金供给主体能更好地了解需求主体的基本信息，便于准确判断，同样，让需求主体了解各经营主体的经营情况和特点，准确定位个人诉求。此外，加强各方信息平台的建设可以探索金融行业的长期供需形势，根据供给主体的实际调研和与政府的协调配合，弱化供求信息不对称，满足各方的基本利益，并实现各方获利的结果。其次，由于地理位置偏远、交通拥堵和金融需求分散等特点会让一些贫困地区的金融服务成本较高，大型机构垄断现象的存在加剧了该地区金融排斥的现象。为了削弱这种现象，应该增加贫困地区的金融供给，适度提高非贫困地区的贷款利率，使贫困家庭能够获得金融救济，非贫困家庭不能对贫困家庭产生过度拥挤的影响。

4. 派驻"金融村官"助力精准扶贫

为进一步推动基层金融服务体系的建立，助力精准扶贫，金融机构可创新推出派驻"金融村官"进村的举措，即选派优秀业务骨干分赴党建引领信用村、试点行政村挂职，架起银行服务地方经济、服务"三农"的桥梁和纽带。施行派驻"金融村官"的方案，通过组织引领、银村互动，让金融服务进一步下沉，前移到乡村、前移到产业、前移到农户。积极与上级机关沟通协调，建立起联动工作机制。

精准扶贫最大的短板是缺资金、缺人才，破解资金和人才瓶颈是实现脱贫攻坚战的关键。而派驻"金融村官"，为农户出谋划策、为精准扶贫融资融智，不仅能够普及金融知识、满足百姓金融需求，而且有利于优化农村信用环境、让脱贫工作有抓手，同时也实现银行业务下沉、守住了农村阵地，真正实现送技术、送资金、送知识、送人才，一举多得。

（二）建立政府引导的包容性金融服务体系的外在长效机制

1. 建设政府主导的征信体系

政府应发挥带头、引领、协调的作用，建立起信用等级评定机制，由政府和金融供给主体派出人员对农户进行信息采集，并及时准确地建立起信用档案，再通过档案、信息管理等相关专业化的知识系统形成信用信息管理系统，政府、金融供给主体以及其他多部门均可使用该系统，从而掌握本地区贫困人群的信用等级，打造出优良的金融环境。此外，政府和金融供给主体可以组建县域协会或组织，奖励信用良好的人群和惩罚信用缺失的人群，奖励方式有降低其贷款利率、提高其贷款额度等，惩罚措施有限制其小额贷款，并对其警告或制裁等。通过以上方式可提高贫困地区获得金融服务的概率，且降低不良贷款率。

2. 建立财政引导资本融合的支农模式

首先，财政做好金融资本融合的引导模式。第一，做好与银行资本的融合模式。通过制定贷款财政补贴和奖补政策的施行，增加银行的信贷额，依靠贷款建设重点项目，刺激经济发展，进一步惠民利民。第二，做好与保险资本的融合模式。创新推出农业保险险种，可由财政为贫困地区的农民购买农业保险，确保贫困农户在遇到自然灾害后可获得资金补偿，此方法是有效的扶贫方式。第三，做好与地方金融机构的融合模式。及早落实财政惠农信贷政策，引导贫困人群积极创业，推进脱贫工作，提升农村地区的金融包容水平，可以为有资金需求的贫困人口提供贷款，实现农村地区网点和现代系统全覆盖，减少金融排斥的现象。

其次，财政做好社会资本融合的引导模式。第一，做好引进国家政企合作基金的模式，和中国政企合作投资基金签署协议，利用该基金的回报高、作用明显和运转快的优势建设城镇规划项目。第二，做好建立产业引导基金模式，以政府来带动社会上的各类金融机构出资，形成财政和民间共同出资的模式，支持黑龙江省的薄弱产业和扶持产业。第三，做好政府和社会资金合作基金的模式，依靠财政来带动民间资本投资，用来建设惠民利民的基础性工程。

3. 建立不同层次和差异化服务的信用担保机构

制约小微企业及贫困群体金融服务最后一公里的是信息不对称及抵押担保的缺失。因此，需要建立不同层次的信贷担保机构以促进金融的可获性。政府来带头，小微企业和农民参与的信贷担保机构，通过半市场化的运作模式服务贫困人群。有条件的地方政府可扶持建立农村信贷担保基金，不以盈利为目，以服务农业发展、支持农业适度规模经营为导向，为各类农业经营主体（贫困户以加入农民专业合作社为基础）提供融资担保服务，承担农业政策性担保职能。鼓励合作社和相关企业成立为小微企业和贫困农民服务的担保公司，专门为协会会员、入社社员提供融资担保，实现互助担保。

（三）增强农户及小微企业自身的实力

1. 加强农户对金融服务的认知

首先，加强贫困人群的金融素养，使他们能够满意并认可从金融机构获取金融服务的方式。第一，通过宣传教育的途径普及金融服务，让农民在思想意识上接受金融服务，从而放心大胆地选择正规金融服务走上脱贫致富的道路。第二，金融机构要不断提升其供给服务的质量，创新产品的措施，让农户无论是在网点还是移动端的接触过程中增加对金融服务的认可度，从而选择正规的金融机构的服务。其次，应该使贫困人群了解扶贫政策和个人征信的重要性。在贯彻落实扶贫政策和建立征信体系的进程中，及时扩充农户的金融知识面，在认知层面更好地接受金融服务，便于实现一系列的政策落实，有效推动扶贫攻坚战，让贫困人群尽早脱贫。

2. 加强农户的技术培训

应鼓励农户学习先进的农机技术、投资理念。利用一对一的指导模式、小组间竞赛、评比优秀农户的方式，让农户接触到最新的农业技术或创业资讯，使农户最大程度地利用好所获得的贷款。

3. 延伸小微企业产业链，完善财务制度

加强小微企业的经济实力，并且提升其抵抗风险的能力，完善财务制度，

使财务会计系统规范化。形成一条完整的经营、生产、销售的产业链条，适当地将产业进行上下游的延伸拓展。利用合作生产的模式可大幅度减少传统农户与上下游企业在交易过程中产生的逆行选择风险，降低交易的成本，从而提高农户在产业链条中的生存能力，实现脱贫致富。

项目负责人：辛立秋

主要参加人：万祥荣、赵丽娟、胡畔、吕双、庞金波、鲍宪军、孙宇、陈永萍

黑龙江省涉农工商资本与农民
合作社产业融合影响因素分析[*]

胡胜德　　展昭海　　徐博文

　　涉农工商资本与农民合作社实现产业融合是社会要素不断融入农业的过程，是促进农业发展的有效途径。一直以来，农业的发展都备受国家的关注，随着中央各项强农惠农富农政策的相继出台和实施，涉农工商资本投资农业呈现加速趋势，特别是随着 2007 年 7 月 1 日起《中华人民共和国农民专业合作社法》的施行，作为传统农业大省，黑龙江涉农工商资本与农民合作社产业对接的步伐明显加快，原因有两方面，一方面黑龙江省是农业大省，资源富集，有着良好的资源条件；另一方面，经济在不断发展，科学技术也在不断地升级进步，政策上也给予了大力扶持，使得涉农工商资本进入农业有了良好的基础环境。国家扶持"三农"政策的力度不断加大，农业发展环境明显改善，涉农工商资本进入农业领域的趋势日益明显。2013 年中央 1 号文件提出，鼓励和引导城市工商资本到农村发展适合企业化经营的种养业。2015 年中央 1 号文件提出，鼓励工商资本发展适合企业化经营的现代种养业、农产品加工流通和农业社会化服务。2016 年中央 1 号文件指出充分发挥财政政策导向功能和财政资金杠杆作用，鼓励和引导金融资本、工商资本更多投向农业农村。加大专项建设基金对扶贫、水利、农村产业融合、农产品批发市场等"三农"领域重点项目和工程支持力度。2017 年中央 1 号文件指出，在符合有关法律和规定的前提下，探索以市场化方式筹集资金，用于农业农村建设。研究制定引导和规范工商资本投资农业农村的具体意见。在 2018 年，农业农村部为了贯彻落实党的十九大关于促进农村一二三产业融合的相关决策部署，以及中央 1 号文件和《政府工作报告》关于农村一二三产业融合的要求，对农村的一二三产业融合发展展开了推进行动，明确了农村产业融合推进的目标，包括落实政策引导融合、创业创新促进融合、发展产业支撑融合、完善机制带动融合和加强服

---

　　* 黑龙江省哲学社会科学研究规划项目（项目编号：16JYD02）。
　　项目负责人为胡胜德教授，主要参加人员有展昭海、徐博文、王馨、胡馨蕊、邱慧智、王曼乐。

务推动融合五个方面。

产业融合概念的提出是为了将技术、资金和生产资料等进行跨界集约配置，使社会资源得到有效的配置和运用，进而实现系统内部的优化组合。早年，农民们都是单枪匹马地进入市场，他们很难适应市场快节奏的变化，国家在实行统购统销、国家订购等制度后都难以解决农民们进入市场的问题，最终选择了产业融合的道路。随着经济的不断繁荣，人们对于农业的要求也越来越高，需要的不仅仅是单一的农产品，更需要多样化的服务，农业跟上时代的步伐也是农业现代化发展的需要。农业市场化的必经之路就是农业产业化，因此农业的发展不能将农产品的种植、加工、包装、销售等环节单独分割出来，要将农产品从生产到销售的各个环节连接起来，形成一条全新的产业链，让相关产业为农业提供助力，这就涉及本研究的产业融合问题，我们这里说的产业融合不是简单的产业结合或者产业投资，它是要打破原有的产业边界，使不同产业能够相互渗透，产生交集，进而实现资源的更有效配置，将原本各自为战的产业联合起来。原本从事不同行业的企业都是只做自己分内的工作，而市场的运转是通过从事不同领域的企业的分工来实现的。而现在国家提出产业融合就是想将这种分工变成产业链内部的分工，也就是说通过产业链的整合来形成一条全新的集第一、第二、第三产业于一体的产业链条，那么从事不同行业的企业的分工就是新产业的内部分工，通过产业链的整合来实现产业链上各个主体的共赢。

涉农工商资本与农民合作社进行产业融合，有着天然的互补性和较好的发展前景。涉农工商资本拥有资金、人才、技术、市场和先进的管理方式等优势，但它们大多数都缺乏农业生产专业知识，而农民合作社恰恰具有熟悉农业生产，能够把农村资源集合并组织农民生产的优势。从实践中看，涉农工商资本与农民合作社融合方式是多样的，可以是一体化方式，由涉农工商资本负责从产前、产中到产后各个阶段的工作，也可以是合作社全权负责，还可以是农民合作社和涉农工商资本进行产业融合，但最为合理的应该是农民合作社与涉农工商资本的产业融合方式，因为该发展模式不仅解决了企业原料缺乏、供应不稳定，因采购环节多而导致原料价格高、生产不持续、经营稳定性差，农产品质量不高，特别是不熟悉农业生产而带来的成本增加等问题，同时也避免了涉农工商资本进入农业的盲目性。同时，也为农民合作社发展注入了所需的资本、科学技术、管理人才等现代生产要素和现代经营理念，解决了农民偏重熟悉农业生产而市场营销能力弱的问题，快速提高了农民合作社生产经营水平和市场竞争能力，实现了农业增产、农民增收、企业增效的多方共赢。因此，本文以涉农工商资本与农民专业合作社的产业融合为研究重点，通过分析影响产业融合的因素，研究涉农工商资本与农民合作社产业融合的机制，设计涉农工商资本与农民合作社产业融合的框架，以期能够切实使涉农工商资本与合作社的产业融合落到实处，真正实现涉农工商资本与农民合作社的有效融合。

一、评价模型的选择与建立

（一）评价模型的选择

对于涉农工商资本与农民合作社产业融合的影响因素的研究，目前的研究采用了多种方法，包括层次分析法、灰色关联度分析法、主成分分析法、多元线性回归分析法等，这些方法都具有一定的科学性。

层次分析法最早由美国著名运筹学家萨蒂提出，该研究方法是对影响所研究问题的因素进行深入研究，首先要明确问题的本质，了解各个因素间的关系；其次，要将影响所研究问题的元素分为目标层、准则层和方案层，通过构造判断矩阵，将每一层次的因素进行比较；最后，要对因素进行层次单排序并做一致性检验，进行层次总排序并进行一致性检验。

灰色关联度分析法是用来衡量两个系统中的因素关联程度的方法，这种关联度不是一成不变的，在不同的外部条件和对象不同的情况下，因素间的关联性也是不同的。如果两个因素的变化趋势较为一致，那么就说这两个因素关联程度相对较高。灰色关联分析法首先要确定影响系统行为的参考数列和比较数列；其次，要对数据进行处理；接下来，要根据公式求出灰色关联系数，由于在不同的时间点，两个因素的关联程度是不同的，所以灰色关联系数有多个，然后计算出这些灰色关联系数的平均值，用这个平均值来衡量因素间的关联程度。

主成分分析法借助降维的思想，从众多影响因素中选取主要的成分，所选取的主要成分能够代表大部分的原始数据信息，在实际问题中，研究某一问题时，我们会考虑多个因素，但是这些因素之间是具有一定相关性的，所以要对数据进行特征值分解等。在运用主成分分析法分析的过程中，要尽量多地选取指标，但是要对这些指标进行检验，以此来判断是否适合该方法，运用软件对标准化处理的数据进行分析，提取主成分，最终获得各个主成分的得分。

多元线性回归分析法是研究影响因素的又一主要研究方法，在实际问题中，影响某一问题的因素不止一个，可能受到多个因素影响，因此在研究的过程中，要建立回归方程，要对方程和每个指标进行检验，如果某一个指标检验结果为不显著，那么就把该指标剔除，重新建立不包含该指标的多元回归方程。

层次分析法适合难以量化的因素分析，不需要过多的数据指标，操作起来相对简单，但是该方法较为主观，当指标过多时，难以赋予权重；灰色关联度分析法能够分析动态的过程，对于指标的要求并不高，但是方法较为主观；主成分分析法能够在众多影响因素中提取出综合指标，虽然降低了因素间的相关性，但是主成分的负荷符号有正有负，这会影响函数的综合评价意义，对于各个主成分的命名也不够清晰；多元线性回归分析法能够较好地解决多重共线问题，并寻找出所研究问题的主要影响因素，更具有科学性。本文想要研究影响黑龙江省涉农工商资本与农民合作社产业融合的因素，影响二者产业融合的因素是多方面的，各个因素间可能存在多重共线问题，因此本研究选择多元线性回归分析法来研究黑龙江省涉农工商资本与农民合作社产业融合的影响因素。

（二）评价模型的建立

（1）用影响黑龙江省涉农工商资本与农民合作社产业融合的因素的数据建立回归方程。

$$HHI = \beta 0 + \beta 1.x1 + \beta 2.x2 + \cdots + \beta zxz$$

其中 $\beta 1$，$\beta 2$，$\cdots$，βz 是偏回归系数，$\beta 1$ 表示当其他变量不变，只有 $x1$ 变化时，$x1$ 每增加一个单位，HHI 值就变化 $\beta 1$ 个单位。

（2）对方程进行检验。 当 Prob（F‐statistic）的值为 0，说明方程是显著的，通过 R‐squared 和 Adjusted R‐squared 的值可以判断方程整体的拟合效果。当整个方程具有显著性时，要进行下一步操作。

（3）对每个自变量进行检验， 当检验结果为不显著时，要将变量剔除，重新建立回归方程。对新建立的方程仍然要进行检验，最终得到最优的方程。

（三）指标体系的构建

分析黑龙江省涉农工商资本与农民合作社产业融合的影响因素，首先要梳理清楚产业融合的动力机制，这里所说的产业融合动力机制是指推动不同产业不断融合的因素体系。本研究认为黑龙江省涉农工商资本与农民合作社产业融合的动力机制主要包括以下几个方面：产业的发展水平，科技成果创新与转化能力，市场需求拉动，政策导向与政策支持以及企业间的竞争与合作等。

1. 产业发展水平

随着时代的进步，农业技术不断创新，农业生产水平越来越高，分工越来越细，随着新兴产业的产生，产业的种类越来越多，为了符合时代的要求，产业间的合作也越来越多，产业边界也越来越模糊，进而实现产业融合，这一过程都是受产业发展水平决定的。本文研究的是涉农工商资本与农民合作社产业融合的问题，涉农工商资本代表着二三产业，农民合作社代表着第一产业，实际上就是研究一二三产业的产业融合，它们的产业融合同样是受产业的发展水平影响的。因此，将产业的发展水平作为研究变量是十分必要的，但是在研究的过程中很难将其量化，所以很多学者一般将产业的发展水平进行定性研究，本文在研究的过程中，将延续之前学者的研究方法，只是说明产业的发展水平在推动产业融合发展的过程中发挥了重要作用，但是在量化分析过程中不选取其作为变量来分析。

2. 科技成果创新与转化能力

科技成果创新与转化能力是涉农工商资本与农民合作社产业融合的内在动力。首先，科技创新是产业融合的基础，想要打破原本界限分明的产业边界，最基本的途径就是实现科技创新，科技创新是打破产业边界的主要推动力量。其次，科技成果转化能力是促科进产业融合的关键因素，科技创新并不难，难的是怎样将这些成果应用到现实生活中，使其在相应的领域发挥该有的作用。

经济学家熊彼特最早提出创新的概念，他将这种创新分为新产品的产生、新生产方式的产生、新市场的开拓、新供应商的发现以及新组织形式的形成。熊彼特认为创新是一个过程，是将原有的生产要素和生产条件重新组合，将这种新的组合运用到生产体系中去的过程。对于本文来说，科技成果创新与转化能力是影响产业融合十分重要的影响因素，因为技术是产业融合的基础，有了科技创新，才使涉农工商资本与农民合作社的产业融合成为可能，而科技成果的转化是打破产业边界的必备条件，从一定角度来说，科技成果的转化也是技术共享的过程，它打破产业边界，使不同产业相互合作，互通有无，进而推动产业融合的发生。技术上的融合让不同的产业共同享有技术，这是模糊产业边界的关键一步，然后随着产业边界的模糊甚至消失，会不断地出现市场上的融合、业务上的融合，进而实现一二三产业的产业整合，形成一个全新的产业形态，真正实现一二三产业的产业融合。

上述的科技成果创新和科技成果转化能力也是推动涉农工商资本与农民合作社产业融合的关键，所以在研究的过程中也会选取科技创新能力等作为变量来研究。促进涉农工商资本与农民合作社产业融合的科技创新因素大致可以分为两类，一是农业方面的科技创新，二是产业融合过程中需要的其他技术。因此，在研究的过程中会选取农业技术水平这一指标，对影响涉农工商资本与农民合作社产业融合的因素进行量化研究。

3. 市场需求拉动

市场需求拉动是涉农工商资本与农民合作社产业融合的主要力量，力量的源泉在于农民对于新技术的需求，也在于消费者对于新产品和产品品质的有效需求。国家的经济水平不断提高，人们的消费水平也得到进一步的提升，人们对于生活品质的追求也越来越明显，所以对于新产品的渴望也越来越强烈。可以说，市场需求不断地变化对产业融合提出了很多新的要求。

为了满足消费者不断涌现的新需求，不同产业被市场的需求拉动着寻找融合的契机，不同产业开始尝试模糊产业边界，与其他产业相互融合，进而形成一条全新的产业形态。产业融合的动力来自市场的新需求，同样的，产业融合也不断为市场带来更多的新需求。因为随着产业融合的发生，技术得到了创新，技术的创新也在让市场的需求发生变化，可以说，二者是相互作用并产生影响的。技术的革新在引导新的市场需求，相反的，市场需求也会拉动技术的创新，从而使产业融合能够顺利运转。从另一个角度看，经济的发展使人们生活水平得到了改变，同样改变了消费者的消费观念，也改变了消费者的生活方式。人们关注的不再是简单地对物质的占有，而是生活的质量，注重服务性消费和享受性消费，就是在这种观念的改变下，市场需求模糊了产业边界。比如消费者想要购买大米，他不再仅仅需要大米这种产品，而更需要购买大米带来的服务，这就要求农产品生产企业与服务企业实现融合，使市场的实际需求拉动着不同的产业走向产业融合这条路。

4. 政策导向与政策支持

政策导向是产业融合的外部力量。政策导向表明政府未来工作的走向和对产业融合的倾斜程度，在一定程度上影响着产业融合的未来走向。政府通过明确相关的法律法规，为产业融合的发展和有效运转指明大方向。农民合作社和涉农工商资本的合作意向影响着产业融合的进程，政策的扶持也能有力地推动产业融合，但是都不能够为产业融合提供良好的背景环境，这时政府的作用就得以凸显。因此，借助政府的力量，能够引导产业融合的发展方向，还能够促进产业融合的有效运转。在产业融合的过程中，政府的政策能够为产业融合提供优质的发展平台，政府的力量不仅能为产业融合营造良好的相关政策环境，还能有效协调各个参与主体之间的关系，促使产业融合的有效运转。此外，政府有效地将各种资源进行整合配置，使各种资源得到有效运用，进而推动产业融合的顺利展开。因此，政策导向在一定程度上推动着产业融合的发生。

尽管政府的政策支持是不能成为促进产业融合最根本的力量源泉，但毋庸置疑的是，政府的政策支持对于促进产业融合有正向的推动作用。政府通过政策的扶持，能够为产业融合提供良好的基础条件。政策扶持主要包括资金方面的支持，资金支持体现在三个方面，一是对农民合作社的资金扶持，二是对涉农工商资本的扶持，三是对科研院所的资金支持。对农民合作社的资金支持主要是对农民合作社的基础设施和开展产业融合的基础条件的扶持，对涉农工商资本的资金扶持是对其技术研发的支持以及相应的补贴，对科研院所的资金支持主要是指对关于产业融合的基金项目的支持等。对涉农工商资本和农民合作社的政策扶持是想尽量打破产业融合过程中的困境，为其创造产业融合的基础条件。对科研院所的资金扶持主要是用于研究人员调研工作的展开，为产业融合提供理论指导和借鉴。

涉农工商资本与农民合作社的产业融合一样离不开政策导向与支持，因此在研究影响涉农工商资本与农民合作社产业融合的主要因素时，会选取相关的数据作为变量来展开研究，由于政策导向难以量化，本章在研究的过程中对政策导向这一因素不做量化分析，只强调其在产业融合过程中的重要作用。而近年来，政府对于产业融合及农业方面是有一定资金支持的，使得农业发展态势良好，产业融合效果也逐渐显现，因此，本章会选取政府的资金支持作为一个变量，通过调研的数据来表示。

5. 企业间的竞争与合作

企业间的竞争与合作是产业融合产生的动力要素之一。在企业发展的过程中，企业间会产生竞争关系，不同的企业间也会产生包括资源、技术、业务和市场等在内的合作，进而实现资源的有效配置，获得更多的收益。企业间的合作主要有两种方式：一是类似于横向兼并，是同产业领域的企业彼此合作，这大大降低了交易成本，提高了生产效率，实现了强强联合，进而使企业的规模不断扩大；二是不同产业领域的企业的合作，它们打破彼此的产业边界，共同合作，实现资源、技术等方面的共享，也就是我们说的发生了产业融合。同样的，企业间的竞争关系也是促进产业融合的动力要素，有竞争就会有创新，不同的企业在创新的过程中，会将现有的资源进行重新配置或者组合，进而产生创新的产品、创新的技术等，反之，创新又为产业融合提供了良好的基础条件，促使产业融合的发生。可见，企业间的竞争与合作关系在某种程度上推动着产业融合的发生，是产业融合的动力要素之一。

涉农工商资本与农民合作社的产业融合同样离不开企业间的竞争与合作，因此在研究影响涉农工商资本与农民合作社产业融合的主要因素时，应当选取相关的数据作为变量来展开研究，近年来，企业的合作大大降低了交易成本，提高了生产效率，使得企业得到发展，促使了产业融合，由于企业间的竞争与合作情况，可以将与农民合作社合作和涉农工商资本的规模、企业在与农民合作社产业融合的过程中的投入比例作为研究的依据，因此，本章会选取农民合作社的规模、等级，涉农工商资本的规模，涉农工商资本合作投资力度等因素作为变量，对影响涉农工商资本与农民合作社产业融合的因素进行研究。

综合上述，不难发现黑龙江省涉农工商资本与农民合作社产业融合受到多方面因素的影响，政府的投资、农业技术水平、科技创新能力、市场需求情况等都在一定程度上推动着产业融合的发展，因此，本研究选取相关数据对相应的影响因素进行量化分析。由于产业发展的内在规律难以用数值来表示，所以不将其列入分析过程中，对于科技创新方面的影响因素，本研究将运用农业专利数量等来量化，政府的资金扶持方面将用政府的投资金额来表示，企业间的竞争与合作将用合作投资力度，合作社规模、等级、企业规模等衡量，因此获得的影响因素如下。

X1 是政府资金扶持力度，单位是万元，该指标是指黑龙江省在产业融合领域的投放资金情况。政府资金扶持情况体现政府对产业融合的重视程度和扶持力度，对于产业融合的发展有一定的影响。由于政府资金扶持的数据大都是按年度统计的，但是本研究涉及的数据是按季度的，因此本研究将其平均分配到各个季度。

X2 是合作社生产能力，该指标是指黑龙江省农民合作社的生产水平。由于生产能力难以量化，本研究将用农业机械总动力来表示，农民总动力在一定程度上代表着农民合作社的规模和基础设施情况，农业机械总动力在一定程度上代表着合作社的生产能力。

X3 是农业资源水平，该指标是指黑龙江省农业资源的丰富程度，这是产业融合、农业发展的基础条件，本研究用农业资源水平来表示，农业土地的面积在一定程度上代表着农业资源水平，农业资源条件是产业融合开展的基础，因此对产业融合有一定的影响。

X4 是合作投资力度，该指标是指用于产业融合的投资与相关企业的注册资金的比值，表示的是对于产业融合的投资力度，也代表着对产业融合的重视程度，对产业融合的发展有着推动作用。

X5 是合作社规模，该指标是指合作社本身所具有的规模，用注册资金来衡量，因为合作社规模的大小在一定程度上代表着参与主体的实力，会影响产业融合的效果。本研究将注册资金情况分为 100 万元以下，100 万～500 万元，500 万～1 000 万元，1 000 万元以上，分别赋予权重 1、2、3、4。

X6 是合作社等级，是指合作社所处的级别，包括国家级、省级、市级、县级等。合作社的级别代表着合作社的规范程度，合作社规范程度越高，实行产业融合的基础就越好，意愿就越强烈，产业融合进行得就越顺利。本研究同样是将不同等级的合作社赋予一定的权重，数据根据合作社等级的比例与权重进行计算获得。

X7 是企业规模，该指标主要用涉农工商资本的注册资金情况来量化，因为企业的规模决定着产业融合的加工、销售等方面的情况，其规模的大小是其实力的体现。本研究将注册资金情况分为 100 万元以下，100 万～300 万元，300 万～500 万元，500 万元以上，分别赋予权重 1、2、3、4。根据不同规模的涉农工商资本所占的比例以及权重计算出相应数据。

X8 是农业技术水平，该指标是用农业领域获得的专利数量来表示，专利数量的多少代表着黑龙江省科技创新的能力大小，是促进产业融合发展的影响因素之一，在一定程度上推动着产业融合的进程。

二、数据来源与处理

（一）数据来源

本章研究黑龙江省涉农工商资本与农民合作社产业融合问题，所得的数据大部分是从黑龙江省统计局获得，黑龙江省统计局向 13 个地市发起调研，共有 8 个地市 26 家农民合作社进行了产业融合，因此对这 26 家农民合作社展开了调研，通过发放问卷获得相关数据，还有部分数据是跟随课题组调研获得，其余数据来自黑龙江省农委调研数据，2007—2016 年《黑龙江统计年鉴》，以及黑龙江省统计局网站。

（二）数据处理

本研究主要利用 Eviews8.0 软件对黑龙江省涉农工商资本与农民合作社产业融合的影响因素进行实证分析。Eviews8.0 对数据进行了标准化处理，同时运用软件处理多重共线的问题，剔除多重共线的因素，对影响黑龙江省涉农工商资本与农民合作社产业融合的影响因素进行回归分析，得出黑龙江省涉农工商资本与农民合作社产业融合的显著影响因素（表 1）。

表 1　产业融合影响因素相关指标

时间	HHI	政府投资 $X1$	合作社生产能力 $X2$	农业资源水平 $X3$	合作投资力度 $X4$	合作社规模 $X5$	合作社等级 $X6$	企业规模 $X7$	农业技术水平 $X8$
2007q1	0.737 6	206	2 970.5	3 950.13	0.031 8	2.20	1.36	0.95	113
2007q2	0.709 8	206	2 970.5	3 950.13	0.032 4	2.22	1.36	1.01	124
2007q3	0.708 2	206	2 970.5	3 950.13	0.031 2	2.26	1.36	1.01	118
2007q4	0.731 3	206	2 970.5	3 950.13	0.037 1	2.31	1.36	0.99	126
2008q1	0.701 3	211	2 977.67	3 949.65	0.041 8	2.34	1.41	0.97	135

（续）

时间	HHI	政府投资 $X1$	合作社生产能力 $X2$	农业资源水平 $X3$	合作投资力度 $X4$	合作社规模 $X5$	合作社等级 $X6$	企业规模 $X7$	农业技术水平 $X8$
2008q2	0.685 8	211	2 977.67	3 949.65	0.058 6	2.32	1.41	0.96	122
2008q3	0.674 6	211	2 977.67	3 949.65	0.059 1	2.32	1.41	0.96	132
2008q4	0.663 7	211	2 977.67	3 949.65	0.059 6	2.33	1.41	0.97	118
2009q1	0.674 4	223	3 110.96	3 950.42	0.042 8	2.35	1.48	1.02	121
2009q2	0.667 7	223	3 110.96	3 950.42	0.043 3	2.37	1.48	1.07	115
2009q3	0.669 6	223	3 110.96	3 950.42	0.045 2	2.36	1.48	1.11	119
2009q4	0.656 8	223	3 110.96	3 950.42	0.042 7	2.38	1.48	1.11	131
2010q1	0.650 5	345	3 114.14	3 950.58	0.053 2	2.38	1.45	1.13	120
2010q2	0.644 8	345	3 114.14	3 950.58	0.064 3	2.40	1.45	1.14	154
2010q3	0.641 0	345	3 114.14	3 950.58	0.051 4	2.42	1.45	1.11	113
2010q4	0.636 7	345	3 114.14	3 950.58	0.064 4	2.42	1.45	1.18	181
2011q1	0.624 6	347.5	3 400.7	3 950.58	0.067 9	2.43	1.78	1.24	144
2011q2	0.624 2	347.5	3 400.7	3 950.58	0.065 6	2.46	1.78	1.28	168
2011q3	0.623 9	347.5	3 400.7	3 950.58	0.069 2	2.48	1.78	1.33	111
2011q4	0.627 0	347.5	3 400.7	3 950.58	0.069 5	2.51	1.78	1.29	205
2012q1	0.612 6	365.5	3 751.5	3 950.58	0.113 3	2.54	1.85	1.36	132
2012q2	0.612 2	365.5	3 751.5	3 950.58	0.108 9	2.55	1.85	1.44	178
2012q3	0.611 0	365.5	3 751.5	3 950.58	0.103 6	2.60	1.85	1.44	126
2012q4	0.613 0	365.5	3 751.5	3 950.58	0.124 0	2.62	1.85	1.45	198
2013q1	0.585 6	385.6	4 013.33	3 950.45	0.148 4	2.66	1.91	1.47	98
2013q2	0.583 0	385.6	4 013.33	3 950.45	0.154 3	2.68	1.91	1.48	146
2013q3	0.575 2	385.6	4 013.33	3 950.45	0.157 6	2.65	1.91	1.47	169
2013q4	0.567 4	385.6	4 013.33	3 950.45	0.149 8	2.72	1.91	1.52	237
2014q1	0.563 0	462	4 928.15	4 032.53	0.160 2	2.75	2.05	1.55	142
2014q2	0.556 4	462	4 928.15	4 032.53	0.153 0	2.76	2.05	1.56	222
2014q3	0.544 9	462	4 928.15	4 032.53	0.156 7	2.77	2.05	1.58	133
2014q4	0.523 5	462	4 928.15	4 032.53	0.162 1	2.79	2.05	1.64	145
2015q1	0.507 4	513	5 143.11	4 043.94	0.171 1	2.87	2.12	1.68	132
2015q2	0.507 1	513	5 143.11	4 043.94	0.163 3	2.87	2.12	1.73	163

（续）

时间	HHI	政府投资 X1	合作社生产能力 X2	农业资源水平 X3	合作投资力度 X4	合作社规模 X5	合作社等级 X6	企业规模 X7	农业技术水平 X8
2015q3	0.479 7	513	5 143.11	4 043.94	0.167 3	2.89	2.12	1.75	176
2015q4	0.471 6	513	5 143.11	4 043.94	0.177 8	2.92	2.12	1.75	185
2016q1	0.454 8	526	5 223.6	4 043.96	0.196 7	2.93	2.33	1.78	142
2016q2	0.442 5	526	5 223.6	4 043.96	0.203 3	2.96	2.33	1.80	123
2016q3	0.434 7	526	5 223.6	4 043.96	0.209 5	2.92	2.33	1.82	214
2016q4	0.426 6	526	5 223.6	4 043.96	0.217 1	3.04	2.33	1.82	192

数据来源：黑龙江省统计局调研整理获得，黑龙江省农委统计数据，课题组调研数据整理。

三、实证分析

本研究运用多元线性回归模型，以期能够获取影响黑龙江省涉农工商资本与农民合作社产业融合的影响因素。本研究选取的是 2007—2016 年 10 年的 40 个季度的数据，是时间序列数据。在多元线性回归方程中，因变量是黑龙江省涉农工商资本与农民合作社的产业融合度，也就是 HHI 的值，自变量是政府资金扶持力度，即 X1；合作社生产能力，即 X2；农业资源水平，即 X3；合作投资力度，即 X4；合作社规模，即 X5；合作社的等级，即 X6；涉农工商资本规模，即 X7；农业技术水平，即 X8；因此回归方程可以表示为：

$$HHI = \beta 0 + \beta 2X1 + \beta 2X2 + \beta 3X3 + \beta 4X4 + \beta 5X5 + \beta 6X6 + \beta 7X7 + \beta 8X8$$

通常来说，就一般的多元线性回归模型来说，回归方程很可能还存在一个问题，比如自变量个数较多，自变量之间具有较大的相关性以及因相关性导致的多重共线性等问题。为了使模型更加准确，从而获得有效的影响黑龙江省涉农工商资本与农民合作社产业融合的因素，在进行多元回归分析前，运用软件分析各个解释变量间的相关性，如表 2 所示。

表 2　指标变量相关系数矩阵表

	X1	X2	X3	X4	X5	X6	X7	X8
X1	1	0.940 374 462	0.833 760 589	0.924 555 568	0.957 060 137	0.943 101 646	0.966 617 582	0.480 025 513
X2	0.940 374 462	1	0.932 826 577	0.954 077 084	0.971 249 821	0.953 781 88	0.960 467 05	0.422 203 572
X3	0.833 760 589	0.932 826 577	1	0.811 043 525	0.855 754 333	0.813 165 627	0.820 777 597	0.310 673 561

（续）

	X1	X2	X3	X4	X5	X6	X7	X8
X4	0.924 555 568	0.954 077 084	0.811 043 525	1	0.976 144 434	0.959 955 285	0.963 122 808	0.472 945 368
X5	0.957 060 137	0.971 249 821	0.855 754 333	0.976 144 434	1	0.971 343 942	0.983 762 007	0.486 605 754
X6	0.943 101 646	0.953 781 88	0.813 165 627	0.959 955 285	0.971 343 942	1	0.982 183 597	0.473 442 915
X7	0.966 617 582	0.960 467 05	0.820 777 597	0.963 122 808	0.983 762 007	0.982 183 597	1	0.500 359 991
X8	0.480 025 513	0.422 203 572	0.310 673 561	0.472 945 368	0.486 605 754	0.473 442 915	0.500 359 991	1

根据相关系数矩阵可以看出，有些变量之间存在着较大的相关性，比如 $X1$ 政府资金扶持力度和其他 7 个影响因素的相关系数均较大，大部分在 0.9 左右，$X2$ 合作社生产能力和 $X3$ 农业资源水平的相关系数为 0.932 8，$X4$ 合作投资力度和 $X6$ 合作社等级的相关系数为 0.959 9，所以在运用模型的过程中要将多重共线问题考虑其中。

首先，将 $X1$ 政府资金扶持力度，$X2$ 合作社生产能力，$X3$ 农业资源水平，$X4$ 合作投资力度，$X5$ 合作社规模，$X6$ 合作社等级，$X7$ 企业规模，$X8$ 农业技术水平作为解释变量，HHI 作为被解释变量进行回归分析，得到结果如表 3 所示。

表 3　包含所有变量的回归结果

Variable	Coefficient	Std. Error	t－Statistic	Prob.
C	7.345 335	1.007 602	7.289 918	0.000 0
X1	−9.89E−05	7.43E−05	−1.330 447	0.193 1
X2	0.000 159	2.75E−05	5.804 23	0.000 0
X3	−0.001 616	0.000 275	−5.877 991	0.000 0
X4	−0.683 03	0.205 775	−3.319 31	0.002 3
X5	−0.197 265	0.069 266	−2.847 946	0.007 7
X6	−0.081 169	0.035 759	−2.269 899	0.030 3
X7	−0.137 464	0.066 495	−2.067 296	0.047 1
X8	6.27E−05	7.06E−05	0.888 129	0.381 3
R－squared	0.982 350	Mean dependent var		0.600 643
Adjusted R－squared	0.977 795	S. D. dependent var		0.085 005
S. E. of regression	0.012 667	Akaike info criterion		−5.704 553
Sum squared resid	0.004 974	Schwarz criterion		−5.324 555

（续）

Variable	Coefficient	Std. Error	t - Statistic	Prob.
Log likelihood	123. 091 1	Hannan - Quinn criter.		-5. 567 157
F - statistic	215. 670 8	Durbin - Watson stat		1. 410 302
Prob（F - statistic）	0. 000 000			

数据来源：Eviews8.0 软件结果输出。

根据回归结果可以看出，Prob（F - statistic）的值为 0，说明方程是显著的，也就是说在 X1 政府资金扶持力度，X2 合作社生产能力，X3 农业资源水平，X4 合作投资力度，X5 合作社规模，X6 合作社等级，X7 企业规模，X8 农业技术水平这 8 个影响因素中至少有一个因素是对 HHI 的值有显著影响的。通过 R - squared 和 Adjusted R - squared 的值可以看出方程整体的拟合效果是较好的。可以看出，X8 和 X1 的 P 值较大，X2 和 X3 的 P 值较小，这说明方程是存在多重共线性的。其中，P 值最大的是 X8，说明其对产业融合度的影响不显著，可以将 X8 从解释变量中除去，然后再进行回归分析。

将 X1 政府资金扶持力度，X2 合作社生产能力，X3 农业资源水平，X4 合作投资力度，X5 合作社规模，X6 合作社等级，X7 企业规模作为解释变量，HHI 作为解释变量进行回归分析，得到结果如表 4 所示。

表 4　剔除 **X8** 的回归结果

Variable	Coefficient	Std. Error	t - Statistic	Prob.
C	7. 296 259	1. 002 759	7. 276 18	0. 000 0
X1	-9. 87E - 05	7. 41E - 05	-1. 332 901	0. 192 0
X2	0. 000 156	2. 71E - 05	5. 755 16	0. 000 0
X3	-0. 001 603	0. 000 274	-5. 858 326	0. 000 0
X4	-0. 673 322	0. 204 805	-3. 287 628	0. 002 5
X5	-0. 193 402	0. 068 900	-2. 806 974	0. 008 4
X6	-0. 083 207	0. 035 567	-2. 339 446	0. 025 7
X7	-0. 127 988	0. 065 416	-1. 956 521	0. 059 2
R - squared	0. 981 901	Mean dependent var		0. 600 643
Adjusted R - squared	0. 977 942	S. D. dependent var		0. 085 005
S. E. of regression	0. 012 625	Akaike info criterion		-5. 729 427
Sum squared resid	0. 005 100	Schwarz criterion		-5. 391 651

（续）

Variable	Coefficient	Std. Error	t - Statistic	Prob.
Log likelihood	122.588 5	Hannan - Quinn criter.		−5.607 297
F - statistic	248.005 3	Durbin - Watson stat		1.407 851
Prob（F - statistic）	0.000 00			

数据来源：Eviews8.0 软件结果输出。

根据回归结果可以看出，Prob（F - statistic）的值为 0，说明方程是显著的，也就是说在 X1 政府资金扶持力度，X2 合作社生产能力，X3 农业资源水平，X4 合作投资力度，X5 合作社规模，X6 合作社等级，X7 企业规模这 7 个影响因素中至少有一个因素是对 HHI 的值有显著影响的。通过 R - squared 和 Adjusted R - squared 的值可以看出方程整体的拟合效果是较好的。可以看出，X1 的 P 值较大，X2 和 X3 的 P 值较小，这说明方程的多重共线性是存在的。其中，P 值最大的是 X1，说明其对产业融合度的影响不显著，即政府投资对黑龙江省产业融合度影响不显著，可以将 X1 从解释变量中除去，然后再进行回归分析。

将 X2 合作社生产能力，X3 农业资源水平，X4 合作投资力度，X5 合作社规模，X6 合作社等级，X7 企业规模，X8 农业技术水平作为解释变量，HHI 作为解释变量进行回归分析，得到结果如表 5 所示。

表 5　剔除 X1 的回归结果

Variable	Coefficient	Std. Error	t - Statistic	Prob.
C	7.582 462	0.990 959	7.651 64	0.000 0
X2	0.000 16	2.72E - 05	5.880 764	0.000 0
X3	−0.001 67	0.000 272	−6.143 092	0.000 0
X4	−0.660 461	0.206 971	−3.191 087	0.003 1
X5	−0.201 059	0.069 464	−2.894 45	0.006 7
X6	−0.078 756	0.035 824	−2.198 411	0.035 0
X7	−0.170 585	0.057 746	−2.954 073	0.005 7
R - squared	0.980 896	Mean dependent var		0.600 643
Adjusted R - squared	0.977 423	S. D. dependent var		0.085 005
S. E. of regression	0.012 773	Akaike info criterion		−5.725 393
Sum squared resid	0.005 384	Schwarz criterion		−5.429 84

（续）

Variable	Coefficient	Std. Error	t - Statistic	Prob.
Log likelihood	121. 507 9	Hannan - Quinn criter.		-5. 618 53
F - statistic	282. 397 4	Durbin - Watson stat		1. 364 133
Prob（F - statistic）	0. 000 00			

数据来源：Eviews8. 0 软件结果输出。

根据回归结果可以看出，Prob（F - statistic）的值为 0，说明方程是显著的，也就是说在 X2 合作社生产能力，X3 农业资源水平，X4 合作投资力度，X5 合作社规模，X6 合作社等级，X7 企业规模这 6 个影响因素中至少有一个因素是对 HHI 的值有显著影响的。通过 R - squared 和 Adjusted R - squared 的值可以看出方程整体的拟合效果是较好的。可以看出，X2、X3、X4、X5、X6、X7 的 P 值均小于 0. 05，说明 X2、X3、X4、X5、X6、X7 对产业融合度的影响显著。

从回归系数可以看出，X3、X4、X5、X6、X7 的系数均为负值，说明农业资源水平、合作投资力度、合作社规模、合作社等级、企业规模与 HHI 呈负相关，也就是说农业资源水平越大，合作投资力度越大，合作社规模越大，合作社等级越高，企业规模越大，HHI 的数值就越低，产业融合度就越高。农业资源水平、合作投资力度、合作社规模、合作社等级、企业规模对产业融合度有正向影响。X2 的系数为正值，说明合作社生产能力与 HHI 呈正相关，与产业融合呈负相关，之所以呈现这样的结果主要是因为合作社生产能力较强，说明合作社本身的发展水平较高，具有较强的生产经营能力和较高的生产效率，所以在生产加工等方面不需要借助外在的力量来扶持发展，因此对产业融合度呈负相关。此外，通过回归系数绝对值大小来看，合作投资力度、合作社规模和企业规模的系数绝对值相对较大，说明这三个影响因素对黑龙江省涉农工商资本与农民合作社产业融合的影响程度相对较大。

四、结果分析

（一）农业资源水平对产业融合度的影响

根据回归模型可以看出，农业资源水平的系数为 -0. 001 67，且 t 检验显著，由于系数为负，说明农业资源水平对 HHI 值有负向影响，由于 HHI 值越大，涉农工商资本与农民合作社产业融合度就越低，所以农业资源水平对涉农工商资本与农民合作社产业融合有着正向的推动作用。同时，在所选取的众多因素中，这也不难解释，黑龙江省涉农工商资本与农民合作社产业融合是需要一定农业资源作为支撑的，产业融合的顺利展开离不开丰富的农业资源和农业基础条件，而农业用地情况正好可以体现黑龙江省在农业资源方面的情况，黑龙江省农业资源水平越高，说明黑龙江省涉农工商资本与农民合作社产业融合度越高，也就是说农业资源水平对产业融合的发展具有正向的促进作用。

（二）合作投资力度对产业融合度的影响

根据回归模型可以看出，合作投资力度的系数为－0.660 461，且 t 检验显著，由于系数为负，说明合作投资力度对 HHI 值有负向影响，由于 HHI 值越大，涉农工商资本与农民合作社产业融合度就越低，所以合作投资力度对产业融合度有着正向的推动作用。因为黑龙江省涉农工商资本与农民合作社产业融合是需要一定经济基础作为支撑的，产业融合的顺利展开离不开二三产业的资金投入与合作，同时也需要涉农工商资本的产业融合意愿，而合作投资力度正好可以体现黑龙江省涉农工商资本与农民合作社产业融合意愿的强弱，黑龙江省涉农工商资本合作投资力度越大，说明黑龙江省涉农工商资本愿意投入农业，愿意与农民合作社实行产业融合的意愿越强，产业融合度也就越高，也就是说合作投资力度对产业融合的发展具有正向的促进作用。

（三）合作社生产能力对产业融合的影响

根据回归模型可以看出，合作社生产能力的系数为0.000 16，且 t 检验显著，系数为正，说明涉农工商资本规模对 HHI 值有正向影响，由于 HHI 值越大，涉农工商资本与农民合作社产业融合度就越低，因此合作社生产能力对产业融合度有着负向的推动作用。原因也是显而易见的，黑龙江省涉农工商资本与农民合作社产业融合的目的是为了实现互利共赢，农民合作社与涉农工商资本合作是为了弥补自己在生产技术、生产能力上的不足，但是如果农民合作社自身具有一定的生产能力，就不需要借助涉农工商资本的力量，这样也能避免涉农工商资本瓜分合作社本身的利益。因此，生产能力强的合作社对于产业融合度有负向影响。

（四）农民合作社规模对产业融合度的影响

根据回归模型可以看出，合作社规模的系数为－0.201 059，且 t 检验显著，由于系数为负，说明农民合作社规模对 HHI 值有负向影响，由于 HHI 值越大，涉农工商资本与农民合作社产业融合度就越低，所以农民合作社规模对产业融合度有着正向的推动作用。黑龙江省涉农工商资本与农民合作社产业融合的对象之一就是合作社，合作社整体的发展情况将决定着产业融合效果。黑龙江省涉农工商资本与农民合作社进行产业融合是需要一些具有一定规模的合作社来参与的，合作社的规模在一定程度上代表着合作社的资金实力、农业基础设施条件等，规模越大的农民合作社对产业融合的认识程度就越深刻，也就是说，农民合作社的规模越大，对于黑龙江省涉农工商资本与农民合作社产业融合的推动力度就越大。

（五）合作社等级对产业融合的影响

根据回归模型可以看出，合作社等级的系数为 $-0.078\,756$，且 t 检验显著，由于系数为负，说明合作社等级对 HHI 值有负向影响，由于 HHI 值越大，涉农工商资本与农民合作社产业融合度就越低，因此，农民合作社等级对产业融合度有着正向的推动作用。合作社是黑龙江省涉农工商资本与农民合作社产业融合的主体之一，那么合作社的等级决定着产业融合的效果。因为黑龙江省涉农工商资本与农民合作社进行产业融合是需要规范发展的农业合作社来参与的，合作社的等级在一定程度上代表着合作社的规范程度，代表着其标准化生产的能力和信誉度，合作社等级越高的农民合作社，其具备组织农民标准化生产的能力越强，其运营和管理更规范，信誉度越高，也就是说，农民合作社的等级越高，该合作社就具备促进产业融合有效运行的优越条件，其接受产业融合的意愿就越强烈，也就代表着黑龙江省涉农工商资本与农民合作社产业融合效果就越好。

（六）涉农工商资本规模对产业融合的影响

根据回归模型可以看出，涉农工商资本规模的系数为 $-0.170\,585$，且 t 检验显著，系数为负，说明涉农工商资本规模对 HHI 值有负向影响，由于 HHI 值越大，涉农工商资本与农民合作社产业融合度就越低，因此涉农工商资本规模对产业融合度有着正向的推动作用。原因也是显而易见的，黑龙江省涉农工商资本与农民合作社产业融合的对象之一就是涉农工商资本，涉农工商资本整体的发展情况将决定着产业融合效果。黑龙江省涉农工商资本与农民合作社进行产业融合是需要具有一定规模的涉农工商资本来参与的，涉农工商资本的规模一方面代表着资金实力，另一方面也代表着技术水平、人才水平、营销能力等。规模越大的涉农工商资本，其资金实力相对较强，员工素质相对较高，营销能力和技术水平相对较强，也就是说，涉农工商资本的规模越大，对促进黑龙江省涉农工商资本与农民合作社产业融合的推动力量就越大。

五、结论与建议

（一）明确涉农工商资本的合理定位

涉农工商资本与农民合作社产业融合是以农民合作社为基地，实现农产品的标准化生产，借助涉农工商资本在技术、营销等方面的力量，来打破原来的产业格局，实现全产业链的整合，进而形成一个全新的从生产到加工到销售的产业。产业融合将原本产业间的分工变成了新产业内部的分工。因此，明确好涉农工商资本的定位，发挥涉农工商资本自身的优势就显得十分重要。

首先，在农产品生产环节，与农民合作社能够实行产业融合的企业类型有多样，可以是给予农业生产技术支持的企业，还可以是提供信息技术的企业，不管是什么企业，只要是提供技术上的服务就要求该企业要发挥其先进的科学技术优势，同时要将科技创新能力、健全的科技创新团队应用到产业融合过程中来。因为，拥有先进的技术是为了提高农产品的生产效率，涉农工商资本要借助农业生产技术生产出优质农产品，要能够精细地检测农作物的生长状况，进而有效促进产业融合，更快地与市场对接，但是技术的更新速度很快，企业如果没有实力强的技术团队，团队成员没有科技创新精神就难以跟上时代的步伐，产业融合的效果也难以满足市场上的需求。

其次，在农产品加工环节的产业融合，涉农工商资本要发挥在现代化的农业机具方面的优势，因为这是提高劳动生产率的有效途径，同时也有利于农产品的标准化生产。当然，涉农工商资本也要发挥其技术创新和资金方面的优势，雄厚的资金实力有利于涉农工商资本为农业生产提供农业机械的支持，虽然企业可以运用资金引进国外的新技术、购买新设备，但是这严重制约了黑龙江省科技创新的发展。因此要鼓励企业开设自己的研发部门，用自己的研发人员来实现自主研发。此外，涉农工商资本也可以与高等院校建立战略联盟的关系，企业为高等院校提供实践基地，高等院校为企业研发技术，双方共享研究成果。技术创新是希望这个企业能够不断地更新设备，提高农业及机械的效率，以促进产业融合的顺利开展。

最后，对于在农产品销售环节，与农民合作社进行产业融合的企业的主要职责就是将优质的农产品卖出优越的价格，因为能够获得更大潜在利益的环节就是农产品销售，农产品能否卖出好价钱受产品质量的影响，但从某种程度上讲，营销能力是较为主要的因素之一。因此，对于实行农产品销售环节产业融合的企业是有明确定位的，第一，该企业要对农产品市场有一定的了解，能够较好地把控农产品市场的情况，便于融合农产品的销售，因为有的时候卖不出新产品不是技术不过关造成的，而是在与市场对接上出了问题，所以企业必须具备把控市场、发现市场的能力。第二，该企业发挥销售团队的力量，不仅要有明确的农产品销售思路，还要有品牌宣传和推广的能力，能够以最快的速度吸引消费者，同时要有饱满热情的销售团队，营销体系完备了，销售就不是问题。第三，销售企业要发挥雄厚的资金优势，因为在产业融合的过程中还会遇到各种风险，有了资金就有了抗击风险的能力，与农民合作社产业融合关系也就有了保障。

（二）提高农民合作社的运营能力

涉农工商资本与农民合作社产业融合的两个核心参与主体就是涉农工商资本和农民合作社，合作社的运营能力在一定程度上影响着产业融合的效果，在实证分析中也得出，合作社规范程度越高，运营能力越好，对于产业融合越有促进作用，也就是说农民合作社运营能力越强，对于促进产业融合就越有推动作用，因此，提高农民合作社的运营能力就十分必要。

第一，合作社要提高民主管理水平。农民合作社运营能力的提高不是一蹴而就的，要通过日积月累的努力才能不断发展壮大，合作社始终要坚持民主管理，这是合作社规范运营的前提和基础，如果合作社不能为广大合作社成员提供服务，那么合作社的存在就没有意义。提高民主管理水平，一方面要选择适合的合作社管理人员，定期对其培训，使其明确合作社是服务农民的，合作社管理人员要有奉献精神，合作社管理人员还要具有长远的投身农业的愿望，对农业、对市场有独到的眼光，能够带领合作社成员获取更多的收益。另一方面，合作社要做到信息完全公开，让每一位合作社成员都能了解合作社的日常事务，合作社成员能够融入合作社当中，能够参与合作社大小事宜的决策，会增强合作社成员对合作社的归属感，还能节约决策成本，对于提高民主管理水平具有一定的推动作用。

第二，合作社要建立良好的利益分配机制。农民愿意加入合作社，是看中了合作社能为其带来更多的收益，如果没有好的利益分配机制，合作社就很难得到发展，因为缺乏合作社成员的信任，缺乏凝聚力的合作社是无法长久运营的。因此，合作社对于盈余的分配要合理，要按照交易额的比例返还，对于剩余的收益，要留取部分作为壮大合作社资金，比如农机设备的购买、人才的引进、品牌的打造等。只有农民合作社运营能力提高了，才能吸引更多的涉农工商资本与农民合作社进行合作，在产业融合的过程中遇到的障碍就会相对较少，才能更好地促进涉农工商资本与农民合作社产业融合的顺畅运转。

第三，合作社要提高标准化生产的能力。合作社组织合作社成员标准化生产能力的高低在一定程度上影响着合作社的运营效果，合作社标准化生产能力越强，说明生产的农产品标准化程度越高，涉农工商资本就越愿意与农民合作社进行产业融合，或者说融合过程就越顺畅，同时会带动农民合作社运营不断规范。想要使生产能力标准化，合作社就要尽量做到农产品生产的各个环节都要标准化，比如对合作社成员要定期培训，讲解生产农产品的要领，对于同种农产品，要进行统一插秧、施肥、浇水、除草等。

（三）创新产业融合方式

产业融合方式的多样在一定程度上会推动产业融合的发展，黑龙江省涉农工商资本与农民合作社产业融合方式大多是订单模式，因此黑龙江省涉农工商资本与农民合作社产业融合需要不断创新产业融合方式。比如，可以通过产权来稳固涉农工商资本与农民合作社之间的融合关系，这样有利于明确涉农工商资本与农民合作社在产业融合中的地位，还可以进一步完善订单模式，不仅仅是对农民合作社的农产品进行保护价收购，还可以建立合理的利益返还机制，将多获得的利益给农民合作社一些分红等，这种利益的共享正是达到产业融合最根本的目的。

此外，一个人的力量是微弱的，但是合作的力量是无穷的。黑龙江省涉农工商资本与农民合作社产业融合要想得以顺利进行，需要建立多主体合作创新的机制，通过合作来实现农业科技创新，以保障产业融合运转正常。多主体合作创新的形式可以多样，可以是农民合作社与高等院校、科研院所合作，可以是涉农工商资本与高等院校、科研院所合作，也可以是农民合作社、涉农工商资本高等院校、科研院所合作。比如，农民合作社可以请专家到合作社进行技术指导，也可以进行知识讲座，不仅能拓宽视野，也有利于高素质农民的培养；在农业技术方面，农民合作社可以与农业院校和农业科研院所合作，黑龙江省农业院校主要有东北农业大学、东北林业大学、八一农垦大学，农业科研院所有黑龙江省农科院等，农民合作社为他们提供研究的基地，高等院校的专家们可以借助实地研究更精准地获取数据，便于创新农业生产技术；企业可以与哈尔滨工业大学、哈尔滨工程大学等院校合作，共享机械发明、电子信息技术方面的成果，总之要实现产学研的密切合作，提高农业科技水平。此外，涉农工商资本可以学习其他企业的先进案例，从中借鉴经验，可以引进其他企业的优秀人才，做技术指导，进而提高企业的科学技术水平和市场竞争力。

（四）完善利益联结与协调机制

黑龙江省涉农工商资本与农民合作社的产业融合不是简单的产业结合，强调的是能够通过产业融合来打破原有的产业边界，进而形成一个全新的产业，实行产业融合的目的是为了实现产业链的有效整合。这个新产业是集合了多个不同行业的企业，以农民合作社生产的农产品为基础，以相关生产技术、加工技术、信息技术等为依托，更快更好地生产出满足社会需求、消费者需求的农产品。这些企业之间彼此合作，是利益共同体，共同分享收益，共同抗击风险。这其中最关键的问题有两个，一个是要形成利益联结机制，另一个是要形成合理的利益协调机制。

首先，要采用"农民合作社＋涉农工商资本"的模式，农民合作社负责农产品的生产，涉农工商资本负责提供生产、加工技术以及新产品的营销。要让双方明白产业融合是为了提高产业链的价值，是实现强强联合，而非有人来瓜分他们的利益，让他们从思想上认识到产业融合的好处，通过二者的产业融合，建立密切的利益联结机制。其次，要协调好各个参与主体之间的关系。因为产业融合集合了多个企业以及农民合作社，参与的主体相对较多，而利益又是每个主体最关注的部分，所以必须协调好多方利益，才能够让实行产业融合的农民合作社与涉农工商资本的融合关系稳定。各个参与主体可以通过签订合同等方式来分配利益，比如农产品加工企业可以与农民合作社签订合同，到期以多少的价格来收购，农民合作社按照标准来生产农产品，这样企业既稳定了货源，农民也觉得有保障，加工企业也可以继续和销售企业签订合同，加工后销售企业以某一价格进行购买。但是如果当年的市场价格较高，农民们就会觉得卖亏了，也没有达到产业融合的风险共担、利益共享的目标，所以还要建立利益返还机制，利益返还机制的建立需要一定的基础条件，就是要有公开透明的信息平台，大家能够借助这个平台了解市场的信息，这样多获得的利益都是显而易见的，根据信息平台的数据以及事先约定的条款，企业与农民合作社按一定的比例分配，不易产生利益纠纷，稳定产业融合的关系。

（五）创新产业融合发展理念

产业融合是新兴的一个概念，但是它也需要根据时代的要求不断创新，产业融合理念的创新是涉农工商资本与农民合作社产业融合能够顺利展开的关键，也是涉农工商资本与农民合作社产业融合能够长效发展的关键，进而更快更好地促进农业发展和农民的增收。随着产业融合工作的展开，这之中一定会面临各种各样的问题，农民合作社和涉农工商资本都要在不断地探索中寻找新的出路。

涉农工商资本愿意与农民合作社进行产业融合是因为看到了潜在的利益，涉农工商资本对市场的把控能力较强，因此要根据市场的行情和需求，在深入理解产业融合内涵的基础上不断创新产业融合发展理念。涉农工商资本与农民合作社是产业融合过程中的核心主体，他们对产业融合的认识在一定程度上决定着产业融合的效果，因此要从多角度入手，比如多向农民和企业宣传产业融合的好处，解读产业融合的方式等，将产业融合的概念融入农民合作社的每一位成员及企业员工思想意识中。

农民合作社是产业融合的基础力量，农民合作社以及合作社成员能够创新产业融合理念就显得尤为重要。首先，地方政府要解读好产业融合的相关政策，要予以大力的宣传，可以组成小分队走访各个农民合作社，对他们的疑惑给出明确的解答，遇到不能解决的问题及时向上级部门请教，及时回复。还可以给予农民合作社的理事长等领导班子定期的培训，扭转固有的认识，解读好产业融合的概念，分析产业融合的利弊，让农民合作社真正领会产业融合的内涵。其次，农民合作社的领导班子经过教育和培训后，要及时展开座谈，与合作社的成员交流心得，把学习到的新知识传达给合作社成员，特别是合作社里面的年轻人，他们思想活跃，接受能力强，要给予他们一些专业培训，让他们成为社会所需要的高素质农民。座谈会的开展有助于碰撞出创新产业融合理念的火花，总之，做好自上而下的宣传工作，要打造良好的创新产业融合理念的氛围，为产业融合的顺利展开做好铺垫。

此外，要让涉农工商资本在农业生产技术上、加工技术上以及营销上的优势充分展现，走符合涉农工商资本与农民合作社产业融合的路径，贴合实际。涉农工商资本要对员工进行定期的教育培训，重视人才的培养，激发员工创新的思维，使产业融合变得更加符合实际需求，更加适应一二三产业的对接与合作，还要根据企业自身的情况，准确选择与农民合作社产业融合的领域，做好技术、资金、人才的规划，做好各种风险防范措施，进而保障产业融合能够稳定运行，提高经济效益。

（六）加强政策引导与扶持

近几年国家鼓励产业融合，多次在中央 1 号文件中倡导。实际上，产业融合是需要相关外部环境来引导的，因为产业融合实现了产业边界的模糊甚至消失，所以原有的产业链条也会发生一定的变动和迁移，第一产业、第二产业和第三产业多个主体打破原有的产业边界进行重新融合，就需要相关政策的指引，尤其现在是信息时代，一切发展都很快，所以良好的外部环境一方面能够提高交易效率，保证各个参与主体的自身利益，另一方面可以使市场环境相对稳定，使产业融合达到预期效果并顺利运行。

首先，在相关政策方面要予以完善，融合政策要进一步细化，更要大力倡导宣传。因为很多农民宁愿将土地流转出去也不愿意加入合作社与涉农工商资本进行产业融合。此外，产业融合是一个新生的事物，需要大家有一个接受和适应的过程，农民合作社和涉农工商资本产业融合也是在不断地摸索过程中，如果国家能出台相关政策和文件，指导产业融合的过程，就一定能激发涉农工商资本与农民合作社的产业融合，政府也要建立产业融合机制，包括全新的产业该怎样进行管理和协调，企业和农民合作社的职责所在等。另外，国家的政策要更加细化，对不同领域的产业融合有不同的指导，比如在农产品生产领域该如何进行产业融合，在销售环节产业融合该如何实现对接等。涉农工商资本与农民合作社的产业融合，需要耗费的成本也较高，特别是融合的初期，因此需要给予一定的经济支持，比如产业融合的优惠政策、补贴政策、保险政策等。

其次，政府要协调好农民合作社和涉农工商资本的权责关系，对于他们的职责所在要给出明确的规定，农民合作社是产业融合的基础，因此农民合作社就作为基地，实行标准化生产，使产业融合后的产品品质得到保障，涉农工商资本企业要有责任感，要有服务农业的愿望和一定的战略眼光。总之，通过相关文件的指导，能够规范农民合作社和涉农工商资本这些参与主体的行为，使产业融合过程规范化、标准化，进而实现多方参与主体的共赢。

项目负责人：胡胜德
主要参加人：展昭海、徐博文、王馨、胡馨蕊、邱慧智、王曼乐

粮食主产区利益补偿及其机制创新 *

余志刚　齐蘅　马丽

"民以食为天，国以粮为安"，粮食作为生活必需品，兼具经济、政治等多种功能。粮食安全是我国国家安全的重要组成部分，也是世界各国密切关注的焦点。2018 年末我国人口数量达到 13.9 亿，不断增长的粮食需求对我国粮食供求体系的稳定提出挑战，在现有人口压力和资源有限的约束下，如何保证我国粮食供求体系的平衡稳定是必须解决的重大研究问题。粮食生产是农业经济发展的重要根基，粮食主产区作为我国重要的产粮基地，在保证居民基本生活需求、促进国民经济平稳运行、维护国家粮食安全等方面发挥重要的意义。新中国成立以来，在党中央高度重视下，我国粮食产量实现了从 1949 年的 113 2 亿千克到 2018 年的 657 9 亿千克的跨越式增长，粮食主产区粮食生产的优势逐渐明显。但随着我国粮食生产格局的不断变化，粮食生产核心区不断北移，粮食生产出现了粮食增产困难增加、环境污染日益严重、区域经济发展不平衡等种种难题，我国粮食供需面临严峻的形势。保证粮食主产区的粮食生产投入和效益，实现粮食主产区正外部效应内部化，探索粮食主产区可行的补偿机制十分必要。

一、国内外文献研究综述

国内学者对如何支持和保护农业生产的研究起步较晚，1994 年，美国学者 Lester brown 的《谁来养活中国》让我国开始正视粮食安全问题，20 世纪 90 年代学者们才将更多的注意力放到粮食生产的理论研究上，对如何促进粮食产业更好更快地发展，让农业发展和农民增收是学者关注的焦点。2000 年以后，学者结合粮食补贴相关政策，才对粮食主产区的经济发展开展较多的研究。

* 黑龙江省社会科学研究规划项目（项目编号：14B118）。
项目负责人为余志刚教授，主要参加人员有齐蘅、马丽等。

（一）关于构建粮食主产区利益补偿机制的理论依据研究

整理国内关于粮食理论研究的相关资料发现，我国在 1994 年后才开始更多地关注市场机制、粮食优势区的发展定位、粮食流通体制、投资建设成本等问题。2004 年中央 1 号文件 7 次提及"粮食主产区"，强调要加强粮食主产区的粮食产业链建设。2004 年，《中华人民共和国粮食流通条例》提出对粮食主产区重点粮食品种实施价格保护政策，支持粮食主产区粮食全产业的链化发展，鼓励主产区与主销区通过订单农业等多种方式建立稳定的产销关系。2005 年中央 1 号文件首次建立粮食主产与主销区之间的利益协调机制；2008 年党的十七届三中全会在《中共中央关于推进农村改革发展若干重大问题的决定》中首次提出"建立主产区利益补偿制度，加强财政资金对产粮大县的奖励力度和公共项目的扶持力度，充分调动农民种粮、政府抓粮的积极性"。2009 年，《中共中央　国务院关于促进农业稳定发展农民持续增收的若干意见》首次明确提出"建立健全粮食主产区利益补偿制度"；2009 年，关于农业发展农民增收的中央 1 号文件明确提出要通过建立粮食主产区与主销区的利益衔接机制，根据粮食主产区对我国粮食安全的贡献，加大财政性资金投入，完善粮食主产区利益补偿制度；2012 年，关于推进农业科技创新的中央 1 号文件再一次强调加大对产粮大县的财政资金奖励力度，确保粮食主产区粮食生产安全，2013 年，《中华人民共和国农业法》颁布，国家以立法的形式将对粮食主产区粮食生产和销售的重点扶持政策纳入法律的框架。这些为开展关于粮食主产区利益补偿机制的研究提供了丰富的理论参考。

（二）关于对我国粮食补贴的研究

我国关于粮食补贴的研究大致包括补贴目标、规模、效率、方式几个方面，基本构成了我国粮食补贴研究体系。

1. 关于对补贴目标的研究

我国的粮食补贴是粮食生产增产和增收的保证，现实生活中往往粮食可以增产但是农民却实现不了增收。卫龙宝（2018）提出我国粮食生产的多目标会导致农业政策之间相冲突和相矛盾。陈吉元和韩俊（1995）认为我国粮食补贴的目标应该从强调粮食产量向强调农民增收转变。马有祥（2017）指出农户的粮食生活生产目标是利益最大化，必须通过政策手段来实现政府目标且与粮食生产者目的相吻合。关于粮食增产和农民增收的关系，陆文聪等（2017）运用供求均衡模型论证粮食增产与农民增收的矛盾统一关系。黄祖辉（2019）通过论证技术进步和农民收入呈现弱相关，表明粮食增产会对农民收入增收带来不利影响，粮食增产和农民增收的"冲突论"证明我国在粮食补贴过程中难以实现增产和增收的一致性。朱新华和曲福田（2008）指出因耕地保护具有外部性，粮食主销区需要对粮食主产区进行一定补偿，实现粮食主销区、粮食主产区优势互补，共同发展。

2. 关于对补贴规模的研究

专家学者指出我国粮食补贴政策由于政策执行监管存在偏差，张立伟（2014）指出中国的粮食生产基本处于"负保护"状态，从绝对水平和相对水平看都是不足的，农业部门对粮食的补贴远远低于 WTO 规定的补贴标准，应该加大粮食补贴规模。肖国安等（2017）基于中国和美、日、欧等对比对我国粮食补贴进行了分析，我国补贴规模较小并与发达国家存在着较大的差距，随着我国粮食生产资料价格上涨，粮食补贴满足不了粮食生产者种粮的利益损失。赵德余（2016）认为由于地方政府财政资金的使用效率难以得到保证，使得财政资金难以和地方粮食生产主体的需求达到有效的匹配，粮食补贴的有效规模难以得到保证。刘金丰（2007）认为粮食补贴规模与我国粮食安全息息相关，基于粮食主产区在我国粮食安全中的重要地位使我们要注重建立适合粮食主产区粮食生产发展的补贴规模，提高补贴额度与补贴的种类范围，促进粮食产销区的利益协调发展。

3. 关于对补贴效率和方式的研究

为改善以往粮食补贴效率，2003 年国家采取了粮食直接补贴的方式，为提高我国粮食补贴效率，2004 年开始采取直接补贴粮农的办法。肖国安（2007）认为各个区域的补贴方式不同造成利益分配也不均衡，张红宇（2017）认为国内粮食生产的补贴没有达到全覆盖。曹芳等（2005）以典型案例的形式对粮食产量进行了分析，发现粮食直接补贴真正实施后，粮食播种面积和粮食产量都有增长，但粮食补贴对粮食主产区的效率不明显。马彦丽（2013）以河北为案例论证了粮食补贴对粮食主产区影响不大。邵立民（2016）指出近几年我国的一系列粮食补贴政策对粮食主产区农民收入增幅不大，这严重制约了粮食主产区的经济社会发展。邓大才（2008）认为粮食主产区要实现农业现代化不能牺牲粮食生产，为确保国家粮食安全主产区必须牺牲一定区域发展的利益和成本，因此，补贴对象应集中在粮食主产区生产优质粮食的农民和耕地。

（三）对解决粮食主产区利益补偿问题的研究

我国学者关于如何解决粮食主产区利益补偿问题研究主要从粮食主产区对主销区的转移支付、资金支持、相关配套政策等几个方面展开。第一，建立健全相关配套机制。张立迎等（2018）提出要完善农业保险制度和金融制度，通过改变税收分成，将更多的收益和理论用于当地经济发展；乔鹏程（2014）提出建立多渠道的利益补偿机制，以现金支持与非现金化形式提高农户满意度。第二，完善粮食主产区对主销区的转移支付，何蒲明（2017）指出建立粮食直补式产销协作，粮食主销区对主产区进行投资，粮食主产区按照主销区需求进行粮食生产，粮食主销区给予粮食主产区一定的价格补贴。第三，提供足够的资金保障，魏剑锋（2012）提出设立补偿专项资金，对政府层面的转移支付用于弥补主产区生产粮食导致的机会成本；蒋和平（2015）提出建立青年农民种粮专项资金，扶持青年农民开展规模化粮食生产。

（四）国内外研究评述

通过对相关文献资料的整理发现，我国关于粮食主产区利益补偿的研究起步较晚，以粮食生产者的角度论证构建粮食利益补偿的合理性和必要性研究为主，以政府的角度进行利益补偿机制的研究较少。对粮食主产区农户的利益损失额进行测算的研究较少；对如何将粮食主销区纳入粮食主产区资金支持主要来源方的研究比较少。因此，如何更好地解决"增产、增效、增收"矛盾，实现共赢，如何平衡粮食主产区与主销区利益不均等的发展平衡问题，如何确定补偿方式和补偿标准等问题亟待解决。本研究在汲取之前学者相关研究成果的基础上，结合黑龙江省的粮食主产区发展现状，对黑龙江省粮食主产区利益补偿进行研究，以促进粮食增产、农民增收、地方财力增强。

二、粮食生产利益补偿政策的实施现状与效果评价

（一）粮食主产区利益补偿政策的实施现状

自 2004 年，我国开始全面实施粮食补贴政策，将粮食保护价改为最低收购价，将政策执行主体由国有粮食购销企业转为中储粮。2005 年，产粮大县奖励政策开始实施，这是国家出台的唯一针对粮食主产区进行经济补偿的政策，也是我国粮食主产区利益补偿机制的开端。自 2006 年取消农业税以来，地方财政收入增加困难，有许多产粮大县目前还未从贫困县中转移出来。

2005 年发布的《中央财政对产粮大县奖励的办法》（以下简称《办法》）是支持建立补偿粮食主产区的重要政策，《办法》指出产粮大县的评定标准：该县近五年粮食产量平均值大于 2 亿千克，粮食商品量大于 500 万千克；产粮大县的奖励标准的确定，针对产粮大县的粮食商品量、粮食产量、粮食播种面积确定奖励资金额度，这三个要素的权重分别是 50%、25%、25%。即使同一省市内，由于资源禀赋不同、经济发展状况不同，为保证同一省市地区产粮

大县的评选公平，中央根据各个地区不同的发展情况制定了相适应的奖励系数；产粮大县的奖励资金的使用问题，对入围奖励的产粮大县予以公示后，基于"测算到县、拨付到县"的原则，资金不再经过中间一级一级的拨付环节，由中央拨付省级然后直接到县。这部分资金用作财力性转移支付，由产粮大县财政统一安排，确定使用范围，不得违规私自挪用。

2008 年产粮大县奖励政策不断得到完善，增加产粮大县奖励资金力度，首先，基于"存量与增量结合"原则，针对产粮大县的粮食商品量、粮食产量、粮食播种面积确定奖励资金额度，存量奖励资金用在财力性转移支付上，增量部分资金主要用于超级大县而言的奖励，这部分奖励额度不和地方财力挂钩，奖励系数一致。其次，对粮食安全贡献率高的省进行奖励。增量的奖励资金用于发展粮食生产，不再作为财力性补助，特别是区域农业保险保费补助、流通设施建设、支持粮油安全等为发展粮食生产的重点领域。最后，资金还是不再经过中间一级一级的拨付环节，由中央拨付省级然后直接到县。这部分资金用作财力性转移支付，由产粮大县财政统一安排，不得违规私自挪用，"四用三不用"的要求规定了奖励资金的使用范围。

综上，针对产粮大县的奖励政策，对长期以农业生产为主的产粮大县减轻财政贫困程度，给予更多的支持资金用于发展当地的粮食生产，调动产粮积极性，促进粮食增产和保障国家粮食安全，而对于产粮大县资金的使用范围和使用效果是否到位合理是值得研究的重要问题，研究产粮大县奖励资金的使用效果是构建粮食主产区利益补偿机制的重要组成部分。

（二）粮食主产区利益补偿政策的效果分析

1. 缓解粮食主产区的财政压力

为保证粮食安全我国按照"三奖一补"对粮食产粮大县提供奖励，产粮大县粮食产量与财政奖励直接挂钩。黑龙江省是我国重要的粮食生产基地，是有净调出粮的商品粮大省。至 2003 年末黑龙江省乡镇显性债务已经高达 44.3 亿元，多年以来政府投入大量资金保证粮食生产，黑龙江依靠农业获得的财政收入无法满足经济发展的需求。自 2005 年国家施行产粮大县资金奖励政策后，2005—2013 年，黑龙江省累计共获得国家产粮大县奖励资金 152.2 亿元，占全国总奖励资金额度的 15%。到 2013 年，黑龙江省获得国家奖励资金的产粮大县约占全部县乡的 95%。基于"存量与增量结合"原则，存量奖励资金用在财力性转移支付上，弥补县乡经费不足、清欠往年欠款等，增量部分资金主要是针对超级大县而言的奖励，主要用于粮食相关产业的发展。产粮大县奖励政策的实施有效地缓解了地方财政困难，使得县人均财力增长明显，粮食生产积极性和抓粮积极性大幅度提升,区域经济发展迅速,产粮大县粮食产量呈逐年上升态势。截至 2013 年,黑龙江省已经实现"十一连增"。

2. 完善农业基础设施和公共事业

国家对产粮大县奖励资金增量部分要求用于粮食产业发展和完善上。2005—2008 年,在完善相关农业设施建设方面,奖励资金用于改善当地农业基础设施建设 6.6 亿元,占奖励资金总额的 10.7%。其中包括农业水利设施建设 3 亿元,占奖励资金总额的 4.9%;基本农田建设 2 亿元,占奖励资金总额的 3.2%。在完善发展农村公共事业方面,黑龙江省获得的产粮大县奖励资金中用于农村公共事业共计 14.1 亿元,占奖励资金总额的 22.9%。其中包括用于医疗卫生事业支出的占 5%;用于水、电、道路等公共设施建设的占 15.9%。在奖励资金的支持下,黑龙江省农业基础设施建设情况得到极大程度的改善,城乡公共事业发展差距不断缩小,保证了粮食连续高产、维护国家粮食安全,同时促进了地方经济和社会事业协调发展。

(三) 粮食主产区利益补偿政策存在的问题

1. 对增产和抓粮积极性提高的作用有限

第一,粮食主产区利益补偿政策对农民种粮积极性的带动作用有限。2004年,粮食直补等补贴政策的实施对农民种粮积极性提高效果并不十分理想,粮食主产区产粮大县的农村居民人均纯收入差距悬殊。首先粮食主产区的农民与粮食主销区的农民人均收入相比存在着较大的差距。2018 年粮食主产区黑龙江省与粮食主销区广东省农村居民人均收入差距近 4 000 元。其次多个粮食主产区劳动力外流造成农村"空心化""抛荒"现象严重,"厌农"情节严重,使农业生产难以实现可持续性发展。2018 年,黑龙江省农村人均居民收入中工资性收入为 3 009 元,占比 21.8%,同比增长 5.9%,农村劳动力转移人数为580 万人。农民作为"理性经济人",较低的收入严重影响了粮食主产区农民粮食生产的积极性,致使农业劳动力外流,农业生产缺乏微观生产主体,难以实现可持续性发展。

第二,对地方政府抓粮积极性的带动作用有限。粮食生产具有脆弱性和季节性特征,自 2006 年取消农业税后,粮食生产对地方财政资金的贡献率较低。政府财政资金不足,没有能力扩大粮食生产、加强农业基础设施的建设、完善公共卫生事业,影响粮食生产者的积极性和增收效益。根据现有的绩效考评方法,经济排名与地方政府管理人员的利益息息相关,粮食主产区的经济排名落后会极大地影响政府的抓粮积极性。地方财政不足,财政资金满足政府的运转和管理已经足够吃力,为了弥补农业生产所产生的经济损失,地方基层管理人员会渐渐将工作的重心放到"钱袋子"而不是"粮袋子"上。尽管国家对产粮大县实施相关的奖励政策，但是对于常年财政贫困的产粮大县，奖励资金的额度和使用范围影响了奖励政策对产粮大县的带动作用，不能有效弥补其从事粮食生产的机会成本，对粮食生产宏观主体——政府而言积极性作用是有限的。

2. 对奖励资金的适用范围规定缺乏灵活性

粮食产粮大县奖励资金的使用是有明确规定的，产粮大县奖励资金是直接奖励给产粮大县的县级政府，这部分资金用作财力性转移支付，由产粮大县财政统一安排，不得违规私自挪用，"四用三不用"的要求规定了奖励资金的使用范围。以黑龙江垦区为例，2013 年黑龙江垦区获得的产粮大县奖励资金用于粮食生产、管理、物流等基础设施建设方面的资金总额达到 15 716 万元（表 1），在奖励资金的支持下，黑龙江省农业基础设施建设情况得到极大程度的改善。限制奖励资金的使用范围在极大程度上保证了资金的使用效果。但是随着农业基础设施的不断完善，农业投入会产生边际效应递减，由于规定不能将资金投入到其他产业发展上，致使缺乏资金产业发展受限，整个社会经济的正常运转可能受到不利影响。由此，国家对产粮大县奖励资金使用范围的规定上缺乏灵活性，无法有效地发挥奖励资金的使用效益、促进地方经济发展和农民增收渠道的扩展。

表 1　黑龙江垦区 2013 年产粮大县奖励资金使用情况

项目	资金（万元）	占比（%）
农田水利改造	2 185.5	13.90
修缮粮油仓储设施	2 660.5	16.93
水泥晒场	6 507.85	41.41
农用飞机场	324	2.06
农机库房	1 930	12.28
育种大棚	845	5.38
改造基本农田	1 084.15	6.90
种子加工暖库	179	1.14
资金总额	15 716	100

3. 粮食主产区利益补偿标准单一

2005 年发布的《中央财政对产粮大县奖励的办法》，首先指出产粮大县的确定标准是：该县近五年粮食产量平均值大于 2 亿千克，粮食商品量大于 500

万千克。其次是奖励标准的确定。针对产粮大县的粮食商品量、粮食产量、粮食播种面积确定奖励资金额度，这三个要素的权重分别是 50％、25％、25％。最后是奖励资金的使用问题。对入围奖励的产粮大县予以公示后，基于"测算到县、拨付到县"的原则，由中央拨付省级然后直接到县，用作财力性转移支付，由产粮大县财政统一安排，不得违规私自挪用。2008 年产粮大县奖励政策不断得到完善：对产粮大县的粮食商品量、粮食产量、粮食播种面积确定奖励资金额度；对粮食安全贡献率高的省进行奖励；资金可由中央拨付省级然后直接到县，并以"四用三不用"的要求规定奖励资金的使用范围。中央财政确定补偿依据主要有三个因素，即粮食种植面积、粮食产量、商品粮的调出量。仅以这三个指标确定粮食产粮大县标准有些单一。由于资源禀赋不同、经济发展状况不同，这种补偿依据对那些耕地面积有限但是产粮效率较高的县域不公平。因此，制定产粮大县奖励政策时还应该同时引入效率指标。

4. 财政奖励增长幅度较低

在奖励资金的支持下，黑龙江省农业基础设施建设情况得到极大程度的改善，城乡公共事业发展差距不断缩小，为保证连续高产、维护国家粮食安全打下物质的基础，促进地方经济和社会事业协调发展。县人均财力增长明显，粮食生产积极性和抓粮积极性有了较大提升，区域经济快速发展，产粮大县粮食产量呈逐年上升态势。近些年，中央不断加大产粮大县奖励资金额度，但与快速增长的农业发展实际需要相比，财政奖励增长幅度较低。

以 2013 年为例，中央给予粮食补贴的金额是 1 700.55 亿元，而中央对产粮大县的奖励资金只有 319 亿元，粮食补贴是奖励资金的 5.3 倍。以黑龙江垦区为例，从表 2 可以看出，自 2005 年开始，黑龙江垦区获得产粮大县奖励资金支持，在 2005—2011 年，黑龙江垦区每年获得产粮大县奖励资金虽然在不断增加，但是如果与获得产粮大县奖励资金的区域粮食产量挂钩，折合到每斤粮食所获得的补贴还不到 1 分钱，财政奖励增长幅度较低，满足不了农业发展的需要。

表 2　黑龙江垦区产粮大县奖励资金分析

年份	2005	2006	2007	2008	2009	2010	2011
产粮大县奖励（万元）	2 000	3 000	5 055	9 013	11 336	11 336	12 239
获得奖励资金单位粮食产量（万吨）	214.15	240.89	398.16	537.63	592.39	663.49	729.89
平均斤奖励（元）	0.004 7	0.006 2	0.006 4	0.008 4	0.009 6	0.008 5	0.008 4

三、完善粮食主产区利益补偿的 总体思路与框架设计

（一）完善粮食主产区利益补偿的指导思想与基本原则

党的十九大提出确保国家粮食安全，实施乡村振兴战略，要把饭碗牢牢地端在自己的手里。党的十七届三中全会首次提出"建立主产区利益补偿制度，支持保护粮食主产区的粮食生产"。在党的十九大精神的指导下，进一步创新粮食生产体制机制，通过构建公平公正且积极有效的粮食主产区利益补偿机制，充分调动粮食生产区农民以及地方政府的种粮和抓粮积极性，实现国家粮食增产、农民增收、区域财力增强三个目标相协调发展，保证我国实现国家粮食安全、经济社会协调发展以及粮食生产主体的持续增收。为了确保粮食主产区利益补偿机制运转成效，在完善主产区利益补偿机制时要坚持以下三个原则。

1. 坚持粮食产销区统筹协调发展

粮食主产区在从事农业生产过程中的经济利益损失，一方面来自政府为支持农业发展，保证增产增收对农业生产的补贴投入和奖励投入，另一方面是选择农业生产放弃的其他产业带来的经济收益。对比粮食主销区，粮食主产区自身的使命和责任，经济发展的定位与扮演的角色不同，两个区域经济发展悬殊。黑龙江粮食主产区的农民与广东省粮食主销区农民人均收入相比存在着较大的差距，2018 年黑龙江省农村居民人均收入为 13 804 元，而广东省为 17 168 元，两省农民人均收入差距近 4 000 元，且这种差距呈现出不断增长的趋势。2018 年，据全国各地区 GDP 统计公报显示，黑龙江省 GDP 总量居于全国第二十五位，倒数第七位，从改革开放前的第五位下滑到第二十五位。由此可见，缩小粮食主产区和主销区的经济发展差距，对于促进我国经济平稳高质发展具有重要意义。

2. 坚持市场化运行与政府宏观调控相结合

粮食虽然具有公共物品的属性，在维护社会稳定安全方面具有重要的作用，但是粮食同时作为一种特殊商品，还要结合市场化背景去看待粮食安全这个问题。粮食产业发展的相关问题要坚持市场化运行与政府宏观调控相结合的方式进行，不能完全由政府或者市场操作去运行，要尊重市场规律，靠市场的自由化运行方式提高政策和机制的效率，同时通过加大政府的财政转移支付，构建多渠道和多形式的粮食主产区的利益补偿方式，将更多的资金投入粮食主产区的生产发展上，实现粮食主产区经济良性化发展循环。构建粮食主产区利

益补偿机制也要坚持市场和政府相结合的方式，实现利益补偿过程中政府调控与市场运作的有机结合。

3. 坚持保障粮食生产微观主体农民权益

发挥宏观粮食生产主体——政府的抓粮积极性，加大政府对粮食主产区的投入，构建有效的粮食主产区利益补偿机制尤为重要。农民作为粮食主产区利益补偿制度中最重要和最核心的群体，农民的意愿和积极性直接影响粮食主产区的粮食增产效果。因此，在完善粮食主产区利益补偿制度时，应充分考虑如何调动农民的种粮积极性，保护他们的合法权益。同时要提高农民的综合素质，引导农民向高素质农民过渡，提高其从事粮食生产的意愿和技能，以保证粮食生产。

（二）完善粮食主产区利益补偿的模式

粮食主产区利益补偿制度的建立极大地促进了国家粮食安全、区域协调发展及区域农户增收致富。除传统的财政转移型利益补偿机制模式外，还包括反哺型利益补偿机制模式、异地开发型利益补偿机制模式和公益型利益补偿机制模式等新型粮食主产区利益补偿模式。政策驱动力和市场运行原动力的有效衔接是粮食主产区利益补偿的关键，通过市场运行模式提升粮食主产区的内生动力成为新的焦点。

1. 财政转移型利益补偿机制模式

迄今为止，财政转移型利益补偿机制模式是我国粮食主产区利益补偿机制的主要模式，起主导作用，其本质是中央将其稳定运营之余的财政收入进行财政奖金奖励以弥补通过牺牲区域利益以承担国家粮食安全责任的粮食生产宏观主体，这是中央根据规则对财政进行再分配的过程。这种模式在给粮食生产主体带来生产积极性的同时也会导致其依赖财政奖励对其的外部输入，缺乏独立发展能力；非产粮大县也会因为输入不足而缺失内生驱动力。但值得注意的是，这种补偿机制是根据国家财力按比例支付的，不确保能完全弥补生产宏观主体的损失，所以在补偿强度上可能难以满足需求。

2. 反哺型利益补偿机制模式

反哺型利益补偿机制模式是粮食主销区（粮食生产受益对象）直接对粮食主产区（粮食生产受损对象）的横向转移支付。粮食生产是个相对独立的过程，这期间受益者应按比例对受损者进行经济补偿。反哺型利益补偿模式补偿额度的制定是该模式的关键环节，如何制定简洁可行的科学计算方法，这就需要充分评估粮食生产的受损、受益者，寻找两者利益补偿的最佳平衡点。如粮食主销区根据每年从主产区获取的粮食数量按照补助标准对主产区的基础设施、粮食的仓储及运输进行财政资金补助。

3. 异地开发型利益补偿机制模式

异地开发型利益补偿机制模式是反哺型利益补偿机制模式的补充完善。该模式是鼓励生产受益者以所获收益返还至粮食原生产区的形式参与到某个粮食生产环节，此种投入以循环资金的模式支持粮食生产建设。异地开发型利益补偿机制模式是将基础的单向输入式的补偿方式转化为自我积累性的补偿方式，以期促进区域经济发展、增加粮食产量、增加农民收入的三赢局面。如粮食主销区为粮食主产区寻觅交通便利、水土资源好的粮食仓储基地或粮食物流基地。

4. 公益型利益补偿机制模式

公益型利益补偿机制模式被假定为粮食补偿机制的远期定位，在某些粮食生产环节国家增收部分补偿性税费并将其分组在预算中进行管理，对生产受损者给予补偿，对生产保护者给予资助。公益型利益补偿对粮食生产补偿费的征收范围：对应从事粮食生产却为追求高额利益放弃粮食生产的区域收取粮食补偿税；补偿范围：针对因确保粮食生产而丧失利益者进行补偿，对那些因保障国家长远粮食安全而放弃常规粮食生产方式或部分经济发展权的损益者进行补偿。公益型利益补偿机制模式的优点是能协调好粮食主产区和消费区、短期和长期之间的关系，在市场和法律的协同调控下，促进粮食主产区健康稳定持续发展。

四、粮食主产区利益补偿机制构建与创新

粮食主产区的综合生产能力与我国的粮食安全有着至关重要的联系。但粮食主产区因在保障我国粮食安全的同时在基础农业设施建设、粮食仓储、粮食流通等生产环节付出的成本较高，影响了自身经济的发展。因此，探索出新的利益补偿机制促使粮食主产区得以平等发展具有重要意义。

（一）完善粮食主产区利益补偿基金制度

1. 建立粮食安全保障补偿基金

粮食安全保障补偿基金的建立就是为了提高粮食生产主体的积极性，政府给予补偿可以根据当年和前一年的粮食生产量差额，按照当地近三年来的粮食平均价格落实补偿额度，即主产区粮食安全保障补偿基金＝粮食主产区当年粮食增产量×近三年该区域政府给予粮食补偿（前提是粮食主产区实现粮食增产，如若未实现增产，主产区将不会获得补偿）。粮食生产周期结束后，计算

粮食安全保障补偿基金并上报中央，粮食安全保障补偿资金的数额经统计部门批准后确定。中央政府于每年三月将其分配给省财政部门，省财政部门再将其分配给各个粮食生产县市。

2. 建立商品粮调销补偿基金

从表3可以看出，随着中国粮食生产方式的转变，黑龙江省已成为中国最大的粮食生产省。2014年，黑龙江省的粮食总产量和商品粮产量跃居中国之首，黑龙江省成为中国粮食生产的中心及商品粮生产基地，但为了确保国家粮食安全，黑龙江省利用优质的资源和财政扶持资金进行粮食生产，粮食生产转换产生的地方财政收入仍然每年不到2元/千克，而2015年仅为2.02元/千克，2016年仅为2.12元/千克。与此不同的是，放弃粮食生产而投向第二产业和第三产业的粮食销售领域产生的财政收入是黑龙江省的数十倍甚至数百倍。全国平均由食品折算的地方财政收入也为黑龙江省的五倍，黑龙江省实施"商品粮分配补偿基金"，是为了提高粮食生产部门的积极性，确保区域资金实力。以2016年为例：全国粮食折算后的国家财政收入为11.46元/千克，而黑龙江省仅为2.12元/千克。因此，建议按黑龙江省粮食调拨量支付9.34元/千克。

表3　黑龙江省与全国粮食产量折算的地方财政收入

单位：元/千克

年份	地方财政收入	黑龙江省粮食产量	单位粮食财政收入	全国财政收入	全国粮食产量	单位粮食财政收入
2006	497.80	1 005.00	1.00	189 699.8	17 228.20	2.28
2007	578.80	1 200.40	0.96	23 386.8	18 778.80	2.5
2008	636.40	1 236.80	1.02	29 768.4	19 361.00	3.08
2009	773.60	1 338.60	1.16	36 607.6	19 899.20	3.68
2010	881.00	1 385.20	1.28	47 145.4	20 064.80	4.70
2011	1 156.56	1 690.00	1.36	57 299.6	21 148.40	5.42
2012	1 283.32	1 741.20	1.48	65 205.2	21 232.40	6.14
2013	1 511.20	2 005.20	1.50	81 220.0	21 859.00	7.44
2014	1 995.10	2 228.20	1.80	105 094.2	22 848.60	9.20
2015	2 326.34	2 304.60	2.02	122 156.6	23 583.20	10.36
2016	2 554.80	2 401.60	2.12	137 938.0	24 077.52	11.46
2017	2 602.62	2 496.88	2.08	151 753.2	24 281.0	12.50
2018	—	2 529.60	—	—	24 857.4	—

资料来源：2007—2019年《中国统计年鉴》《黑龙江统计年鉴》。

3. 建立耕地保护补偿基金

2013 年黑龙江省粮食总产量为 600.4 亿千克，其中的 78% 被商品粮所占据。据估计，2013 年黑龙江向其他粮食省提供了 468.3 亿千克商品粮。粮食总产量估计为 403.2 千克/亩，相当于 1.16 亿亩耕地的产量。按照 2013 年 3 级国家标准大米的最低收购价 3 元/千克计算，黑龙江省 1.16 亿亩耕地的总产值为 1 405 亿元。单位面积折算值为 1 211 元/亩，即 1.82 元/平方米。按照 70 年的合同期限，总价值约为 98 350 亿元，单价为 127.4 元/平方米。如果将耕地转变为第二、三产业用地，按照 2010 年黑龙江省平均土地出让价 502 元/平方米计，1.16 亿亩土地价值将增加 3.94 倍。从国家转移到省里的土地出让金的资金将用于提供与黑龙江省相对应的经济补偿。

（二）建立粮食主销区与粮食主产区的利益平衡协调机制

1. 构建长期稳定的直链产销合作关系

加强粮食主产区和粮食主销区之间的直链产销合作，不仅可以充分利用粮食生产的土地资源和种植优势，粮食主销区同样可以运用市场优势，从而加快粮食生产。主产区和主销区粮食流通，实现两地粮食供需平衡，促进我国粮食物流业发展，从而大大提高粮食产业化的发展。在此之外，在主产区和主销区直接进行粮食生产和销售，可以促进粮食生产的稳定增长，使农民的粮食微增长不断增加，增强粮食主产区的经济实力。因此，粮食主产区和粮食主销区的主要粮食生产者应努力促进两个地区之间建立稳定的长期买卖关系。

2. 构建主产区投资式产销合作模式

粮食主产区的政府应发挥领导作用，鼓励本地区公司在主产区投资建立固定的粮食生产和供应基地。也就是说，主要销售区域和主要生产区域通过签订合同直接承包土地，并全面参与整个食品生产过程，从产前、产中、产后进行管理，参与到主要粮食产区农业基础设施、道路甚至公共基础设施建设中。建立"公司＋基地＋农民"模式，实现定点生产、加工和转售。同时粮食销售区还可以建立谷物存储仓库，进行投资收购、生产技术改造及基础设施建设，尤其是农产品的深加工。这样能有效地缓解主要粮食产区的储藏压力，使主要粮食销售区的当地粮食储备充足，在降低储运成本的同时提高农民收入。

（三）完善粮食主产区产粮大县奖励机制

1. 完善粮食产粮大县的奖励标准

现行的主要粮食生产县的奖励标准主要包括三个方面：播种面积、粮食产量、基本粮食产品数量。奖励标准依据规模指标，主要取决于县域的大小及其内部耕地质量。这对于那些耕地面积有限但粮食生产效率高的县是不公平的。因此，在制定粮食主产县激励政策时，应同时引入一些效率指标，将商品粮的平均种植面积用作奖励基础，以激发主要粮食生产县粮食生产的积极性。

2. 加大粮食产粮大县的奖励力度

由于主要粮食产区特别是那些调出商品粮的地区，在商品粮调出的同时也消耗了该地区的土地、淡水资源和劳动力资源。因此，要发挥"建立典型，先进水平"的作用，对粮食主产县要真正做到奖励。不仅要看奖励的数额，还要考虑奖励对主产县的贡献。在实施奖励政策过程中，要根据全国平均财政水平确定对国家有突出贡献的粮食生产县，该县的奖励资金标准使主要粮食生产县的人均财政奖励具有一定的可比性。主要产区的突出贡献至少达到县一级的全国平均水平。只有这样才能取得粮食生产县鼓励粮食生产的激励效果。

3. 完善粮食产粮大县的资金用途

根据现行法规，当前对主要粮食生产县新增加的奖励资金不能用于地方财政援助，只有有奖励的大型谷物生产县的存量才能继续用于地方财政转移。在粮食主产区，土地用来进行粮食生产牺牲了发展其他产业的机会成本。因此，对粮食主产县进行资金奖励可降低其粮食生产成本。粮食生产的奖励资金使用范围不应受到限制，获得奖励的县必须自行决定并做出自己的安排。主要粮食生产县可以将这部分奖励再投资于粮食生产，还可用于公共基础设施的建设，促进该地区的经济发展。

（四）完善国家对粮食主产区的财政转移支付机制

税收转移支付是国家通过重新分配整个社会的收入而采取的有效和重要的财政手段。从我国发展的角度看，财政转移支付可以保障国家粮食安全，主要粮食产区放弃其他具有较大经济效益的产业，这也直接导致该地区农民获取公共产品的机会减少。因此，建议在粮食主产区建立平衡的转移支付制度，以加强中央政府对粮食主产区的财政转移支付。通过增加中央政府的转移支付来支持主要粮食生产地区的粮食生产，有效地解决区域粮食生产与经济发展之间的关系，并减轻粮食生产与粮食需求之间的矛盾，减轻主要粮食生产地区的资金压力。只有在生产领域实现经济发展，财政灵活性才能保护耕地并更好地参与粮食生产。

（五）调整完善对粮食主产区农业基础设施投入的地方配套政策

农业基础设施是保障粮食安全的基础。对于粮食主产区的粮食主产县，进一步加强基于节水的农业基础设施建设是提高区域粮食综合生产能力的主要途径。农业基础设施大多数都归类于公共物品，这部分建设需要大量投资和较长的恢复期。这一特征也决定了农业基础设施的建设属于低效率的供给。低效率直接导致对农业的投资在基础设施建设方面热情不高，这要求政府在农业基础设施建设中，特别是在主产区的农业基础设施建设中要发挥重要作用。

五、完善粮食主产区利益补偿的政策与对策建议

（一）完善产粮大县奖励政策

为了完善粮食大国的激励政策，使激励政策的目标更为合适，在实现提高地方政府生产粮食积极性目标的基础上，还必须提高农民种植粮食的积极性，平衡地方经济发展，提高农业科技创新能力，以增加粮食产量，增加农民收入，确保国家粮食安全。同时，评估指标也是完善激励政策的关键，应遵循"公平、公正、公开"的原则，主要包括粮食调入量、粮食产量、播种面积、粮食供应和产量。其中，粮食调入量是指该地区实际从消费中调出的数量，反映其他地区粮食对其他地区的贡献率。

1. 完善奖励政策的目标、考核指标及方式路径

粮食主产县的鼓励实行"谁滑坡、谁退出，谁增产、谁进入"的动态调整机制，实行以"年度计算，年度奖励"为原则的激励标准。设立初步评估指标为基本粮食产品数量、粮食产量和粮食面积，这几个指标的占比为60％、20％和20％。因子之间的权重可以初始设置为50％、15％、20％、10％和5％。通过计算每个县的总体得分，可以获得每个县的分类，然后可以根据原始政策奖励对象的分类来奖励。其中，农业发展程度、地方经济发展水平和劳动人民生活水平分别为50％、25％和25％，并计算出总分。

2. 提高资金使用效果，实现奖励政策目标

为了明确和进一步落实粮食发展目标，主要产区应进一步提高其谷物生产能力，提供稳定的商业谷物来源。同时通过增加财政捐款，集中使用资金和创造新的激励对象来增加粮食产量，减轻财政压力并提高地方政府增加粮食产量的积极性。要充分考虑基层实际情况因地制宜促进实施。要完善"产区激励"（图1），丰富激励基础，调整激励政策评价指标和权重因子，包括转移的粮食数量，生产的粮食数量，粮食种植面积，供应的粮食数量和绩效工作。

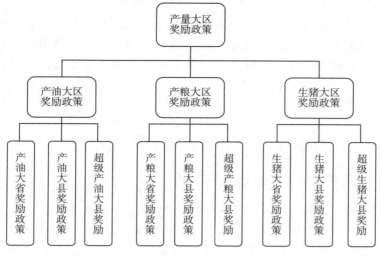

图 1　产粮大县奖励体系

3. 丰富政策奖励依据，加大财政奖励幅度

在粮食主产区保持项目效益不变或增加奖励的基础上，适度增加金融经营风险。定期向县市特别转移支付的资金总额保持适度增长。有关部门根据财政状况和预算规定，根据"基数＋适度增长"的要求，适当增加对县市的经常性特殊资本投资。激励政策可以坚持"库存不变，增量增加"的原则。财政刺激增加投资，以便更多的资金用于食品工业发展。通过折扣和补贴的支持，提高粮食产量，实现粮食工业标准化，提高粮食创新能力，从而确保国家粮食安全。

（二）有序引导政府积极"抓粮"

1. 提高粮食产业在地方财政中的比重

产业链两端的收益远大于产业链中部的收益，而谷物工业也具有这种模式。首先是要加强粮食产业链上游链种业和农业资源产业的发展，提高本地区的科技含量，降低粮食生产成本。其次是支持粮食加工和商业物流发展，延伸产业链，有效提高粮食生产综合效益。最后是鼓励农民土地流转与合作发展，使农村土地有序集中，提高机械化水平。通过大规模的运作，达到大幅度提高粮食产量的目的，以调动农民种粮的积极性。

2. 改革产粮大县的考核标准

建议中央政府制定新的、科学的、公平合理的评价体系，调动产粮大县的

生产积极性，不断发展粮食生产。要积极推进基

不同行业不同地区和生产类型对县（市）进行管理

体，评估其工业开发区的经济增长，以稳定主要精

提升粮食生产，对于粮食大县有必要消除或削弱区

突出粮食产量和转移量等指标，保证政策制定向精

3. 减少或取消产粮大县地方配套政策

首先，必须加大粮食主产县基础设施建设的投入

业基础设施薄弱的现状，按照粮食主产县逐级分配

金投入。如：可以集中力量发展产粮能力稳定的大

斤的大型谷物生产县进行产量提高。其次，对于大

食产量和调出的金额重新计算税收优惠标准，可以

或适当较高的水平制定标准，激发县政府对粮食生

支付力度，积极落实 2014 年中央 1 号文件"减少或

业生产的建设项目的财政支持"的要求。

4. 完善资金使用的评价标准，加强基金审计和

首先，对于专项资金，有必要在资金审计和资

体的项目验收标准，确保在必要时使用资金并发挥

投入资金使用良好地区的相关经验方法，并在全国

解决资金使用效率低的问题，可以采用一种"置换

每年安排专项资金 2 000 万元，对各种"三农"问题

有效引导、利用农林水产业的社会资本，投资约 10

5. 整合资金和政府机构，提高农业支持资金的

近年来中国进行了几次试点试验以整合县级农

了现代农业的机遇，支持"两平原"试点改革，启

业相关资金整合试点方案，促进相关资金与中央和

府可能拥有更大的自治权，适当地调整和协调与农

持现代农业改革方法。但资本整合不能完全在试行的

部门进行高层设计。要利用大规模改革和内部机构

配，提高其使用效率。

（三）促进产粮大县土地的健康流转

1. 制定更为明确的土地流转政策的目标体系

在相关政策文件和学术解释文章中总结一些总体

时建议政府制定明确的土地流转目标体系，在不同时

标。如：当前时期，一些地方农业生产中存在"非粮化""撂荒"和"隐形撂荒"的问题，严重威胁国家粮食安全。因此，政策取向和实施的重点应该是引导土地承包者更多地关注增加单位面积的粮食生产，更加关注开展防灾减灾能力建设，更加注重农业可持续发展，以保证土地健康流转。

2. 因地制宜地推行不同的政策目标和实施要求

由于土地面积、耕作方式、文化习俗以及黑龙江、河南等其他主产区的差

施单一方法。鼓励各地区根据本地区实际情况制定本

至于土地流转的规模，可以通过农民的独立流转

单方面地进行试点示范。

中给地方政府更多的自主权

府的粮食问责制，并制定了一些政策，如省长的"米

政府。但是，在政策实施过程中，通常是地方政府将

最后省级目标转移到市，市转移到县，县再到农

压之下，各级地方政府必须牺牲一些机会来发展地

化，要在保证耕地面积的基本前提下，赋予地方政府

对项目的地方支持，提高地方税率，放松行政干预

出设施建设

产县粮食增产的因素主要是单产下降。产量下降的

地转让是短期的，租用土地的一方不注意土地的维护

粮县大规模集约经营的水平，政府必须主动改善农

中低产田并增加粮食产量。利用高绩效领域建设防灾

进行科学管理，实现高产稳定。对于中低产田，对

改造，因地制宜，以实现中低产田粮食增产。

工产业链的整合与延伸

工企业用地政策

耕地红线，以严格控制粮食主产区的耕地利用。建议

使用的限制。一方面，应支持粮食加工企业利用土地

减少征土地使用税；另一方面，优化工业设计，支持食

发展食品加工业，引导知名企业发展。

加工企业资金支持

工企业的融资渠道。建议将符合规模要求的谷物加工

公司作为农业发展银行的贷款目标，支持粮食购买政策贷款，增设贷款分期付款，并使用信贷贷款来增强对农业的投资。对在主产区进行深加工的食品公司，增加财政投入，提供有关财政支持并实施税收优惠政策。其次，政府采取税收减免政策，合理引导社会上的多余资本投资于食品加工业，基地的粮食加工业公司优先考虑支持。最后，国家应积极向发展粮食深加工的地方政府提供一定的转移支付。

3. 创建主产区粮食加工企业发展的优良市场环境

积极促进企业兼并、收购、重组和联盟，支持优秀企业做大做强，提高粮食加工市场的集中度，走"专业化，精致化，特色化，新式"发展道路。对于拥有小型、粗制和劣质产品设备的小型企业，将逐步被淘汰，并通过整合资源来提高对现有设备的综合利用能力；对于新项目，将进行必要的演示和修订，以避免低水平的重复。避免盲目投资建设和浪费社会资源。

4. 加快主产区粮食加工企业技术与人才引进

加快国家科技计划农业成果转化，以支持创新粮食加工技术改造，建立较为完善的粮食加工技术支撑体系。鼓励粮食加工企业建立研发机构，并与大学和研究机构进行创新战略结盟，开发适合消费者需求的新的区域性和差异化产品；促进公司自主创新，加快业务处理技术的转型和更新，着眼于开发小麦、玉米和大米的深加工，在确保节能、节水和减少低碳排放的同时，促进高效生产。

5. 加强主产区配套设施建设

要用多种力量来加快主产区配套设施的建设。坚持储运、加工、批发、信息化的"四合一"原则，根据当地情况抓好粮食物流园区建设，努力建立粮油物流系统。主要做好两件事：一是根据实际情况，科学规划、合理设计，建设好批发市场。要建立粮食批发市场、粮食生产基地等重要地区，对主产区重要物流节点等制定优惠政策，吸引大型食品加工流通企业进入市场。二是政府提出引导和支持建立大型粮食物流公司，积极为粮食物流项目和仓储设施筹集资金，努力促进"传播"粮食经营方式的发展。

（五）推动国有粮食企业的深化改革

1. 明确地方国有粮食企业改革的方向，区分企业的公益性和经营性职能

国有粮食企业改革的方向是减少人员配备并提高效率，以便更好地为国家粮食流通服务。国有粮食公司可分为两类：第一类被称为粮食公益公司，主要负责所有粮食的买卖、存储、分配，紧急处理存储和运输以及其他政策操作。政府粮食行政部门负责管理。另一类称为粮食业务公司，该类公司的业务完全

由市场决定，政府不会干预，除非提供必要的协调和服务。粮食公益公司从食品生产商那里购买原始粮食，并向粮食消费者出售成品粮食。凭借其广泛的优势，它将继续享受金融资本投资、信贷资金支持、税收减免等优惠政策，保证实施低价政策和提供应急产品，加强对金融的宏观调控。

2. 多渠道筹集资金剥离企业历史包袱

首先，在改制过程中，将当地国有粮食公司分配的现有国有土地通过免税、先期归还或减少转让费的方式改为出售土地。土地转移和处置收入完全纳入地方基金预算管理，实行"两收支线"，用于粮食分配基础设施建设和改革等费用。补偿前退休人员的人事转移和社会保障，结合"退城进郊"，建立"工业粮园"，引进社会资本，振兴地方国有粮食企业现有资产，扩大资产规模提高质量。其次，国有和国有控股的粮食公司改制重组后，将继续给予税收优惠政策。对于从事政策性业务的地方国有粮食公司、中央粮食和石油储备公司免征关税、城市土地使用税、房地产税、印花税和营业税。在处置土地资产时，国有粮食公司必须支付相应的费用，以支付房地产许可证、土地证等。最后采取注入政府资金和经营行为所有权等方式，通过多种渠道充实国有粮食企业的资本，提高企业的信用状况，提高财务偿还能力，实现可持续发展。

3. 深化流通体制改革，明确粮食收储过程中与中储粮系统的权责利关系

首先是制定有关法律法规。如考虑引入《粮食法》来澄清谷物流通过程中谷物存储和本地谷物办公室的功能划分。其次是弄清购买各类粮食的主体，区分中国粮食储藏企业和当地国有粮食公司的收购类型。再次是将中国粮食储备的"粮食管理"和"粮食收集"功能分开。当地谷物办公室可以监控中国谷物储备和当地国有谷物公司的商业行为。最后必须建立专门部门，或者必须授权工商部门监督食品系统的运行并实施问责制。

4. 积极引进民营资本进入，拓宽地方国有粮食企业的经营渠道

在推进地方国有粮食企业改革的过程中，根据不同区域进行规划和设计，积极采用民营资本，采取"退国兴民"的方式；对于改制后的非营利性和经营性粮食公司，应提高公司的工业化经营水平，着力改变传统的粮食购销方式，从田间到餐桌发展整个粮食产业链，充分发挥自身优势，扩大和改善粮食综合开发，从采购、存储、物流、加工和销售产业链各环节提升企业竞争力。为了适应农业管理体制改革的新形势，国有粮食公司应与农民、大粮农、家庭农场等合作形成利益共同体。

项目负责人：余志刚

主要参加人：齐蘅、马丽、师帅、任鑫鹏、张培鸽、金岳

黑龙江省国有企业领导人员经济责任审计评价指标体系研究[*]

史 元　董欣欣　董婧雯

经济责任审计是我国特有的一种审计模式，是顺应我国国情和发展特色演化出来的一种独立的经济监督活动，是对国有企业领导的经济责任履行情况进行监督评价的审计鉴证。它在明确前后任领导经济责任、推动国有企业领导的廉洁从政以及领导的任免、奖惩、晋升等方面都发挥了积极作用。

经济责任审计在我国历经三十余年的发展，积累了大量的宝贵经验，但在实践过程中仍然存在着很多不足和欠缺，尤其在评价指标构建方面仍有评价指标内容不全面，评价标准不统一和评价方法不完善等方面需要进一步改善。改善后的经济责任审计更能有效地监督领导人员尽职尽责、推动重大政策畅通实施、促进反腐反贪和党风廉政建设、加强审计整改的贯彻落实并健全完善责任追究制度。

一、国有企业领导人员经济责任审计发展历程

自中共十一届三中全会以后，我国通过"厂长（经理）离任经济责任审计"局部试点的推行，逐步实现政企所有权和经营权分离，从而在全国范围内开始对国有企业领导人开展离任审计。1999 年 5 月，我国颁布了《县级以下党政领导干部任期经济责任审计暂行规定》，从而使经济审计工作有法可依，并在全国范围内推行国有企业经济责任审计工作。随后发布的《国有企业及国有控股企业领导人员任期经济责任审计暂行规定》促进了各项工作的展开。

2006 年第十届全国人大常委会第二十次会议对《审计法》做了修订，明确指出，审计监督应包含责任人履行任期经济责任的具体表现，进而在法律的角度上明确并肯定了经济责任审计工作的开展。2010 年 10 月，中共中央办公

---

*　黑龙江省社会科学研究规划项目（项目编号：17JYB086）。
　项目负责人为史元教授，主要参加人员有董欣欣、董婧雯、孙景翠、王虹、赵丹丹、石曰丹等。

厅、国务院办公厅颁布的《党政主要领导干部和国有企业领导人员经济责任审计规定》，对经济责任审计的工作内容进行了法律的规范，从而促进了经济责任审计工作的科学性开展，使其更具规范化。

2014年7月，审计各部门联合印发了《党政主要领导干部和国有企业领导人经济责任审计规定实施细则》，该细则提出要进一步深入开展经济责任审计工作，使得经济责任审计的结果具有更高的质量。胡锦涛总书记在党的十八大报告中明确指出：必须建立健全权力运行的监督与制衡体系，加大经济责任审计力度，让人民行使监督权力，促进权力公开地、规范地在阳光下运行，达到反腐倡廉的目的。随着我国经济发展进入"新常态"，政府审计工作紧紧围绕"反腐、改革、法治、发展"，对党政主要领导干部和国有企业领导人员全面开展经济责任审计。

审计署审计长刘家义在2015年全国审计工作会议上表示2016年审计署要加强对中央和地方国有企业、国有金融机构的审计，将全面推行党政主要领导干部经济责任同步审计，同时推动将经济责任审计结果和整改情况，纳入所在单位领导班子党风廉政建设责任制检查考核的内容。2016年12月29日，审计署在召开的全国审计工作会议中指出，在经济责任审计方面，审计署将全面推进党政主要领导干部经济责任同步审计，促进领导干部更好践行新发展理念，依法作为、主动作为、有效作为。2017年3月20日，中央经济责任审计工作部际联席会议第七次全体会议审议通过了《2017年经济责任审计工作指导意见》，指出要依法有力推进经济责任审计工作，强化制度规定落实，规范审计行为，逐步推进经济责任审计全覆盖，积极适应新形势新任务新要求，转变审计观念，盯全局、谋长远，全面提升经济责任审计工作的质量和水平。

为顺应时代发展，党中央对2010年10月颁布的《党政主要领导干部和国有企业领导人员经济责任审计规定》进行了修改。2019年7月，中共中央和国务院办公厅联合印发了《党政主要领导干部和国有企事业单位主要领导人员经济责任审计规定》，对加强领导人员的审计监督，促使领导人员认真履行相关职责提出了新要求：要求领导干部积极配合进行经济责任审计工作，自觉接受审计监督，工作中保持廉洁从业。同时，《党政主要领导干部和国有企业领导人员经济责任审计规定》对国有企业领导干部经济责任审计评价工作中的评价内容提出了新规定，主要是从贯彻执行党和国家经济方针政策、决策部署情况；企业发展战略规划的制定、执行和效果情况；重大经济事项的决策、执行和效果情况；企业法人治理结构的建立、健全和运行情况，内部控制制度的制定和执行情况；企业财务的真实合法效益情况，风险管控情况，境外资产管理情况，生态环境保护情况；在经济活动中落实有关党风廉政建设责任和遵守廉洁从业规定情况；以往审计发现问题的整改情况七项内容开展审计评价。此外，在进行领导干部经济责任审计时，若发现领导干部在经济责任履行过程中存在问题，需要综合导致问题的性质和程度，结合领导干部任职期间的表现，界定其责任是领导责任还是直接责任，同时在规定中对领导责任和直接责任给予明确的说明。

二、国企领导经济责任审计评价现状

（一）国企领导经济责任审计指标体系存在的问题

1. 评价指标内容不完整

2019 年《实施细则》颁布后，对经济责任审计的内容给予了一定的界定，但是仅界定了较大层面的规定，没有对具体指标进行明确规定。目前经济责任审计所参考的指标主要还是停留在财务指标，指标内容单一、不全面。国有企业在实际运营中，不仅考虑的是自身的盈利，更多的是体现在服务社会层面，对国有企业领导人员的经济责任审计评价，不应仅依靠反映盈利状况的财务指标，还应该考虑领导人员在贯彻国家方针政策、提供社会福利等方面。制定相应的评价指标以更全面地进行审计评价。而现有的审计评价指标体系难以对领导人员的这一职责履行情况进行有效评价。

2. 评价指标标准不统一

对领导人员的经济责任履行情况进行评价时，需要有一个衡量其好坏的标杆，也就是评价标准。对国有企业领导人员进行审计评价的标准，与其他企业不同，关注的不仅是其是否达到经营目标，更多的是其遵守国家法律法规以及廉洁从业情况。因而也就需要有相对负责的审计评价标准。而目前尚未有明确的规定对评价标准进行较为全面的界定。在实施审计程序时，审计人员更多地依靠自身的经验进行判断。虽然，审计机构尽可能多地积累审计评价标准的经验，以应对复杂的审计评价工作，但是由于没有明确的评价标准，在审计工作中，审计人员难免会出于主观因素的考虑，做出不合理的判断。进而难以保证经济责任审计评价的公平、合理。

3. 审计评价方法不完善

经济责任审计评价方法主要有定性评价和定量评价。定性评价是对审计结果的分析与说明，对领导干部在任职期间的财务业绩的真实性、管理水平的有效性等进行评价。定量评价是将审计查证得到的实际数据与经济责任目标、行业标准以及审计评价标准等进行交叉对比，以此来判断领导人员的经济责任履行情况。随着经济责任评价内容的日益丰富，评价指标也越多样化，形成了以定性评价为主、定量评价为辅的评价模式，在审计工作中易造成主观性太强，使审计工作难以保持科学性和统一性。为了适应国有企业领导人经济责任审计的特点，要合理设计和使用评价方法，做到科学、客观地审计评价，保证审计评价质量。

4. 审计评价体系不健全

目前，经济责任审计评价体系尚未形成。现有对国有企业领导人员经济责任审计的评价指标多是参考《国有企业及国有控股企业领导人员任期经济责任暂行规定》和《国有资本金绩效评价》，缺乏统一的评价标准，评价指标也不全面，评价方法的选择也各不相同。评价指标和评价标准与评价方法的选择是经济责任审计评价的重要组成部分，选取和运用不当，都会直接影响到审计结果。审计评价的指标、指标权重、评价标准，因企业所处行业和阶段而有所差异，因而在评价领导人员经济责任履行情况时，也是各不相同的。

（二）国企领导经济责任审计评价指标体系问题的原因

1. 相关法律法规不健全

通过梳理我国国有企业领导干部经济责任审计评价的发展历程发现，现阶段，对国有企业领导人员经济责任审计具有指导意义的法律法规在评价内容方面往往只有原则性、总括性的规定，相关法律法规和实施细则基本都是对审计内容的界定，而对于设定通用的评价指标体系并没有详细地阐述，只是指出评价内容应与审计内容一致，指导效率较低。因此，单纯依靠这些法律法规并不能够设计出科学合理的指标体系，它们所能提供的只是框架上的指导。在实际操作中，具体的评价更多的是依赖于审计人员的工作经历和专业判断，实际操作十分困难，因此，还要根据国有企业的经营管理活动特点以及领导人员容易产生的共性问题进行具体的设计。

2. 评价指标不科学合理

审计工作的基石是审计证据。构建评价指标体系时，要选择能够获取恰当充分的审计证据以支撑评价结论的指标。恰当充分的审计证据的含义有两层：第一层是指该审计证据与被评价问题明显相关；第二层是指该审计证据在审查的同一问题中占有合理比例，不能以偏概全。对于某些依靠常规审计手段难以获取恰当充分审计证据的指标，应该从指标体系中剔除，实在需要保留的，可以考虑是不是存有容易取得审计证据的相关替代指标。

3. 未能兼顾统一性与特殊性

构建一套具有统一性、普适性的评价指标体系需要考虑到由于统一所带来的一些特殊性，在针对不同的地区、不同行业、不同阶段的企业时，可以在构建的指标体系中设置一些可供选择的具体解释指标，不可采用生搬硬套的方式将其适用到所用的案例中，同时还需具体结合领导人员的实际情况，对指标进行适当的删减，以此来更好地应对各种不同履历以及不同特点的领导人员。现行的一些经济责任审计评价指标体系并没有把企业和领导人的综合情况考虑到审计评价中，也没有考虑到行业环境的差异，直接照抄应用，没有兼顾到统一发展历程、地域特点等因素，影响了对领导人经济责任审计评价的客观公正性，从而导致评价结果存在误差、没有针对性。

三、国企领导经济责任审计评价指标体系的构建

（一）评价指标体系构建原则

1. 全面性原则

对国有企业领导人员的经济责任审计评价，不应仅依靠反映盈利状况的财务指标，还应该考虑领导人员在贯彻国家方针政策、任务完成情况等方面。在构建国有企业领导人员经济责任审计评价体系过程中，应当以被审计领导人员的经济责任履行情况为核心，设计一套能够全面地评价被审计领导人员经济责任履行情况各个方面的评价框架，进而在每一个框架内再选取具有代表性的具体指标。这不意味着指标数量的多多益善，相反，能够挑选出在企业经营业绩、个人履职情况、企业社会责任履行情况等各个方面具有代表性和重要性的指标并组建体系，这比大包大揽式的指标堆砌更具有全面性。全面不代表均等，在所选择的各个指标中必然存在着某些指标更具有重要性，更能显著描述被审计人的经济责任履行情况，与党和国家的大政方针更加贴切，这就要求我们在评价体系满足全面性的基础上，对重要的指标赋予更大的体系权重，使之对评价结果的影响与其重要性相匹配，突出重点，综合考虑。

2. 客观性原则

对领导人员的经济责任履行情况进行评价时，需要有一个衡量其好坏的标杆，也就是评价标准。对国有企业领导人员进行审计评价的标准，与其他企业不同，关注的不仅是其是否达到经营目标，更多的是其遵守国家法律法规以及廉洁从业情况，因而也就需要有相对负责的审计评价标准。而目前尚未有明确的规定对评价标准进行较为全面的界定。在实施审计程序时，审计人员更多地依靠自身的经验进行判断。虽然，审计机构尽可能多地积累审计评价标准的经验，以应对复杂的审计评价工作，但是由于并没有明确的评价标准，在审计工作中，审计人员难免会出于主观因素的考虑，做出不合理的判断。进而难以保证经济责任审计评价的公平、合理。审计既要正视现实，也要尊重历史。不同

发展阶段有不同的价值取向，在审计过程中要加强分析，要客观地、历史地、公正地分析经济责任。评价要做到与时俱进，既要全面贯彻中央、上级的规章制度、法规、政策，也要考虑到发展实际，提高准确性、预见性，这对于及时发现问题有着积极的作用。同时要注意国家和上级政策对决策的影响，由于国家和上级有关政策变化调整因素对被审计领导干部来说，是不可控因素，如果政策调整对决策目标的实现程度影响较大，在对决策效果进行评价时应给予客观、真实、全面的陈述。

3. 重要性原则

经济责任审计评价方法主要有定性评价和定量评价。定性评价是对审计结果的分析与说明，对领导干部在任职期间的财务业绩的真实性、管理水平的有效性等进行评价。定量评价是将审计查证得到的实际数据与经济责任目标、行业标准以及审计评价标准等进行交叉对比，以此来判断领导人员的经济责任履行情况。随着经济责任评价内容的日益丰富，评价指标也越来越多样化，形成了以定性评价为主、定量评价为辅的评价模式，在审计工作中易造成主观性太强，使审计工作难以保持科学性和统一性。为了适应国有企业领导人经济责任审计的特点，要合理设计和使用评价方法，做到科学、客观地审计评价，保证审计评价质量。

4. 可操作性原则

经济绩效评价指标体系设计不仅要科学，而且在实际应用中要简单，力求易于实际工作者操作，具有适用性。评价指标的选取，要保证能够获取与该指标有关的审计信息，并能够运用这些信息来准确描述该指标所代表的某一方面的情况。从法理上讲，审计署及各级地方审计机关代表国家和人民对国有企业领导人员进行审计，理应能够获取与该企业经济活动及领导个人的工作活动有关的全部资料，任何企业和个人都不应当采用欺瞒、设阻等手段影响审计工作人员收集审计证据，但是在审计实务中，还是存在无法获取充足的审计证据的情况。例如当需要获取的信息量太过庞大，运用有限的审计力量去获取这些信息缺乏可行性和有效性；或是存在需要获取的信息涉及国家机密，审计工作人员无权获取与处理此类信息等情况。我们在选取评价指标时，必须考虑是否存在信息获取困难的情况，而不是为了设计评价体系而忽略了审计实务中的可行性，仅仅停留在理论层面，致使设计出的评价体系无法指导实际工作。

5. 可比性原则

对国有企业领导人员经济责任进行评价时，也要考虑其评价指标的计算基础并保证口径一致。可比性原则分为横向可比和纵行可比。横向可比是将本企业与同行业同期的其他类似企业指标进行横向对比。纵向对比强调将本企业当前指标与前期指标或者初期指标进行对比。横向对比和纵向对比的目的在于发现差距，弥补不足。因此科学、合理、有效的评价指标体系并不是一成不变的，应根据不同企业的性质、具体情况进行相应的调整。在指标选择上也要符合行业特性。审计综合评价的目的在于将审计综合评价的结果应用于领导干部的考核、选拔、任免工作，这就要求评价的最终结果应当具有一定的可比性，也意味着评价体系中的具体指标同样应当具备可比性。结果比较是审计评价工作开展的目的之一，只有保证了评价指标的一致、可比，后续的审计评价工作才有开展的意义。

6. 速度与效益相结合原则

在过去相当长一段时期内，我们搞经济偏重于追求速度，从而导致了经济结构不合理、大量重复建设的损失浪费，在这种思想的指导下，企业只讲产值和产量，地方干部也只讲国民生产总值。党的十八大指出，经济发展不但要讲速度，更要注重效益，它是速度与效益的统一。只有这种统一才能说明经济生活的质量高低。因此我们在设置经济责任评价指标时，既要有反映经济发展速度的指标，又要有反映经济发展效益的指标和环境保护情况，二者不可偏废。对领导干部进行经济责任评价，既要注意经济效益，更要注意社会效益和环保、生态效益；既要关注当前效益，更要看打基础、利长远的潜绩，关注地区长远的可持续发展目标的实现。

（二）评价指标体系构建的内容及指标的选取

1. 贯彻执行党和国家经济方针政策、决策部署情况

党和国家经济方针政策、决策部署情况对指导国民经济和企业发展具有重要的战略意义。是否贯彻和执行党和国家的经济方针政策，是否全面部署党和国家的相关决策，是促进我国经济发展的重要举措，对维护社会经济稳定发展、促进社会团结具有巨大转折意义。而国有企业是国民经济的中坚力量，国有企业领导人员作为领导和指导国有企业的关键人物，在国有企业顺利快速发展过程中发挥重大作用。因此，在对国有企业领导人员进行经济责任审计时，对领导人员是否贯彻执行党和国家经济方针政策、决策部署情况进行有效审计具有重要意义。

2. 企业发展战略规划的制定、执行和效果情况

发展战略是对企业就如何发展所作的一个长远规划，可以对企业未来发展方向、发展点以及发展速度等进行一个有效界定。符合企业发展目标和发展能力、贴合企业目前发展状况的发展战略是企业在激烈的社会经济竞争中得以生

存并持续壮大的秘密武器。是否能够制定一个适当的发展战略至关重要，发展战略制定得当，企业就可以过关斩将，取得压倒性竞争优势，持续长久兴旺发达；发展战略制定失败，企业就会面临亏损，严重时甚至可能会破产倒闭。因而发展战略的合理与否，决定着企业是否能够顺应时代和市场的洗礼，屹立不倒。当然，发展战略制定得当至关重要，而战略是否得到有效执行在企业发展中也占有一席之地。再好的发展战略，如果在现实中不能得以有效实施和运作，最终也会导致企业衰败。领导人员是制定企业发展战略的主要人物，也是监督发展战略执行情况的关键人员，因此，在对国有企业领导人员进行经济责任审计时，有必要对被审计单位的企业发展战略规划的制定、执行和效果情况进行有效评价。

3. 重大经济事项的决策、执行和效果情况

企业的生存目的一般就是为了谋取利润，国有企业则更加注重的是造福广大人民群众，优惠众生，因此国有企业的发展状况直接会影响到国家的经济命脉，也关系着广大人民群众的根本利益。而国有企业领导人员作为指导企业经济决策的关键领导人物，在准确制定和有效实施经济决策，并取得有效成果方面扮演着重要角色。因此，在对国企领导人员进行经济责任审计时，对国企领导人员是否能够带领企业制定和实施有效经济决策进行考察，能够在一定程度上反映出领导人员是否在任职期间能够认真履行其职责，是否做出能够促进国有企业蓬勃发展的努力和选择。

重大经济决策在内容上主要包括对外的重大投资、重大融资以及资金的使用和分配等内容。而在对国企领导人员关于重大经济事项的决策、执行和效果情况等内容进行审计评价时，应该就是否制定重大经济事项制度、如何有效作出经济决策以及执行情况及取得效果分别进行考察和评价，并将审计目标进行具体分解来达到有效审计的要求。本文在评价国企领导人员对重大经济事项的决策、执行和效果情况时，按定性指标和定量指标进行分析。

4. 企业法人治理结构的建立、健全和运行情况，内部控制制度的制定和执行情况

根据现代企业制度，企业的法人治理结构包含股东、董事会、监事会、经理层等。在这些企业管理者权力的制衡和协调下，企业能够形成健全的利益机制和决策机制，确保公司有序、顺畅地进行生产经营。党的十八届三中全会明确提出：健全协调运转、有效制衡的企业法人治理结构是建立现代企业制度的核心，也是对国有企业改革的新要求，是增强国有企业发展活力的必然选择。企业法人治理结构的有效建立、健全、运行有利于推动企业可持续发展。

此外，在对国有企业领导人员进行经济责任审计时还要考虑其所领导公司的内部控制上的职责分配情况、制度制定合理性等。如果缺少了完善的内部控制制度，公司的运行将会一片混乱。许多国有企业连年亏损的原因除了外界因素外，内部控制制度混乱、不健全也是一个重要的原因。内部控制制度合理性有助于保证企业财务信息真实完整、经营决策顺利执行、企业安全顺畅生产。因此，有必要对领导人员对治理结构的建立、健全运行情况和内部控制制度的制定和执行情况在任期内合理审计。

5. 企业财务的真实合法效益情况，风险管控情况，境外资产管理情况，生态环境保护情况

其一，保证企业财务收支真实合法是企业领导人员最基本的职责之一，也是进行有效经济责任审计的首要条件。企业财务的真实性的评判标准是被审计单位账内的财务收支是否真实存在，其财务资料能否如实反映企业经营情况。合法性的评判标准是查看企业与财务收支有关的经济活动是否符合法律规定，有无违法行为和现象。效益性的评判标准是该领导人员在任职期间为单位带来的效益和效果。在这一层面上，国企领导人员还担负着创造经济价值的职责。其二，领导人员对企业风险的把控情况也值得我们关注。在我国，国有企业是我国经济的重要组成部分。国有企业掌握着国民经济发展的命脉，关乎国家兴衰成败。国有企业领导人员有必要充分加强和关注国有企业的风险把控情况。其三，随着国有企业改革和近年来"一带一路"倡议的推动，国有企业在海外投资的额度和范围越来越大，海外资产规模也逐渐扩大。但是目前国有企业境外资产监管还存在很多困境。领导人员作为国有企业的关键部分，应对境外资产管理的控制环境、风险识别评估、优化境外资产管理的控制活动给予重点关注。其四，目前，许多企业安全事故频发，环境污染严重，不仅污染了我们的生活环境，还影响了经济发展。国有企业领导应发挥带头作用，有效利用能源、减少环境污染，保证员工生命安全。审计人员可通过了解领导人员任职期间内是否制定环保措施、单位生态环境保护情况判断其履职状况。

6. 在经济活动中落实有关党风廉政建设责任和遵守廉洁从业规定情况

《中国共产党廉洁自律准则》对党员领导干部提出了新的要求，要求领导干部要廉洁从政、廉洁用权、廉洁修身、廉洁齐家。而国有企业领导干部作为关键少数，其领导干部的廉洁性更为重要。因为领导干部廉政与否直接影响了社会风气和企业声誉，关系到国家的兴衰存亡。因而，党风廉政建设责任要求各领导干部要勇于承担责任、廉洁公正、遵纪守法。《国有企业领导人员廉洁从业若干规定》提出要从是否滥用职权、是否存在以权谋私现象、是否存在侵害公共利益、职务消费是否合理和作风建设是否正直这五大方面监督领导人员

的在职经济活动。要求国有企业领导人员秉持着"权利来自人民，属于人民"的精神，对照标准找差距，反思不足。

7. 以往审计发现的问题的整改情况

以往审计发现的问题是指在以往的审计工作中发现的重要问题。如果单位不对历年审计发现的问题进行全面梳理和深入分析，找出其症结所在并制定切实可行的整改措施，那便失去了对其审计的根本意义，因此单位应制定切实可行的整改措施，领导人员要切实督促其整改落实到位，完善长效机制建设，为公司高质量发展奠定基础。

本文设定的国有企业领导经济责任审计具体定性、定量指标及权重如表 1 和表 2。

表 1　国有企业领导经济责任审计定性指标及权重

定性指标	基本指标	权重
贯彻执行党和国家经济方针政策、决策部署情况	是否贯彻落实了国家经济方针政策和决策部署	10
	是否进一步分解具体落实措施	10
	是否对落实情况、执行进度、取得的实际效果进行总结	10
	是否对未完成的计划查找原因并进行分析	10
企业发展战略规划的制定、执行和效果情况	发展规划制定是否符合相关规定	10
	是否制定企业发展战略规划制度	10
	企业制定的战略规划是否与企业实际情况相符	10
	是否存在对战略规划执行效果和预期差异的分析机制	10
	是否对战略规划的影响因素展开深入研究和分析	10
	发展战略规划是否灵活进行修改、完善，能否应对突发状况	10
重大经济事项的决策、执行和效果情况	是否按照上级要求制定符合本企业实际情况的重大经济事项的实施细则	10
	是否可以灵活修改、完善相关规定和细则	10
	是否存在制度管理漏洞或缺项	10
	是否按照规定的决策程序议事	10
	决策会议召开是否符合应到会人数	10
	会议记录是否完整、真实、详细并存档备查	10
	制定的经济决策是否及时贯彻落实	10
	是否达到预期目标	10
	是否对决策执行情况进行监督和责任追究	10

（续）

定性指标	基本指标	权重
企业法人治理结构的建立、健全和运行情况，内部控制制度的制定和执行情况	是否依规设置法人治理结构	10
	各权力之间是否存在有效制衡机制	10
	法人治理结构是否得以有效运行	10
	是否存在交叉职责不清或空白地带	10
	是否建立了有效内部控制制度	10
	内部控制制度是否合理执行、职责分配是否明确	10
	是否进行风险识别、风险评估、风险分析	10
	内部控制制度是否符合本企业经营管理需要	10
	内部控制制度是否存在薄弱环节	10
	是否建立重点管控环节	10
	审查员工对自身职责、工作程序和标准是否明确，职责分配是否合理	10
	是否缺乏高度集中的信息化系统	10
	是否定期进行内控执行效果总结	10
企业财务真实合法效益情况，风险管控情况，境外资产管理情况，生态环境保护情况	是否随意变更或滥用会计估计、会计政策	10
	会计确认标准和计量方法是否正确	10
	成本费用有无多列、少列、虚列、不列现象，故意编造虚假利润等问题	10
	会计账簿记录与实物、款项和有关资料是否相符	10
	是否合理预估企业财务风险和经营风险	10
	针对风险是否设定应对措施	10
	是否存在未经单位许可，对外借款、投资、担保、捐赠等行为	10
	是否建立完善的资产管理制度	10
	制度是否得到有效执行	10
	是否对境外资产进行全面清查	10
	检查资产抵押情况或其他受限制情况	10
	单位是否制定了环境保护制度和规章	10
	任职期间是否贯彻落实环境保护制度	10
	任职期间是否存在因环境问题被投诉或被行政机关处罚的现象	10
	被审计单位对以往因环境问题处罚是否采取有效措施避免其进一步恶化	10

（续）

定性指标	基本指标	权重
在经济活动中落实有关党风廉政建设责任和遵守廉洁从业规定情况	是否贯彻执行中央八项规定，是否存在违规支出	10
	审查单位领导是否按照规定标准取薪、有无以权谋私现象	10
	任职期间是否被群众举报	10
	任职期间是否因廉政问题受到相应部门处罚	10
	审查单位领导人员家属是否存在相关行业经商或与企业发生往来情况	10
以往审计发现的问题的整改情况	是否建立了审计整改机制	10
	是否按照问题制定相应的整改方案	10
	是否实施整改	10

表 2　国有企业领导经济责任审计定量指标及权重

定量指标	基本指标	计算方法
贯彻执行党和国家经济方针政策、决策部署情况	A11 重大投融资决策违规率	重大投资决策违规率＝决策违规次数/重大投资决策总次数×100%
	A12 重大投融资决策损失额	重大投资决策损失额＝决策失误损失金额/决策总金额×100%
	A13 经济决策合规率	经济决策合规率＝合规经济决策数/总经济决策数×100%
	A14 决策执行有效率	决策执行有效率＝有效决策/总经济决策数×100%
企业法人治理结构的建立、健全和运行情况，内部控制制度的制定和执行情况	B11 内部控制制度健全率	内部控制制度健全率＝（实际建立的内部控制项数/应设置的内部控制项数）×100%
	B12 内部控制制度执行率	内部控制制度执行率＝实际执行的内部控制制度项数/实际建立的内部控制项数×100%
企业财务真实合法效益情况，风险管控情况，境外资产管理情况，生态环境保护情况	C11 净资产收益率	净资产收益率＝净利润/平均股东权益×100%
	C12 资产负债率	资产负债率＝期末负债总额/期末资产总额×100%

（续）

定量指标	基本指标	计算方法
	C13 已获利息倍数	利息保障倍数＝息税前利润总额/利息支出×100％
	C14 销售增长率	销售增长率＝本年主营业务收入增长额/上年主营业务收入总额×100％
	C15 应收账款周转率	应收账款周转率＝主营业务收入净额/应收账款平均余额×100％
	C16 现金净流量负债比	现金净流量负债比＝年经营现金净流量/年末流动负债×100％
	C17 经济增加值	经济增加值＝税后营业净利润－资本成本
	C18 速动比率	速动比率＝（流动资产－存货）/流动负债×100％
	C19 或有负债比率	或有负债比率＝或有负债余额/股东权益总额×100％
企业财务真实合法效益情况，风险管控情况，境外资产管理情况，生态环境保护情况	C20 销售利润率	销售利润率＝利润总额/营业收入×100％
	C21 技术投入比率	技术投入比率＝本年科技支出合计/本年营业收入×100％
	C22 本期债务增长率	本期债务增长率＝（本期期末负债总额－本期期初负债总额）/期初负债总额×100％
	C23 市场占有率	市场占有率＝企业销售额/全行业销售额×100％
	C24 净利润完成率	净利润完成率＝已实现净利润/净利润计划数×100％
	C25 环境治理设施投资比率	环境治理设施投资比率＝环境治理设施投资总额/固定资产投资总额×100％
	C26 环境治理费用支出比率	环境治理费用支出比率＝环境治理费用支出总额/管理费总额×100％
	C27 环境污染损失率	环境污染损失率＝环境污染损失额/营业收入×100％

（续）

定量指标	基本指标	计算方法
在经济活动中落实有关党风廉政建设责任和遵守廉洁从业规定情况	D11 个人收入合法合规率	个人收入合法合规率＝审定的个人合法收入总额/审定的个人全部收入总额×100％
	D12 个人收入是职工平均收入的倍数	个人收入是职工平均收入的倍数＝个人年薪收入额/全体职工年平均收入额×100％
	D13 个人开支报销比	个人开支报销比＝个人开支报销额/所在部门报销额×100％
	D14 年均职务消费比率	年均职务消费比率＝个人职务消费金额/所在部门公务支出总额×100％
以往审计发现的问题的整改情况	E11 问题整改率	问题整改率＝任职期间已整改问题数/任职期间应整改问题数×100％

（三）评价指标的权重确定

在借助指标评价领导人员经济责任履行情况、编制评价报告的过程中应运用恰当的评价方法，应关注到不同因素的问题，进行综合性的评价，要合理地折射出当下经济责任审计的目标及特征，同时又确保具有一定的可实施性，本文选择了层次分析法构建评价指标体系，以此确定评价指标的权重。

首先，层次分析法可以适应国有企业当前改革的需要，随着环境的变化权重比例可以有不同侧重，且可以根据企业具体情况得出指标权重；其次，可以将本文设置的定量和定性指标结合起来；再次，权重的设置可以通过德尔菲法，增加专家的人数来降低主观性；最后，层次分析法虽然计算有难度，但可以通过运用 Excel 表格软件、YAAHP 等软件来实现。

层次分析法设定权重的总体步骤如下。

（1）建立指标的层次结构体系。根据不同审计内容确定目标层与准则层。

（2）德尔菲法征集专家意见，构造判断矩阵。判断矩阵 A 如下：

$$A = \begin{bmatrix} a_{11} & a_{12} & \cdots & a_{1n} \\ a_{21} & a_{22} & \cdots & a_{2n} \\ \cdots & \cdots & \cdots & \cdots \\ a_{n1} & a_{n2} & \cdots & a_{nn} \end{bmatrix}$$

判断矩阵 A 构造好以后，对在各层级下的不同评价指标两两进行比较，分析相对重要性，用 1－9 标度法进行标度（表 3）。

表 3 含义

标度	含义
1	表示两个审计评价指标相比，具有同等重要性
3	代表两个审计评价指标相比，前者比后者稍微重要
5	代表两个审计评价指标相比，前者比后者要明显重要
7	代表两个审计评价指标相比，前者比后者强烈重要
9	代表两个审计评价指标相比，前者比后者会极端重要
2、4、6、8	代表上述相邻判断的中间值
$a_{ij}=1/a_{ji}$	倒数

（3）计算指标层内权重并进行一致性检验。 求出判断矩阵的特征根与特征向量，若顺利通过了一致性检验，则最大特征值对应的特征向量归一化后，即可作为指标权重。

首先，判断矩阵的最大特征根为：

$$\lambda_{\max} = \sum_{i=1}^{n} \frac{AW_i}{nW_i}$$

然后，判断矩阵的一致性指标为：

$$CI = \frac{\lambda_{\max}-n}{n-1}$$

最后，判断矩阵的一致性比率为：

$$CR = \frac{CI}{RI}$$

其中 RI 值根据表 4 确定。

表 4 平均随机一致性指标 RI 值

比较矩阵阶数阵阶数	1	2	3	4	5	6	7	8	9	10	11	12	13	14
RI	0.00	0.00	0.58	0.89	1.12	1.24	1.32	1.41	1.45	1.49	1.52	1.54	1.56	1.59

若 $CR<0.1$，就表示该判断矩阵具有满意的一致性；若 $CR \geqslant 0.1$，表示一致性不达标，需重新构建判断矩阵。

（4）确定各层次因素组合权重。 以上过程计算得出的权重是某一层级下的层内权重，由于指标具有多层次，因此需要从底层开始，逐层还原为每一指标在最高层总目标中的整体权重。

（四）评价标准与计分方法

1. 定量指标评价标准与计分方法

定量指标根据属性不同，分别依据以下不同的标准进行计分。

对于指标 A13 经济决策合规率、A14 决策执行有效率、B11 内部控制制度健全率、B12 内部控制制度执行率、C23 市场占有率、C24 净利润完成率、D11 个人收入合法合规率、E11 问题整改率，应以企业制定的具体目标为评价标准，计算出的完成率数值即为分数，例如，某企业的经济决策合规率为95％，该指标得分即为 95，若合规率大于等于 100％，以 100 分计。

对于指标 C11 净资产收益率、C13 已获利息倍数、C14 销售增长率、C15 应收账款周转率、C16 现金净流量负债比、C17 经济增加值、C19 或有负债比率、C20 销售利润率、C21 技术投入比率、C22 本期债务增长率、C23 市场占有率、C24 净利润完成率、C25 环境治理设施投资比率、C26 环境治理费用支出比率、D11 个人收入合法合规率、D12 个人收入是职工平均收入的倍数、D13 个人开支报销比、D14 年均职务消费比率，应以同行业、同级地区标准水平或平均水平作为标准，将其设定为标准值，被审计单位实际值为指标值，然后计算出指标值与标准值的差距程度，依据程度分别打分。差距程度≥20％，得分在 90～100；10％≤差距程度<20％，得分在 80～90；0≤差距程度<10％，得分在 70～80；−20％≤差距程度<0，得分在 60～70；差距程度<−20％，得分将低于 60 分。

对于指标 C12 资产负债率和 C18 速动比率，同样采用（2）中的标准和计分原则，但差距程度得分不同，差距程度≤5％，得分在 90～100；5％<差距程度≤10％，得分在 80～90；10％<差距程度≤20％，得分在 70～80；20％<差距程度≤30％，得分在 60～70；差距程度>30％，得分低于 60。

对于指标 A11 重大投融资决策违规率、C27 环境污染损失率，采用负向计分，数值越低，评分越高，例如，经核定，某国有企业重大投融资决策违规率为 5％，那么该指标得分为 95。

对评价指标体系中每一个选定的解释指标依次进行打分，首先计算解释指标的得分，解释指标得分＝指标权重×指标计算值×100；然后对解释指标得分进行加总求和得到基本指标总得分，再乘以相应的权重求和得到定量指标总得分，该结果会在最终计算评价结果时应用。

2. 定性指标评价标准与计分方法

以国家相关法律法规和行业具体政策规定为基础，参照同岗位实况，结合企业实际管理情况是定性指标评价的参考标准。对于定性指标的计分采用判定领导人员是否有影响内部控制制度建设、重大经济事项决策和廉洁从业情况三方面的行为，若存在不良行为则依据具体指标扣减相应分数，若不存在不良行为，则依据具体指标进行加分，每一方面中每一项 10 分，得出每一方面的得分，再以三方面所占比重计算得出定性指标的最终得分。

通过对定量指标和定性指标的分别计分后，便可得出国有企业领导人员的经济责任审计评价的综合得分，以此将国有企业领导人员经济责任的审计评价结果划分为四个等级。

优秀：综合得分≥90 分，该领导人员很好地履行了经济责任。

良好：70 分≤综合得分＜90 分，该领导人员较好地履行了经济责任。

及格：60≤综合得分＜70 分，该领导人员基本履行了经济责任。

四、结论与政策建议

（一）研究结论

随着我国国有企业深化改革步伐的加快，国有企业的重要程度一直不断提高，与此同时，经济责任审计理论和实践的发展变得更加关键。通过本研究，获得了以下结论。

第一，由于我国现在的国有企业正处于深化改革的阶段，所以在经济责任审计评价中，评价的指标应当紧跟着审计目标的变化而做出适当的调整。

第二，在制定评价指标的时候应该尽可能具体。评价指标主要作用就是为专职审计机构或者人员在审计的过程中提供相应的参考，这样审计内容才能够实现最大化地细分评价指标，审计活动才可以简单便利，更具实操性。

第三，国有企业领导人的经济责任审计评价指标的制定应当具有实际性。因为每一家国有企业所处的行业及企业的特点、性质都不同，所以指标需要根据实际情况进行选取。

第四，经济责任审计评价应当同时兼顾全面性和代表性。在评价的时候要有重点，并且选取有代表性的指标，防止审计活动出现多余不必要的工作。

（二）政策建议

1. 加快经济责任审计相关法律法规建设

现在，全国上下都在推进依法治国，经济责任审计发展的二十几年，相关的法律法规也在不断地建立完善。随着审计新常态的提出，国家有关部门应该根据我国经济政治发展的要求，在现有审计法律法规的基础上，增加对经济责任审计的法律规范，使经济责任审计在实践中有法可依；加强对经济责任审计问责机制方面的立法，提高审计问责机制的法律效力，增加可操作性。相关部门出台规范性文件，对经济责任审计评价指标体系进行规范。

2. 审计评价指标应当视具体情况做针对性微调

无论是本文所设计的审计评价指标体系还是其他学者提出的审计评价指标都不应当是一成不变的，甚至对于每一个独立的经济责任审计项目，其审计评价体系都需要做适当的调整，将基础的固定指标与差异化的可变指标相结合，构建适应不同审计项目的指标体系。对不同行业的审计工作应该使用不同的评价指标体系，增强指标体系的适用范围，使指标体系更好地应用于业务复杂、性质不同的企业或部门。

3. 加大对审计一线工作人员的培训、指导力度

由于审计评价体系是定量指标和定性指标相结合构成的，部分定性指标的评分需要审计人员合理运用职业判断来开展，这对于一线审计业务人员的职业能力和综合素质就提出了更高的要求。因此，审计机关应当加强对审计工作人员的培训，努力提升一线审计工作人员的素质，对于较难进行职业判断的评价指标应提供工作手册，有针对性地指导国有企业领导人员经济责任审计评价工作，保证审计评价工作的公平公正。做好经济责任界定工作，创新经济责任界定方式，还要提高审计人员收集经济责任界定证据的能力。首先，加强审计人员政治理论素养，促进经济审计人员掌握国家相关政策法规，全面提高审计人员的按照程序审计的意识，保证审计工作合规进行，确定审计工作的特性。其次，加强对审计人员的业务培训，促进审计人员掌握信息化的审计方法，要求审计人员明确审计内容，能够根据先进的审计理念编写审计报告，注重采用自主培训与委托培养相结合的方式提高审计人员的工作水平。

4. 注重审计沟通，建立审计评价容错纠错机制

事实上，任何一套考核、评价体系都不会是绝对公平、合理的，必然存在一些特殊情况是评价、考核体系所不能客观反映的。这就要求我们的审计工作人员在开展国有企业领导人员经济责任审计评价工作时，要时刻保持与被审计单位以及领导本人的沟通、交流，对一些明显异常的评价指标要了解真实情况并与当事人充分沟通，及时调整审计评价的方式方法。对于特殊情况导致的部分指标评分过低要在向上级领导及时汇报的同时适当容错纠错。审计机关也应当建立容错纠错机制，以改善国有企业经营状况、保证国有资产保值增值为最终目的。

5. 推行大数据审计

提高经济责任界定的有效性，还要采用大数据界定的方法，强调运用计算

机提高经济责任界定的科学性。应当在经济责任界定的过程中取得各种数据信息的支持，注重运用大数据提高审计能力，积极提高经济责任界定的客观性、有效性和说服力。不断探索大数据支持下的高效审计方法，从而提高经济责任界定的效率，降低经济责任界定中的风险，达到减轻工作量、强化经济责任审计力度、保证经济责任审计质量的目标。经济责任审计人员应当加强数据分析，注重通过有效的数据分析方法提高审计报告质量水平，在坚持依法审计的基础上全面获得审计数据信息资料，保证审计工作的客观性，对国有企业领导人任职期内的情况做出准确的评价，从而保证审计的客观性，达到更好地发挥审计结果作用的目标。

6. 优化审计的思路

为了保证审计顺利进行，有效界定被审计企事业单位领导的直接责任、领导责任，保证经济责任界定顺序性，还要消除经济责任界定模糊性，能够在经济责任界定的过程中优化责任界定的思路，充分考虑经济责任界定中的所有可能性。首先，在有效判断前后持续性责任的基础上，对最终的责任界定做出客观判断。例如在责任界定时应当考虑领导分工，明确相关工作的历史背景、决策程序与实际决策过程。其次，分析审计查出问题的性质，依据审计证据进行客观的判断。如果属于被审计对象主管范围，还要考虑造成后果的严重程度与可界定的领导责任等。

7. 提高证据质量

做好经济责任审计工作还要把重点放在提高审计证据与相关材料的质量上。首先，审计人员应当注重根据审计工作的需要加强相关数据信息的收集工作，注重对审计材料收集范围、收集内容与提供材料内容进行有效核查，确保给审计单位提供的材料要加盖公章，保证审计材料的真实性是审计工作的客观依据。其次，还要对审计工作中的决策事项与相关内容做好会议记录，注重收集会议记录的内容，重点对相关会议的内容进行分析，并且注重询问当事人，以便于收集决策相关的证据。

项目负责人：史元
主要参加人：董欣欣、董婧雯、孙景翠、王虹、赵丹丹、石曰丹、王骏勇、
　　　　　　夏泽晨、冯爱丹、朱晓琳、靳东、李琳

乳文化对于黑龙江省乳业发展的效应研究[*]

乳文化对于黑龙江省乳业发展的效应研究 *

杨辉　孙金莹　王琦　邹庆华　李翠霞

　　近年来，经济不断发展，人民对生活物资的质量追求也越来越高。乳制品作为高营养的健康食品，愈来愈受到人们的欢迎。黑龙江省作为我国奶源生产大省，其乳业企业发展却不为乐观。纵观我国乳业企业发展现状，内蒙古涌现出大批优秀龙头企业，如伊利、蒙牛等。而黑龙江省的能在行业中位列前茅的企业却寥寥无几。尽管从产量来看，黑龙江省是乳制品产量大省，居于全国第二，但黑龙江省人民尤其是农村居民的乳制品消费量较低，乳制品在饮食结构中占据比较小的比例。黑龙江省乳业仍然是一个古老而新兴的产业，古老是因为黑龙江省的取乳、制乳及食用乳品的历史悠久，新兴是因为我国自古以来缺少乳产品产业的积淀，真正作为独立产业也是从近代才开始的，究其原因，黑龙江省缺乏对乳文化历史的重视与关注。最早诞生于中国北方游牧地区的乳文化，随着历史的演进，伴随着人口迁徙和民族融合，不断向南方农耕地区发展。进入近代之前，农耕地区的汉族人并没有食用乳产品的习惯。因此，便产生了拥有千年乳文化却缺失与其相匹配的乳业发展。

一、黑龙江省乳业行业、企业的发展现状

（一）黑龙江省乳业行业发展现状

1. 奶源与养殖

　　奶源方面，黑龙江省是我国的奶源大省，黑龙江省70％的奶源销往全国各地，其中婴幼儿的高端乳产品已经占据了国内乳制品20％的消费市场份额。不仅如此，国内知名乳业企业蒙牛、伊利的高端乳制品线"特仑苏""金典"的30％奶源来自黑龙江省，光明乳业旗下"莫斯利安"品牌，其1/3的奶源

---

　　* 黑龙江省哲学社会科学研究规划项目（项目编号：17JYB083）。

　　项目负责人为杨辉副教授，主要参加人员有孙金莹、王琦、邹庆华、李翠霞。

也来自黑龙江省。综上所述，现阶段黑龙江省仍然是我国高端乳制品的重要奶源产地。

养殖方面，2018 年黑龙江省将振兴乳业作为主要工作，开展了一系列全产业链的政策措施。黑龙江省全省规模化奶牛养殖场平均单产提高了 100 千克，达到了 8.1 吨。与此同时，规范管理的优质大型奶牛养殖场鲜奶的平均利润达到了 3 000 元/吨，比年初增加了 800～1 000 元。

饲料方面，黑龙江省提供了充足的养殖饲料，从粮食到饲料的耕地面积为114.9 万亩，超额完成农业部下达的 102.8 万亩任务。截至目前，黑龙江省用于奶牛养殖的青贮玉米达 291 吨以上。与此同时，黑龙江省大力实施强根培基工程，以促进家庭农场发展乳制品加工试点工作。

2. 政策支持

2015 年，黑龙江省出台了《加快现代畜牧产业发展意见》，通过确保建立高质量的畜产品基地，提出具体的要求和采取措施，以提高畜产品加工业的竞争力，从而调动各地发展畜牧业的热情。2016 年，黑龙江省出台《关于把畜牧产业培育成为振兴发展战略性产业的指导意见》，进一步指明产业发展方向。与此同时，黑龙江省政府启动"两牛一猪"标准化规模养殖基地建设项目，项目实行采取"先建后补"的方式，对符合相关规定的泌乳牛、母猪养殖场进行补助扶持。

2018 年，黑龙江省政府以"粮头食尾""农头工尾"为抓手，以建设绿色大厨房为目标，加快转变发展方式，促进第一产业、第二产业和第三产业的深度融合，促进农民收入的持续增长，将畜牧业培育成战略产业。

到 2020 年，黑龙江省将努力建成拥有 500 万吨优质鲜奶生产能力，可处理 80 万吨婴幼儿配方奶粉、100 万吨巴氏杀菌牛奶，可生产奶酪、黄油和其他具有较高市场潜力乳制品的产业。实现牛奶产量从 2018 年的 5.7 吨增加到 7 吨，平均提高 1.3 吨，核心群（最好的养殖场）增加 2 吨。提高标准化规模养殖比重至 50% 以上；提高饲料使用转化率；提高婴幼儿奶粉产量至全省 50% 以上，提高高端液态奶产量至 50%；降低料奶比重至 2.8：1。

（二）黑龙江省乳业行业发展优势

黑龙江省奶区是我国优质的奶牛生产区，也是重要的优质奶源基地和高端奶粉生产基地。近几年黑龙江省乳制品产量均位居全国前列，发展乳制品产业具有其得天独厚的优势。

（1）独有的区位优势。 黑龙江省位于北纬 $43°～53°$，该区位是世界公认的黄金"奶牛带"和"玉米带"，具有充足的饲料资源、分明的气候变化、丰富的自然资源和优质的水生资源。

（2）充足的饲料资源。黑龙江省耕地面积辽阔，其中玉米种植面积达 1 亿亩，谷物产量居全国前列，广阔的草原面积为奶牛养殖提供了充足的饲料资源。畜禽养殖场面积为 60 万亩，完全可以满足养殖业建设用地的发展需要，具有巨大的乳业资源开发空间。

（3）优秀的疫病防控条件。黑龙江省位于中国最北端，是国内纬度最高的省份，其温度条件为畜牧业的发展提供了充足的自然保证，在预防动物疾病方面具有很大的优势。

（4）一定的产业基础。黑龙江省具有全国最纯的荷斯坦奶牛，并经过数十年的育种和改良，形成具有本地特色的特质奶牛群。

（5）高质奶源生产基地。国内外著名乳业企业纷纷将黑龙江省的奶源用作高端产品的主要基地，例如世界著名的雀巢公司和国内著名的乳企蒙牛、伊利、光明等。

（6）突出的科研技术。黑龙江省拥有国家级乳品工程技术研究中心，国家级乳制品质量监督检验中心以及东北农业大学等科研教育机构，这些科研机构为乳业发展奠定了坚实的理论基础和科技支撑，同时提供了科学研究和技术支持。

（三）黑龙江省乳业企业发展现状

1. 乳企进步发展空间大

黑龙江省乳业企业飞鹤是国内第一家引入学术工作站的乳制品公司。飞鹤不仅实施了乳品工业工程院士工作站，而且还加大研究投入。飞鹤的蓬勃发展，不仅促进了黑龙江省区域内乳业行业的进一步发展，而且也促进了整个乳业的整体发展，这在促进创新和成果转化方面也起着重要作用。

根据黑龙江省乳制品企业名录，2017 年，黑龙江省拥有 128 家乳制品加工企业，截至 2018 年增长到 142 家。虽然企业的数量在增加，但是企业的规模与实力还是相对落后。飞鹤的发展可以带动整个黑龙江省乳业行业的发展，这也说明黑龙江省乳业企业在具备区位优势的条件下，有更大的发展进步空间。

2. 与国内知名乳业企业存在差距

2018 年股市收官，中国公司总市值排名如表 1。由表可知，仅有三家国内乳制品生产企业上榜。不仅如此，黑龙江省企业在国内业绩汇总中也属于业绩平平，甚至会有所下滑。表 2 所示为 2018 年六家上市公司业绩汇总，可以看出伊利、蒙牛企业实力十分强大。

表 1   2018 年全球中国公司总市值排名——国内三家企业

2018 年名次	企业名称	总市值（亿元）
84	伊利股份	1 391
141	蒙牛乳业	821
211	中国旺旺	591

资料来源：新乳业。

表 2   六家上市乳品公司 2018 年前三季业绩汇总

上市公司名称	营业收入（亿元）	同比	净利润（亿元）	同比
伊利股份	613.27	16.88%	50.5	2.24%
蒙牛乳业（上半年）	344.74	17%	15.62	38.5%
天润企业	11	21.25%	1.04	20.83%
三元股份	56.74	21.07%	1.39	12.61%
光明乳业	155.64	−5.71%	3.93	−25.53%
科迪乳业	9.7	6.81%	1.08	4.7%
贝因美	18.1	−9.81%	0.28	107.3%

数据来源：睿农研究部《乳品上市公司 2018 年三季度业绩公告》。

通过对睿农咨询调研了解到，2018 年前三季度，除龙头企业依然保持着 20% 以上的利润增幅外，多数上市乳企甚至出现负增长的现象。在乳业行业中，黑龙江省大多企业处于中小企业规模。在龙头企业的压力下，黑龙江省企业在市场竞争中略显束手无策。

从我国乳品行业市场来看，乳业企业大致分为几个梯队。以伊利、蒙牛为首的第一梯队，其生产的产品占据大量市场，形成有效的竞争力，整体收入及企业利益处于领先水平。两家龙头企业优势极其明显，产品销售能力、市场营销能力、企业文化都处于领先水平。第二梯队为经济效益相对落后，但整体呈上升状态、优势明显的企业，其能够占据当地市场，不断发展企业规模，追赶龙头企业。第二梯队的企业具有强大的发展潜力。第三梯队是生产经营规模较小，品牌影响力较小，销售市场为地方的乳品企业。这些企业生产品种单一，同质化现象较为严重，企业利润收入都相对较弱。而黑龙江省乳业企业多以第三梯队为主。

3. 乳文化对黑龙江省乳业企业发展效应研究现状——以安达市为例

（1）获取数据来源。以安达市为例，进行数据搜集，采用随机抽样调查的方法，本着适应面广、随机性原则，选择安达市市中心客流量最大、覆盖面较广的华辰超市、庆客隆超市作为抽样单位，展开调查。本次调查采取面访的形式，每个超市发放问卷 100 份，回收有效问卷 186 份。问卷共分为 3 部分：第一部分是消费者的基本情况，第二部分是消费者购买乳制品是否基于乳文化，第三部分是消费行为的调查分析。现对有效问卷进行样本特征分析（表 3）。

表 3　样本的基本特征分布

特征变量	类型	频数	百分比（%）
性别	男	77	41.4
	女	109	58.6
年龄	30 岁以下	72	38.71
	31～40 岁	44	23.66
	41～50 岁	57	30.65
	50 岁以上	13	6.99
学历	初中及以下	16	8.6
	普通高中、职高或中专	39	20.97
	高职或大专	42	22.58
	大学本科	77	41.4
	硕士及以上	12	6.45
月收入	2 000 元以下	63	33.87
	2 000～3 000 元	32	17.2
	3 000～4 000 元	42	22.58
	4 000～5 000 元	28	15.05
	5 000 元以上	21	11.29

（2）乳文化对安达市乳业影响效应分析——以消费者为例。基于品牌乳文化宣传、营养成分、产品原产地影响消费者购买乳制品的重要程度分析结果（表 4），通过描述性统计分析，营养成分对于消费者的平均重要程度高于品牌乳文化宣传以及产品原产地，说明营养成分对于消费者购买乳制品的选取影响重大。

表 4　购买乳制品影响因素重要程度分析结果——基础指标

类型	样本	最小值	最大值	平均值	标准差	中位数
品牌乳文化宣传	186	完全不重要	非常重要	3.194	0.989	比较重要
产品原产地	186	完全不重要	非常重要	3.145	1.083	比较重要
营养成分	186	完全不重要	非常重要	3.677	0.926	重要

对问卷中"您会基于乳文化（商品标识等）去选择乳产品吗"（图1），18.8%的消费者表示完全会，57.5%的消费者表示可能会，综合该问题统计结果，说明绝大多数的消费者会基于乳文化去选择乳产品，但我们通过前面的调查显示，仅有17.74%的消费者会选择地方品牌乳制品，这在一定程度上说明了黑龙江省地方品牌（如完达山、飞鹤等）对于乳文化的宣传力度不够，也说明了良好的乳文化宣传会影响消费者的乳制品选择。

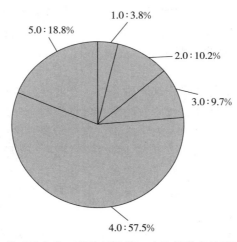

图1 "您会基于乳文化（商品标识等）去选择乳产品吗"回答分布图

二、黑龙江省乳文化发展存在的问题分析

（一）乳制品的创新开发不够

黑龙江省乳业企业整体呈现生产结构单一的趋势。乳制品种类单一，整个乳品市场呈现相继模仿状态，同一产品众多企业生产，产品缺乏创新性。乳制品生产仍然是以低端产品为主，精细化、高端化管理水平不高。企业过于重视乳品本身的生产与销售，对于与乳有关的相关产业处于尚未开发中，消费者难以从产品中找到与众不同之处，难以取得消费者的信赖，对乳的综合利用率较低。

（二）乳文化产业的投入不足

黑龙江省乳文化产业发展投入不足是目前发展的主要瓶颈。缺乏乳文化产业的发展，导致黑龙江省乳业品牌缺乏竞争力与影响力，企业提升速度缓慢。主要原因在于黑龙江省对于乳文化产业宣传方面缺少重视、没有可实施的方案，乳企更多注重于单纯的企业运行，忽略了企业文化建设与企业愿景。

国内知名企业伊利建立了国内首家以"草原乳文化"为主题的博物馆，馆内主要介绍了北方游牧民族的乳文化发展历程，并藏有大量反映民族特色的珍贵文物和产品，游客可通过博物馆了解伊利的发展历程与取得成就，采取最直观的方法将企业文化展示给前来参观的游客，极大地促进了企业的发展。因此，在政府的支持下，黑龙江省乳企应该举办乳文化相关活动，主动将产品生产与乳业文化、企业愿景相融合，加大力度提升自身产品的乳文化性。在积极推展文化产业的同时，明确自身发展方向。优秀的产品要有其特殊的含义，黑龙江省企业忽略了这一重要环节。赋予产品内涵，是吸引消费者的重要渠道。

现今许多乳企在文化建设中缺乏融合性，企业要想取得更大的发展，必须将文化建设与企业经营活动进行有效的融合，选择与企业发展相匹配的经营方式，从而实现企业文化在企业发展中的积极作用与核心价值。企业文化的重要性也表现在人力资源管理方面，由于企业缺失文化，会导致各项工作开展困难。当乳业企业管理高层人员水平有限时，就会忽略对乳业企业文化的建设，从而造成企业员工缺乏工作热情和积极性，最终限制企业的发展。而文化对乳企在人力资源管理工作方面有较大的推动作用，企业管理旨在培养人才，为企业发展奠定基础，这要求企业要建立优秀的员工队伍。乳文化具有凝聚精神的作用，这是企业完善管理机制不可缺少的环节。

（三）乳文化附加值挖掘有待深入

近年来，黑龙江省部分企业的知名度与影响力逐步上升，但整体水平仍比较落后。与国内知名企业相比，黑龙江省的实力较弱、竞争力不足、市场占有率低。劣势主要体现在以下两方面。

（1）品牌价值不高，知名度低。在全国范围内，与其他品牌相比，黑龙江省还没有品牌位于前列，品牌价值较低。整体处于企业品牌价值低、知名度低、市场地位不乐观、综合实力差的水平。

（2）消费者关注度不高。根据调查分析，在目前乳制品市场中，伊利、蒙牛是消费者心中排名最前的两个企业。在同一产品的选择上，绝大多数的消费者会选择以上两个企业。黑龙江省的品牌难以维持和提高消费者长久持续的关注度。

消费意愿是影响企业发展的重要因素之一，而品牌形象与消费意愿又有着不可分割的关系。乳企品牌形象的好坏影响着消费者消费的主观意愿，树立一个健康绿色、营养美味的乳企形象对企业的发展起着积极的促进作用。

　　合理有效的品牌形象是乳品企业面对激烈市场竞争的制胜利器。因此，本研究基于哈尔滨市 1 080 份样本，运用 SEM 模型研究乳企品牌形象的结构要素对消费者消费意愿的影响，将乳企品牌形象细分为乳企形象、乳品形象和消费者形象三个维度，构建了品牌形象影响乳品感知价值的分析模型，进而分析影响乳品消费意愿的相关传导机制，让乳制品企业充分意识到品牌形象的重要性，也为乳制品企业提升品牌形象提供理论依据和现实参考。

　　以乳企形象、乳品形象和消费者形象这三个维度作为本次模型的自变量：乳企形象是消费者对于乳品企业整体的印象；乳品形象是消费者对该企业产品的印象，包括安全性、质量等；消费者形象是该品牌消费者群体的自身形象，包括品味、生活方式等。乳品感知价值是本次模型的中介变量，在分析乳制品消费特点的基础上，将乳品感知价值分为功能价值和情感价值两个维度，功能价值指消费者对于该乳品企业乳制品功能的满足度，情感价值是指消费者对于该品牌的依赖度和情感联系。消费者消费意愿是本次模型的因变量，在总结前人研究的基础上，将重购倾向、口碑、溢价购买作为因变量的三个维度。重购倾向是消费者对于该品牌再次购买的可能，口碑是指消费者能否口头传达出该品牌的饮用体验，溢价购买是指该消费者能否愿意比现在支付更高的价格再次购买该乳产品。

　　模型构建依照"乳品企业品牌形象—乳品感知价值—消费者消费意愿"的思路，具体模型构建如图 2 所示。

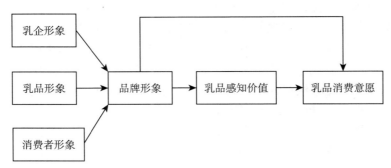

图 2　乳品品牌形象的结构要素对乳品消费意愿影响的假设模型

基于上述模型，对于自变量、中介变量和因变量之间的关系提出如下假设。

H1：乳品品牌形象对乳品消费意愿有显著正向影响

H2：乳品品牌形象对乳品感知价值有显著正向影响

H2a：乳企形象对乳品感知价值有显著正向影响

H2b：乳品形象对乳品感知价值有显著正向影响

H2c：消费者形象对乳品感知价值有显著正向影响

H3：乳品感知价值对乳品消费意愿有显著正向影响

H4：乳品感知价值在乳品品牌形象和乳品消费意愿之间起到了中介影响作用

上述假设构成了完整的结构方程假设模型。乳品品牌形象为假设模型的自变量，乳品感知价值为中介性影响变量，乳品消费意愿为因变量。通过运用结构方程模型进行分析，尝试验证乳业品牌文化的结构要素对乳品消费意愿影响的因果模型，并针对性地提出相关的乳企品牌建设的建议。

本研究分析乳品品牌形象的结构要素对乳品消费意愿的影响问题。根据多位学者的研究理论，使用李克特量表进行统计评分，每一个题目后面都分为"非常同意""同意""一般""不同意""非常不同意"这五种回答选项，所对应分值分别为 5、4、3、2、1。

在设计出问卷初稿后，分别在哈尔滨市城市中心地带和农村地区随机选点，各抽取 30 人进行试测。试测后，针对问卷中问题表述的清晰性，问题之间的互斥性、引导性，以及修辞方式等进行了访谈，之后根据试测数据和访谈状况对问卷题目进行了修正、补充和删减。本研究运用项目分析法（极端组检验和同质组检验）、效度分析和信度分析确定问卷的有效测项，最终形成 22 个有效测项的问卷调查。

其中，乳企形象、乳品形象、消费者形象角度分别包含 4 个有效测项，针对不同的品牌分别发放问卷，典型的题目如：伊利公司很大、公司历史悠久、伊利乳品饮用安全，值得信赖；功能价值和情感价值角度各包含 3 个有效测项，典型的题目如：伊利牛奶来自天然、营养丰富，饮用伊利牛奶会让我感到非常舒心、放松；乳品消费意愿角度包含 4 个有效测项，典型的题目如：就算价格上涨，我还是会继续选择伊利牛奶。在研究问卷满足定量研究的效度、信度要求的前提下，开展正式的实地调研。

本研究采用多阶段分层抽样的原则对黑龙江省哈尔滨市九个区进行了问卷调查，样本包括城市和农村地区共计 1 000 余人次，每个区发放 120 份问卷（城市地区 60 份，农村地区 60 份），合计共发放 1 080 份，回收有效问卷 986 份，占问卷总数的 91.3%，其中男性占比 49.91%，女性占比 50.99%，高中以上学历居多，占比达 96.33%，收入集中于 3 000~5 000 元，占比 47.9%。

基于 SPSS 信度系数测算，乳企形象、乳品形象、消费者形象、乳品感知价值、乳品消费意愿五个测度的信度系数值分别为 0.909、0.903、0.885、0.881 和 0.903，均大于 0.8，表明调查数据具有可信度。针对"项已删除的 α 系数"，分析项被删除后的信度系数值并没有明显地提升，因而说明题项全部均应该保留，进一步说明研究数据信度水平高。综上所述，研究数据信度系数值高于 0.8，删除题项后信度系数值并不会明显提高，综合说明数据信度质量高，可用于进一步分析。在效度分析中，所有研究项对应的共同度值均高于 0.4，说明研究项信息可以被有效地提取。另外，KMO 值分别为 0.850、0.866、0.782、0.713 和 0.812，均大于 0.6，意味着数据具有效度。另外，因子的方差解释率值分别是 67.830%、77.910%、76.607%、67.553%、73.211%、79.356%，旋转后累积方差解释率分别为 76.607%、77.910%、67.830%、74.31%、80.33%，均大于 >50%，意味着研究项的信息量可以有效地被提取出来（表 5）。

表 5　变量间隐含相关系数和协方差矩阵

	乳企形象	乳品形象	消费者形象	乳品感知价值	乳品消费意愿
乳企形象	1.000				
乳品形象	0.485**	1.000			
	0.000				
消费者形象	0.441**	0.445**	1.000		
	0.000	0.000			
乳品感知价值	0.516**	0.466**	0.534**	1.000	
	0.000	0.000	0.000		
乳品消费意愿	0.519**	0.321**	0.354**	0.613**	1.000
	0.000	0.000	0.000	0.000	

（1）在 Amos24.0 软件中，以乳品品牌形象为自变量，品牌形象对乳品消费意愿影响的标准化路径系数（SRW）为 0.028，检验统计量临界比值 $t=0.359$，路径系数显著性水平 $p>0.05$，这表明品牌形象对乳品消费意愿有一定正向影响效应，但是未达到显著性水平，因此假设 H1 被拒绝（表 6）。

表 6　品牌形象结构要素对乳品消费意愿关系的假设模型检验结果

潜变量	Path	潜变量	Estimate	SRW	S. E.	t	p
乳企形象	→	乳品感知价值	0.428	0.420	0.050	15.611	***
乳品形象	→	乳品感知价值	0.566	0.530	0.064	3.510	***
消费者形象	→	乳品感知价值	0.297	0.300	0.063	2.754	0.013**
乳品感知价值	→	乳品消费意愿	1.151	0.277	0.177	6.495	***
品牌形象	→	乳品消费意愿	0.100	0.028	0.170	0.359	0.712

（2）乳企形象到乳品感知价值的 SRW 为 0.420，检验统计量临界比值 $t=$ 15.611，路径系数显著性水平 $p<0.05$，表明乳企形象对乳品感知价值具有正向影响效应，假设 H2a 被证实，同理得到上述 H2b、H2c 被证实。

（3）乳品感知价值对消费者乳品消费意愿的标准化路径系数（SRW）为 0.277，检验统计量临界比值 $t=6.495$，路径系数显著性水平 $p<0.05$，表明乳品感知价值对乳品消费意愿具有显著的正向影响效应，且乳品感知价值在品牌形象和乳品消费意愿之间起到了完全的中介作用，则上述假设 H3、H4 成立。

将乳企形象、乳品形象、消费者形象这三个结构要素作为自变量，乳品感知价值与乳品消费意愿作为因变量，并进行相应的模型修正，最终得到如下模型（图 3）。

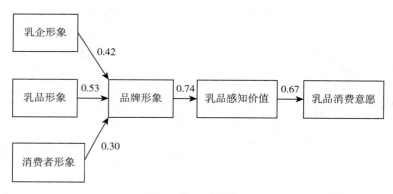

图 3　修正后的模型

对修正后的模型各个维度进行进一步的检验得到下列适配度指标（表 7）。

表 7　模型检验结果指标

指标	χ	GFI	AGFI	RMEA	NFI	TLI
评价标准	$1<\chi<5$	GFI>0.8	AGFI>0.8	RMEA<0.1	0<NFI<1	0<TLI<1
检验结果	1.575	0.865	0.877	0.032	0.856	0.911

由图 3 可以看出，乳企形象、乳品形象、消费者形象对于乳品感知价值的标准化系数分别为 0.42、0.53 和 0.30，即说明存在显著的正向影响，乳品感知价值与乳品消费意愿之间的系数为 0.67，说明乳品感知价值与乳品消费意愿也存在显著的正向影响，可以得出：乳品感知价值在乳企形象、乳品形象、消费者形象三个乳业品牌形象的结构要素之间存在着完全的中介作用，所提出

的假设模型能够与实际数据相拟合，且模型适配度较好，说明乳品品牌文化的结构要素对乳品消费意愿的影响效应的结构方程假设模型检验结果成立。

从上述研究来看，乳制品的消费者形象对于乳品消费意愿影响较弱。随着现代消费的逐步升级，消费者形象在企业品牌形象中将会占据越来越高的比重。现代消费者消费观念的不断更新，健康意识的不断加强，也会使乳制品企业更加注重消费者消费需求的不断变化，不断推陈出新，创造良好的产品消费者形象。

（四）乳品消费传统与意识影响

消费传统是影响市场的直接因素。当消费者形成一定的消费意识与消费爱好时，对产品选择与购买有重要影响。在西方，乳品是长久以来人们不可缺少的生活用品，人们对于牛奶、面包的需求深入骨髓，因此对乳品的需求量极高。而在我国，虽然拥有悠久的乳文化历史，但并没有形成食乳习惯，有一部分消费者表示乳产品并不是生活的必需品。产生这种现象的主要原因在于对乳文化缺少一定的传承，我国的酒文化、茶文化同样拥有悠久的历史，与乳文化相比人们对这两种文化更铭记于心。由于文化因素，茶、酒行业在我国发展得更为出色。

（五）中小乳企与大企业差距过大

黑龙江省乳企大多数都是中小型规模企业，受众范围较小，具有地域限制，企业的基础产品缺乏竞争力，高端产品缺乏影响力。从市场的角度来看，在基础产品种类方面，大企业占据大量份额，经常采取低价市场营销，对区域企业形成较大威胁。基础产品对于中小企业来说是增长企业效益的关键，然而对大企业并不是增长效益的主力，不对称竞争是中小企业在市场中缺乏竞争力的重要原因。从产品宣传方面可知，大企业聚力打造高端产品，将高端产品作为企业发展的重要动力，无论在市场营销、品牌建设方面都投入较大精力。与之相比，中小企业虽也有高端产品，但产品缺乏竞争力，大多模仿大企业，产品本身不具特色、知名度不高，更无法与大企业抗衡。

根据"2018年全球乳业20强企业"榜单显示，雀巢（240.2亿美元）稳居一位，中国乳企伊利（99.0亿美元）和蒙牛（88.0亿美元）再次入围十强。该榜单是目前为止全球乳业排行最权威的榜单之一，每年都会依据全球的乳制品企业的营收成绩进行排名。据相关数据可知，2018年国内知名乳企伊利和蒙牛继续占据前十强的位置，并且伊利企业位于亚洲乳企的第一位。而且在中国食品饮料排行榜中，伊利和蒙牛分别位列排行榜的第二、第三位。从数据中我们可以看出，目前在整个乳业行业，两大乳品巨头企业仍然处于领跑位置。在已经取得巨大成功的同时，巨头企业开始向海外发展。

由此可知，在激烈的市场环境中，黑龙江省中小规模的企业与龙头企业差距过于悬殊，在发展进程中压力巨大，待解决的问题也较多。

三、乳文化对黑龙江省乳业发展的效应分析

（一）乳文化对企业竞争力的影响

乳业企业的生存、发展情况与企业竞争力之间存在着非常紧密的关系。企业的竞争力体现在很多方面，其中包括品牌影响力、生产产品质量，同时也包括企业的服务质量和人员培训等方面。随着人们生活水平的提高，企业的竞争力也会紧跟随着受到一定的影响。企业竞争力的提高，是其长期稳定发展的必然前提，也是企业发展进程中的必然要求。因此，如何提高企业竞争力是黑龙江省乳业企业发展的关键。众所周知，生产技术、产品种类、生产流程、战略方案都是可以被复制的，与此相比，无形资产则是独一无二、无法被抄袭的，这其中就包括企业文化。对于乳企来说，一方面，乳企文化可以影响企业管理者和员工的绩效和竞争力，最终影响企业的绩效和竞争力；另一方面，乳业时代的快速发展使得乳企的未来发展需要承担越来越多的社会责任。

在乳业企业综合竞争力方面，必须把乳业企业文化置于企业发展中最基本的位置。具体而言，提高乳业企业综合竞争力是企业发展的决定性因素，乳业企业的管理活动也会受企业文化的影响。因此，乳业企业竞争力的基础就是乳业企业文化。当企业没有适合自己的良好企业文化，那么对企业员工的指导作用就不会很强。企业文化的凝聚力不足，那么企业的员工就无法凝聚，企业各种管理活动的效率也不可避免地低下。在这种情况下，员工不忠于企业，企业发展的活动则难以实施，从而影响企业的发展。因此，将乳业企业文化置于企业综合竞争力的基础上，从战略角度制定规则，可以增强乳业企业的文化内涵，使企业更好地发展。这也是企业文化的凝聚力和整合力的体现。

（二）乳文化对企业管理的作用

1. 乳文化对企业管理的引导作用

乳业企业管理中企业文化具有直接影响作用，它决定了企业对自身、对外界的管理水平，同时它也是评价企业管理水平高低的重要指标。在新时代的市场环境中，市场经济也在向多元化和现代化方向发展。现代企业与传统企业之

间也存在明显的区别，企业文化是现代企业的精神内核，在推动企业发展的过程中起到了重要的作用，企业的发展理念和企业的市场形象更是企业发展中的润滑剂和推动力。在现代企业发展中，乳业企业要想长期发展下去，企业文化必须紧跟时代的步伐不断更新发展，保证乳业企业文化是企业发展的核心竞争力。

（1）对乳企制定企业战略的引导。 在企业中，企业战略基本上由企业的领导者和企业管理者来制定并实施。企业文化的权威性和民主性可以使员工在短时间内接受企业的安排和管理的实施。企业在实施战略管理时，企业文化可以在增加员工利益、丰富员工文化生活等方面发挥作用，从而使战略管理能够在工作中顺利实施。

在乳业企业战略实施之前，企业文化可以有效帮助企业战略的制定及调整，但企业文化更主要的作用是调整战略实施后出现的各种问题，从而提高企业的综合竞争力。

一方面乳业企业文化对企业战略管理起到指引作用，另一方面企业战略管理对企业文化也具有重要的影响，两者是相辅相成的关系。企业战略管理体现着企业文化的核心价值观，而企业文化在战略管理的实施过程中由抽象变得具体而真实。随着市场经济的发展，企业的发展目标也发生了转变，企业规划从短期规划转向长期规划，可持续发展成为企业发展的重要准则。在企业发展的过程中，乳业企业战略随着发展目标的改变进行调整，在不断调整中，企业文化也进行了顺应时代的发展，及时发现企业文化中的问题，在维护企业核心价值的前提下改变陈规迂腐观念，摒弃背离企业发展的部分，为企业的发展注入源源不断的活力。

（2）对乳企员工的引导作用。 乳文化对乳业企业管理的引导作用还体现在对企业员工的引导。乳文化对员工的指导作用有利于促进企业员工之间的协同合作，共同为企业创造效益。一方面，企业文化可以提高员工自身的能力，使他们快速成长。另一方面，它有助于员工保持对公司的热情，使他们更愿意在工作中提升自己。当员工获得自我肯定和自我提升后，会有较大的成就感，更愿意为企业服务。不仅如此，企业文化对员工具有凝聚力，有助于团队共同合作。随着社会的发展，资源是企业发展的重要组成部分，对于企业来说，每一位员工都是优质的资源，团队合作便是资源的整合，以此不断提高企业影响力、竞争力，从而增强综合实力。

除了指导和约束原则可以对员工起到指导或约束作用，优秀的企业文化也会对员工起到一定的约束作用，员工在约束下不会对企业做出不利行为，使得员工能始终与企业利益站在同一战线。企业文化对员工具有的约束力具体体现在通过一些行为准则和道德规范来完成对员工的约束作用，从而保证企业各个目标的实现。

2. 有助于建立完善的乳业企业管理机制

营造乳业企业文化环境，可以为员工提供舒适的工作环境，以文化规范员工的言行举止、工作态度，可以进一步完善企业形象，推动企业进步。乳业企业的管理进程中缺乏正确的文化环境，不仅会导致员工缺少上进心、不端正工作态度，而且会造成企业管理过程的混乱甚至造成企业无法正常运转。良好的企业文化环境的重要性主要体现在以下几个方面：一是文化具有潜移默化的作用，能够规范员工行为，使员工为乳企发展做出自己的贡献。二是优秀的企业文化可以提升乳企的信誉，获得市场的信赖。企业在长期管理进程中缺少文化的约束，必然会出现一些管理漏洞，稍有不慎则会为企业带来难以挽回的损失。三是企业文化会促进乳企建立完善的管理机制，在企业面临重要抉择时，企业文化再一次起到约束及引导作用，督促企业领导者规避风险、有效决策。在文化的约束下，企业的领导者会做出正确的选择，带领整个企业前进，从而创造出更大的效益。因此，企业的文化环境在乳企管理机制进程中起着约束、促进、助推的作用，通过潜移默化的影响帮助企业在管理上正常运转，以保障整个企业获得更高的经济利润。

3. 有助于提升乳业企业管理水平

良好的企业文化环境对企业的管理水平起着决定性的作用，其主要体现在以下几个方面：良好的企业文化环境有利于提高员工的积极性，员工认真负责的工作态度是企业创造更多效益的必要条件；良好的企业文化环境能够提升企业形象，有利于企业品牌的打造，提高企业整体竞争力。企业的文化环境对员工的责任意识影响是潜移默化的，员工整体思想得到提升，企业凝聚力增强，企业的管理工作也会更加容易，有助于整体管理水平的提升。在乳业市场竞争日益激烈的情况下，每个乳企都在不断改革以求获得更好的发展，良好的企业文化环境有助于企业的快速成长，带领企业走向正确的道路，反之企业文化的缺失则会造成企业的停滞不前。

4. 为乳业企业管理起到监督作用

在企业的发展管理过程中良好的企业文化环境起到监督作用。对于任何一个企业，管理监督机制都是重要环节，无论是企业领导者下发决策工作，还是企业员工做好本职工作，都需要有监督人员及时进行监督审核，这是企业管理工作必经环节。良好的文化环境可以在管理过程中扮演监督角色。企业的文化环境不仅影响管理人员的工作作风，同时也会影响管理人员的工作态度，当管理者思想上得到提升后也会潜移默化地影响自身行动力，这意味着优秀的企业文化可以通过影响企业员工的思想、态度来合理监督企业的管理环节。加强企业文化建设，可以有效避免企业管理过程中出现的问题。对于企业员工，在优秀的企业文化环境影响下，他们会以更高的要求来约束自己，明确各个环节中应该注意的问题。因此，良好的企业文化环境通过对企业管理的监督作用，激励着每一位企业员工，鼓励他们向着共同的目标前进。

（三）乳企人力资源管理中乳文化的渗透

乳文化对乳企人力资源管理起到了积极的推动作用。我国乳文化历史悠久，发展历程源远流长，蕴含着丰富的文化精髓。乳文化的形成就是人与自然的融合发展，人们在追求崇高思想时其自我素养也不断得到提升。人是企业管理的基础、根本，调动员工的积极性是企业实现有效管理的基础。伴随着经济发展全球化，乳制品行业竞争不断激烈，在这样的情况下，企业管理者必须充分发挥"人"的作用，才能在激烈的市场竞争中充分发挥企业人才的优势，完善企业优秀人力资源管理方式。以人为本的思想是现代乳品企业在发展中具有深刻含义的情感投资，众多乳企都提倡"爱"的主题。如今乳业行业的广告宣传大多都以家庭之间的情感关爱，营造家庭的氛围为广告宣传背景。同样在企业管理和人力资源管理中也要注重关爱，员工与企业之间的情感有利于提高企业的工作效率，激发员工工作积极性最有效的也是最常见的方式就是奖励机制，如通过奖金、福利、假期等方式，满足员工的需求。总而言之，乳文化在企业人力资源管理中提供了一种新思维，不仅能弥补传统管理方式的不足，又能保障员工的个人目标与企业发展目标相一致，用乳文化的精神内涵引领企业的管理工作，朝着正确方向前进，从而增强企业在行业中的竞争力。

（五）乳文化与乳业企业核心价值观的互动优化

对于乳企来说，企业的核心价值观一定是建立在乳文化基础上的，核心价值观是企业文化建设的基础。与企业规章制度不同，企业的核心价值观是企业发展的道德行为标准，是企业发展的核心，也是员工必须遵守的行为规范和道德准则，员工心里认同并自觉遵守准则有利于企业形成凝聚力，不断激发员工的积极性。其中，企业核心价值观的养成一定要与科学的管理方式相结合，企业通过科学的选择找到适宜自身发展的有效管理模式，将核心价值观与管理方式相结合，将理论与实践相结合。在以人为本的理念中，核心价值观的主要思想是要以人本管理为理念，通过文化手段激励员工形成思想意识，促使员工具备与企业相同的价值观念，从而更好地实现企业经营管理目标。

企业的核心价值观也是企业文化自信的表现。从企业管理的整体发展需求来看，文化管理是企业实现科学管理的重要方式，是时代所需，也是企业进行战略升级的必然要求。企业的文化自信是体现企业文化从建设到融入管理的全过程，展示了企业文化从无到有、从建立到融入，同时也解决了企业在发展过程中如何选择正确道路、正确方向的问题。另一角度，企业的文化自信是对企业核心价值观的肯定，坚定企业文化发展的信念。企业的核心价值观来源于实践，文化自信是在企业管理不断获得成功的过程中逐渐树立的，文化自信对企业制定战略规划、增强企业凝聚力、打造企业品牌有着重要引导作用，能够指引企业继续不断取得新的成功，从而激励企业员工共同奋斗、共同成长。

乳业企业提高自身竞争力的重要基础就是企业的核心价值观，企业的核心价值观与企业的发展战略是相辅相成的，核心价值观的主要作用就是指导企业实现战略目标，既表现在内部凝聚力又体现在对外竞争力，而竞争力的核心就是企业核心价值观赋予企业品牌的文化内涵，它也是促进企业持续健康发展的源动力。因此，对于现阶段的黑龙江省乳企，形成自身的核心价值观是企业发展的重要基础和必然要求。一流名企之所以盛名长青，关键就在于它们都坚持以自身核心价值观作为引导企业发展的基础，坚持将核心价值观贯穿于企业各个环节。如我国知名乳企伊利，将"持续超越、用心尽责、日新日进、携手共进"作为企业的核心价值观，主要表明伊利乳业积极实现"为世界提供最优品质的产品和服务，倡导人类健康生活方式，引领全球行业发展，善尽社会责任"的愿景，创造一个具有自主知识产权和著名品牌以及强大核心竞争力的卓越企业。体现出伊利人以始终如一的主人翁心态，以"高度责任心、超期执行力"为伊利的核心精神，突出伊利人所特有的追求核心竞争力与卓越的优秀品质，这对于缺乏企业文化的乳企是很好的学习模范。企业核心价值观作为企业经营发展的基础，一旦确立将会始终如一地坚持下去。

四、加快黑龙江省乳文化发展挖掘的对策建议

（一）挖掘乳文化内涵提升乳业企业软实力

进一步挖掘乳文化内涵就要系统分析、了解乳文化，从乳的发源、乳的传承、乳品生产、乳品加工、生产加工工艺、发展传播等方面进行系统梳理，然后将乳文化内涵融入乳品产业发展的各个环节。根据企业发展自身特点制定出适合企业且大众易于接受、便于理解的乳文化相关产业发展推广方案。

在分析了解后，企业要逐步提升乳文化内涵从而以乳文化为着力点逐步扩

大黑龙江省乳企品牌影响力。将黑龙江省所处范围内所展现的民族文化、区位因素与乳文化的研究相结合，不断加深乳文化的内涵，从而提升黑龙江省乳企品牌的文化软实力。随着互联网的发展，网络平台已经成为消费者了解产品的重要途径。在网络平台上展示黑龙江省企业举办的乳文化活动，在省内寻找适合区域文化的品牌代言人进行宣传推广将有利于黑龙江省乳品企业的进一步发展。乳与草原民族有着密切的关连，将黑龙江省乳文化充分融入草原民族文化，有利于进一步提升乳产品的民族文化内涵。

在整理乳文化的基础上，通过乳文化产业软实力的提高与乳企产业生产产品的硬实力不断完善进一步推动文化建设。首先，在电视、互联网等多种平台上进行乳文化的推广活动，对从事相关乳文化活动并且取得成功的人员给予鼓励。其次，政府要支持乳企举办乳文化活动，鼓励乳业企业与各个平台合作举办乳文化宣传展示、乳业产品、乳业品牌等方面的活动。从目前黑龙江省乳企发展情况来看，应加大招商引资力度，扶持企业搭建乳文化营销渠道网络，以乳文化为抓手推进乳制品电子商务发展，最终以乳文化软实力迅速提升乳企的硬实力。

（二）加强乳文化基础设施建设

加强乳文化基础设施建设投入。可以通过规划建设具有乳文化特色的基础设施，提升乳文化的现场氛围。如在公共文化区域、旅游景区投资建设乳文化展示区及展示馆，建立乳文化一条街，可以带动该区域旅游发展，进而更好地宣传乳文化。企业可建设乳文化博物馆或企业展示馆，以此方式让群众有更好的体验感。加强乳文化基础设施建设，不仅可以营造良好的文化氛围，同时可以提升企业的知名度。还可通过举办相应乳文化活动，在相关期刊中普及乳文化的知识，加快培育推广宣传人员，稳步提升黑龙江省乳文化的综合实力。

以乳文化为载体可以扩大乳企品牌的知名度。在乳文化的背景下，可以通过举办与乳文化相关的文化主题纪念活动，或者组织开展黑龙江省乳业文化产业系列活动，利用节假日举行相关评奖、比赛等系列活动，多种方式进行乳文化弘扬，让越来越多的人了解乳文化，引导形成全社会范围内热爱文化的良好氛围，从而通过提升乳文化及企业品牌形象的影响力来提升黑龙江省乳业在行业内的知名度。

（三）加强培育乳业龙头企业

培育乳业龙头品牌企业。加大对黑龙江省现有较大企业的扶持力度，发挥龙头企业带头作用，在乳文化产业的发展中起到示范和带领作用，从而带动整个黑龙江省乳业行业的发展。注重注入乳业品牌文化内涵，大力发挥龙头企业在乳文化产业方面的带动作用，建立企业在全省的标杆作用，加快乳企做大做强的速度，提升乳文化产业在省内慢慢走向国内、国际的影响力。

培育大型综合性乳文化龙头企业。在加大扶持乳文化产业建设的基础上，在省内大力扶持大型综合性企业，将其逐渐培育成龙头企业，并且支持各种符合条件的乳业企业上市融资，争取不断壮大规模，鼓励它们做大做强。也可以通过兼并、重组、收购等多种方式进行企业集团建设，最终带动黑龙江省乳业产业的发展。在支持大型乳业龙头企业发展乳产品的同时，加大对乳文化产品的开发力度，加大对乳文化的宣传力度，促进乳文化产业的快速发展。

鼓励中小型企业发展乳文化产业。黑龙江省乳企以中小型企业居多，因此要对该类型企业进行类别划分，根据其发展特点加强引导和支持，对有发展潜力的中小企业，促进其对乳文化的重视程度，加强发展乳文化产业建设，最终形成以大中小相结合的完整产业群。鼓励企业在发展过程中不断提高对人才引进及技术创新的重视程度，从而实现乳文化带动中小型企业发展。

（四）以乳文化思想转变管理理念

树立以人为本管理理念。管理者要以以人为本的理论为管理的前提与基础，将对员工的关心与思考融入企业发展的各个环节。在加强与员工交流的同时，要主动关心员工的物质需求以及精神需求，尊重员工、保证员工的切身利益，让员工真正感受到企业的关怀，增强员工对企业的归属感，从而使其从内心认同企业的核心价值取向。

树立民主的管理理念。企业在制定日常决策、制定相应方案时，要给予员工更多的参与权，在制定过程中广泛地听取群众的合理意见，让员工有自由表达想法的机会，增强员工参与感，让员工成为企业核心理念建设的主体，并自觉接受企业核心价值观，从而增强员工对企业的忠诚度。

树立自主管理的理念。对于企业中有理想、有能力、想作为的员工，企业要积极帮助其实现自身价值，并通过合理的人才规划和人力资源配置，制定符合企业发展战略的计划与目标。定时为员工提供训练、提升和施展才华的平台，以此不断提高员工的综合素质，这对于培养员工责任意识、创新意识都有十分重要的意义，让员工能在参与中体会到成就感。当乳业企业缺乏文化基础时，企业的发展理念是不完整的，以文化充实企业的核心价值观，就是以文化熏陶、感染每一位员工的核心价值观，长此以往有利于企业持续健康发展。

（五）乳文化背景下的产业融合

推进乳文化与旅游产业文化融合发展。黑龙江省省会哈尔滨，其建筑以"东方小巴黎"著称，其在发展乳业产业时既弘扬乳文化精神又抓住现有旅游资源，实现乳业产业与旅游产业相融合，实现企业建设、旅游开发、乳业行业进步和弘扬乳文化的协调发展。实现乳业产业与旅游产业的融合发展需要加快完善旅游基础设施建设，与乳文化基础设施相融合，积极打造公共服务设施，如建设符合黑龙江省乳文化含义的乳文化博物馆、乳文化展览馆，以及与乳文化相交融的一体化旅游综合体等设施。与此同时可以将乳文化的悠久历史与少数民族地区乳文化特色相结合，积极举办多种形式的文化活动及经贸活动，从而推动黑龙江省乳业产业、旅游产业融合发展。

随着人们日趋注重身体健康，体育产业蓬勃发展。体育产业与乳业产业的融合发展是产业发展进程中的新形式。随着生活水平的提高，全民广泛增强对健康的重视程度，因此需要发挥乳业产业这一基础性优势，将食用乳产品对身体具有良多益处的优势发挥出来。一方面，乳业产业为体育产业提供了强大的发展动力。从当前发展趋势来看，乳业产业是关系人民生活的重要产业之一，乳产品有利于人体健康的特质与体育产业的重要内涵相一致。另一方面，对于乳业产业来说与体育产业相互融合发展是一种重要选择。乳业产业与体育产业融合发展，通过适当的管理方式，会促进产业的进一步发展，而这也正是乳文化精神上的指导与启迪。乳业产业与体育产业的融合过程既是相互学习又是相互促进的过程，一个产业要以包容的态度和方式对待其他产业或产业文化，并且坚持文化理念与产业融合理念相交融，才能真正实现产业全面发展，这正是乳文化包容性的体现。

乳业行业的产业链众多且环节复杂，上、中、下游的工业一体化程度都是截然不同的。产业链上游主要体现在对原料奶进行收集，以及对乳品加工业和奶牛养殖业的整合；产业链中游则是乳品生产加工，主要包括与旅游业、电子商务的产业整合；产业链下游则是产品销售，主要是与互联网行业的产业整合；乳品加工业在乳业的上、中、下游一体化中起着重要作用。乳业产业与新兴旅游产业融合发展是现阶段的新亮点，如国内知名企业伊利已经形成了系统的工业旅游项目，形成新的发展模式，其中包括现代智能生产车间、天然牧场和草原牛奶文化博物馆的参观活动。游客可以通过参观伊利产品生产线了解伊利的现代管理状况。在奶源基地，游客可以与奶牛密切接触，真正体验伊利奶牛养殖规模的标准化，透明的生产流程可以增强消费者对于产品的信任。与此同时，伊利还开设了乳品文化博物馆，主要推广北方民族的乳品文化史。乳业产业链的下游包括乳制品的销售，伊利通过与互联网产业进行产业整合，利用互联网和移动支付为乳业企业的销售渠道提供新的思路、新的方式。伊利利用互联网思维不断适应消费模式的发展，通过新的商业销售形式和营销手段来满足消费者对生活方式的便捷追求，通过新的销售模式在产业链下游进行产业整合，这些都是黑龙江省乳企发展过程值得借鉴学习的。

由此可知，产业融合是大势所趋，产业融合在众多乳业企业中已经开展，黑龙江省乳业企业要跟住时代的步伐，根据自身企业的特点合理进行产业融合，促进产业间共同发展、相互促进。

（六）将乳文化意识贯彻乳业企业管理相关环节

乳文化精神是乳业企业文化建设的核心，如何把握和利用乳文化的本质来培育乳业企业发展是关键。只有当全体员工充分认识和理解乳文化精神内涵时，才能真正形成具有丰富多彩的乳文化特色的精神文化氛围，最终才能实现乳业企业的经营理念、企业伦理和企业精神的目标。

将乳文化融入乳业企业文化建设中，充分激发员工的工作积极性。乳来自大自然，在其发展过程中，乳文化经受了历史的洗礼，乳文化有其独特的自强不息、百折不挠的特性。因此在企业人力资源管理过程中，将乳文化中的以人为本的精神融入企业文化的建设之中，利用乳文化独一无二的特性感染企业每一名员工，久而久之他们就形成良好的责任意识，并不断进行自我反思与自我提升，从而形成良好的文化氛围。不仅如此，乳文化会推动企业在文化氛围中不断前进与创新，从而不断推动公司的可持续发展。

加强培育和优化乳业企业文化，在改善企业内部环境的同时加强企业核心价值观建设。首先，通过树立以人为本的理念来建设乳业企业文化，定期对企业员工进行思想道德教育，提高员工思想意识，加强企业内部的思想文化建设，让企业的每一份子都能在内部建设中提升自身责任感。其次，营造有利于员工发挥创造力的环境，建立互联网信息共享机制与奖励机制。最后，充分发挥企业文化的凝聚力、约束力和引导力，建立员工自我监督与外部监督相结合的控制体系。乳业企业通过定期的销售业务培训和专业的思想教育，提高员工的职业素养和敬业精神，从而使员工遵守企业的规章制度。在监督方面，通过适宜的监督方式，确保内部制度的有效实施，从而取得良好效果，实现企业文化对企业管理的影响。企业也应制定符合企业核心价值观与发展需求的制度行为准则，以道德规范为基础为员工提供统一的指导方针，约束自身行为，提高思想意识，明确自身职责，建立与企业核心价值观相符的行为模式，最终形成以文化精神为指引的管理方式，实现企业发展目标。

　　获得竞争优势是乳业企业在日益激烈的市场竞争中脱颖而出的必然选择。随着经济发展，乳业市场竞争愈发激烈。在这种大环境下，如果黑龙江省乳业企业想在行业中占据有利地位并获得进一步发展，就必须在乳业行业中形成差异化的竞争优势，使同行业竞争者难以模仿。企业需要通过建立属于自身的企业品牌形象形成有利于企业发展的差异化竞争优势，而企业的品牌形象是企业文化与企业实力共同作用的结果。对于乳业品牌来说，品牌的形成是一个长期累积发展的过程，也是企业管理长期有效积累的结果。因此，企业文化既提高企业内部凝聚力又增强外部竞争力，通过不断激发员工的创造性来促进乳业企业经营效率的不断提高。企业的品牌定位受企业精神文化的影响。企业精神文化是技术文化与物质文化的统一升华，也是企业文化发展生存的重要基础，尽管精神文化不是一个具体的事物，但是实现企业精神文化有多种方式和体现。员工可以从企业的物质文化和精神文化中获得精神支柱，这种支柱就是企业精神文化的核心。从另一个角度来看，即使一个企业的物质条件有限，但如果精神文化能够满足消费者的需求，那么企业也能够得到许多消费者的认可和选择。

（七）服务于企业管理的乳文化措施

1. 坚持以人为本的理念

　　随着企业管理理念的不断更新和发展，以人为本的理念越来越得到重视，这是企业长期发展的重要基础。对于企业来说，除了科学技术，企业发展的主要核心就是企业员工，员工也是企业发展的重要基石。企业与员工共同努力，才能实现企业的良好发展。企业的管理水平也与员工的综合修养直接相关，只有当员工具备良好的行为与高度的责任感，才能确保企业的长期稳定发展。因此，企业管理必须从以人为本的理念出发。为确保管理人员具有良好的以人为本的理念，企业可以定期为管理人员组织相关培训，引进先进的管理经验与管理方法，从而提高管理人员的管理水平，只有当企业管理者具备以人为本的意识与理念，才能真正实现企业的优质高效管理。

2. 乳文化和企业管理相结合

　　乳文化对乳企的发展具有良好的导向作用，同时也对企业员工产生引导作用，乳文化的实质也就是从文化的角度出发对员工思想产生影响，让员工对企业核心价值观充分认可。对于黑龙江省乳业企业来说在制定管理策略和规划过程中，要将乳文化精神融入其中，以更好地进行企业管理。实现方式有很多，如企业可以通过员工会议的方式，来了解员工对企业的看法和建议，从而让员工获得参与感，这是提高员工对企业文化及管理认同感的重要途径。管理人员应具有不断学习的思想理念，在实践过程中注重企业员工的学习与培养，从而使得企业员工能不断提升专业能力和职业道德。

3. 优化网络服务平台

在企业发展工作中，应充分利用媒介进行信息传播，实现信息传输、信息决策的效率化；同时，通过网络平台的应用与优化不断增强企业的创造力，从而实现企业经济效益、社会效益的不断提升。

项目负责人：杨辉

主要参加人：孙金莹、王琦、邹庆华、李翠霞

"一带一路"视角下黑龙江省对俄农业全产业链合作研究[*]

李萍　宋晓松

一、前　　言

俄罗斯是中国"一带一路"倡议的重要合作伙伴，对俄农业合作是推动黑龙江省"丝绸之路经济带"发展的有效路径。黑龙江省生态环境得天独厚，与俄罗斯远东同地处世界三大黑土带上，农业和食品加工业潜力巨大。中俄农业合作是双方实现互利共赢的重要领域。近年来，黑龙江省对俄合作规模不断扩大、领域不断拓展，相关保障机制也不断完善，展现出良好的发展前景，也推动了中俄农业合作不断迈上新台阶。但目前，对俄农业合作产业链条短的问题非常突出，农产品精深加工率、附加值和综合效益偏低，资源优势未能转化为产业和经济优势，经营规模小的问题依然突出。

对俄农业合作是黑龙江省对接"一带一路"倡议的重要方式，也得到国内专家学者关注，并积累了丰硕研究成果。从研究整体内容看，对俄农产品加工和流通的研究，离不开经济大环境、经济波动对两国农产品贸易的影响，给中俄贸易提供了发展的机遇。现有研究表明加强农业产业链管理是提升农业竞争力的有力措施。J. E. Ross（2005）提出以满足消费者产品质量要求为目的的"全面质量管理"（TQM），它包含过程质量控制和一系列具体的行为方法。此方法也可延伸应用在农业产业链管理中，在农业产业链管理方面，J. E. Hobbs（1988）、R. Lamb（1998）、巴西经济学家 De - cio Zylber-sztajn（1998）等针对水果、蔬菜、牛肉等农业产业链从组织结构、信息管理、企业物流管理、市场渠道、产量质量与跟踪系统等方面进行了深入研究，分析农业产业链绩效发挥的制约因素，对提升产业链竞争力提出了政策建议。

＊ 黑龙江省社会科学研究规划项目（项目编号：16JYD16）。
　项目负责人为李萍副教授，项目主要参加人宋晓松、王虹、马吉巍、杨明、宋魁等。

国内学者在对俄农业全产业链合作环境、机制、方式等方面均做了有益探索。赵英霞（2012）提出了加大政府的投入力度、提高我国农业产业链上龙头企业的竞争力、完善农业产业链接体系、优化原料基地建设和大力发展物流业及食品装备制造业、健全基于食品安全的监测预警体系等对策加强我国粮食安全。宋魁、李萍（2014）以国内外市场为导向，加强与俄罗斯的农业和食品工业合作，发展大农业、延长农业产业链，把黑龙江省建成现代化、国际化的农业和食品工业强省。崔宁波（2015）提出在欧美对俄制裁以及俄方反制裁背景下，俄罗斯对中国出口农产品的偏好将明显增加，从而对中俄农产品贸易产生积极影响。因此中国应通过创立中俄农业自贸区，提高农产品质量和安全水平，加大联合农业开发与投资的方式加强中俄农业合作。周琼（2016）认为全产业链经营的实质是企业的纵向一体化，是企业通过产权或契约的形式向产业链上下游进行延伸的垂直一体化战略，各节点的利益联结方式可以是并购、控股或者是战略联盟。

在理论上，学者们普遍认为通过产业链的方式整合农业产业是对农业必要而有效的促进手段，可以有效提高农户的抗风险能力，提升农户在信息链上的弱势地位，有助于农产品的质量保障和安全保证，降低相互之间的交易成本，促进农业增产、农民增收，同时农业产业链也存在着其他产业链不具备的特质，如农产品的周期性、生化性和结构上的松散性等；农业产业链的整体整合也是较为关键的方面，学者们普遍认为依靠核心企业能够有效地改善产业链的抗风险能力和信息传递效率，更有助于提高供应链的整体信用等级；在为农业提供金融服务的意义上，学者们普遍认为，相比于传统的小额信贷，产业链金融服务更加有助于降低信贷风险，降低服务成本，有助于动态地、连续地、系统地开展信用评定，有助于农业长期的、持续性的发展。有些学者认为农业产业链的纵向联合会对小农户产生不利的影响，会减少他们的收入；还有人认为通过对农业产业链的整合会提升整体产业链的价值，降低生产风险、提升整体的抗风险能力，最终帮助产业链的参与者增加收入。

综上可知，国内外学者大都是从农业全产业链作用机理、效果进行研究，本研究从对俄农业合作、优势互补的角度进行系统研究，把握"一带一路"的关键发展点，延长对俄农业合作的链条，界定农业全产业链定义，打通每个链条关键节点，从金融合作到农业产业合作到与俄方服务的合作，打造全方位的以农业为中心的立体合作模式，以期为黑龙江省建成现代化、国际化的农业和食品工业强省提供思路。

二、黑龙江省对俄农业合作现状

由于具有地缘优势和互补性，黑龙江省与俄罗斯在农业领域的合作不断深化。2016 年黑龙江省对俄进出口总额达到 91.9 亿美元，占全国对俄贸易比重 13.2%，在全国处于领先地位。且据哈尔滨海关统计，2018 年黑龙江省对俄罗斯进出口总值达 1 220.6 亿元，占同期全省进出口总值的 69.8%，占同期全国对俄进出口总值的 17.3%，双居榜首；比上年增长 64.7%，高于同期全省进出口增速 28.3 个百分点，高于同期全国对俄进出口增速 40.7 个百分点。其中对俄出口 74.6 亿元，同比下降 29.5%；自俄进口 1 146 亿元，同比增长 80.4%，创历史新高。对俄出口主要为农产品、机电产品、鞋类，以上三项出口合计占同期全省对俄出口总值的 74.1%。黑龙江与俄罗斯双方从自分散的区域传统贸易发展为规范有序的贸易、投资、科技交流等多层面、多方位的经济合作，农业合作的双边机制也正式建立，未来农业合作前景广阔。

（一）中俄双边农产品贸易进展迅速

中国对俄罗斯农产品出口贸易在 2001—2016 年 15 年间处于一个迅速增长期，总体上以增为主，从 2001 年的 1.98 亿美元增至 2016 年的 23.97 亿美元，此阶段年均增长率为 18.10%；而中国对俄农产品进口贸易额则从 2001 年的 15.7 亿美元增加到 2016 年的 44.12 亿美元，15 年间增加了 1.81 倍。由以上中俄双边贸易数据可以看出，中俄农产品进出口贸易规模总体上呈较大幅度的增长趋势，中俄农业合作已成为两国合作的新亮点。

俄罗斯农产品进入中国市场的数量大增，在 2016 年，中国进口俄罗斯食品的规模出现了大幅度的增长，比重高达 22%，总进口额已占俄罗斯食品出口总额的 11%，成为俄罗斯出口食品的最大消费国，俄罗斯对华农产品贸易在过去十年里首次实现了顺差。此外，在进口的农产品中除传统食品、粮食外，俄罗斯的蜂蜜、桦树茸等绿色产品也大量进入中国市场。由此可见，未来随着俄罗斯远东地区农业开发的加快，中俄两国在该领域的合作有望实现更大突破。

中俄双边农产品贸易快速增长，已成为双边贸易的新亮点。2020 年，俄罗斯农产品和食品出口量达到 7 900 万吨，农产品出口总额约 306.6 亿美元。其中，中国仍是俄罗斯农产品的最大出口国，出口额达 40 亿美元。2021 年 1—9 月，俄罗斯农产品出口额为 231.48 亿美元，同比增长 19%，对华出口额为 25.37 亿美元，占俄农产品出口额的 11%。2020 年的出口总量相比 2017 年已经增加 1 倍，对中国的出口占俄罗斯出口的比例从 8％增长至 13％。作为农业大省，黑龙江省与俄罗斯的合作呈现出良好的发展态势，种植业、林业、渔业、畜牧业四大合作领域的进出口总量均连年增长。这充分说明黑龙江省对俄农业合作的规模在逐渐扩大。双方相关部门开展大豆贸易、投资、种植、加工、物流、科研等全产业链合作，推动扩大双边贸易规模。2019 年海关总署发布公告，将输华大豆产区扩展到俄罗斯全境，增加水路（包括海运）的运输方式，这是落实两国元首共识的一项重要举措，将有力提升中俄双边大豆贸易的便利化水平，促进大豆贸易的增长。在市场原则的基础上，充分挖掘双方大豆合作的潜力，持续推进全产业链合作，实现优势互补、互利共赢，打造长期稳定的合作格局。

（二）中俄双方农业合作领域多元化

中俄合作领域逐渐拓宽，最初主要集中在种植业方面，近年来随着双方合作的深入，逐渐向其他各个领域发展，产业链逐渐增长。中国对俄农业贸易从最初的大豆、西红柿种植拓宽至眼下的多种农作物以及棚室蔬菜、畜禽类养殖，同时还涉及各类农产品的加工、物流等。以黑龙江省为例，黑龙江省在俄农业开发初期主要进行大豆与蔬菜种植。近年来，黑龙江省企业在俄农业投资领域逐渐扩大，呈现出由土地租赁种植向综合农业发展的趋势。在俄农业开发不再局限于单纯的种植业，而是逐渐向畜牧业、山特产品开发与农产品加工业等领域综合发展，同时涉及仓储、物流与农产品贸易等诸多经营项目。黑龙江省在俄农业企业的畜牧业开发主要为开展生猪、肉牛与禽类养殖；山特产品开发主要为开展蘑菇、木耳等绿色森林产品种植与采集；农产品加工业主要为开展饲料、粮食加工与食品生产。此外，黑龙江省企业在俄的种植业也不断得到丰富和发展，主要表现为种植品类增多与种植技术发展。除大豆与蔬菜种植外，黑龙江省企业逐渐在俄开展水稻、玉米、小麦等多种粮食种植，温室大棚蔬菜养殖与绿色食品种植等活动，对俄贸易领域呈现多元化。

（三）对俄跨境基础设施全方位推进

随着跨境电商的快速发展，黑龙江对俄合作由与毗邻地区合作向与俄中部和欧洲部分合作延伸。据统计，2016 年黑龙江省共邮寄对俄国际邮包近 950 万件，货重 2 400 余吨，商品价值近 2 亿美元。俄速通、俄品多、东宁达俄通等一批本土跨境电商平台兴起，莫斯科、新西伯利亚、车里雅宾斯克、后贝加尔斯克、克拉斯诺亚尔斯克、叶卡捷琳堡等地建设了 12 个总仓储面积 14.6 万平方米的海外仓。在物流运输方面，中俄双方深化合作，呈现出运输方式多样化，运输路线成熟化、稳定化。哈尔滨至叶卡捷琳堡航空货运包机，客货混载线路哈尔滨至新西伯利亚、哈尔滨至叶卡捷琳堡，运营情况趋向成熟、稳定。此外，从绥芬河、黑河发寄的对俄国际包裹，通过哈欧班列铁路全年发运，保证了效率与时效。目前，哈俄班列已实现"周周发"常态化运营，状况不断改善，两国政府对此极为看重，对内发展趋势也进一步扩大。

中俄黑河-布拉戈维申斯克黑龙江（阿穆尔河）大桥建成后将形成一条崭新的国际大通道，实现中俄两个城市直接互通互联，为"一带一路"中蒙俄经济走廊建设以及龙江丝路带建设增添重要力量。2018 年同江中俄铁路大桥中方段工程全部完成，可实现同江口岸与西伯利亚大铁路相互贯通，东面连接俄罗斯远东最大的城市哈巴罗夫斯克，西面连通欧洲大陆。同江中俄铁路大桥建成通车后，将使国内铁路与俄远东地区至西伯利亚铁路相连，增加一条连俄通欧国际大通道，对推动新时代东北振兴，深度融入共建"一带一路"，建设开放合作高地发挥重大作用。

三、中俄农业合作中存在的问题及制约因素分析

（一）两国外部推力有限和内部动力不足

1. 俄罗斯农业投资环境分析

自 2012 年起，俄罗斯加入世界贸易组织，使得外国资本在俄罗斯的竞争不断加大，投资环境较为激烈；2014 年乌克兰危机爆发，由此而引发的欧美经济制裁如美国退出量化宽松政策及油价的下跌使得卢布贬值，进而导致俄罗斯经济形势不断恶化。因此在全球金融风暴、油价波动和西方制裁等诸多因素影响下，俄罗斯经济在衰退和复苏之间徘徊不前。从 2014 年 11 月到 2016 年 6 月，俄罗斯的经济一直处于负增长状态。尽管从 2016 年第三季度起，俄罗斯国内生产总值已实现连续 4 个季度的正增长，但据俄官方统计数据显示，2019 年俄国内生产总值同比增幅仅 0.5%，这一增长水平远低于 2018 年 2.3% 的经济增速，也低于 2017 年 1.6% 的增速，由此可以看出俄罗斯经济虽已在缓慢恢复，但是目前为止依然处于经济危机之中。

受到当前经济形势的影响，俄罗斯在改善投资环境、提高投资和经营积极性方面进展缓慢，与此同时各项经济制度的不完善均给中国企业在内的国外企业带来了诸多不便。

2. 高额的税收遏制中俄农产品的进出口

高额的关税及关税壁垒在一定程度上会影响国际贸易的商品结构及数量，

在保护国内产业和市场的同时，在很大程度上也会遏制其与出口国之间的贸易，使得外国农产品等商品不宜进入本国市场，进而影响一个国家与其进出口相关国家的贸易往来。在其他条件不变的情况下，国家的关税税率的增减程度与国际贸易的发展速度成反比的关系。

从近些年黑龙江省对俄进出口额趋势分析来看（图1），贸易并没有达到理想状态。受 2008 年世界金融危机的影响，2009 年双边进出口贸易总额大幅下滑至 55.8 亿美元，同比下降 54.8％。金融危机以来，两国政府都采取了积极的贸易政策，2010 年《中俄关于全面深化战略协作伙伴关系的联合声明》和 2011 年《中俄关于当前国际形势和重大国际问题的联合声明》的签订，为强化中俄双边关系做了进一步的努力。但 2012—2015 年，由于受到国际大宗商品价格大幅下降、全球经济低迷、高额税收等影响，黑龙江省对俄进出口贸易总额的增长速度继续呈下降趋势。虽然自 2016 年起双边贸易总额又呈现了上升趋势，但总进出口额仍较为低迷。而税收是影响黑龙江省对俄进出口贸易程度的主要经济因素。

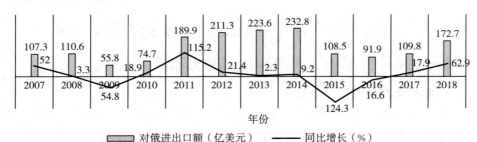

图 1　2007—2018 年黑龙江省对俄进出口贸易额
数据来源：根据《黑龙江商务年鉴》整理得出。

在税收政策方面，俄罗斯各地主要实行独立的税收政策，具有关税浮动、税费额度高、规则多变且种类繁多的特点，同时俄罗斯还对农产品进出口实行许可证、出口配额和产地要求管理制度，进口检疫严格。外国在俄投资公司利润税率与增值税率普遍较高且波动幅度大，加之其他各种税费，可占总收入的40％左右，导致黑龙江省在俄农业开发企业难以适应。同时面对西方国家经济制裁，俄罗斯开始执行限制本国出口农产品政策。自 2014 年 12 月 25 日起，俄罗斯政府决定对出口小麦征收 15％的从价税，另外征收 7.5 欧元/吨的从量税，而且保证每吨出口小麦所征收的总税负不少于 35 欧元。另外，动植物检验、铁路和交通运输等部门也采用行政措施遏制农产品出口。且在进口方面，俄罗斯对中国 12％的农产品征收 15％以上的高关税。另外，俄罗斯对中国农业机械也实行限制。中国新农机具过境需要莫斯科有关机构许可，中方企业自用机械过境俄罗斯也必须缴纳保证金，而且只能在俄罗斯工作 2 年。对中国的作物种子、化肥和农药入境更是严格限制。高额的税负严重地阻碍了黑龙江对俄农业合作的深入开展。

3. 双方农业合作的政策法规环境欠佳

俄罗斯法律环境长期以来存在着一定的不稳定性因素，俄方政府惧怕外资进入，无法避免地对本国企业造成冲击与影响，因此近年来俄罗斯政府陆续出台了一系列促进本国农业发展的法规政策，以保护本国农业及国内农业生产者。再加之俄罗斯的一些工商利益集团会对政府的政策制定有着一定的干扰作用，从而就会导致俄罗斯法律政策的不断变化，加剧其不稳定性。例如，俄罗斯政府将根据耕种面积给予本国农业种植者补贴，推动农户购买农业保险。同时还会对农产品进口实行配额制以限制外国农产品进口，并对 12% 以上的农产品征收保护性关税（其中蔬果税率为 36%，谷物为 100%，动物性产品为 101%）。此外，俄罗斯还"提高检验检疫标准影响农产品出口"。因此就俄罗斯善变的法律环境而言，外国企业难以在这种不稳定的投资环境下得到相应的保障，这种不确定性的投资对投资者而言具有很大的风险性与挑战性，不稳定的政策就会引发贸易摩擦，这也使得黑龙江省对俄农产品出口受到不小的影响。黑龙江省农产品较为低端仅具备价格优势，质量安全检查标准等的提高必然影响到黑龙江省农产品出口。以上措施对俄罗斯农产品进行保护的同时也限制了黑龙江省农产品对俄出口的发展。

在海关和检验检疫措施方面，俄罗斯海关的审批过程慢且流程复杂，再加上俄在劳动力进入时，采取劳动节制政策，抑制了外来劳动力投入。与此同时，在俄申请劳动服务贸易，需要提前一年申请，整个过程耗时耗钱且有效期短，申请时间约 6 个月，费用 10 000～10 000 元/人，有效期仅为 9 个月。此外，俄罗斯注册公司在中国境内作为法人管理严格，只要有违反规定的 2 倍，不允许在 5 年内再次进入俄罗斯，这也会使俄罗斯一些企业产生创业顾忌。

在农机、农产品过境方面，俄罗斯也执行了一定的制约政策。为鼓励使用俄罗斯本国机械，俄罗斯对中国农机跨境作业收取较高的费用，对直接进口的农机和配件征 27.5% 的临时保护性关税。2020 年最新欧亚经济联盟出台政策，限制俄临时进口联合收割机，中国二手农机出口也受到影响。以 2021 年 5 月的农业机械出口额为例，该月农机出口额下降到 27.89 亿元，环比下降 35.67%。中国公司在俄罗斯使用新的国内农业机械，按照有关规定，过境需要缴纳保证金，并且只能在俄罗斯工作 2 年，如到期、退货，押金将不予退还，大幅增加了中国在俄投资企业的经营成本。在农产品方面，俄罗斯政府仍对黑龙江省的种子、化肥和农药进行限制。为实现农业高产稳产，许多外国农业开发企业通过非正式渠道将生产方式带入俄罗斯境内。

4. 卢布的脆弱性影响中俄合作稳定性

近两年来，卢布汇率出现大幅波动，除乌克兰危机引发经济制裁外，卢布先天的脆弱性是其大幅贬值的根本原因。

由于俄罗斯经济发展高度依赖原油出口，卢布与油价相关联，所以国际油价波动必然会引起卢布汇率波动，而汇率波动对实体经济会造成一定冲击。既有研究表明，汇率波动对经济形成的冲击主要通过贸易渠道传递。卢布升值导致俄罗斯国内产品价格高于国外产品价格，引起进口增加和出口减少，即贸易余额减少，从而导致 GDP 减少、居民消费总需求下降，进而促使物价下跌。从俄罗斯近十年来的 GDP（图 2）来看，俄罗斯的经济形势并不稳定，从2014 年起国际油价下跌，俄罗斯国内经济形势大幅恶化，2016 年底俄罗斯的GDP 进一步下降到 12 827 亿美元，比上一年下降了 5.9%，俄罗斯总理梅德韦杰夫在盖达尔论坛上也曾指出，"俄罗斯经济正遭遇十年来最严峻挑战，经济形势复杂"。自 2017 年起经济形势有所回升，但仍不乐观，在当前世界经济复苏困难、国际油价持续走低、卢布大幅贬值的环境下，俄罗斯的经济形势仍将是严峻的。俄罗斯 GDP 的不稳定现状会导致俄罗斯居民与消费者购买力下降，进而导致黑龙江省农产品失去价格优势，出口额出现下滑趋势。除影响黑龙江省对俄农产品出口外，卢布贬值还对黑龙江省在俄的蔬菜种植业产生影响。由于俄罗斯消费者购买力降低，黑龙江省企业与农户在俄种植的蔬菜销售遇冷，因此部分种植者选择将蔬菜运回国内销售。因此卢布的贬值影响着中俄农业合作的稳定。

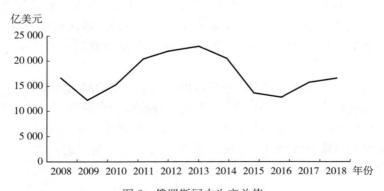

图 2 俄罗斯国内生产总值

数据来源：根据世界银行数据整理得出。

（二）中俄双边沟通机制不健全

1. 中俄农产品物流能力不足

由于全产业链是以消费者为导向，通过对原料获取、物流加工、产品营销等关键环节的有效管控，实现"从田间到餐桌"的全产业链贯通。因此物流能力在中俄农业全产业链中尤为关键。然而，中俄的运输能力存在不足，这已成中俄农产品贸易发展的另一关键性问题。

从地域上看，俄罗斯绝大部分的人口和中心城市均集中在欧洲，因此农产品的需求和消费主力也在欧洲。而中国农产品生产布局相对分散且远离俄罗斯欧洲地区，目前农产品的进出口主要通过铁路运输和口岸过货，一个运力有限且成本较高，一个过货能力不足，加上国际物流园区建设不够完善，这都导致了中俄的物流能力较差。在农产品物流实施过程中，由于两国物流行业标准缺失，业务水平难以保障均导致客户服务满意度低，同时与境外服务机构沟通渠道少、成本大，物流方式滞后于互联网发展，中间服务商过多导致贸易成本过高等现实，这些问题急需要中俄两国多方配合，通过网络搭建数据化平台整合多方资源，降低成本、提高效率。随着中俄农业产业转移步伐不断加快和服务贸易快速发展，跨国采购、生产和销售的物流发展格局正在日益形成，这就迫切要求中国形成一批深入参与国际分工、具有国际竞争力的跨国物流数据化平台和跨国物流企业，畅通与俄罗斯便捷高效的农产品物流大通道，以促进两国农产品贸易。

2. 中俄双方社会文化存在差异

社会文化的认同对中俄区域经济合作有着重要影响。中俄两国都拥有深厚的历史文化积淀，但分属不同文明，社会制度和文化观念也各具特点。俄罗斯横跨欧亚大陆的特殊地理位置，使其兼受东西方两种文明的影响，形成了其独特的东正教文化，这种文化具有矛盾性、复杂性和情绪性特点。这表现在俄罗斯对待与中国经济合作的复杂矛盾心理，既希望与中国合作加快自身经济发展和满足其市场需求，又担心中国经济和人口扩张威胁其国家利益。中国几千年历史的农耕文明，造就了中庸、保守和稳定的文化价值取向。中国对外经济合作一直主张互利共赢，从不谋求霸主地位。在两种不同文明的熏陶下，中俄社会制度也有所差别，俄罗斯独立后采取激进方式发展自由市场经济，中国是稳步地发展独具特色的社会主义市场经济。中俄两国在社会文化方面的各种差异，决定了两国在交往中不可避免地会出现隔阂、误解、猜疑甚至防范心理，这些累积起来将在很大程度上制约中俄区域经济合作。因此，中俄两国要进一步加强人文交流，增进沟通与理解，促进彼此文化认同。

3. 中俄农业信息交流不畅

在当今的信息时代，信息体系建设对政府和生产者的辅助决策作用剧增，完善、快捷的农业信息体系建设已是现代农业产业发展的必备条件。发达国家在这方面已经走在前列，例如美国农业部已经建立了庞大的市场信息网络，收集和发布官方的信息，对全球小麦、玉米、稻谷等主要农产品的生产、进出口、价格、供求形势及市场态势进行及时有效的跟踪分析和检测预警。当前，中俄农业信息体系建设还比较滞后，首先由于地缘因素，黑龙江省对俄农业合作主要集中于俄罗斯远东与贝加尔地区，较少涉及中西部腹地，交流渠道狭窄导致了信息交流不畅。其次，中、远期战略眼光的缺失致使中国有关农业生产部门和包括农产品贸易在内的经营部门不太重视中俄农产品及农业信息体系建设，信息资源获取、交流渠道不畅，使得整合信息资源的能力不足。虽然中俄民间农业交流在增加，但这样的信息反馈往往具有一定的局限性和延后性，无法较大规模地进行信息传播，不利于中俄两国民间资本对农业投资的及时掌握。

总的来讲，由于信息交流不畅，黑龙江企业对俄罗斯农业市场及相关法律政策信息了解不足，常常导致企业投资失败或错失商机。我们不能充分了解、掌握俄罗斯农业现状和特征，弱化了抵御市场风险的能力，难以形成稳定的供应渠道和规模经营，信息交流已成中俄农产品贸易发展的关键问题之一。

（三）缺乏市场化运作机制

1. 开发资金短缺

黑龙江省开展对俄农业投资企业多为个体与私营企业，资金不足、实力偏弱是其固有缺点。企业自筹与农民集资是其资金主要筹集方式，存在渠道单一、融资难的问题。后续资金不足问题也限制着黑龙江省企业对俄农业投资。受限于企业实力问题，黑龙江省对俄农业企业在承揽较大型农业合作项目时，常因后续资金不足导致项目难以继续，使企业陷于两难境地。黑龙江省企业在俄经营需要缴纳高额的保证金，同时，省内资金扶持力度小与信贷难的问题共同加剧了黑龙江省企业对俄农业开发压力。"据统计，60％以上境外开发企业有贷款需求，其中20％以上企业愿意办理中长期贷款。"目前，黑龙江省扶持省内企业对俄农业投资资金中，仅有一项额度为1 000万元的外向型农业发展资金。

2. 风险保障制度缺失

黑龙江省对俄农业开发存在风险保障制度缺失的问题，主要表现在两方面：境外农业投资保险制度缺失与境外务工人员人身安全保障制度缺失。

虽然境外农业投资保险在美欧等国家已经十分普遍，但国内仍未设立相关保险机构与险种。农业经营具有"靠天吃饭"的特点，受自然条件影响较大，而自然条件往往不可控。在俄境外农业开发面临着投资环境变化等风险。农业投资回报期长的特点更加重了境外农业投资的脆弱性。黑龙江省对俄农业投资企业多为中小型私人企业，其抵抗风险能力偏低，难以凭借自身能力承担境外农业投资风险。在俄境外农业投资企业急需黑龙江省政府与国家提供制度保障，需要保险机构共同承担风险。

目前，在境外农业投资领域国内仅设有农产品出口险，其中包含"封关"风险与意外险。但在俄的农业投资企业及员工也经常受到俄罗斯警察、当地社会团体骚扰，影响了企业正常经营与员工人身安全。针对企业及务工人员安全保障制度与措施仍处于空白状态，亟待填补。

3. 对俄农业合作缺乏统筹管理

由于黑龙江省对俄农业企业缺乏统筹管理，导致对俄农业合作中存在着经营不规范、环保意识差、无序竞争等问题。

经营不规范主要表现在灰色清关与违法经营两方面。由于俄罗斯海关通关手续繁琐、耗时长，对俄贸易存在灰色清关的问题，增加了企业对俄经营的风险性。此外，由于"个别企业对俄罗斯政策法律不够了解，导致违反俄方规定"的情况也时有发生。因对俄企业经营不规范与"缺乏长远的合作发展意识"，黑龙江省企业与产品在俄罗斯的信誉度普遍较低，制约了黑龙江省企业对俄罗斯市场的开发。环保问题主要表现为黑龙江省在俄的农业种植方式与俄罗斯环保理念不符。俄罗斯环保意识强，"严禁中国农药入境"；而黑龙江省在俄农业开发企业对于化肥、农药较为依赖。黑龙江省企业在俄使用农药、化肥产品易引起俄方反感。同时，销售渠道有限导致黑龙江省在俄农业企业存在恶意低价竞争的问题，拉低企业利润的同时严重影响了在俄农业企业的形象与发展。黑龙江省由于缺乏有约束力的对俄企业协会与行之有效的管理措施，无法对企业进行统筹管理，规范经营。

（四）人才与科技支持不够

俄罗斯农业高素质劳动力匮乏。俄罗斯地广人稀，人口出生率低，农村地区人口流失严重，即使国家采取免费赠送居民土地的政策，也很少有人愿意回到农村去发展，从而导致农村劳动力严重不足。此外，本来就很稀缺的农村劳动力，再加上专业技能培训非常缺失，使得农业生产的劳动力需求得不到有效供应，而且技术性人员严重匮乏。调研中发现，很多中俄农业合作开发区中的从事技术性工种的劳动力都来自中国的企业。

一方面是俄罗斯农业劳动力缺乏，另一方面是中国农业劳动力进入俄罗斯国内非常困难，面临着苛刻的条件限制，而且劳动力中高素质人才稀少。俄罗斯实行严格的外国劳动力配额制度，指标主要分配给建筑、农业生产等急需引进劳动力的行业和企业，然而自 2006 年起，除独联体以外各国的劳务大卡数量被以每年 50% 的水平大幅削减，尊重俄罗斯法律和社会秩序，受过良好教育，有一定专长和劳动技能的劳动力比较受欢迎，2014 年对俄劳务大卡申请人的资格限制又被进一步提高，非具备互联网上可以查询到的中等以上学历和不懂得俄语的申请人不予审核通过。

办理劳务大卡的费用很高，走正规途径也需要 3 000～4 000 元，但是办理程序繁琐，时间长达 4～6 个月，大量务工人员通过黑市购买劳务大卡，价格高达 2 万元。在俄农业种植每年只需要投入 2～3 个月的劳动，但是也需要办理全年劳动大卡，如果不办理，被查住的罚款更是高昂。另外俄罗斯始终对外国投资和外国劳动力进入远东地区怀着隐忧，担心俄远东地区被外国移民"异化"。单从此防范心理来讲，俄政府也不会让大量中国人在远东置地。

科技投入力度不足。自俄罗斯联邦政府成立以来，农业科技投入力度持续衰减，致使农业新技术、新品种等研发成果严重下降，甚至许多技术、品种都还是 20 世纪 60—70 年代的产物，农业基层技术推广体系趋于瓦解，人才流失严重，难以满足其农业技术需求。但是中国国内的农业技术推广机构又很难为境外企业提供及时可靠的服务，导致大多数境外农业企业只能通过自身的技术储备来解决各类生产中出现的问题。但是完全靠企业自身能力显然是不现实的，技术与研发能力不足限制了对俄罗斯农业投资企业生产效率的提升。

（五）农业合作规模与潜力不符

在贸易层次方面，中俄农产品贸易水平不高。中俄农业合作主要集中在民间企业的自发行为。对于政府间的、大型国有企业之间进行的高层次合作是没有的，这也拉低了中俄农业合作的层次，导致中俄很难进行高层次的农业合作。中国出口俄罗斯的园艺、动物、水产品等多属于初级产品，精深加工替代产品、系列产品、名优产品少，出口企业规模、效率、科技水平、对俄市场的开拓能力都需要提升，对比中国和欧洲农产品在俄罗斯市场上的单位价格可以发现，在俄农产品市场中中国农产品竞争力是弱于欧洲发达国家的，中国进口俄罗斯的农产品同样以原料产品为主，精深加工农产品、绿色有机产品等高端产品进口规模也较少。

但是，当前中俄经济关系的质量、规模、范围都远远落后于政治关系，双方经济合作远未达到战略协作伙伴关系的要求，长此以往，会对中俄战略协作伙伴关系的基础产生很大影响。合作规模与合作潜力严重不符是黑龙江省对俄农业合作存在的根本问题。以黑龙江省企业在俄耕种面积为例，俄罗斯可提供租赁土地面积约为 8 000 万亩，而 2015 年黑龙江省在俄土地耕种面积为 810 万亩，仅占可供租赁土地的 10.1%。"韩国在马达加斯加租赁耕地 130 万公顷（1 950 万亩），占马达加斯加可耕种面积的 15%。"且在黑龙江省对外投资贸易伙伴排名中，俄罗斯仅为第 22 名（表 1），投资规模小且缺乏投资项目，这说明双方贸易合作发展仍有进一步提升空间。

表 1　2017 年黑龙江前 10 名外商投资伙伴情况及俄罗斯排名情况

单位：个、万美元

国别（地区）	排名	项目	投资额
中国香港	1	54	448 009
美国	2	3	31 885
马来西亚	3	2	24 420
瑞典	4	2	20 521
新加坡	5	2	13 759
中国台湾	6	3	10 602
澳大利亚	7	5	6 473
日本	8	1	6 243
韩国	9	3	5 839
百慕大	10	16	4 690
俄罗斯	22	1	1 500

数据来源：根据《黑龙江商务年鉴》整理得出。

制约农业合作规模扩展的因素主要来自中俄双方，其中既包含制度性因素也存在企业自身经营问题，这意味着在"一带一路"倡议框架下中俄两国首先要扩大区域经济合作的范围，加强合作的深度。当然，"一带一路"倡议的开放性，决定了中俄区域经济合作已不再局限于中俄两国之间，而是涉及中俄与沿线相关国家开展更大范围的有效协作。从目前沿线国家的经济基础差异性及经济协调的复杂性来看，中俄与沿线国家的区域经济合作不可能在短期内达成大范围的多边合作，而应该首选周边国家，尤其是在"一带一路"和欧亚经济联盟对接合作框架下实施中俄共同推进的跨国次区域经济合作，显得更具现实意义。

四、构建对俄农业全产业链合作策略

（一）推进国家级产业园建设完善产业链

黑龙江省绿色有机食品产业的种植范围、食安监测、经济总量在国内都名列前茅，并且黑龙江省的农产品、食品产业在世界市场都拥有一定的优势和竞争力，在原材料、产能、资源、交通的基础设施建设和物流、市场、土地、成本投放方面都具有强大的优势。这在整个亚洲市场和原料输出地都具有很强的竞争力，可以针对其余周边国家发挥建设国家级外贸食品产业园的作用。

首先，应促进国家级产业园的创设，整合生产、科学研究和检验检疫功能，依靠科技、标准和品牌等继续提高中国农产品品质和竞争力，保持中俄农产品贸易间的高端优势。

其次，提高中俄农产品水平型产业内贸易水平。中国的农业生产、农产品加工企业和农产品贸易公司应当主动适应俄罗斯市场并剖析在俄农产品国际贸易动态，因地制宜实施差异化生产战略，满足俄罗斯对于同质不同类农产品的需求。

最后，要全力打造以黑龙江省境内及在俄罗斯境内的园区建设为载体的农业产业链。在境内统筹策划建立针对俄罗斯及欧洲进出口贸易的农业产业、企业区，企划构建以哈尔滨都市圈为核心的由哈大齐工业走廊、哈佳双同产业带、哈牡绥东对俄贸易加工区以及哈北黑四条路线环绕的农业产业聚集带。在境外首先对沿边的重点水陆口岸和远东相关地区进行产业区建设的专项调研，其次完善跨境经济合作区建设的其他准备工作，如可行性评估、选址设区、鼓励政策、申报流程、运行机制等，同时加强交流，增多与俄相关州区方面的磋商，以期形成"同步规划、同步运作、同步建设"的合作共建模式。

（二）引进"共享农业"建设科技化智慧农业

黑龙江省应充分利用土地、技术、人力等农业资源优势来制定"顶层设计"战略规划，统一规划的管理使黑龙江省对俄农业经济合作朝着健康的方向发展。设立长期有效合作交流机制，重点解决农业经济合作中由非关税壁垒与劳务关系等引起的通关困难、产品质量差异问题，促进中俄地区农业经济合作的平稳运行与健康发展，充分发挥顶层设计优势，协商解决中国劳务输出的签证办理时间长、办理程序繁琐、花费大等问题。

引进"共享农业"这一科技成果，着重发展农业方面的科学技术，科学技术的发展使得提升农业生产水平得以保障，提升的农业生产水平会加速完善农业生产设施、提高务农人员综合素质、加快土地规模化经营等。此外，农业生产水平的提升还有利于提高农业产品运输销售水平，加强农业产品品牌营销理念，以及促进培养农业人才、发展农业保险、运用农业科技等方面的整体水平的提升。这一农业产业链条的延伸会使农业科学技术发展水平得到进一步的提升，进而形成一个农业生产水平良性循环发展体系。智慧农业是农业从消费互联网时代进入产业互联网时代的直接产物，同时也是在面对现今国际社会处于强力的市场竞争及我国农产业自身达到可持续、高水平发展的现实需求。黑龙江省应大力推动智慧农业覆盖，在省内选址设立重点农产业特色互联网小镇、智农小镇等，并以此类特色小镇为载体、以农业大数据全产业链平台为核心，进而推进农业全产业链的信息化，便于中俄间农业贸易的信息交换。

（三）建立黑龙江省农业物联网（大数据）示范及标准的创新体系

发展对俄农产品加工与流通，就要走可持续化、信息化、生态化的发展道路，必须有先进的农业物联网传感器。以色列的便携微型光谱传感器技术世界领先，通过它可以做到随时检测大米等其他有机产品的内部含量。通过中俄联合创新，建立纳米电路传感器（逆向食品安全微型纳米传感器）检测化学农残、污染物、新鲜程度的大型数据平台，为食品安全打造"眼见为实、科技说话"的数据诚信平台。

通过军民融合技术，即引进俄罗斯、以色列等国技术，建立黑龙江省农业物联网（大数据）示范及标准的创新体系。通过中国以色列创新技术建立符合《"十三五"食品科技创新专项规划》的黑龙江有机产品物质数据库。

建立黑龙江省农业物联网（大数据）示范及标准的创新体系示范基地。建议选择几个市县开展农业物联网（大数据）示范及标准的创新体系试点。首先由农委提供所检测的物理参数对于拟参加的企业提供传感器样品和工作参数，定点由专业高温、低温检测耐受力的实验室进行标号检验。对于不符合技术参数或数据漂移问题大的产品不能进入示范范围，通过高低温实验验证的设备，经过财政单来源采购，严把传感器质量关。

建议以企业为主体、科技为导向、政府为指导，通过市场化运行的科学方法进行实践，定会收到事半功倍的效果。

（四）建立中俄农业电子商务平台

基于黑龙江（中俄）自由贸易区试验区，转变对俄农业合作方式，实现对俄商贸线上线下的体系创新和转型升级。在"一带一路"倡议推动下，跨境电子商务发展也迎来巨大发展机遇。国务院明确了未来三年以及十年的"互联网＋"发展目标，部署了"互联网＋"创业创新、协同制造、现代农业、智慧能源、普惠金融、益民服务、高效物流、电子商务、便捷交通、绿色生态、人工智能 11 项重点行动。"互联网＋"是信息化与农业、工业、商业、金融业等服务业的全面融合，其核心是创新。通过"互联网＋"思维，整合现有中俄交易渠道和市场，推动资源共享，促进商流、物流、信息流和资金流集聚，形成强大的规模优势，使中俄跨境电子商务平台能够成为在东北亚地区具有重要影响力的大宗商品交易、定价、结算和信息等服务平台，推动中俄商品交易大发展，提升黑龙江省乃至全国对俄经贸合作的水平。

与经济发达地区相比，黑龙江省互联网用户和电子商务交易额都相差悬殊，大多从事电子商情、电子贸易、电子合同、国内物流等较低层次的电子商务，缺乏从洽谈、订货、在线付（收）款、开具电子发票以至电子报关、电子纳税等完整的电子交易过程，更缺乏银行或金融机构、政府机构、认证机构、配送中心等机构的加入。以中俄电子商务平台为牵引，带动相关产业的发展，必将促进黑龙江省对俄经贸合作大平台、大物流、大通道、大合作的高速构建，进而推动对外贸易和国内贸易的快速发展，达到大幅拉动黑龙江省经济发展的目的。

黑龙江省加强对俄全面合作首要任务是加强对俄商贸合作，首先，要把哈尔滨打造成对俄商贸中心，建立对俄进出口商品展示中心和销售中心。其次，把哈尔滨建设成为具备辐射国内和俄罗斯的大宗商品集散地，以此加快推进哈尔滨对俄商贸中心城市建设。再次，建议在哈尔滨建立木材交易中心等大宗商品交易所（中心），逐步获取大宗商品的话语权和定价权。最后，打造对俄贸易的电子商务平台，跨境电商服务平台通过大数据技术为黑龙江省外贸企业提供贸易市场分析、物流服务、智能通关和供应链金融等一站式服务，解决外贸企业找不到外商、现金流不足、物流成本高等关键"痛点"，为外贸企业走出去提供助力。

（五）加强对俄农业物流合作

以中蒙俄经济走廊黑龙江陆海丝绸之路经济带建设为契机，建设面向欧亚物流枢纽区，实现对俄物流合作的大发展。按照"加强政策沟通、道路连通、贸易畅通、货币流通、民心相通"的总体要求，充分发挥黑龙江省和俄罗斯远东地区毗邻的地缘优势，利用国内国际两种资源、两个市场，以哈尔滨为中心，以大（连）哈（尔滨）佳（木斯）同（江）、绥满、哈黑、沿边铁路四条干线和俄罗斯西伯利亚、贝阿铁路形成的"黑龙江通道"为依托，建设连接亚欧的国际货物运输大通道。以哈尔滨为中心，建设辐射俄罗斯主要城市的航空通道；打造以铁路集装箱编组站为基础的铁路大通道；谋划建设陆海联运大通道；加快完善内陆港建设。加大物流集散地建设力度，建设对俄商贸物流服务中心。

现代综合交通运输网络加快形成。以基础设施建设为先导，跨境交通运输线路不断增多、延伸，国际多式联运不断完善。国际道路运输客货运输线路已达 67 条，与俄相邻的五个边区、州均开通了国际道路客货运输口岸，开通了黑河、同江、萝北、饶河等冬季浮箱固冰通道。黑龙江省积极与俄远东发展部、交通部及相关州对接、沟通、协商，在两国元首合作共识框架内，建立省州政府常态化沟通机制，加强地方政府间交流与合作，推动重点项目的实施。以建设哈尔滨新区为契机积极发展临空经济区，建设功能更加齐全、新型的哈尔滨内陆港，以哈尔滨铁路集装箱中心站、哈尔滨综合保税区，以东北亚国际内陆中转港、枢纽港为目标，建设哈尔滨国际陆港。中俄双方应该建立边境地区物流发展协调机制，两国物流合作在基础设施、政策、管理等方面还有待进一步"对接"。必须积极与俄罗斯联邦政府和地方政府沟通协调，推动中俄双方签署陆海联运大通道协定。启动建设哈尔滨至符拉迪沃斯托克跨境高铁项目，打造黑龙江省的出海口。

（六）加强对俄农业科技合作

1. 构建科技合作机制

中俄农业科技合作早在 1997 年已起步，近年来农业科技合作环境不断改善，合作主体主要集中在大学及科研院所，合作领域拓展到资源保护、病虫害防治、疫苗研制。为确保中俄农业科技合作，在以往合作经验的基础上，中俄两国通过协商采取较为行之有效的措施，构建长效合作机制，在组织、立法、管理几个层面落实引进技术人才的高效务实机制。以支撑产业升级、提升竞争力为目标，注重高端技术的引进、消化、吸收和再创新，大力拓展对外科技合作领域和创新合作方式，搭建辐射全国的对俄科技合作平台，使对以俄罗斯为主的对外科技合作工作取得健康、稳步和快速的发展。

2. 鼓励引进俄罗斯科技人才与成果

双方建设科技创新服务体系、组建高新技术发展欧亚市场战略联盟和搭建国际创新创业平台。加强俄罗斯人才、先进技术的引进是推进两国农业科技合作的必要支撑，我国每年应有针对性地从俄罗斯引进专家和学者，进行专项讲学或学术研讨，这不仅有利于我国科研人员专业水平的提升，还可以扩展国际视野，准确判断与发达国家的差距，并有针对性地开展研发工作，建议以各级政府为主，设立"引智专项资金"，以保证引进技术的数量和质量。

3. 建立专家站和联合实验室

提供政策与资金支持，建立专家工作站和联合实验室，邀请俄罗斯优秀科学家来我国进行长期和短期工作，双方科研人员共同研究，可以就研究难点进行及时的交流和沟通，加快研究速度。同时，联合实验室的建立还可以整合中俄两国的科技资源，供双方共同使用，从而做到资源的优化配置。实验室和专家站的研究成果、所获的利益可以共享。

（七）延伸产业链条打造对俄金融合作中心

加强中俄金融领域合作是推动中俄经贸合作不断深化乃至两国经济转型升级的重要条件，有着巨大内生动力和提升空间。在双方共同努力下，中俄双边贸易和投资发展迅速。在贸易方面，商务部数据显示，2018 年前 8 个月双边贸易额达 675 亿美元，同比增长 25.7%。投资方面，中国继续保持俄罗斯主要投资来源国的地位，2018 年前 7 个月，中国对俄罗斯全行业直接投资 2.3 亿美元。

为进一步提升中俄贸易和投资自由化便利化水平，中俄金融合作需要不断优化合作方式。中俄两国及企业要建立更高效的沟通决策机制，共享经济金融信息和数据，以更具商业可持续发展的合作共同应对全球不确定性，保障经济金融安全。

推进金融领域紧密协作，包括在中俄贸易、投资和借贷中扩大中俄本币直接结算规模，是中俄全面战略协作伙伴关系的重要内容。中俄两国加强金融合作是推动中俄经贸合作不断深化乃至两国经济转型升级的重要条件。中俄两国能源、农业、科技创新、基础设施建设等领域合作发展迅速，加快金融合作，尤其聚焦产业发展、产业链整合方面的金融创新与服务将更贴近两国实体经济发展。

中俄金融合作发展前景广阔，中国和俄罗斯企业也都对进入双方金融市场很感兴趣。远东和后贝加尔地区大部分都位于边境位置，这种特殊的地理优势是扩大中俄经贸合作的独特"增长点"，建议加强黑龙江省与俄罗斯远东地区开展金融业间的区域互利合作。

在哈尔滨建立中俄（卢布、人民币）结算中心。制定用地、税收、用工等方面优惠政策，提供宽松融资结算环境，吸引国内对俄贸易投资主体在哈尔滨设立总部（或设立结算中心），通过电子渠道在哈尔滨办理融资、结算业务。抓住哈尔滨市列入国家电子商务示范城市的机遇，积极推动对俄电子商务支付结算中心建设，协调相关管理部门、电商平台、银行、支付机构共同推进中俄跨境电子商务及支付结算平台建设，争当跨境电子商务外汇支付业务全国试点城市。

项目负责人：李萍
主要参加人：宋晓松、王虹、马吉巍、杨明、宋魁

生态文明背景下国有林区森林碳汇扶贫机制研究*

黄凤 徐玉冰 等

中国共产党中央委员会在国民经济和社会发展第十三个五年规划中强调“创新产权模式和指导基金用于植树造林、生态保护的各个方面，创新扶贫开发模式，开展生态扶贫工作”。其中，森林碳汇交易有助于推动扶贫事业发展，是生态扶贫的重要方式之一。黑龙江拥有丰富的森林资源，随着“天然林保护工程”的实施，黑龙江的林区生态状况停止恶化，并且森林资源从消耗过量转为可持续的恢复性增长。但是，国有林区全面禁伐政策实施的同时严重限制了林区木材生产及相关行业的发展，致使国有林区经济停滞不前。目前，全国有 637 个森林资源丰富县，其中欠发达县有 547 个，并且在 592 个国家贫困县中有 191 个是森林资源丰富县。这表明，中国森林资源丰富地区的经济水平明显落后于全国平均水平，并且国有重点林区贫困发生率与同期全国平均水平较为接近。然而，国有重点林区贫困的深度和强度相对较大，贫困家庭脱贫难度较大。国有林业职工的收入不仅关系到社会稳定，而且关系到中国生态文明建设目标的实现。将环境保护与扶贫工作相结合，并且同时兼顾经济增长和生态效益，是中国生态文明建设的重要内涵。随着后京都时代的到来和“熊猫标准”的引入，森林碳汇逐渐成为中国增加外汇、减少排放、解决农业惠农、生态扶贫问题的重要措施。黑龙江省森林面积居全国森林面积第二位，省内国有林区在天然林保护工程实施后经济发展出现了停滞的情况，贫困问题凸显，在我国实施生态文明建设和精准扶贫两大战略背景下，充分发挥森林碳汇的减贫功能助力黑龙江国有林区脱贫致富具有重要的现实意义。

---

* 黑龙江省哲学社会科学研究规划项目（项目编号：17JYD235）。
项目负责人为黄凤副教授，主要参与人有徐玉冰、杨雪、张丽、代首寒、郑夏玉等。

一、黑龙江省国有林区贫困的现状和原因分析

（一）黑龙江省国有林区现状

1. 国有林区政策演变

根据国家林业局 2014 年发布的《关于切实做好全面停止商业性采伐试点工作的通知》，大兴安岭林业集团有限公司和龙江集团天然林的商业性采伐被政策限制。2015 年 2 月，国家林业局又发布了一份文件，要求在东北、内蒙古等主要国家林区全面停止商业性采伐。2015 年初，中共中央、国务院印发了《国有林区改革指导意见》和《国有林场改革方案》，为国有林区改革提供指导和具体改革方案。2016 年 11 月 16 日，国务院发布了进一步振兴东北、加快东北国有林区经济稳定的新一轮战略，提出加快东北地区国有林区经济稳定等重要举措的意见，将东北纳入国家重点生态功能区，并提出促进东北国有林区和国有林场的经济转型和体制改革。针对相关资源枯竭、产业萎缩的地区提出了具体的改造措施，主要包括进行综合生态补偿、生态移民、实施与停止商品林砍伐有关的政策支持等。

2. 黑龙江国有林区自然资源概况

黑龙江国有林区森林总面积居全国第二位，它位于欧亚大陆的东北部，纬度 43°30′至 49°01′，经度 127°01′至 134°05′，属于黑龙江省管辖。到目前为止，黑龙江国有林区为中国的经济发展做出了巨大贡献。经济层面上，新中国成立以来，全国数亿吨的木材和大量的林业副产品都是由黑龙江国有林区提供的，国有林区给政府带来的利税量巨大。在生态层面上，黑龙江森林覆盖率达到47.3%，丰富的森林资源形成了巨大的碳库，具有重要的生态和社会效益。截至 2019 年底，黑龙江省活林乔木总数量为 17.7 亿立方米，占全国活林乔木总数量的 27.7%。其中，近成熟和过成熟的森林面积为 1.16 亿立方米。除森林资源外，还有 86.2 万公顷的土地可供管理。森林地区有 460 种野生动物和120 多种野生高等植物，其中包括 120 多种药用植物，以及各种食用真菌。其中，人参、黄芪、刺五加和五味子是珍贵的中药材。黑龙江林区的水资源十分丰富。黑龙江国家森林公园有多种植物，包括红杉和落叶松。但是，经过新中国成立以来半个多世纪的商业伐木，以及对森林资源的极度不合理开发，森林宝库的资源急剧减少，丰富的森林资源濒临枯竭，导致当地生态环境恶化。根据黑龙江省林业局有关部门的统计，目前，该地区的森林资源与新中国成立之初相比减少了 37.4%，可采储量减少了 91.8%。可以说，林区森林资源和生态环境已经到了关键时刻。

3. 黑龙江国有林区社会经济

黑龙江省国有林区开发建设以来，形成了森林经营、木材生产、林业、多元化经营相结合的发展模式。2003 年以前，黑龙江省林业产业总产值较低，一直处于负增长状态。2003 年，黑龙江省林业总产值 59 亿元，到 2018 年，黑龙江省林业总产值超过 180 亿元，根据《中国林业年鉴》的统计数据，黑龙江省林业总产值整体呈现快速增长趋势（图 1）。

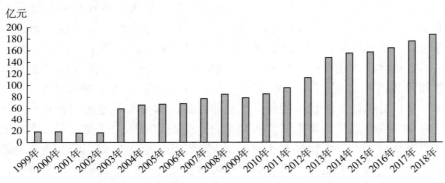

图 1　黑龙江省 1999—2018 年林业总产值

2017 年，黑龙江国有林区第一产业、第二产业和第三产业产值分别为 611 亿元、519 亿元和 336 亿元；黑龙江林区三次产业的产业结构为 41.69%：35.39%：22.92%。2008—2017 年黑龙江省林区林业产业结构变化表如表 1。

表 1　黑龙江林业产业产值结构表

年份	林业第一产业		林业第二产业		林业第三产业	
	产值（万元）	比例	产值（万元）	比例	产值（万元）	比例
2017	6 114 365	41.69%	5 191 067	35.39%	3 361 601	22.92%
2016	5 743 355	38.26%	6 286 533	41.88%	2 981 099	19.86%
2015	5 660 970	39.35%	6 163 879	42.85%	2 560 189	17.80%
2014	5 355 473	38.78%	6 227 924	45.09%	2 227 770	16.13%
2013	5 173 952	40.38%	5 763 464	44.98%	1 876 373	14.64%
2012	4 131 053	37.77%	5 176 974	47.33%	1 630 062	14.90%
2011	3 428 679	37.40%	4 226 874	46.11%	1 512 032	16.49%
2010	2 654 963	38.29%	3 183 694	45.92%	1 095 069	15.79%
2009	2 176 103	37.50%	2 715 939	46.80%	911 146	15.70%
2008	2 004 547	40.15%	2 267 480	45.42%	720 351	14.43%

根据表 1 可以看出，黑龙江省国有林区林业三次产业产值结构比例由 2008 年的 40.15：45.42：14.43 变化为 2017 年的 41.69：35.39：22.92，第一产业产值比重上升了 1.54 个百分点，第二产业产值比重下降了 10.03 个百分点，第三产业产值比重上升了 8.49 个百分点。因此，可以看出黑龙江省国有林区林业产业结构正在逐渐优化，但仍未实现二三产业促进经济发展的模式转变。

为了更清楚地了解 2008—2017 年黑龙江省林区林业产业结构的变化，根据表 1 绘制了 2008—2017 年黑龙江省林区林业产业结构变化图（图 2）。

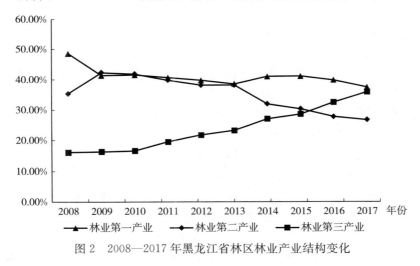

图 2 2008—2017 年黑龙江省林区林业产业结构变化

从图 2 可以看出，2008 年黑龙江林区林业第一产业在林业总产值中的比重高于第二产业总产值和第三产业产值的占比，随后第二产业产值占比在 2009 年得到提高，随后开始逐年下降。第一产业产值占比则呈现起伏变化的趋势，总体呈下滑趋势，在 2014 年后下滑至 40％左右，高于第二产业产值占比 10％左右。2008 年以后，在林业总产值中，林业第三产业的比重呈现不断增长的趋势，从最初的不足 20％增长到接近 40％。林业三次产业在总产值中的比重之间的差距在逐步缩小。

经济学家库兹涅茨在对三种工业化进行分析的基础上，采用不同的方法研究了产业结构的变化。三种产业产值结构随着经济发展变化的总体趋势为：第一产业产值比重下降，第二产业和第三产业比重增加，增长越来越依赖第二产业和第三产业的增长。黑龙江林业产值结构并没有向库兹涅茨提出的经济增长越来越依赖第二产业和第三产业的增长的模式转变，黑龙江林业的发展中，第一产业比重仍然较高，第二产业的发展并不充分，第三产业的比重在 2015 年以后超过了第二产业，但是并未超过第一产业。显然，这说明黑龙江省国有林区林业产业结构虽然有所调整，呈现向好的趋势，但是仍存在很大的发展空间。

（二）国有林区贫困的原因分析

1. 资源的贡献率下降

在经济发展的初期，森林资源的开发对经济发展的贡献率很高。随着经济、科学技术的发展、生产技术的提高和替代技术的发展，自然资源的贡献率逐渐降低。资源丰富地区的资源仅仅被转化为初级产品被卖给资源贫乏但经济科技实力雄厚的地区。这些地区资源稀缺，但可以整合低成本的自然资源和初级加工原料或产品进行深加工，获得较高的附加值，然后再出售给资源丰富但经济落后的地区，获得更高的利润回报。因此，随着资源贡献率的下降，国有林区经济逐渐下行，贫困问题加剧。

2. 森林资源丰富地区存在诸多资源劣势

森林资源丰富的地区虽然具有资源优势，但长期以来，许多森林资源丰富的地区都实施了以资源为基础的发展战略，这形成了比资源优势更大的地方经济劣势。一般来说，森林资源丰富的地区多为山区或是偏远地区，道路基础建设落后，交通不便，导致了这些地区虽然拥有丰富的森林资源，但是由于交通不便难以参与市场交易，因此对经济发展的贡献率并不高。同时，由于林区耕地资源匮乏，经济高度依赖森林资源，从而形成了林区单一的产品结构。而且，由于土地生产率低下或政策限制，国有林区土地不允许开发，难以发展农业生产。近年来，随着粮食价格的上涨，林农不但没有分享应有的红利，收入反而有所降低。

3. 难以发展产业

作为原材料，林产品的需求价格弹性较低，因此即使在价格提高的情况下，产量的增加并不会带来相同比例的收益。近年来，中国实施了保护森林资源的措施，大大减少了森林资源的砍伐量，因此即使价格上涨，依靠林产品为生的企业和林农却没有致富。相反，由于禁止砍伐森林，有相当一部分地区和企业不能靠此发展经济，而且森林工业的衰退将导致大量伐木工人和企业工人被解雇。同时，其他产业的发展没有相应的资源优势和配套的基础设施，再加上交通运输的不便，难以掌握市场信息等，因此产业的发展变得更加困难。

4. 资源依赖性强，产业结构单一

长期以来，许多森林资源丰富的地区都实施了基于资源的发展战略，由于

这种错误产业布局做法，致使当地经济对资源和单一产品结构产生高度依赖，林区的经济发展高度依赖森林资源。不仅木材采掘和运输行业多年来一直是地区经济的主体，而且大多数加工业也依靠木材生存。一旦市场对资源的需求发生变化，森林资源丰富地区抵抗风险的能力就会很差，从而导致严重的社会、经济和技术问题，例如裁员、就业困难、税收减少、没有替代产业的技术等。现在，由于生态保护的重要性和森林砍伐的大幅度减少，多数森林资源丰富县的经济陷入了困境。

5. 丰富的资源容易使人自我满足

森林人很容易将自己的未来放在丰富的资源这一虚幻的光环上。我国自新中国成立以来，学习苏联的计划经济体制，对于市场的调节机制认识不清。在长期的计划经济指导思想之下，我国林区的干部职工思维模式不适应市场经济，不能贯彻党十八届三中全会的解放思想、实事求是的方针。在林区中，由于技术因素的限制，林下经济发展不足，发展经济往往通过伐木来解决，手段太过单一，他们没有其他赖以生存的谋生技能与手段。除林业的一些林下产品之外，很难找到其他经济来源。

6. 森林生态效益补偿机制有待完善

森林资源是人民共有的，对森林生态效益的消费从经济学的角度来讲是非排他性的。世界受益于森林生态系统服务，一个国家或个人无法阻止其他国家或个人受益。例如，森林的固碳功能可以减缓温室效应，无论城市居民是否意识到森林的固碳功能，他们都可以免费地享用森林提供的净化空气的服务。根据市场经济的基本原则，应该对森林资源丰富的地区进行补偿，但是森林产品的价值已经被开发很长时间了，而森林的生态价值却没有得到相对应的补偿。由于我国森林生态效益补偿机制不健全，造成了森林资源共享土地的悲剧和大量的"搭便车"行为，所有人都可以使用，但是没有人会为保护森林生态环境而付出相应的行动或相应的成本。森林资源丰富的地区为社会提供了大量的生态产品，应该得到回报。建立和完善森林生态效益补偿机制，是解决森林资源丰富地区经济落后的重要途径。

二、森林资源与贫困的关系分析

（一）模型构建、数据来源以及描述性统计

1. 库兹涅茨模型

本文的解释变量是森林覆盖率和森林体积，解释变量是中国的人均 GDP，并使用环境库兹涅茨曲线（EKC）的基本模型进行分析。具体形式如下：

$$\ln F = a + b_1 \ln Y + b_2 (\ln Y)^2 + b_3 (\ln Y)^3$$
$$\ln X = a + b_1 \ln Y + b_2 (\ln Y)^2 + b_3 (\ln Y)^3$$

在上述模型中，F 代表森林覆盖率，X 代表森林蓄积量，Y 代表人均 GDP。考虑到数据维度的影响，对森林覆盖率、森林蓄积量和人均 GDP 进行了对数处理。使用 Stata14 统计软件来分析中国的森林覆盖率、森林蓄积量和人均 GDP。

2. 数据来源及描述性统计

森林覆盖率和森林蓄积量来自国研网，人均 GDP 来自《中国统计年鉴》。本文选取 1995—2018 年的数据，人均 GDP 利用 GDP 平减指数调整为 1995 年可比价格。具体变量如表 2 所示。

表 2 描述性统计

统计变量	说明	平均值	方差	最小值	最大值
F 森林覆盖率	单位：%	2.21	1.23	1.03	4.24
X 森林蓄积量	单位：万立方米	27 076.82	3 497.69	23 474	38 679.57
Y 人均 GDP	单位：元	2 405.66	1 084.41	661	4 135

森林覆盖率反映了区域森林资源的丰富度和生态水平，是衡量区域生态状况的主要指标。每个省的森林覆盖率从 1995 年的 1.03% 增加到 2018 年的 4.24%，年均增长 0.1%。森林蓄积量反映了区域林区树干总体积，是衡量区域森林资源总体规模的重要指标之一，是反映区域生态环境质量和森林资源丰富度的重要依据。区域人均 GDP 反映了一个区域的经济发展水平。人均 GDP 越低，对森林产品的社会需求就越高，这导致森林资源消耗增加，预期将资源消耗与 GDP 增长交换。但是，当人均 GDP 增加到一定水平时，受到生态环境的限制，政府开始制定保护森林资源的政策。

（二）结果与分析

表 3 给出 1995—2018 年森林覆盖率数据的 EKC 模型分析。模型中每个解释变量的系数的显著性水平为 1%。模型研究了人均 GDP 与森林覆盖率之间的关系。发现人均 GDP 的第二项系数为正，第一项系数为负，R^2 值为 0.73，表明该模型具有良好的拟合度。结果表明，森林覆盖率与当地社会经济发展水平之间呈 U 型环境库兹涅茨曲线。

进一步的研究表明，U 型曲线的转折点是人均 GDP 达到 34 952 元（1995 年可比价格）。可以看出，中国尚未超过库兹涅茨曲线的拐点，区域森林覆盖率已进入 U 型曲线的上半部分。随着经济水平的发展，森林覆盖率将逐步提高。使用环境库兹涅茨模型分析 1995—2018 年的森林量数据，结果如表 4 所示。

表 3 1995—2018 年人均 GDP 与森林覆盖率之间的关系

统计量	数值	方差	P 值
B_i	−8.667	0.99	0.000
b^2	0.543	0.159	0.000
C	29.911	6.684	0.000
R^2	0.73		
F	163.25		

表 4 1995—2018 年森林覆盖率与人均 GDP 的关系

统计量	数值	方差	P 值
B_i	−4.759	0.69	0.000
b^2	0.243	0.189	0.000
C	29.911	5.999	0.000
R^2	1.53		
F	73.25		

模型中每个解释变量的系数的显著性水平为 1%。通过分析人均 GDP 与森林覆盖率之间的关系，发现人均 GDP 的第二项系数为正，第一项的系数为负，R^2 值为 1.53，表明模型拟合度好。结果表明，森林数量与当地社会经济发展水平之间的关系符合环境库兹涅茨理论的假设，即两者之间存在 U 型环境库兹涅茨曲线，库兹涅茨曲线的拐点没有交叉。

本文利用 1995—2018 年全国平均森林资源清查数据和环境库兹涅茨模型研究了社会经济发展水平与森林覆盖率和森林体积之间的关系。实证研究表明，中国区域经济发展水平与森林资源之间存在密切的动态相关性，呈现出 U 型曲线的特征。森林覆盖率和森林容量与人均 GDP 高度正相关。EKC 曲线模型具有良好的数据预测效果。从计算结果可以看出，我国森林资源的发展变化一直在 U 型曲线的上半部，即随着经济发展和人均 GDP 的增加，森林覆盖率和森林覆盖率均呈上升趋势。中国森林资源的相应增加反映了人均 GDP 增长的积极影响。随着经济的快速发展和政府对生态文明建设的重视，通过完善相关林业政策，经济发展将更加有利于森林资源的保护，两者之间的关系也将更加紧密。森林资源与经济发展水平之间的相关性比森林覆盖率与经济发展水平之间的相关性差。

三、森林碳汇扶贫的机理分析

森林碳汇市场的可持续发展是实现森林碳汇扶贫功能的前提条件，森林碳汇项目则是实现森林碳汇扶贫功能的载体，贫困人口的有效参与是森林碳汇扶贫功能的核心。碳汇市场和碳汇项目的发展，不仅可以为国有林区的发展带来大量的资金、管理、技术、信息和其他必要资源，而且可以让贫困农户从林地份额转让、林业和森林副产品中获得收益外，还可以获得碳汇收益。森林碳汇扶贫协调了生态保护与经济发展之间的关系，推动国有林区发展和贫困问题的解决。图 3 中显示了森林碳汇扶贫的机理。

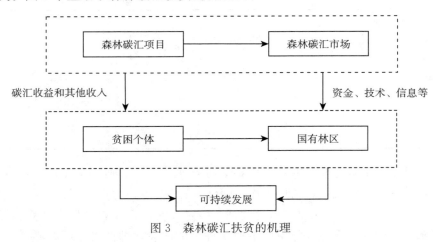

图 3　森林碳汇扶贫的机理

（一）碳交易市场

碳交易可以在国家之间进行。根据碳排放交易规则，每年每个国家都有一定碳排放限额，假定一个国家当年由于工业企业增多、人均耗电增多等原因，导致一个国家未能如期实现减排目标，导致碳排放量超出预期，那么该国家可以向那些未用完当年碳排放配额或具有过量的碳排放许可证的国家寻求帮助，采取达成合作或者购买的方式来获得一定数量的配额或许可证。通过这种方式，一个国家可以通过碳交易，弥补自己无多余的碳排放的权限或者可以转让多出的碳排放配额，从而让各个国家都拥有足够的碳减排量或通过转让多余碳排放权限获得收益。这通常发生在发达国家和发展中国家之间，也可以为了在一个国家内开展活动，对于不能按照规定排量完成减排任务的企业或者地区，可以根据情况从配合或者排放许可额度中调出余额分配给这些企业或地区，这些企业需要支付相应的费用，对于减排成本高的企业或地区可以购买这些配额来换取低成本的减排权，同时也可以让减排成本低的企业或地区，通过这种协议来实现节能减排。这种交易往往发生在经济发达地区与落后地区之间，在执行这样的碳交易协议的时候，买方可以通过支付一定的金额来换取碳排放的额度以达到碳排放的目标，这样可以降低减排成本，而卖方则可以获得相应的收入，并发展低碳经济，显然这是一个对双方都有利的事情。

经过多年的碳交易市场创新，多种形式的碳交易市场在全球迅速发展，在国际上这样的碳交易市场，可以分为两类：强制性市场和自愿市场，简单来说，强制性的碳排放交易市场的动机是遵守法规，目标是达到减排的目标，根据交易机制的不同，可以分为配额市场和基于项目的市场，配额市场是指市场管理者对总量进行控制，同时也对交易进行控制，在这样的制度下分配减排配额，欧盟排放交易计划就是这种类型下最典型的市场。项目市场是基于项目的减排交易，交易双方的项目需要证明温室气体排放量减少，这种项目包括清洁发展机制（clean development mechanism，CDM），买方可以通过购买项目来获得减排量。自愿市场是指出于自愿目的，例如社会责任、环境意识和形象塑造等，主体一般为参与碳交易的公司或政府。世界上第一个自愿性碳交易市场是芝加哥气候交易所 CCX，虽然这种自愿性的减排交易市场只是碳交易市场的很小一部分，但在未来具有巨大的潜力。

（二）碳汇项目

清洁发展机制项目是中国碳汇市场的主导，同时辅之以小规模的自愿减排市场，世界上最大的 CDM 项目供应商是中国。根据相关数据显示，中国有3 495 个 CDM 注册项目，占到全球注册项目总数的 53.1%，核证减排量（certification emission reduction，CER）5.49 亿吨，占到总量的 64.7%。到2013 年 3 月 21 日，中国发展和改革委员会批准的 CDM 项目总数达到了 4 800个左右，预计平均每年可以减少 7.43 亿吨二氧化碳当量。CDM 项目主要集中在这些领域，包括新能源、可再生能源、能源节约效率、改善燃料、替代甲烷、回收氮气、分解废物、焚烧发电、绿化等。相对于成熟的 CDM 项目，中国的自愿碳汇市场刚刚起步，总体规模相对较少，而且正在改善中，中国的三个碳市场已经启动了自愿减排计划，一边让一些公司购买相应的碳信用额，使其可以履行公司的社会责任，另一边是一些个人出于环保意识，自愿参与到碳交易市场中。碳交易本质上是一种金融活动，一方面，金融资本可以投资到可以创造碳资产的项目或企业中；另一方面，碳交易产品可以逐渐发展为金融工具，可以在碳金融市场上自由交易，就像期货一样。这样一来，碳交易将会与金融资本和实体经济联系起来，并且变相地为实体经济提供另一种新型的融资渠道。基金和银行机构是碳金融的主要投资者，它们在碳金融市场中发挥着非常重要的作用，为发展中国家提供了各式各样的融资渠道。碳基金主要由一些国际组织、私营部门或政府筹集，2008 年以来累计金额已经达到了 131.6 亿欧元，2009 年世界银行设立 23.68 亿美元的碳基金并为金融机构发展低碳提供了适当的基础和框架，自此金融机构在促进绿色信贷和开发低碳财富管理产品以及为发展低碳项目提供补充融资方面变得活跃。

（三）碳汇扶贫的主体

碳汇扶贫的主体是直接参与森林碳汇项目开发过程或为该过程提供条件和服务的机构和人员，对森林碳汇扶贫产生实际影响。它包括政府、造林单位、农民等，还包括为项目的实施提供管理、资金、技术和其他担保和服务的组织和人员、国际和国内非政府组织、社区、专业协会、研究机构、金融和保险机构等。在这方面，多元化的主体不仅在碳汇扶贫中起着重要作用，更重要的是，在中国新一轮集体林权制度改革基本完成，林地承包权已被农户确认的背景下，碳汇项目的实施将不可避免地越来越采用基本的"林业实体＋农民"运营模式，为促进贫困人口参与项目开发并脱贫致富奠定产权基础。

（四）森林碳汇扶贫的模式

森林碳汇扶贫的最终目的是构建一个以森林碳汇资源开发为核心，可持续发展、良性循环、实现经济、社会、生态和谐发展的扶贫新模式。其基本模式为：在政策引导下，国有林区引进 CDM 项目开发森林碳汇资源，形成碳汇交易产品获取现金收入。一方面，森林生态环境需要植树造林，从而恢复林区的生产，使得生态恶化的情况有所缓解，让过度开发后林区脆弱的生态得到补偿，进而形成从产业和生态角度发展的碳汇扶贫产业链；另一方面，要完成产业的重构，对产业结构进行调整，在森林资源丰富的地区进行碳汇产业构建，提倡低碳生活与经济，逐步实现跨越式发展。在森林碳汇扶贫模式下，我们的目标不仅仅是增加贫困农户的收入，而且要将保护生态环境作为更加重要的一个环节来对待，把生态维护工作作为一个长期不可放弃的工作，将生态补偿与可持续发展思想贯穿始终。其基本模式如图 4 所示。

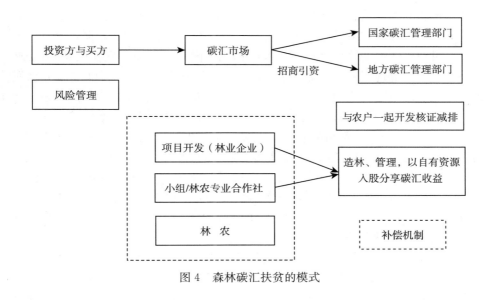

图 4 森林碳汇扶贫的模式

四、国有林区森林碳汇扶贫的机制设计

（一）激励兼容机制

通过森林碳汇缓解林区贫困问题需要政府、龙头企业、林农等主体的共同参与。其中，资产量化和收入分配是核心环节。2003年底，我国成立了国家林业碳汇管理办公室。随后的几年，相关政策制度不断出台。国家组织了国家林业局和发改委交流碳汇信息，建立了几个碳汇试点项目。碳汇森林工作的开展应从政策、技术和市场等方面逐步进行。其中，政策是前提，技术是基础，市场是关键。第一，应该建立国家碳信用注册系统和统一数据库，通过建立碳信用系统和数据库更有效地减少生产者和消费者之间的信息收集的成本，或加大信息对称的情况。第二，要继续加快林业碳汇项目标准化建设的审批流程，让每一个项目具有统一的标准，更加方便评选出优秀的项目，评判出哪个项目同时兼具扶贫和生态效益。第三，要加强碳汇产权制度建设。加大产权的流通，鼓励投资者和经营者大规模地进行投资，使经营活动更加有活跃，促进碳汇产品的生产、生态保护和贫困消除。

在设计森林碳汇经营系统时，需要实现设计者所设想的目标，即每个参与者都能实现自己的目标，也就是鼓励兼容性。碳汇森林经营激励相容机制设计过程实际上是一个持续的、均衡的信息传递过程。在这个机制中，根据每个参与者所传递的不同信息和参与者所提供的反馈，不断调整所传递的信息，直到达到预期的目标。如果没有这种兼容性，当消费者采取战略行动时，其动机会与林业机制设计者的政策出现不一致的情况。因此，必须建立激励相容机制，使消费者能够更现实地表达对碳汇的偏好，这样就可以实现一种既能满足激励相容又能满足激励目标的三维信息发送机制。假设：此机制的设计者所发布的信息为（λ，y，z），当环境为（$a1$，$a2$，$b1$，$b2$）时，消费者 B 确认 y、z，假设 $y=b1$，$z=b2$。那么消费者 B 对信息回答"是"，消费者 A 根据消费者 B 的回答来确认采伐率 λ，消费者 A 确认"是"的条件是 $\lambda=F$（$a1$，$a2$，y，z）。因此，函数 $h=h$（λ，y，z）。也就是说这时的采伐率 λ 是两条效用函数的焦点。如果消费者所传递的信息是真实的经济特征，那么采伐率也就实现了目标函数，反之则偏离了目标函数。假如让消费者 A 确认了自己的经济特征，那么消费者 B 来确认采伐率也是相同的。

我国发展碳汇林业主要是为了充分发挥碳汇在森林中的作用，减少温室效应。作为一个企业或一个行业，首先要有生存能力，所以有必要保证尽可能多的必要的资本投入和收获，帮助企业继续发展。因此，为了实现有效激励兼容机制需要做好以下措施。

第一，确定森林砍伐率、碳汇使用者和木材使用者的信息。可以得出在特定环境中使碳汇森林利益最大化的目标，以达到一个平衡的结果。由于三维信息机制能够有效地实现目标函数，相对于二维信息具有更高的维数和更低的成本，从而获得更好的经济效益。三维信息机制根据每个参与者的个人利益，传达真实的碳汇森林偏好，从而促进森林碳汇企业在发展过程中获得更多的经济效益。第二，完善市场管理措施。可以使市场更加规范，资源配置更加合理。第三，准确把握碳汇森林需求和木材产品需求端的经济特征。一方面可以合理有效地配置资源；另一方面，不同的经济环境和特点会导致不同的产量。碳汇的价值弹性较小，这种特性可以使伐木量减少到一定程度以保证碳汇的交易量。碳汇的低弹性意味着更大的规模和更高的产量才能获得更大的收益，因此整个林业将不断扩大，碳汇数量不断增加。这一机制对森林碳汇的发展起着非常重要的作用。

（二）收益共享机制

林业碳汇项目的有效运作需要高效的利益共享机制。利益共享机制是林业碳汇项目的核心，它的运行效率直接决定了是否可以为固定碳存储和增加碳汇提供有效的动力。该机制应包括一套与项目收益分配有关的管理结构，如果其公平性和合理性未能获得利益相关者的认可，碳汇项目的合法性和运营效率将受到削弱。当前,这个问题的重点主要放在林业碳汇项目的收益来源和收益分配这两个方面。研究热点包括确定利益来源和机会成本的边界。

1. 利益共享机制中的利益边界

在现有相关研究文献资料中,在林业碳汇项目的利益共享机制方面,由于研究目的的不同,利益边界的确定常常是不一致的。对林业碳汇项目收益的定义通常具有两种不同的研究方向。有关利益分享或生态补偿政策相关理论的研究人员通常倾向于使用宽口径的概念,窄口径的概念则重点关注碳汇项目利益的来源以及测算方法使用。

(1) 宽口径利益边界。大范围的利益是指利益相关者在早期阶段以及林业碳汇项目的整个实施过程中获得的所有货币化或非货币化收益。在这方面,林业碳汇项目的收益通常指综合收益,包括经济收益、社会收益和生态收益。林业碳汇项目的现有研究,认为其综合收益主要分为几个不同的级别。一级利益是与项目密切相关的直接性利益,这个直接性的利益来自林业碳汇项目在实施过程中或者是林业碳汇项目在实施过程中所带给人的东西,包括很多方面,比如从公开市场或项目发起国家转移支付中受益的项目参与者或利益相关者、在碳汇市场上出售碳信用额或碳排放许可额度,直接获得与项目相关的资金。二级利益来自与项目没有直接关系的间接收入。它主要包括:在项目实施过程中,提高政府或有关机构的管理能力和管理效果,例如明确土地使用权、加强执法、提高科技转化能力、提高能力和管理能力、决策参与的效率等,同时还包括提供社会公共产品,如基础设施建设。此外,碳汇项目的实施旨在改善间接的生态效益,例如水土壤生态质量保护、生物多样性保护和区域气候稳定等。三级收益来自项目实施的综合收益。比如通过发展生态旅游等方式去完成森林产品的创新,也可以注入林业碳汇项目的资金,这个资金可以更好地去刺激当地经济,并且产生新的赚钱的机会,提高当地的就业率,从而带动当地林农就业,进而减少贫困。在现有的研究文献中,很难通过适当的方法有效量化或处理第二级和第三级的收益,因此通常会选择性地忽略,这可能会使项目的收益小于实际的收益,这也可能会导致当地的成本高于实际情况,不利于林业碳汇项目利益分配机制和生态补偿机制的制定。

(2) 窄口径利益边界。窄口径收入是指在建设和实施林业碳汇项目中筹集的各种资金或资源,重点是融资方式和方法。根据 REDD+(减少森林砍伐和森林退化造成的温室气体排放)项目融资相关国家的文献,林业碳汇项目主要可以通过两种方式筹集资金。

第一,通过政府主导的补偿基金筹集资金。政府通常会对改善森林生态效益的各种努力进行补偿,其资金主要来自国家财政支持以及地区相关部门和行业的资金支持。但是，因为缺少一些客观、有效的评估机制和评估方法，所以导致了项目的补偿资金分配相对不合理，这些资金大多数由政府改善生态和财务能力意愿所决定，而不是这个项目本身对于生态和扶贫的贡献。通过直接市场融资，在公开市场上实施该项目是获得碳汇项目资金，出售批准的减排量（CER）的可行方法。在相对有效市场的前提下，这种方法可以确保为项目提供长期、连续和可预测的资金来源。但是，由于国内碳交易市场发展不足，国际碳交易市场地位相对较弱，中国和巴西等发展中国家强调发达国家应主要采取非市场机制来对发展中国家的碳汇项目进行支持。

第二，通过自愿资金筹集资金。自愿资金主要是作为奖励而存在的，通常情况下是用于申请经济补偿的减排量，这种资金不应该、也不适合去作为长期的经济效益。这种资金主要来自个人、官方的自愿筹集。但是，这种投资方式也越来越多地为政府所提倡。

宽口径是由林业碳汇项目的收益分享理论或者生态补偿等这些政策的研究所提出的，这种研究强调的是如何有效地分配既定的收益，并且会尽可能地降低成本。窄口径关注来自碳汇项目的特定利益来源，首先探究如何有效资助项目或项目参与者如何受益。如果研究人员未能根据他们的研究目的确定合适的口径，则会导致利益分配不清晰，不利于机制的形成。

2. 林业碳汇项目的机会成本

对于林业碳汇项目，定义项目收益范围是关键点之一。在目前的文献中，总收入和净收入的混淆常常使林业碳汇项目收入的定义不清晰。忽略成本，尤其是机会成本，通常会导致项目收入的虚假增长，并影响收入分配。林业碳汇项目的运行成本通常包括直接成本和间接成本。机会成本的确定相对复杂，但非常重要。一方面，机会成本直接关系到项目参与者更准确合理地分配或补偿成本；另一方面，它也有助于综合考虑是否要实施特定的碳汇项目，以便做出最佳决策。林业碳汇项目机会成本分析主要有两种思路。

（1）成本效益分析角度的机会成本。 一些研究人员正在使用成本效益分析来计算林业碳汇项目的机会成本。我国学者强调碳汇政策对项目收益的影响，认为一个国家能否从碳汇项目中受益主要取决于其收益与机会成本之间的权衡。通过模拟可以进一步得出：国家碳汇项目的平均机会成本随着政策强度的增加而增加，项目成功实施的可能性也会增加。我国的不少学者注重从项目收益的角度来谈碳汇项目的影响，认为一个国家能否从碳汇项目中获取收益取决于它的机会成本是什么。从减排补偿的角度计算碳汇项目的机会成本，并找到平衡点。我国学者为了更好地计算林业碳汇项目的机会成本，提出了一种全新的考虑数量价格效应，并且将风险规避的因素增加到成本补偿的方法，提倡采用多元化的方式进行测算，制定成本补偿政策。也有学者认为这种成本补偿政策有一个很大的缺陷就在于机会成本的测算，他们认为机会成本对于碳汇项目的成本效益的测算往往并不是十分明显，并不太过显著。再加上我国实行土地利用管制对土地的把控，土地所有权属于国家林地不可能随意改变，那么在这种情况下闲置土地的机会成本就不会很高，再计入成本为零的情况下引入机会成本的概念，这样势必会导致测算的不准确。再加上林业生产回报率极低，当资本进入林业生产地区时，林业碳汇项目具有比较优势，因此可以合理地假设林业碳汇项目的机会成本等于零。

（2）机会成本视角下的机会成本补偿。根据上述结论，不少学者认为，仅仅引入机会成本概念不足以解决林业碳汇项目存在的问题，应该进一步引入成本补偿的概念。机会成本的各个组成部分应该被更加严格地定义才能适用于森林碳汇项目，机会成本难以用高标准、高精度、高准确的方法来计算衡量，因此应该另外加上生态补偿这一重要因素。有学者研究了其他国家，如墨西哥、印度尼西亚、巴西等，通过研究这些不同国家的林业碳汇项目，分析出项目机会成本的主要因素包括哪些。一些研究中提到了影响机会成本的因素包括土地的基本收益、对下游产业的影响和投资等。那么顺延这一研究的思路，就可以测算出碳汇项目的机会成本，从而进一步规划一条相对清晰的成本补偿路径。

如果预期利益相关者的成本相对较高，那么有效补偿机制的制定有时甚至比机会成本测算的准确性更重要。就林业碳汇项目的机会成本而言，一些研究人员倾向于从成本绩效角度进行分析，主张使用模型，通过模拟准确地计算项目的机会成本，从而实现有效的利益分配和成本补偿。从补偿路径的角度，研究人员更加关注影响项目机会成本的主要因素，主张找到一条清晰的成本补偿之路，他们认为适当的补偿途径比难以准确衡量的价值更为现实。

（三）融资机制

《京都议定书》制定了国际排放权贸易机制、联合实施机制和清洁发展机制三种灵活机制，这将有助于发达国家更轻松地实现减少温室气体排放的目标并降低其相关成本。排放权交易机制的运作基础是"排放上限和交易系统"。这种机制意味着，一旦缔约方确定排放总量后，其多个排放实体可以灵活地交易各自的排放配额。简而言之，配额"损失不止，但还不够"。该机制是单个缔约方的配额排放单位的交易。缔约方可以获得各自的总配额，然后每个缔约方可以根据实际情况更灵活地买卖配额。

与排放交易机制不同，其他两种机制采用项目合作方式。例如：提高能源效率的项目或碳汇项目等，该项目的绿色标准设定得较高，要求其自身的碳排放量至少要低于标准要求，否则可以促进减排的发展。这两种机制的操作原理相对简单并且基本相似。两者的区别是其中一个国家是否是投资国，如果项目所在的国家/地区是非投资国，则这种情况下的运行机制是清洁发展机制。特别要指出的是，在这种情况下，绿色项目带来的减排量只能称为认证减排量，而不能称为实际减排量。

根据上述排放权交易，联合实施机制和清洁发展机制有两种模式，这两种模式提供两种不同的操作方法：基于配额的交易和基于项目的交易。具体而言，前一交易中的配额是管理者根据总排放量和排放量交易机制设置和分配的各种排放实体。如，在交易协议中，管理者为总排放量设置了一条红线，并为参与者分配了单独的配额单位。如果所涉及的温室气体排放量最终少于配额，则剩余的配额可以在国际市场上交易给排放超过配额的企业，并可以从中受益。否则，如果实际温室气体排放量高于配额，则需要通过国际市场购买配额或受到处罚。根据主观意愿的程度，配额交易市场可分为两个碳市场，一个是自愿市场，另一个是强制性市场。自愿碳交易市场中经常有大公司，他们通常会购买大量的排放权，愿意主动参加限制温室气体排放的活动，是因为这样不仅可以履行公司的社会责任，而且可以为公司赢得荣誉和社会赞誉。在这样的贸易活动中，公司还可以积累丰富的碳交易经验，为公司的长远发展做好充分的准备。强制性交易市场伴随着议定书的强制性减排目标。由于发达国家有减排目标，因此缔约方必须参与配额的买卖。基于项目的交易是基于项目交易内容，买方提供资金和技术，卖方提供碳汇或者碳排放权。卖方获得投资后，肯定会有利于项目的开发和实施，但要以减少自身对买方的排放为代价。在此交易过程中，主要交易形式为 CDM。此类交易基本上均涉及项目开发，需要严格地认证并最终获得减排单位。一般来说，此类项目是排放水平低的项目或碳汇项目。此时，为了满足排放配额的规定，并减少当事人或企业的发展限制，参与主体通常采用购买减排单位的方法以获得排放权。

五、国有林区森林碳汇扶贫的政策建议

1. 完善森林碳汇扶贫补偿前期的市场建设

健康的碳汇市场是减少森林碳汇贫困的先决条件。首先，我国应立足国内研究机构和学术界的现有成果，建立碳汇会计机构，建立统一的会计标准，量化林农和林业企业的增碳作业。其次，建立完善的价格体系是碳汇交易市场不可或缺的组成部分，通过建立定价机制，完善碳汇交易市场，制定相对合理的碳价，为林农和林业企业筹集更多的补偿资金，为他们提供更有效的激励措施。最后，应建立第三方批准和认证机构，建立一个符合中国国情并具有相关资格的正式、可信的认证机构（如资产评估公司和经审计的会计师事务所），对符合要求的森林碳汇给予评估意见和奖励，如发布质量证书确保碳汇交易的顺利进行。并且应尽可能简化认证过程，以避免不必要的行政成本。

2. 建立碳汇金融市场

建立健全碳汇金融市场，发展碳现货和碳期货等金融衍生品，加强对林业和林业企业的相关教育，使林农能够准确认识碳汇的风险。碳汇金融市场决定了碳汇产业的需求，积极参与森林碳汇金融市场，解决融资问题，扩大森林碳汇发展所需资金。随着碳汇市场的发展，要不断丰富碳汇项目的内容，将碳汇项目从森林碳汇扩展到草地碳汇、耕地碳汇、湿地碳汇、海洋碳汇等领域。同时，碳汇交易也要从现货交易延伸到期货交易。

3. 开发减少森林碳汇减贫的政策工具

完善相关减排政策和机制，尽快形成碳排放许可证和排放配额。政府应引入支持性的金融政策工具。在初期，林农和林业公司需要大量的资金投入来实施森林碳汇工程。因此，应出台相应政策，结合碳汇项目的特点，与金融企业达成合作，进一步维持金融机构在碳汇项目上的黏性。政府要帮助金融机构降低对碳汇项目贷款的利息，提供抵押担保贷款，简化碳汇项目贷款的申请流程。只有建立健全森林碳汇金融市场政策，才能及时、全面地投入林业公司所需资金，确保森林碳汇抵押贷款的有效性。此外，政府还应制定解决碳汇行业贫困问题的优先政策，优先部署碳汇供应领域的基础设施建设，对提供碳汇的企业和个人提供优先政策和激励措施。

4. 增强林农及社会公众的森林碳汇意识

提高林农对森林碳汇的认识，对其进行教育培训，来帮助他们建立正确的碳汇科学观念。在森林碳汇减贫的过程中，应系统地将过程中的每个环节介绍给林农，通过媒体宣传来提高公众对碳汇的认识，加强森林碳汇的宣传力度，树立公众的理性认识。借助电视媒体、书籍、互联网、公共平台和名人代言，建立森林碳汇以开展有关低碳减排的公益运动，从而使公众能够了解森林碳汇的原理，并了解森林碳汇在建设生态社会中的作用和建立健康合理的碳汇消费和投资概念。

5. 完善森林碳汇扶贫补偿的相关法律制度

国家在建立森林碳汇补偿机制时，应制定一套法律、法规和相关制度，力争让碳汇补偿机制的整个运行过程充分符合我国的法律法规，在法律的监管下保证碳汇扶贫的实施以及效果。通过调查研究发现需完善扶贫补偿法律制度，确定公民的权利，以此确定森林经营和碳汇补偿的基本条件。法律有关部门不仅仅要建立和完善林业经营者法律制度，司法机关可以定期开展法制教育，充分保护林业使用者和经营者的权利。二是完善补偿资金运行管理和监督制度。要在各级政府、林业部门和环保部门的领导下，建立森林碳汇补偿基金，尽一切努力走出资源诅咒陷阱，成立第三方监管部门对个人、社会团体和企业的森林碳汇补偿基金进行管理。

项目负责人：黄凤
主要参加人：杨雪、张丽、代首寒、郑夏玉等

对外贸易与产业集聚对资源
误置的影响与对策研究[*]

田荣华

最优的资源配置可以提高生产率、最大化产出及社会福利，但由于存在政策补贴、垄断力量、市场分割等诸多因素，资源配置往往无法达到最优，相对地形成了资源误置，降低了生产率和产出，阻碍了经济发展。如果中国资源配置效率可以矫正到美国的水平，中国的全要素生产率（total factor productivity，TFP）将提高 30%～50%（Hsieh & Klenow，2009）。在《2016 年国务院政府工作报告》及"十三五"规划中明确指出，要健全使市场在资源配置中起决定性作用和更好发挥政府作用的制度体系。习近平总书记也指出"经济发展就是要提高资源尤其是稀缺资源的配置效率，以尽可能少的资源投入生产尽可能多的产品、获得尽可能大的效益"。以上均表明，去无效供给、增加有效供给、提高资源配置效率，是深化供给侧结构性改革、实现国内国际双循环过程的重点任务。相对于封闭经济，开放背景下的贸易会通过提高企业生产率、加快淘汰落后企业、促进要素流动、完善价格机制等方式优化资源配置（Bernard & Wagner，1997；Melitz，2003；De Loecker，2007），然而中国各地产业发展不平衡，在不同的产业集聚水平下对外贸易对生产率、要素流动的作用也会不同（赵永亮等，2014；张公嵬和梁琦，2010），那么，各地的对外贸易是否依然可以发挥其原本的作用，以及如何影响中国的资源配置达到最优是值得研究的问题。

一、中国对外贸易、产业集聚与资源误置情况

（一）对外贸易情况

自改革开放以来，中国对外贸易额逐年上涨，加入世贸组织后，中国对外

---

* 黑龙江省哲学社会科学研究规划项目（项目编号：17JYD232）。
项目负责人为田荣华讲师，主要参加人员有吕双、万祥荣等。

贸易额更是获得了更加快速的发展。根据国家统计局数据可知，仅在 2009 年、2015 年与 2016 年两次全球经济危机中，中国进出口总额出现下降，从总体上看在 2002 年之后一直保持着 10％以上的年平均增长率，2019 年进出口总额达到 315 627.32 亿元。其中，出口总额更是以超过进出口总额的增长速度在逐年增长，2019 年实现出口总额 172 373.63 亿元，占进出口总额的 54.61％。2020 年受新冠疫情影响，全球经济普遍低迷，在疫情初期中国经济也几乎停滞，经过政府与多方努力，中国对外贸易逆流而上，2020 年进出口总额与出口总额创下历史新高，分别达到 321 556.93 亿元和 179 326.36 亿元，冲破了疫情限制，为中国的经济发展提供了有力支撑（图 1）。在全球化发展过程中，中国贸易开放不断深化，规模迅速扩大，贸易主体活力持续增强，贸易伙伴更加多元，贸易方式更加优化，带动了 GDP 的高速增长。当前阶段，中国的对外贸易更加强调资源的跨境配置，商品与要素在全球范围更加自由地流动，国内市场与国际市场深度融合，不断优化资源配置。

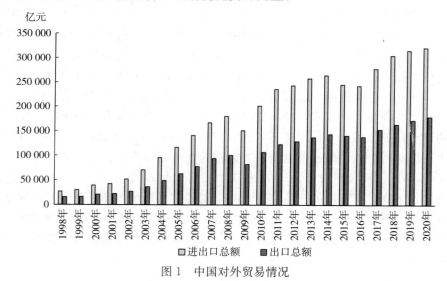

图 1　中国对外贸易情况

数据来源：国家统计局。

（二）产业集聚情况

1. 产业集聚的测算方法

目前测算产业集聚度的方法主要有 HHI 指数、EG 指数、Krugman 空间基尼系数等，虽然测算的方法没有统一，各种方法也各有其优缺点，且这些方法均已比较成熟，在应用中专家学者一般根据所获得数据特征来选择使用，或综合使用。本文主要采用 HHI 指数来进行各地区产业集聚度的测算，这一指标在测算产业集中程度上具有较好的性质，是专家学者以及政策部门使用较多的一个指标。

HHI 指数是反映市场集中度的综合指标，全称为赫希曼-赫芬达尔指数，它可以综合衡量一个产业的企业分布与集聚情况，在 20 世纪 80 年代后一直作为衡量市场集中度的一个主要指标而被广泛应用。公式为：

$$HHI = \sum_{i=1}^{n} (x_i/x)^2 = \sum_{i=1}^{n} s_i^2$$

其中，x 代表产业总规模，x_i 代表 i 企业的规模，$s_i = x_i/x$ 代表第 i 个企业的市场占有率，n 代表产业内部企业数。当 HHI 指数越接近 0，说明产业内部企业规模接近，且企业数量多；当 HHI 指数越接近 1，说明产业的集聚度比较高，由少数规模较大的企业占主体。

2. 产业集聚的测算结果

本文使用 1998—2013 年工业企业数据计算了每个行业在不同年份的产业集聚情况，表 1 给出了 1998—2013 年中国各行业产业集聚平均水平的变化。虽然在 2008 年之后，产业集聚的程度有所波动，但从整体上看，产业集聚度有所下降，说明从整体的情况来看，中国一直在进行的国有企业私有化等政策对于缓解垄断情况是有一定效果的，但是从各行业产业集聚度在每一年的最小值与最大值来看，不同行业的产业集聚度还是有着很大差异的，而且随着时间推移，不同地区、不同产业间的集聚度差异一直在扩大，这与近些年新兴产业的发展有一定关系。近年来技术变革较快，很多新兴产业逐渐萌芽，这些企业大多从小做起逐渐扩大，有的是非常新的行业，行业内企业数量非常少，如并未统计进来的代码为 38 的电气机械和器材制造业，由于数值过少有些无法统计，从另一方面看，新兴产业的崛起，部分企业抓住了发展机遇，快速做大做强，不仅在新兴行业中，在原有的行业中也会存在将新技术与原有行业相结合而在竞争中将企业规模扩大的现象，所以近些年在不同的行业中，小企业与大企业并存的现象较普通，产业集聚度在不同年份的最小值与最大值差异也会越来越大。

表 1　1998—2013 年国内产业集聚情况

年份	均值	标准差	最小值	最大值
1998	5.569	3.283	1.229	14.23
1999	5.735	3.373	1.016	14.13
2000	5.425	2.989	1.005	14.77

（续）

年份	均值	标准差	最小值	最大值
2001	5.561	2.875	1.023	14.56
2002	5.405	2.824	1.131	14.62
2003	4.902	2.88	1.182	15.82
2004	4.652	3.137	1.05	17.16
2005	4.477	2.953	1.024	17.85
2006	4.611	3.352	1.271	19.35
2007	4.239	3.554	0.68	21.7
2008	3.501	3.577	0.54	22.02
2009	4.137	2.877	0.639	19.24
2010	2.14	1.395	0.606	8.609
2011	3.723	3.162	0.807	21.52
2012	3.807	2.928	0.866	19.55
2013	4.003	3.297	0.576	19.03

数据来源：作者根据原始数据计算、整理而得。

从各行业产业集聚的分布来看（表 2），烟草制品业（17.14）和石油加工、炼焦和核燃料加工业（8.047）是产业集聚程度较高的两个行业，也是受到行政限制经营的典型行业，过去只有少数几家国有企业可以经营，目前在烟草制品业虽然有民营企业进入开展研发，但是在烟草制品的销售上仍然管控严格，未经许可不可以进行生产与销售，所以在行业内已经存在的几个企业占有市场很高的份额，形成了较高的产业集聚度，石油加工、炼焦和核燃料加工业也有着同样的特征。所以金属制品、机械和设备修理业的产业集聚度也很高，达到了 8.481，最小值也达到了 4.668，说明在此行业中已经形成较强的产业集聚，正在发挥着产业集聚的作用。与以上行业相反的是，黑色金属冶炼和压延加工业、农副食品加工业、化学原料和化学制品制造业与专用设备制造业的产业集聚度分别只有 1.348、1.593、1.988 和 1.992，这些都是非常低的产业集聚度，说明在目前中国以上三个行业还未形成产业集聚，未发挥出规模经济的效应。除此之外，纺织业、造纸和纸制品业、非金属矿物制品业、通用设备制造业的产业集聚度平均水平还未达到 3，集聚水平也相对较低。

表 2　中国各行业产业集聚情况

行业	行业代码	均值	最小值	最大值
农副食品加工业	13	1.593	0.54	3.345
食品制造业	14	3.996	1.895	5.099
酒、饮料和精制茶制造业	15	4.864	2.084	5.762
烟草制品业	16	17.14	8.609	22.02
纺织业	17	2.434	0.981	4.093
纺织服装、服饰业	18	4.641	0.747	5.789
皮革、毛皮、羽毛及其制品和制鞋业	19	5.947	0.892	8.023
木材加工和木、竹、藤、棕、草制品业	20	4.168	1.158	6.634
家具制造业	21	5.333	3.299	7.799
造纸和纸制品业	22	2.723	1.782	3.992
印刷和记录媒介复制业	23	4.199	1.349	5.898
文教、工美、体育和娱乐用品制造业	24	5.769	1.492	9.279
石油加工、炼焦和核燃料加工业	25	8.047	2.83	14.23
化学原料和化学制品制造业	26	1.988	1.05	3.106
医药制造业	27	3.421	2.391	4.659
化学纤维制造业	28	8.932	4.437	11.77
橡胶和塑料制品业	29	6.348	1.305	9.61
非金属矿物制品业	30	2.256	0.576	4.543
黑色金属冶炼和压延加工业	31	1.348	0.655	4.77
有色金属冶炼和压延加工业	32	6.133	2.726	10.73
金属制品业	33	3.363	0.997	6.626
通用设备制造业	34	2.5	1.02	3.827
专用设备制造业	35	1.992	1.157	3.666
汽车制造业	36	3.153	0.606	4.419
铁路、船舶、航空航天和其他运输设备制造业	37	4.452	1.127	6.27
计算机、通信和其他电子设备制造业	39	3.783	0.777	12.1
仪器仪表制造业	40	3.204	2.013	6.205
其他制造业	41	4.659	1.052	6.505
废弃资源综合利用业	42	5.801	1.334	8.788
金属制品、机械和设备修理业	43	8.481	4.668	13.36

数据来源：作者根据原始数据计算、整理而得。

从不同地区的产业集聚度情况来看（表3），各地的产业集聚度水平较为接近，说明各地区在产业的发展过程中有着较为一致的产业集聚发展进程。较为发达的地区与普通地区的差异并不明显，但是经济落后地区与之存在较大差距。作为经济最为发达的上海，产业集聚度的平均水平 4.346 并不是全国最高的，处于中间水平，同样的北京的产业集聚度平均水平 4.451 也是中间水平。产业集聚度平均水平最高的是四川，达到 4.891，重庆次之，达到 4.845，湖南的产业集聚度平均水平也有 4.824，而较低水平的是西藏（3.575）和青海（3.502），均在 4 以下。由这些数据可以看出，产业集聚行为并不一定与地区经济总体水平成正比，在经济最发达的地区，会吸引很多企业进入，这里企业竞争是比较充分的，还有一个重要的未能形成较高产业集聚度的区域的原因是土地成本，北京、上海等地区如果在最初没有形成产业集聚，那么之后可能因为土地成本较高等原因导致很多企业无法进入这一区域。但是在经济发展中间地带，也由于地方政府的政策引导，会比较容易形成产业集聚。而在经济较为落后的地区，即使地方政策支持，企业也不愿意进入，因为企业更愿意到相对发达的区域，在那些区域比较容易接触到资本、劳动力等资源。

表 3　产业集聚地区差异

地区	地区代码	均值	地区	地区代码	均值
北京	11	4.451	湖北	42	4.731
天津	12	4.226	湖南	43	4.824
河北	13	4.698	广东	44	4.726
山西	14	4.253	广西	45	4.637
内蒙古	15	4.297	海南	46	4.428
辽宁	21	4.714	重庆	50	4.845
吉林	22	4.481	四川	51	4.891
黑龙江	23	4.575	贵州	52	4.422
上海	31	4.346	云南	53	4.631
江苏	32	4.685	西藏	54	3.575
浙江	33	4.563	陕西	61	4.681
安徽	34	4.747	甘肃	62	4.529
福建	35	4.656	青海	63	3.502
江西	36	4.614	宁夏	64	3.864
山东	37	4.726	新疆	65	4.168
河南	41	4.747			

数据来源：作者根据原始数据计算、整理而得。

（三）资源误置情况

1. 资源误置的测算方法

在市场充分竞争状况下，要素资源会从低效率企业转移到高效率企业，最终达到国内资源的最优配置。在不存在任何资源误置的理想状态下，应该可以观察到同一行业内部所有企业的生产率趋于相等（Hsieh & Klenow，2009）。因此，企业之间全要素生产率的离散度也成了测算资源误置程度的有力工具。所以本文根据 Hsieh & Klenow（2009）以及国内邵宜航（2013）等的研究，当全要素生产率与包含价格因素的全要素生产率服从联合对数正态分布时，可以用全要素生产率的对数的离散度，即标准差来表示资源的误置情况。要想获得全要素生产率对数值的标准差，首先要计算出企业的全要素生产率。目前，计算全要素生产率的方法主要有数据包络分析法（DEA 法）、Levinsohn - Petrin 法（简称 LP 法）与 Olley - Pake 法（简称 OP 法）。DEA 法不需要事先设定函数形式，是与效率最高的外沿边际进行对比得出其他企业或其他单位层次的生产率，这计算出来的是相对生产率，它并不能计算出一般意义的企业全要素生产率，所以一般存在较多研究地区数据时会采用 DEA 法。

具体地，OP 法是 Olley 和 Pake 在 1996 年发展了基于一致半参数估计值方法而提出的方法。该方法假定企业根据当前企业生产率水平做出投资决策，并假定企业投资决策是生产率、资本和中间投入的函数，解决了同时性偏差与样本选择偏差问题。设定生产函数为较常用的 C - D 函数，即

$$Y_{it} = A_{it} L_{it}^{a_1} K_{it}^{a_2} \tag{1}$$

其中 Y_{it} 为产出，L_{it}、K_{it} 分别为劳动投入和资本投入，对（1）式两边取自然对数，得到：

$$y_{it} = \alpha_0 + \alpha_1 l_{it} + \alpha_2 k_{it} + \varepsilon_{it} \tag{2}$$

由于企业通常会根据生产率信息来更改投资决策，简单的线性回归将因残差项与解释变量相关而产生有偏估计量，即同时性偏差问题。为了解决这个问题，先将残差项中与生产率有关的部分分解出来，假设残差项为：$\varepsilon_{it} = \theta_{it} + \omega_{it}$，其中 θ_{it} 代表全要素生产率，Olley 和 Pakes（1996）提出将投资作为生产率的代理变量，并假定投资与产出之前存在严格单调关系，假定企业投资函数为生产率和资本函数，即 $i_{it} = f(\theta_{it}, k_{it})$，将其代入（2）中，（2）式可改写为：

$$y_{it} = \alpha_1 l_{it} + \alpha_4 f(\theta_{it}, k_{it}) + \omega_{it} \tag{3}$$

企业的投资可以根据永续盘存法 $k_{t+1} = (1-\delta) k_{it} + i_{it}$ 来计算，其中，δ 为折旧率。将（3）式引入到估计全要素生产率过程中就可以解决同时性偏差问

题。此外，由于生产率的冲击，高生产率企业将逐渐淘汰低生产率的企业，那么留在市场中的企业都是高生产率的企业，在这种条件将会高估 TFP，而较大生产规模的企业往往能够经受住经济的冲击，因此在估计生产率时残差项将与资本项产生负向相关关系，即产生了样本选择偏差问题。Olley 和 Pakes（1996）针对以上问题，提出了企业生存概率方程从而控制样本选择偏差：

$$Pr\{X_{t+1}=1\,|\,\theta_{t+1}(k_{t+1}),\ J_t\}=\rho_t\{\theta_{t+1}(k_{t+1}),\ \theta_{t+1}\}=\rho_t(i_t,\ k_t)\equiv P_t \tag{4}$$

（4）式中 J_t 表示当期的全部信息，通过 Probit 模型可以得到 P_t。综合以上各式，将会得到各项投入的系数，最后通过索洛余值法得到 TFP：

$$TFP_{it}=\exp(y_{it}-\hat{\alpha}_1 l_{it}-\hat{\alpha}_2 k_{it}) \tag{5}$$

2. 资源误置测算结果

本报告采用的样本源于 1998—2013 年中国工业企业数据库，该数据库包含全国 33 万多家规模以上工业企业信息，这些企业的工业总产值占全国工业总产值 95% 左右。参考 Brandt et al.（2011）、聂辉华和贾瑞雪（2011）等文献的通常做法，本章对原始数据进行了如下处理，来剔除可能存在的异常观测值，包括关键财务指标缺失、总资产为负或为 0、利润率大于 1 等。需要强调的是，由于本章是根据企业 TFP 的离散程度来测算行业内资源误置率，参照了 Hsieh & Klenow（2009）的做法，删去了前、后 5% 分位数的观测值，以排除异常观测值对 TFP 的离散度的干扰。在运用上述标准进行数据筛选后，最终得到 3 152 277 个企业样本观测值。

基于筛选后的原始数据集，本章首先计算了 1998—2013 年不同年份 31 个省市、30 个行业（基于国民经济二分位行业代码）的要素弹性系数，并以此来计算企业的 TFP。根据表 4 可以看出，劳动力的弹性系数约为 0.29，资本的弹性系数约为 0.38，这与聂辉华和贾瑞雪（2011）的计算结果相差较多，主要是因为在聂辉华和贾瑞雪（2011）计算全要素生产率时，选择的要素投入不仅有劳动、资本，还包括了中间投入，且中间投入弹性系数所占的比重较大，而在 2009 年之后，工业企业数据中不再有中间投入项，所以只能仅使用劳动和资本两项，本文所计算出的劳动与资本的弹性系数与王贵东（2018）较为一致。

表 4　OP 法按行业分类估算结果统计信息

要素弹性系数	样本量	均值	标准差	最小值	最大值
α_lncapital	3 132 001	0.288 652	0.041 782	0.193	0.471
β_lnlabor	3 132 001	0.376 376	0.052 351	0.168	0.504

数据来源：作者根据原始数据计算、整理而得。

　　根据以上所计算的 TFP 对数值进行整理标准差，以此表示资本误置程度 Dlog（TFP）。表 5 给出了 1998—2013 年的 Dlog（TFP）基本统计信息。结果显示，Dlog（TFP）均值为 0.599 6。从时间上来看，中国的资源误置程度经历了先加剧而后有所改善，再次加剧的过程，1998—2007 年中国经济处于快速发展阶段，但是从资源误置程度上来看，中国的资源配置随着经济发展反而出现了较为严重的配置扭曲，从中也反映出中国各地或各行业间的经济差距越来越大。在 2008 年金融危机时，经济整体放缓，资源误置的程度有所降低，虽然在 2011 年再次出现经济危机时下降但之后又再次回升。可见经济的波动也使资源配置程度发生了较大的变化，而经济危机的存在对资源配置起到了促进作用，还是降低了原来高生产率企业的生产率，也是值得进行关注的一个议题。除此之外，最大值出现在 2006 年，最小值出现在 1999 年与 2013 年，2005 年也存在着较低的数值，这也印证了前面关于经济波动的分析，证明中国的资源误置情况并不是一个简单的递增或是递减的情况，而是有着较为复杂的波动状态。2005 年与 2006 年相邻年份出现了较小的数值与最大值也说明了，在相近年份里不同行业或者不同地区的资源误置程度可能存在着很大差异。

表 5　1998—2013 年资源配置效率的基本情况

年份	Dlog（TFP）均值	最小值	最大值
1998	0.593	0.011	1.188
1999	0.581	0.003	1.380
2000	0.606	0.045	1.465
2001	0.601	0.04	1.347
2002	0.605	0.04	1.951
2003	0.606	0.083	1.886
2004	0.612	0.070	1.405
2005	0.627	0.009	1.622
2006	0.635	0.014	1.944
2007	0.643	0.045	1.783
2008	0.516	0.012	1.546
2009	0.530	0.037	1.658
2010	0.636	0.037	1.585
2011	0.587	0.022	1.222
2012	0.599	0.022	1.575
2013	0.626	0.003	1.817

数据来源：作者根据原始数据计算、整理而得。

　　类似于中国经济发展的区域不平衡，资源配置效率也表现出较为显著的地区差异。在全部 31 个省、自治区、市中，西藏地区的资源误置率最低，其 Dlog（TFP）均值仅为 0.514，显著低于全国平均水平。海南省次之，为 0.517。资源误置最为严重的是山东省，Dlog（TFP）均值在样本期间高达 0.638，远高于全国平均水平，湖北、广东、辽宁等省份也都呈现了较高的资源误置现象。西藏地区的企业生产率大多不高，所以整体的差异较小，这应是西藏地区在采用企业生产率离散度来衡量资源配置程度时表现优异的原因。同样的，海南以旅游企业为主，高科技企业较少，也会表现出类似的现象。需要注意的是北京与天津这两个城市的资源误置率意外得高，其均值分别达到了 0.606、0.617，也是很高的水平。这一结果可能反映了这两个城市的地理区位特征：一方面聚集了很多生产率较高的企业总部与研发机构，同时也包含了一些生产率较低、技术附加值不高的服务配套行业，导致了企业无论在生产规模还是技术水平上都有着较大差异，结果导致了较高的 Dlog（TFP）。类似地，这一情况同样出现在上海，其 Dlog（TFP）均值（0.61）显著高于邻近的江苏与浙江两省（表 6）。

表 6　我国资源配置效率的地区间差异

地区	地区代码	Dlog（TFP）均值	地区	地区代码	Dlog（TFP）均值
北京	11	0.606	湖北	42	0.626
天津	12	0.617	湖南	43	0.604
河北	13	0.613	广东	44	0.625
山西	14	0.564	广西	45	0.613
内蒙古	15	0.594	海南	46	0.517
辽宁	21	0.624	重庆	50	0.597
吉林	22	0.621	四川	51	0.616
黑龙江	23	0.584	贵州	52	0.601
上海	31	0.61	云南	53	0.594
江苏	32	0.599	西藏	54	0.514
浙江	33	0.569	陕西	61	0.59
安徽	34	0.59	甘肃	62	0.584
福建	35	0.615	青海	63	0.537
江西	36	0.621	宁夏	64	0.557
山东	37	0.638	新疆	65	0.532
河南	41	0.623			

　　数据来源：作者根据原始数据计算、整理而得。

从行业资源配置效率来看（表7），低技术或中低技术行业的 TFP 离散程度较小，如印刷和记录媒介复制业（0.516），计算机通信和其他电子设备制造业（0.532）。这一结果的出现不难理解，由于这些行业的技术含量普遍偏低，而且技术比较成熟、普及度高，目前进行新的技术研发较困难，所以仍然在使用传统技术，因此在同一行业内不同企业的技术水平较为接近，决定了生产率离散程度较小。与此对应的是，烟草制品业（0.749）的 TFP 离散度最高，石

表7　我国资源配置效率的行业间差异

行业	行业代码	Dlog（TFP）均值	行业	行业代码	Dlog（TFP）均值
农副食品加工业	13	0.635	化学纤维制造业	28	0.546
食品制造业	14	0.578	橡胶和塑料制品业	29	0.567
酒、饮料和精制茶制造业	15	0.617	非金属矿物制品业	30	0.586
烟草制品业	16	0.749	黑色金属冶炼和压延加工业	31	0.587
纺织业	17	0.572	有色金属冶炼和压延加工业	32	0.656
纺织服装、服饰业	18	0.553	金属制品业	33	0.623
皮革、毛皮、羽毛及其制品和制鞋业	19	0.579	通用设备制造业	34	0.593
木材加工和木、竹、藤、棕、草制品业	20	0.592	专用设备制造业	35	0.591
家具制造业	21	0.568	汽车制造业	36	0.602
造纸和纸制品业	22	0.583	铁路、船舶、航空航天和其他运输设备制造业	37	0.588
印刷和记录媒介复制业	23	0.516	计算机、通信和其他电子设备制造业	39	0.532
文教、工美、体育和娱乐用品制造业	24	0.553	仪器仪表制造业	40	0.565
石油加工、炼焦和核燃料加工业	25	0.733	其他制造业	41	0.594
化学原料和化学制品制造业	26	0.628	废弃资源综合利用业	42	0.615
医药制造业	27	0.644	金属制品、机械和设备修理业	43	0.644

数据来源：作者根据原始数据计算、整理而得。

油加工、炼焦和核燃料加工业（0.733）的 TFP 离散度次之，烟草制品业过去一直受到行政垄断的相关要求，民营企业无法进入，而且烟草的生产工艺相对成熟，烟草的垄断企业并没有进行技术研发或者创新的动力，所以在 2008 年之前的 TFP 离散度并不高，根据本文的测算方式即资源误置程度不高，但是在此之后，烟草专卖局开始发展新型烟草制品，并积极推进烟草生产技术研发，并在多地建立烟草制品研究院与烟草生产商装备研发中心，鼓励民营企业创办烟草制品研究所，烟草企业的生产率发生了较大变化，所以以 TFP 离散度来衡量资源配置效率会有所变化，这一行业资源配置效率的变化也说明，政府的行政干预会影响到企业技术研发投放与生产率的变化，进而影响资源配置，好处在于企业最终生产率会有所进步，但是缺点在于行政干预下有些过去大的垄断企业可能并不会顺应市场规律而被淘汰，所以行业中生产率高的企业和生产率低的企业会并存，影响了资源的优化配置。石油加工、炼焦和核燃料加工业行业中也有着相同的情况，过去均由垄断企业把控，随着市场化进程的推进和国有企业改革，很多民营企业也进入其中，同时在石油加工、炼焦和核燃料加工业中产品的生产技术也存在着很大差异，石油加工和焦炭生产目前已经不是新技术产业，而且还属于资源消耗比较高的资源性行业，随着时间推移，在其生产过程中提取出的新材料产品依据技术附加值情况可以列入高技术附加值产品，而核心燃料产品的生产需要较为严格的环境，生产技术水平要求高，所以在石油加工、炼焦和核燃料加工业企业中生产率的差异会较大，出现了 TFP 离散度高的情况。除此之外，有色金属冶炼和压延加工业，医药制造业，金属制品、机械和设备修理业的 TFP 离散度也是较高的，存在着较严重的资源误置情况。

二、贸易开放和产业集聚对资源误置的影响实证分析

（一）实证模型与指标的选取

本章主要目的在于检验贸易开放水平、产业集聚度对资源误置程度的影响。这一研究问题的关键难点在于贸易开放程度与产业集聚度的内生性问题。变量间的内生性决定了传统的 OLS（普通最小二乘法）估计将存在严重的估计偏差。严重的内生性会使得最小二乘估计量不再是一致的或最优的估计量，一般的处理方法是选取适当的工具变量以减少随机项和内生解释变量之间的相关性，然而很难找到与贸易开放、产业集聚度相关又与资源误置程度完全不相关的工具变量，因此本章选用动态面板模型的广义矩估计（Generalized method of moments，GMM）来解决这一问题，具体是系统广义矩估计（系统

GMM）方法。系统 GMM 估计法最初是为了估计动态面板而提出来的，它可以利用内生解释变量的水平值和差分值作为工具变量来克服解释变量的内生性问题，而无须寻求其他的工具变量。Arellano & Bond（1991）最先提出了一阶差分 GMM 估计法，它可以较好地解决由内生性产生有偏估计量和非一致估计量的问题，但这一方法可能会由于工具变量不足而产生弱工具变量的问题。Arellano & Bover（1995）以及 Blundell & Bond（1998）提出系统 GMM 估计法来解决弱工具变量的问题，其做法是将内生解释变量的滞后项作为水平方程中的内生解释变量的工具变量，因为它与内生的解释变量相关，但是与随机项不相关。Roodman（2006）也表明系统 GMM 估计法同时应用解释变量的水平值与差分值，较一阶差分 GMM 更为有效。根据以上分析，建立动态面板回归模型，如下：

$$\mathrm{Dlog}TFP_{ijt} = \alpha_0 + \alpha_1 \mathrm{Dlog}TFP_{ij(t-1)} + \beta_1 Open_{ijt} + \beta_2 HHI_{jt} + \gamma CV + \mu_{ijt} \quad (6)$$

（6）式中 $\mathrm{Dlog}TFP_{ijt}$ 为第 i 个省份、第 j 个行业在 t 年的 OP 生产率标准差，即资源误置程度。$Open_{ijt}$ 为第 i 个省份、第 j 个行业在 t 年的贸易开放水平，采用 i 省份 j 行业 t 年的工业企业中出口企业总出口额对数值来衡量贸易开放度。HHI_{jt} 为第 j 个行业 t 年的产业集聚度水平，用前文所计算的赫芬达尔-赫希曼指数 HHI_{jt} 来表示，行业集中度越高，代表了行业的垄断程度越高，反之，代表行业的竞争较为充分，资源能够得到合理的配置。CV 代表其他影响资源误置的控制变量。参照已有文献，选择的 CV 如下。

（1）市场化指数 miit。市场化程度体现了价格机制、竞争机制的完善程度，较高的市场化指数反映了政府干预较少，在开放的宏观环境下，企业会综合国内外市场信息来做出生产决策，此时贸易行为会全面地反映企业在面对国际环境时做出的调整，以及企业的贸易行为对企业生产率的影响。本文的市场化数据来源于樊纲和王晓鲁所著的《中国市场化指数》（2009 年）的各年份、分地区的中国市场化指数总得分。

（2）经济规模 lscale。以各年份、各地区、各行业的所有企业工业增加值之和 scale 为代表规模的指标，引入经济规模变量可以帮助控制年份、地区与行业等观测样本特征，同时为了模型中各变量保持一致单位，也为了消除异方差，对工业增加值水平值变量进行了自然对数处理，最终得到 ln（scale），简写为 lscale。

（3）劳动力规模 llabor。本文在进行统计描述过程中发现，地区的人口多少与劳动力配置扭曲有着一定的相关性，并且经济规模与劳动力规模有时并不是一致的，经济规模引入并不能帮助控制劳动力规模，所以在实证分析中加入劳动力总体规模控制这一特征。以各年份、各地区、各行业的所有企业员工之和 labor 代表劳动力规模的指标，同时为了模型中各变量保持一致单位，也为了消除异方差，对总劳动力水平值变量进行了自然对数处理，最终得到 ln（labor），简写为 llabor。

（4）**资本规模 lcapital**。资本总规模对资本配置扭曲存在一定的影响，一般来说经济规模与资本规模有着较强相关性，但通过多重共线性检验发现方差膨胀因子为 4，所以应该独立引入资本规模来控制这一特征。以各年份、各地区、各行业的所有企业固定资本之和 capital 代表资本规模的指标，同时为了模型中各变量保持一致单位，也为了消除异方差，对总资本水平值变量进行了自然对数处理，最终得到 ln（capital），简写为 lcapital。

（5）**政府补贴收入 lsubsidy**。政府补贴收入代表了一个地区政府对经济活动的干预程度，可能会导致资源配置的扭曲。本章根据各个企业的补贴收入整理出了各年份、各地区、各行业的补贴收入 subsidy，再取自然对数得到 lsubsidy。

（6）**地区研发投入 lrd**。研发投入的增加，会带动企业技术的发展，从而带动生产率的提高，因此会高估贸易行为对资源误置程度影响的效果。本章根据《中国科技统计年鉴》中研究与试验发展经费内部支出合计项整理得出各年度、各地区的研究投入 rd，并做自然对数处理，得到 lrd。

（7）**国有企业工业增加值比重 state_rate**。我国国有企业一直拥有政策支持，技术创新动力不足，同时由于生产规模较大占有市场中的大部分资源，影响了资源的有效配置。本章根据工业企业数据计算得出各年份、各地区、各行业国有企业工业增加值与全部企业工业增加值之比作为控制国有企业所有制变量。

（8）**外资企业增加值比重 fore_rate**。拥有外商直接投资的企业，可以在引入外资的同时，获得国外先进的技术及管理方法，可以较为灵活地应对国内外的冲击、利用资源，但同时外资也有可能对国内的投资产生冲击，弱化国内市场的资源配置的能力。根据工业企业数据计算得出各年份、各地区、各行业外资企业工业增加值与全部企业工业增加值之比作为外资企业这一所有制类型的控制变量。

（9）**经济危机虚拟变量 dum_crisis**。在统计描述的过程中发现，经济危机出现时期，资源误置的程度与要素配置扭曲均会发生波动，所以在估计模型中引入经济危机控制变量，2008 年与 2009 年设定经济危机虚拟变量为 1，其他年份为 0。

（二）实证回归结果分析

表 8 给出了贸易开放与产能集聚对资源误置影响的实证估计结果。其中，

模型（1）为基础模型估计结果，从中可以看出，出口贸易对于资源误置有着显著的正向修正作用，具体地，当全部企业出口贸易总额增加1％时，会帮助降低资源误置程度0.043 8，从1998年至2013年平均的资源误置水平0.600 2来看，这将降低资源误置的6.9％（0.043 8/0.600 2），是一个非常高的水平。如果以西藏地区为例，其资源误置率平均水平是0.514，这将促进西藏资源误置水平降低8.4％（0.043 8/0.514），从目前来看资源误置最严重的是山东省，这也将降低其资源误置的6.7％（0.043 8/0.638）。可见开展出口贸易，不仅是将产品出口到国外，还将促进地区与行业间资源的流动，并加快企业调整资源配置，甚至可能帮助企业在全球范围内配置资源，寻求到更优质的资源进行生产，进行改善资源误置的情况。如果这一估计结果是在印刷和记录媒介复制业中起作用，这将帮助该行业降低资源误置8.5％（0.043 8/0.516），但是对于资源误置较高的烟草制品业（0.749）和石油加工、炼焦和核燃料加工业（0.733）来说，将分别降低这两个行业资源误置的5.8％和6.0％。从产业集聚度的回归结果来看，它在基础模型中的作用并不显著。

为了验证贸易开放在产业集聚背景下对资源误置的影响，本文在模型（2）中加入了出口与产业集聚度的交叉项来做进一步的分析（表8）。从模型（2）的结果来看，当加入出口贸易与产业集聚的交叉项后，出口贸易、产业集聚度与交叉项的估计结果都是显著的，说明在基础模型中加入交叉项是正确的，且贸易开放与产业集聚之间存在交互效应。具体来看，在模型（2）中，全部企业的出口贸易额依然表现出会显著降低资源误置的作用，估计值要大于模型（1）中的结果，产业集聚度对于资源误置的作用也是具有显著的负向作用，如果产业集聚度提升1％，则资源误置的情况将降低0.1。但是从1998年至2013年产业集聚度的平均水平4.49，以及各地区各行业的产业集聚度水平来看，产业集聚度增加1％的难度还是较大的，这需要地方政府、企业等多方的努力才能实现。同时，在出口贸易与产业集聚度的交叉项结果来看，出口贸易与产业集聚的交互效应体现在数值上为0.007 74，也就是说出口企业的集聚并未减缓资源误置，反而加剧了误置的程度，这说明中国的出口企业可能出现了过度集聚的情况，出口企业之间竞争过于激烈，反而降低了资源配置效率。但是由出口贸易与产业集聚的独立变量来看，出口贸易与产业集聚都是有利于降低资源误置的，所以说，出口企业的集聚应该存在一个适度的水平，这样才能共同发挥出口贸易与产业集聚的积极作用。

从其他的控制变量来看，劳动力规模的变大并不会降低资源的误置，反而会有恶化的效果，所以只在数量上增加劳动力并不会优化资源配置，更应注重劳动力素质的培养。同样会有负向影响的是政府补贴，政府补贴虽然可以提高企业的收入，但政府的介入会降低市场对企业的调节功能，一方面挤出了市场上的原有投资，另一方面政府补贴同时会使企业产生"寻租"行为，也在一定程度上使得生产率较低的企业一直没有退出市场，所以会加剧资源的误置。而地区的研发投入增加会对资源误置起到一定的改善作用，研发投入会促进地区技术水平的提升，从而带动企业生产率提高，优化资源配置。除此之外，与在统计描述中发现的现象一致，经济危机出现的年份资源误置的程度会降低，是经济危机将生产率低的企业淘汰出市场，还是在此期间原来生产率高的企业也受到了影响，最终使得企业生产率离散度有所降低，还需要进一步验证。

表 8　贸易开放和产业集聚对资源误置影响实证结果

控制变量	模型（1）D$\log TFP$	模型（2）D$\log TFP$
L. D$\log TFP$	0.118 (1.95)	0.145** (2.82)
$lexport$	−0.043 8*** (−5.47)	−0.076 9*** (−5.09)
HHI_{jt}	−0.012 4 (−1.39)	−0.100* (−2.53)
$Export \times HHI$		0.007 74* (2.56)
$miit$	0.003 36 (0.48)	0.003 40 (0.55)
$lscale$	0.041 7 (1.16)	0.067 6* (2.00)
$llabor$	0.047 5* (2.44)	0.043 8** (2.63)
$lcapital$	−0.032 3 (−0.94)	−0.050 5 (−1.65)
$lsubsidy$	0.043 7*** (3.75)	0.039 1*** (3.81)
lrd	−0.013 3*** (−4.39)	−0.009 12** (−2.99)

（续）

控制变量	模型（1）DlogTFP	模型（2）DlogTFP
state_rate	0.164	0.120
	(1.79)	(1.65)
fore_rate	0.497*	0.304
	(2.30)	(1.54)
dum_crisis	−0.108***	−0.096 8***
	(−9.38)	(−8.81)
常数项	0.219	0.533**
	(1.50)	(2.95)
观测值	8 070	8 070
AR（1）−p	0.000	0.000
AR（2）−p	0.311	0.355
Hansen 检验	0.448	0.111

说明：***、**、*分别代表估计系数通过 0.1%、1%、5%显著性水平检验；AR（1）、AR（2）检验的原假设均为不存在自相关；Hansen 检验的原假设为工具变量的选择是有效的。

　　在产业集聚的背景下，分析贸易开放对资源误置与要素配置扭曲的影响，有利于为中国改善国内资源误置、提高要素配置效率提供一定理论基础与现实依据，有利用于我国实现稳就业、稳金融、稳外贸、稳外资、稳投资、稳预期"六稳"目标。本文通过运用 1998—2013 年工业企业数据进行实证分析贸易开放与产业集聚对资源误置程度的影响后，得到的主要结论有：中国存在一定的资源配置扭曲，而且资源误置的程度随着经济发展波动，各个地区、各个行业的资源误置程度也存在着较大的差异；企业的出口贸易对优化资源配置有着较好的作用，而产业集聚也同样对资源误置有着改善的作用，但是如果出现出口企业过度集聚，将降低这种作用。所以，在降低资源误置的过程中，应该继续扩大贸易开放，并使产业集聚处于合理空间，才能发挥最大效应。通过以上结论可以发现，改善资源误置与要素的配置扭曲，在发挥对外贸易与产业集聚的作用时需要有所选择，或在一定程度上展开，不可一味地增加对外贸易来提高产业集聚度。促进出口贸易的增长，可以从两个方面入手，一是解决目前在出口贸易中遇到的障碍，二是开发对外开放新增长点。目前中国出口贸易受到的主要障碍是发达国家在贸易保护主义思想驱动下的贸易壁垒，不仅降低了中国对外贸易出口额，还增加了中国企业出口成本，因此积极应对贸易壁垒是稳定原有贸易市场的关键。在增加出口贸易时不能仅依赖原有贸易市场，还应积极开拓新的市场、新的贸易增长点。通过近些年的对外贸易数据可以发现，服务贸易相对于传统商品贸易有着更快的增长速度，因此促进服务贸易的发展也是一个需要关注的课题。而在产业集聚上，开发区是政府主导下的最典型的集聚区代表，开发区不仅可以发挥集聚的经济效应，也可以在政策上平衡地区经济发展，避免过度集聚，缩小企业间或地区间差距，所以在发挥产业集聚的作用时，应从各地开发区入手，以政策促进调控集聚效应的发挥，优化资源配置。

三、改善资源误置的对策建议

通过研究结论可以得出，积极开展对外贸易有利于改善目前中国的资源误置现状。中国自改革开放以来，对外贸易逐年增长，无论是在数量上还是金额上都有大幅提升，对外贸易产品结构与贸易市场结构也逐渐优化，但对外贸易的开展需要与多国进行合作，中国在顺差较高的情况下，势必引起贸易国，尤其是发达国家的阻挠。近年来，以美国为首的发达国家贸易保护主义开始抬头，一直想要压缩中国对外贸易、阻碍中国向外进行经济合作的脚步，他们在对外贸易上所采用的一个重要的手段就是使用贸易壁垒，所以进一步贸易开放需要积极应对发达国家对中国发起的贸易壁垒，对在疫情时期稳定对外贸易有着重要作用，发挥对外贸易在各地区、各行业中资源配置的作用。

积极拓展对外贸易需要关注的方面是不能仅依靠传统的贸易产品种类与方式，应寻找新的贸易增长点。随着信息技术与互联网的发展、新科技革命的逐步展开，服务贸易开始崭露头角，不仅优化了各个国家对外贸易结构，也逐渐成为带动对外贸易发展的新动力。据联合国贸易和发展会议（UNCTAD）与日本贸易振兴机构（JETRO）的数据显示，2017 年全球服务贸易总额达到 5.3 万亿美元，占全球贸易总额 17.316 2 万亿美元中的 30.61％，所以服务贸易在一定程度上代表着一个国家目前经济发展水平与对外贸易的水平，由此可见，服务贸易正在全球化背景下不断成为各国贸易发展的关注点与竞争点。在中国拓展对外贸易过程中，不能忽视服务贸易的作用，应大力促进服务贸易发展，并由此带动资源配置效率的提高。

研究结论中另一个重点是出口企业的集聚需要一个适度的集聚环境，避免出口过度集聚、加剧恶性竞争，作为中国集聚区的典型代表——经济区的建设也需要受到重视。开发区是中国发展对外经济的重要载体，是吸引外资和扩大对外贸易的关键力量。近期，贸易保护主义抬头，美国对中国发起贸易战，将在多个方面影响中国的对外贸易与经济发展。开发区作为中国改革开放、推进现代化建设的重要引擎，需要发挥出带动区域发展、拓展对外贸易的关键作用。虽然我国在开发区建设上取得了很多成功经验，但是开发区在目前的建设中仍然存在一些问题，如部分出口企业集聚的开发区并未完全发挥集聚效应，对企业出口贸易影响仅限于集约边际的增长，对扩展边际并没有产生作用，同时，产业集聚还有可能对出口企业贸易方式产生负向影响，没有帮助中国企业在全球价值链中提升地位，这些问题对中国对外贸易的发展产生了一定不利影响。所以应在推动开发区建设时，注重开发区集聚效应的显现与发挥，为资源配置调整过程提供支持。

（一）积极应对贸易壁垒，稳定对外贸易发展[①]

随着经济全球化的进一步加深和贸易自由化程度的不断提升，传统关税和非关税贸易壁垒在国际贸易中的限制性作用正在逐步降低，技术性贸易壁垒开始兴起，正逐渐成为世界各国尤其是美国、欧盟等发达国家和地区实施贸易保护主义的新手段，影响全球经济贸易的进一步发展。2018 年特朗普政府不顾WTO 规则，执意发起贸易战，除了进出口限制、关税清单等直接手段，美国根据贸易制度的不同，在很多贸易领域设置了技术性贸易壁垒，制约着中美贸易发展。同时，美国的示范效应，引起众多欧洲国家效仿，阻碍了中国国际贸易的发展，因此当前必须结合国际贸易形势和中国出口贸易发展现状采取有力措施积极应对，才能扭转中国企业在对外贸易中的被动地位，降低因技术性贸易壁垒所造成的经济损失，维护中国出口企业的合法权益。

随着经济一体化、贸易自由化的发展，保护主义促使越来越多国家和地区开始实施技术性贸易壁垒措施，如何正确对待技术性贸易壁垒是当前中国对外贸易发展的关键。中国加入世贸组织后，在世界经济发展中扮演越来越重要的角色，面对技术性贸易壁垒的挑战也越来越复杂。

对于技术性贸易壁垒既不能完全否定更不能盲目接受，应该采取客观和严谨的态度，以政府为主导，行业协会为辅助，增加企业自身应对能力，寻找应对措施。

（1）增强中国在国际贸易规则制定中的话语权。 积极参与国际谈判、融入国际规则，在开放发展环境下加强国家间合作，增强国际贸易壁垒制定的标准和规则方面的话语权。充分了解美欧的技术法律法规与标准，借鉴发达国家和地区技术法律法规、标准中符合 WTO 要求的部分，结合中国对外贸易的现实

---

① 摘选自《未来与发展》2020 年第 3 期（作者：田荣华、鹿雪莹）。

情况进一步修改完善，不给美欧留有可乘之机。

（2）**完善预警及信息交流平台。**由政府主导，行业协会不断完善全国性的技术性贸易壁垒预警及信息交流共享平台建设，根据 WTO/TBT 通报情况及时预警美欧贸易合作伙伴的最新动态，在平台内细化产品种类，建立单独的应对系统，如农产品及应对系统、纺织产品及应对系统、机电产品及应对系统等，对比研究经常被通报召回产品类别、分析原因。此外，深入了解美国、欧盟等发达国家和地区最新的技术法律法规和标准，及时更新相关技术法律法规数据库，方便出口企业了解，灵活应对技术性贸易壁垒。同时，充分了解WTO 贸易规则，尤其是涉及 TBT/SPS 的相关规则和标准，以便能够及时利用 WTO 有关规则维护企业合法权益，避免蒙受经济损失。加强不同产品行业协会的建设，通过行业协会来建立和完善信息发布与连接方案，在政府与企业之间搭建沟通交流的桥梁，帮助政府了解企业所遇到的技术性贸易壁垒困难，为企业在应对技术性贸易壁垒中提供技术指导与官方支持。

（3）**加快自主创新步伐。**实践证明企业创新可以帮助企业应对技术性贸易壁垒，只有通过技术创新提高生产技术水平，保证出口产品质量优势才是突破技术性贸易壁垒的最根本、有效的途径。所以，中国出口企业不能一直把低价格作为竞争优势，而是要进行技术升级，提升出口产品的技术优势与质量优势，才能更好地应对技术性贸易壁垒的消极影响。政府应加大财政扶持力度，在税收减免等方面为企业提供资金支持，鼓励企业进行技术创新、改进工艺、更新设备，提高产品技术质量，同时建立相关科研机构与企业对接平台，提高中国科研成果转化率，才能更好地帮助企业跨越国外技术性贸易壁垒的阻碍。企业不仅要根据本行业发展现状，紧跟国际技术发展趋势，汲取国外先进技术经验，不断提高自身技术水平，更要加快自主创新，研发核心技术，提高自身技术水平，以满足国际市场的要求，在日益严峻的国际竞争中占据主动，才能在技术性贸易壁垒的限制中求得生存。同时，出口企业应积极实施"走出去"战略，通过合资、投资、收购等手段实现跨国经营，避开技术性贸易壁垒的限制。

（4）**增加技术贸易壁垒与环保等知识宣传。**近年来发达国家不断以中国出口产品对环境有危害为由，限制或拒绝其进口。政府相关单位以及行业协会应充分利用互联网信息平台，加强对技术性贸易壁垒相关知识的宣传和普及，以更加便捷的移动客户端方式增强企业经营者对于技术性贸易壁垒的了解，提高企业经营者对技术性贸易壁垒的认知度，增强保护生态环境、保护人类健康与安全的理念的认知。出口企业应在生产过程中增强安全意识，注重产品质量，避免生产危害人类身体健康和安全的产品，同时积极将环境保护理念与产品设计、生产相融合，尽量减少商品中对环境有危害的因素，减少对非再生资源的开发和利用，生产安全无污染或低污染产品。

（二）促进服务贸易发展，助推贸易结构优化[①]

从国际服务贸易的发展来看，服务贸易经历了较长的准备阶段，在过去较长的时间里服务贸易仅有传统的运输、保险服务等种类，仅充当国际货物贸易的支持者而已，发挥着补充性角色功能。但随着近年来科学技术水平的发展，尤其是信息技术与互联网平台的发展，国际贸易分工进一步细化，产业结构不断升级，服务贸易得到了快速发展，在全球贸易结构中的地位不断提升。在中国服务贸易在对外贸易中占比越来越高，为优化对外贸易结构起到了重要作用，对于中国经济增长的贡献越来越大，也逐渐成为中国新的经济增长点，尤其在新冠肺炎疫情暴发期，货物贸易受到严重影响，但服务贸易在此期间仍可正常进行，不论是在稳定对外贸易上，还是带动对外贸易发展上服务贸易均可发挥作用。虽然服务贸易有着较快的发展，但也应注意到，中国服务贸易相对于发达国家来说，还是存在一定差距的，目前在发达国家的产业结构中可以发现，服务业已经占到 GDP 的 70% 左右，成了发达国家经济发展与对外贸易中的核心部分，而中国依然是以制造业为主，所以在未来，应该进一步促进服务贸易的发展，不仅可以稳定外贸、优化贸易结构，也可以在优化资源配置上起到重要作用。

（1）大力培训服务贸易人才，提升服务贸易专业化水平。中国在服务贸易中的优势依然是在传统的劳动密集型与资源密集型上，而这些服务贸易的技术含量较低，并不利于长远发展。中国未来的服务贸易发展关键点应集中于计算机、信息、金融以及咨询等服务贸易上，大力发展知识密集型、技术密集型服务贸易。发展专业性较高的服务贸易离不开专业人才的支持，所以应继续加大对服务贸易人才的教育与培训投入，促进服务贸易人才的专业化技能提升。建立完善的人才教育培训机制，离不开高等学校，应引导高校在学科研究与专业设置上进行相应的调整，将培养具有国际贸易知识、并能快速适应全球经济变化、参与服务贸易竞争的高层次复合型人才放在重要位置。同时为专业技术人才进行国际服务贸易提供便利条件、优质的科研环境，为相应企业进行国际服务贸易提供保障。

（2）加大发展服务业的资金投入，完善相关基础设施建设。服务贸易的发展离不开本国服务业的发展基础，如前所述，美国等发达国家服务业产值已经

① 摘选自《对外经贸》2019 年第 10 期（作者：田荣华、范铭旂）。

达到 GDP 的 70% 以上，而中国目前在这一指标上还落后于发达国家，服务业的技术水平也与之有着一定的差距。因此优化服务贸易的基础条件，在于不断优化中国服务业的发展条件。应继续加大对电子信息技术、交通、金融服务业等领域的软件与硬件基础设施投入，为中国服务业发展提供必需的基础条件，帮助服务业走出低端锁定效应，由此促进服务贸易在全球价值链中走向高位。

（3）均衡发展各地区服务贸易。 与中国各地区经济发展水平存在差异相同，在服务贸易的发展上也存在着地区差异，但这种地区差异不仅影响到服务贸易水平的提高，也影响到资源在地区配置上的平衡性。因此，均衡发展各地服务贸易不仅有利于服务贸易整体水平提高，也有利于实现资源优化配置、经济的均衡发展。中国中西部的服务贸易发展明显落后于东部沿海一带，缩小地方间服务贸易发展差距，政府提供相应政策支持必不可少。为均衡各地区服务贸易发展水平，应增加对发展相对较弱地区的资金投放，在人才就业、基本生活保障、住房补贴、教育环境等公共服务上提供相对较好的条件，吸引人才，完善交通运输网络，引导新兴服务贸易向中西部建设，引导资金、技术向中西部流动，并促进劳动力、资本等生产要素与经济布局相匹配，以此降低差距，促进各地区服务贸易的均衡发展。

（4）积极拓展新兴国家市场。 中国服务贸易的主要市场目前仍然集中在美国、欧洲、日本、韩国等发达国家和地区，由于受到贸易壁垒等影响，继续扩大服务贸易的空间较为有限，中国应在维持目前服务贸易市场的基础上，积极拓展新兴国家市场，尤其是"一带一路"倡议沿线国家。以中国独特的文化优势，积极开展对外交流，加强与新兴国家在文化、旅游、交通运输等方面的传统服务贸易，并积极拓展电子通信、金融服务等高技术水平的服务贸易。

（三）推动经济开发区建设，发挥产业集聚效应[①]

一国对外贸易的发展可以从集约边际与扩展边际两方面展开，集约边际是指对外贸易的数量或金额的提高，而扩展边际是指贸易产品种类增加或企业数量增加。构建开发区会吸引大量企业进驻，在一定程度上形成集聚效应，对对外贸易的集约边际与扩展边际均会产生影响。除此之外，开发区的相关政策也会促进企业开展对外贸易业务，获得集约边际效应与扩展边际效应。

（1）开发挖掘开发区集聚效应。 目前中国各地的开发区建设定位相似，造成开发区主导产业趋同，因此开发区虽然在促进对外贸易的集约边际上发挥了重要作用，但却无法发挥出集聚的扩展边际效应。深入挖掘开发区集聚效应，

---

① 摘选自《中国物流与采购》2020 年第 3 期（作者：田荣华）。

首先，应在经济规划的制定过程中平衡省市间的规划重点，以地区经济发展与资源条件为基础，避免模仿先进地区经验，突出地方特色。其次，在成型的开发区中，通过政府引导或省市间建立竞争机制，在公平公开的营商环境下正常竞争确立优势，实现互补，向多元化发展，避免国内企业间过度竞争。最后，开发区管委会应从财税、补贴、信息网络建设等方面鼓励企业进行新技术、新产品研发，积极促进新企业进入国际市场，发挥出开发区集聚效应。

（2）加快开发区新旧功能转换。自我国开发区建设以来，开发区经历了单纯促进工业发展的"生产为主"到促进"生产与服务"并重的功能转变，但随着技术快速发展，国内产业结构需要快速升级。破解当前经济中的发展瓶颈，需要开发区加快新旧动能转换，促进地区"调结构、转方向"。不同开发区要根据不同的自身条件进行选择，采取差异化策略，位于发达城市且基础条件较好，在技术水平上已经处于领先地位的开发区，应着重建设以高端制造业和高端服务业为主的产业发展体系，以科技创新为抓手促进地区在全国乃至全球形成技术优势，培育壮大新动能。在产业水平一般但已具备一定产业基础的开发区，应加快提升区内企业在产业链分工中的地位，实现开发区功能升级，改造提升传统动能。

（3）拓展贸易平台覆盖面。国务院 2019 年 5 月 28 日正式印发的《关于推进国家级经济技术开发区创新　提升打造改革开放新高地的意见》为全国开发区建设提供了重要指导，各开发区应注重提升开放质量，继续加大加深开放程度，为企业参与对外贸易提供更加宽广的平台。首先，加强市场化运作，加大基础设施投入，大力吸引财务、采购、销售、物流、结算等功能性机构，提升管理创优服务，不断优化开发区对外贸易平台，为企业更好地参与对外贸易提供支持。其次，扩大平台覆盖，吸收中小企业加入，积极同税务、海关等部门展开合作，拓展平台业务类型，为企业提供便利化条件。最后，加快构建开放型经济发展新体制，完善法治化市场环境，建设良好营商环境，推动形成开发区与沿海港口联动，实现区域协同发展的全面开放新格局。

项目负责人：田荣华
主要参加人：吕双、万祥荣

东北粮食主产区生态保障粮食安全能力评价与政策优化研究*

崔宁波　董晋　兰惠　王婷　刘紫薇

一、东北地区粮食生产与耕地资源使用现状

（一）东北地区粮食生产现状

1. 粮食产能不断向好

从粮食单产看，东北三省粮食单位面积产量由 2009 年的 4 478.637 千克/公顷提高到 2018 年的 5 722.304 千克/公顷（图 1），增长幅度为 27.77％。东北地区粮食单位面积产量除 2009 年低于全国粮食单位面积产量外，2010—2019 年始终高于全国粮食单位面积产量，2018 年二者差距有所缩小。

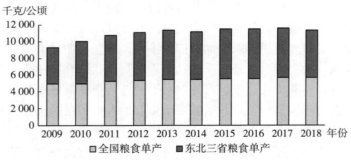

图 1　东北三省 2009—2018 年粮食单位面积产量

数据来源：历年《中国统计年鉴》。

从粮食总产量看，东北三省 2009—2018 年粮食总产量总体上呈上升趋势（表 1），在 2009 年为 8 881.19 万吨，占全国粮食生产总量的 16.46％，2010 年粮食总产量突破 10 000 万吨，同时占全国粮食生产总量的 18.29％，2018 年粮

* 黑龙江省哲学社会科学研究专题项目（项目编号：19JYH038）。

项目负责人为崔宁波教授，主要参加人员有董晋、兰惠、王婷、刘紫薇、于尊、姜兴睿等。本文部分内容转载自《求是学刊》2020 年第 6 期文章：新时代粮食安全观：挑战、内涵与政策导向。

食总产量为 13 331.99 万吨，占全国粮食生产总量达到 20.26％。从播种面积来看，2009—2018 年东北三省粮食播种面积持续上升，从 2009 年的 19 829.96 万公顷上升到 2018 年的 23 298.29 万公顷，增长幅度为 17.49％。粮食总产量占全国比例整体上呈增长趋势，在 2013 年以后，东北三省粮食生产总量占全国比重基本上维持在 20％以上，这一点说明了东北三省对保障国家粮食安全的重要性，同时，东北三省的粮食生产总量占比始终高于粮食播种面积占比。

表 1　全国和东北三省 2009—2018 年粮食总产量和播种面积

年份	粮食总产量（万吨）			粮食播种面积（万公顷）		
	全国	东北三省	占全国比例	全国	东北三省	占全国比例
2009	53 940.86	8 881.19	16.46％	110 255.10	19 829.96	17.99％
2010	55 911.31	10 227.55	18.29％	111 695.40	20 364.73	18.23％
2011	58 849.33	11 548.22	19.62％	112 980.40	20 866.43	18.47％
2012	61 222.62	12 223.85	19.97％	114 368.00	21 462.99	18.77％
2013	63 048.2	13 171.72	20.89％	115 907.50	22 120.03	19.08％
2014	63 964.83	13 077.03	20.44％	117 455.20	22 860.19	19.46％
2015	66 060.27	13 776.49	20.85％	118 962.80	23 422.41	19.69％
2016	66 043.51	13 882.43	21.02％	119 230.10	23 259.17	19.51％
2017	66 160.72	13 895.08	21.00％	117 989.10	23 165.73	19.63％
2018	65 789.22	13 331.99	20.26％	117 038.20	23 298.29	19.91％

资料来源：历年《中国统计年鉴》。

2. 粮食结构与市场紧密相连

东北地区耕种的主要是稻谷、小麦、玉米，种植的豆类主要是大豆，因为小麦的耕种面积远远低于稻谷、玉米等谷物的耕种面积，因此仅选用东北地区的种植结构中比较有代表性的稻谷、玉米和大豆三种作物作为东北地区的主要作物来进行分析。

大豆的种植面积呈下降趋势。辽宁、吉林、黑龙江省大豆种植面积从 2009 年的 135.20 千公顷、437.40 千公顷、4 863 千公顷降低到 2018 年的 73.46 千公顷、279.24 千公顷、3 567.74 千公顷（表 2）。近些年由于跨国粮食企业进入我国，国外进口大豆大量涌入，东北地区大豆种植受到巨大冲击，种植大豆的成本逐渐增加，产量相较于国外较低，且大豆种植收益降低，政府对大豆缺乏相应的补贴政策等，农民种植大豆意愿降低，大豆种植面积逐渐减少。

稻谷播种面积稳步上涨。其中，吉林和黑龙江省的稻谷种植面积最多且呈增长趋势，辽宁省稻谷种植则呈下降趋势，吉林省和黑龙江省稻谷播种面积从2009 年的 660.40 千公顷和 2 460.80 千公顷提高到 2018 年的 839.71 千公顷和3 783.10 千公顷。东北地区由于光照时间长，稻米蛋白质含量高、口感好，深受市场欢迎，需求量一直呈上升趋势，随着稻谷最低收购价政策的继续实施和出口范围扩大对国内大米市场的振作作用，从各类作物的比较优势看，水稻种植在东北地区效益最好，农民和地方政府的积极性高。

玉米播种面积整体上呈上升趋势。辽宁省玉米播种面积由 2009 年的2 092.5 千公顷增加到 2018 年的 2 712.98 千公顷，增长幅度为 29.65%，吉林省的玉米播种面积由 2009 年的 2 957.20 千公顷增加到 2018 年的 4 231.47 千公顷，增长幅度为 43.09%，增长幅度为三省中最高，黑龙江省玉米播种面积由 2009 年的 4 854.00 千公顷增长到 2018 年的 6 317.82 千公顷，增长幅度为30.16%。玉米播种面积增加的原因主要分两方面：一是玉米价格上浮；二是国内大豆种植产业链受进口大豆的冲击，使得玉米播种面积挤占了一大部分大豆播种面积。

表 2   2009—2018 年东北三省主要农作物播种面积

单位：千公顷

地区	种类	2009 年	2010 年	2011 年	2012 年	2013 年	2014 年	2015 年	2016 年	2017 年	2018 年
辽宁	稻谷	656.70	633.93	607.01	598.99	577.90	492.12	469.23	476.39	492.67	488.36
	玉米	2 092.50	2 277.38	2 372.19	2 504.59	2 603.12	2 758.68	2 922.41	2 789.78	2 691.98	2 712.98
	大豆	135.20	95.33	87.05	78.59	73.16	63.49	59.94	69.45	74.30	73.46
吉林	稻谷	660.40	680.19	697.69	711.57	739.37	757.01	778.82	800.19	820.83	839.71
	玉米	2 957.20	3 214.95	3 340.23	3 534.19	3 808.19	4 062.64	4 251.06	4 241.97	4 164.01	4 231.47
	大豆	437.40	399.20	328.73	257.21	240.63	242.78	181.9	187.54	220.22	279.24
黑龙江	稻谷	2 460.80	3 139.44	3 437.31	3 630.7	3 860.81	3 968.48	3 918.35	3 925.33	3 948.89	3 783.10
	玉米	4 854.00	4 756.16	5 179.71	6 100.52	6 571.19	6 707.81	7 361.15	6 528.42	5 862.81	6 317.82
	大豆	4 863.00	3 727.19	3 402.10	2 860.05	2 637.00	2 792.89	2 661.49	3 223.1	3 735.49	3 567.74

资料来源：历年《黑龙江统计年鉴》《吉林统计年鉴》《辽宁统计年鉴》。

（二）东北地区耕地资源使用现状

1. 耕地资源绝对数量多，但减少趋势明显

在我国耕地资源匮乏的背景下，随着社会经济的快速发展，工业化和城镇化进程不断加速，2009—2018 年，辽宁、吉林和黑龙江省耕地面积呈下降趋势（表 3），但减速较小，相比于 2009 年耕地面积，2018 年东北地区耕地面积

减少了 137.8 千公顷，下降幅度为 0.49%。辽宁、吉林和黑龙江省 2018 年耕地面积相比于 2009 年分别减少了 73.9 千公顷、43.7 千公顷和 20.2 千公顷，其中辽宁省耕地面积下降幅度最大，主要是由于转为林地（退耕还林）和城乡建设用地的耕地远大于这两种地类转为耕地的面积所致，另外，黑龙江省耕地面积下降幅度最小。

表 3   东北地区 2009—2018 年耕地面积

单位：千公顷

地区	2009 年	2010 年	2011 年	2012 年	2013 年	2014 年	2015 年	2016 年	2017 年	2018 年
辽宁	5 041.9	5 031.2	5 013.2	4 998.9	4 989.7	4 981.7	4 977.4	4 974.5	4 971.6	4 968.0
吉林	7 030.4	7 017.4	7 021.2	7 013.7	7 006.5	7 001.4	6 999.2	6 993.4	6 986.7	6 986.7
黑龙江	15 865.9	15 858	15 849.1	15 845.9	15 864.1	15 860	15 854.1	15 850.1	15 845.7	15 845.7
东北地区	27 938.2	27 906.6	27 883.5	27 858.5	27 860.3	27 843.1	27 830.7	27 818.0	27 804.0	27 800.4

资料来源：历年《黑龙江统计年鉴》《吉林统计年鉴》《辽宁统计年鉴》。

2. 耕地质量总体较好，各等级耕地均有分布

2019 年农业农村部依据《耕地质量调查监测与评价办法》和《耕地质量等级》国家标准，组织完成全国耕地质量等级调查评价工作。全国耕地按质量等级由高到低依次划分为十一个等级。其中，东北地区共划分为大兴安岭林区、松嫩-三江平原农业区、长白山地林农区、辽宁平原丘陵农林区 4 个二级区。总耕地面积 4.49 亿亩，平均等级为 3.59 等（图 2）。

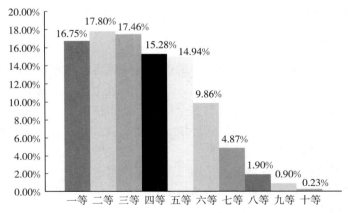

图 2   东北地区耕地质量等级比例分布

评价为一至三等的耕地面积为 2.34 亿亩，占东北地区耕地总面积的 52.01%。主要分布在松嫩平原、松辽平原、三江平原、大兴安岭两侧高平原

和长白山地林农区的部分盆地中，以黑土、草甸土、暗棕壤和黑钙土为主。评价为四至六等的耕地面积为 1.80 亿亩，占该区耕地总面积的 40.08%。主要分布在松嫩平原、松辽平原、三江平原、大兴安岭东侧高平原，长白山地、辽西低山丘陵和辽东山地周边的中下部，以暗棕壤、草甸土、黑钙土为主。评价为七至十等的耕地面积为 0.35 亿亩，占该区耕地总面积的 7.90%。主要分布在松嫩平原西部、三江平原地势较低处，小兴安岭至黑龙江延伸地带，长白山、辽西低山丘陵和辽东山地的坡中、坡上，以草甸土、暗棕壤、黑钙土和风沙土为主。

二、东北地区耕地生态安全水平评价

（一）耕地生态安全水平评价指标体系优化

1. 耕地生态安全内涵

耕地生态安全是近年来提出的新概念，对其含义国内学者先后从不同的学科背景提出了不同的认识和解释。朱洪波（2008）将耕地生态安全定义为一定的时间和空间尺度内，耕地生态系统处于保持自身正常功能结构和满足社会经济可持续发展需要的状态。黄鹏等（2011）认为耕地生态安全是指耕地生态经济系统有稳定、均衡、充裕的自然资源可供人类利用。吴大放（2015）将耕地生态安全视为环境、社会、经济良性发展的基础。梁珍玮（2018）认为耕地系统的数量、质量能满足社会经济发展的需求，且耕地生态环境安全，三者协调统一运转才是耕地生态安全的状态。但本书认为除了以上这些方面外，研究耕地生态安全还需考虑自然灾害等意外的影响。

2. 指标选取理由

（1）东北地区耕地生态安全指标的选取——稳定。稳定这一层级主要包含的是短期内不会发生较大变化的指标，是评价耕地生态安全的基础性指标。通过这层指标可以了解到与耕地生态安全相关的基本情况，不仅要包括耕地本身的使用情况，还要包含当地的气候环境状态和社会状态，从区域环境、使用程度和社会三个维度来选取二级指标。

气候环境状态，主要选取年平均气温、年降水量两个三级指标。一个地区的气温和降水量会直接地影响当地耕地的性状和质量，如果一个区域的气温较高而降水量较低，当地的土壤则更有可能呈现沙漠化的状态，相应地耕地生态也呈现较差的状态，不利于当地耕地生态安全的维持。

使用状态，主要选取耕地垦殖率（耕地面积/土地面积）、耕地粮食单产两个三级指标。从耕地垦殖率的指标来描述耕地的使用数量，从耕地粮食单产这个指标来描述耕地的具体质量。

社会状态，主要选取人口密度和人口自然增长率两个三级指标。这里的社会状态主要侧重于考察当地的人口情况，如果一个地区的人口越多，当地的耕地就越有可能受到人为的影响，从而对耕地生态安全造成影响。

（2）东北地区耕地生态安全指标的选取——侵入。 侵入这一层级主要包含的是会对耕地生态安全产生负向影响的指标，主要考察外部因素对耕地生态安全的不利影响。能够对耕地生态安全造成影响的外部因素主要是自然灾害、人为因素以及自然灾害和人为因素的综合影响。

自然灾害侵入，主要选取自然灾害成灾面积比重这一指标，主要用自然灾害成灾面积除以农作物播种面积来进行计算。自然灾害对耕地生态的破坏在多数情况下是不可预测的，但也是不可避免的。

人为侵入，主要选取单位耕地面积化肥施用量、单位耕地面积农药施用量两个三级指标。这里主要侧重于人类在农业活动中对耕地生态的破坏。单位耕地面积化肥和农药施用量越高，对耕地生态的破坏就越大，且这种影响短期内无法修复。

（3）东北地区耕地生态安全指标的选取——改良。 改良这一层级主要包含的是会对耕地生态安全产生正向影响的指标，主要考察外部因素对耕地生态安全的积极影响。

资源环境改良指的是对耕地环境有直接影响的改良措施，主要包括有效灌溉面积比重、单位耕地面积农业机械化总动力两个三级指标。从灌溉提高耕地含水量和农业机械对土层的正向作用两个方面来评价资源环境对耕地生态的改良程度。

资金投入改良是从国家对农业和环保投入两个角度来评价对耕地生态安全进行保护的措施，包括地方财政农林水事务支出、地方财政环境保护支出两个三级指标。

依据以上指标构建原则和初步拟定的指标选取方案，本书构建了包括 3 个一级指标、7 个二级指标、13 个三级指标的耕地生态安全水平指标评价体系，见表 4。

表 4　指标评价体系表

准则层	因素层	指标层	单位
稳定	气候环境状态	年平均气温	℃
		年降水量	亿立方米

（续）

准则层	因素层	指标层	单位
	使用状态	耕地垦殖率	%
		耕地粮食单产	千克/公顷
	社会状态	人口密度	人/公顷
		人口自然增长率	‰
侵入	自然灾害侵入	自然灾害成灾面积比重	%
	人为侵入	单位耕地面积化肥施用量	吨/公顷
		单位耕地面积农药施用量	吨/公顷
改良	资源环境改良	有效灌溉面积比重	%
		单位耕地面积农业机械化总动力	千瓦/公顷
	资金投入改良	地方财政农林水事务支出	亿元
		地方财政环境保护支出	亿元

（二）东北地区耕地生态安全水平评价实证研究

1. 数据来源

本文选择黑龙江、吉林、辽宁作为研究样本，所用数据多为统计性数据，来源于历年各个省份的统计年鉴、《中国统计年鉴》（2007—2017 年）以及国家统计局官网。由于 2018 年部分数据不完整，且生态环境变化具有一定的周期，十年以上的跨度能够更好地体现东北地区耕地生态系统的变化，所以时间主要选取在 2007—2017 年这个区间。

2. 评价方法

耕地生态安全评价体系是一个复杂系统，要对这一系统进行理性的描述分析，单纯靠主观判断或一种的客观评价方法是难以做到科学客观的，所以本文选择变异系数法和熵值法相结合的方法来确定各指标权重。

（1）变异系数法。 变异系数法又称"标准差率"，是另一种统计数据，用来衡量数据中观测值的变化程度。变异系数就是标准差和平均数的比值，记为 C. V.。计算公式如下。

求取标准差 σ：

$$\sigma = \sqrt{\frac{\sum\limits_{j=1}^{n}(X_{ij}-X_j)^2}{(n-1)}} \tag{1}$$

（1）式中：X_{ij} 表示第 i 年的第 j 个指标值；X_j 表示指标的均值。

求取平均值 μ：

$$\mu = \frac{\sum\limits_{j=n}^{n} X_{ij}}{(n-1)} \tag{2}$$

则变异系数为：

$$C.V = \frac{\sigma}{\mu} \tag{3}$$

将变异系数进行归一化处理得到各评价指标的变异系数权重 W_i，即：

$$W_i = \frac{v_i}{\sum\limits_{i=1}^{m} v_i} \tag{4}$$

（2）熵值法。熵值法是一种客观赋权方法，通过计算指标的信息熵，根据指标的相对变化程度对系统的整体影响来决定指标的权重，相对变化程度大的指标，其效用值就越大。

熵值法的计算步骤为：

①不同指标对耕地生态安全状态的影响不一致，首先需明确区分指标的正负作用。

②数据处理指标标准化。

由于评价指标数值不同而且所属不同的量纲，所以评价指标数值不能比较分析。为了使指标的数据具有可比性、分析性，各项指标的标准化采用极差标准化法，这样做的原因是为了统一指标量纲，还可以缩小指标之间数量级的差异，使各项指标之间具有可比性和分析性。首先，用原始数据构成初始矩阵 $X=(X_{ij})_{mn}$，$i=1，2，\cdots，m$，$j=1，2，\cdots，n$。其中，m 表示指标个数，n 表示年份。X_{ij} 表示第 i 年的第 j 个指标，同时本文将指标划分为正向指标和负向指标，并进行无量纲处理。正向指标和负向指标的无量纲处理公式分别是：

$$y_{ij} = \frac{x_{ij} - x_{j\min}}{x_{j\max} - x_{j\min}} \tag{5}$$

$$y_{ij} = \frac{x_{j\max} - x_{ij}}{x_{j\max} - x_{j\min}} \tag{6}$$

其中：$x_{j\max}$ 表示 j 项指标的最大值，$x_{j\min}$ 表示 j 项指标的最小值。为了满足后面取对数的要求，需对全部指标进行平移处理，即：

$$y'_{ij} = y_{ij} + 0.5 \tag{7}$$

从而得到了经过无量纲化和平移处理的新矩阵。其次，基于新矩阵建立该系统中第 j 个指标对应的熵值 E_j：

$$E_j = -k \sum_{i=1}^{n} (p_{ij} \times \ln p_{ij}) \tag{8}$$

其中：$k = \dfrac{1}{\ln m}$，$p_{ij} = \dfrac{y'_{ij}}{\sum\limits_{i=1}^{m} y'_{ij}}$，$i = 1, 2, \cdots, m$；$j = 1, 2, \cdots, n$。

最后，计算指标 j 的信息权重 W_j：

$$W_j = \frac{1 - E_j}{\sum\limits_{j=1}^{n}(1 - E_j)} \qquad (9)$$

3. 权重确定

本研究采取客观赋权的变异系数法和熵值法来确定指标权重。具体步骤为，首先算出变异系数权重（W_1）和熵值权重（W_2）下各自的权重值，再取二者的平均值作为该指标项的最终权重（表5、表6和表7）。

表5　辽宁权重确定表

准则层	因素层	指标层	W_1	W_2	W
稳定	气候环境状态	年平均气温	0.057 76	0.073 09	0.065 42
		年降水量	0.072 20	0.075 18	0.073 69
	使用状态	耕地垦殖率	0.075 74	0.077 13	0.076 43
		耕地粮食单产	0.054 00	0.072 14	0.063 07
	社会状态	人口密度	0.057 70	0.075 42	0.066 56
		人口自然增长率	0.056 62	0.073 12	0.064 87
侵入	自然灾害侵入	自然灾害成灾面积比重	0.088 68	0.081 23	0.084 95
	人为侵入	单位耕地面积化肥施用量	0.121 51	0.084 62	0.103 06
		单位耕地面积农药施用量	0.053 17	0.073 37	0.063 27
改良	资源环境改良	有效灌溉面积比重	0.064 26	0.078 15	0.071 21
		单位耕地面积农业机械化总动力	0.077 31	0.074 22	0.075 77
	资金投入改良	地方财政农林水事务支出	0.045 62	0.067 91	0.056 77
		地方财政环境保护支出	0.175 44	0.094 41	0.134 92

表6　吉林权重确定表

准则层	因素层	指标层	W_1	W_2	W
稳定	气候环境状态	年平均气温	0.047 66	0.077 68	0.062 67
		年降水量	0.075 92	0.071 69	0.073 81
	使用状态	耕地垦殖率	0.078 14	0.076 46	0.077 30
		耕地粮食单产	0.067 06	0.075 22	0.071 14
	社会状态	人口密度	0.078 84	0.075 60	0.077 22

（续）

准则层	因素层	指标层	W_1	W_2	W
侵入	自然灾害侵入	人口自然增长率	0.079 39	0.077 30	0.078 35
	人为侵入	自然灾害成灾面积比重	0.092 60	0.080 79	0.086 69
		单位耕地面积化肥施用量	0.107 80	0.080 71	0.094 26
		单位耕地面积农药施用量	0.113 65	0.074 94	0.094 29
改良	资源环境改良	有效灌溉面积比重	0.065 75	0.071 46	0.068 60
		单位耕地面积农业机械化总动力	0.049 79	0.079 85	0.064 82
	资金投入改良	地方财政农林水事务支出	0.100 79	0.066 15	0.083 47
		地方财政环境保护支出	0.042 59	0.092 15	0.067 37

表 7 黑龙江权重确定表

准则层	因素层	指标层	W_1	W_2	W
稳定	气候环境状态	年平均气温	0.046 79	0.071 84	0.059 31
		年降水量	0.059 02	0.074 30	0.066 66
	使用状态	耕地垦殖率	0.064 90	0.076 30	0.070 60
		耕地粮食单产	0.070 01	0.073 94	0.071 98
	社会状态	人口密度	0.067 81	0.076 80	0.072 31
		人口自然增长率	0.091 05	0.080 01	0.085 53
侵入	自然灾害侵入	自然灾害成灾面积比重	0.035 67	0.065 97	0.050 82
	人为侵入	单位耕地面积化肥施用量	0.111 39	0.083 26	0.097 33
		单位耕地面积农药施用量	0.073 95	0.080 35	0.077 15
改良	资源环境改良	有效灌溉面积比重	0.051 03	0.073 92	0.062 48
		单位耕地面积农业机械化总动力	0.092 18	0.077 94	0.085 06
	资金投入改良	地方财政农林水事务支出	0.036 11	0.065 22	0.050 67
		地方财政环境保护支出	0.200 09	0.100 14	0.150 12

4. 权重结果分析

（1）权重绝对值分析。在这三个省份中，辽宁省和黑龙江省权重值最高的为地方财政环境保护支出这一指标，可见对"三农"的投入能够显著地影响当地的耕地生态安全，未来应进一步加大对地方财政农林水事务支出以维护耕地生态安全。

辽宁和黑龙江省权重值第二高的指标为单位耕地面积化肥施用量，吉林权重值第一高的指标为单位耕地面积农药施用量，可见化肥、农药等化学品的使用能够较大程度地影响耕地生态安全，所以把化肥、农药使用数量控制在合理的范围内，是进一步保障耕地生态安全的突破口。

（2）权重离散程度分析。 辽宁省权重值的方差为 0.020 2，吉林省权重值的方差为 0.009 98，黑龙江省权重值的方差为 0.024 8。黑龙江省和辽宁省的权重离散程度接近，吉林省权重的离散程度最小，即吉林省耕地生态安全所受影响程度更为平均。

5. 评价模型

考虑到耕地生态安全影响因素的多样性，本研究采用多因素综合评价的方法对东北地区耕地生态安全进行综合评价。在对各指标进行无量纲化处理并确定相应权重后，通过加权评分求取评价对象的耕地生态安全水平。其计算公式为：

$$F = \sum W_i \times P_i \tag{10}$$

式中：F 为耕地生态安全水平；W_i 为指标 i 的综合权重；P_i 为指标 i 的标准化值。

6. 评价标准

目前国内学者对于生态安全等级的划分没有统一的标准规范，多数学者采用五个等级带进行划分。本文将区域耕地生态安全综合指数 F 的取值范围 $0 \sim 1$ 分为 5 个区间，并依次对应 5 个等级，结合东北地区的实际情况，对系统特征进行描述，以期能够最大限度地客观评价东北地区的实际情况（表 8）。

表 8　东北地区耕地生态安全分级和系统标准

F	等级	特征
$\geqslant 0.9$	安全	耕地生态环境基本未受到干扰破坏，耕地生态系统结构完整、功能较强，土地肥沃，无农业污染，植被覆盖率高，生态问题不显著
$0.7 \leqslant F < 0.9$	较安全	耕地生态环境受到一定干扰，耕地生态系统结构尚完整，功能尚好，土壤肥力高，农业污染程度低，水土协调性好，生态问题不显著
$0.6 \leqslant F < 0.7$	敏感	耕地生态环境受到较少破坏，耕地生态系统结构有恶化趋势，但尚能维持基本功能，受干扰后易恶化，盐碱化程度较高，土壤肥力降低，生态问题显现
$0.4 \leqslant F < 0.6$	风险	耕地生态环境受到较大破坏，耕地生态系统结构恶化较大，功能不全，受外界干扰后恢复困难，盐碱化程度高，治理困难，生态问题较大，生态灾害较多
< 0.4	恶化	耕地生态环境受到很大破坏，耕地生态系统结构残缺不全，功能低下，发生退化性变化，恢复与重建很困难，耕地表现为无法耕作的光板地，生态灾害严重

7. 评价结果与分析

根据已构建的指标体系和前述方法，对东北地区 2007—2017 年耕地生态安全的相关数据进行收集和整理。通过计算，得到东北地区 2007—2017 年耕地生态安全的评价值（图 3）。

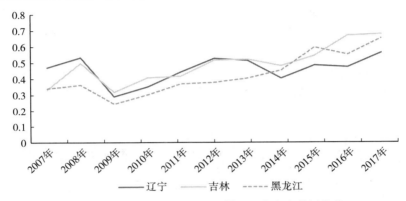

图 3　2007—2017 年东北地区耕地生态安全的评价值

从总体趋势来看，三个省份的耕地生态安全水平均呈波动式上升的状态，耕地生态安全情况向更好的方向发展。这主要是由于国家越来越重视耕地生态环境的保护，对有关耕地生态环境的补贴力度越来越大，并逐步形成系统的耕地环境保护措施，使得耕地生态环境逐步向更好的方向发展。

从绝对数值来看，虽然三个省份的耕地生态安全水平已从 2007 年的恶化状态转变为风险状态，但安全数值仍然较低。虽然国家对耕地生态安全的保护力度越来越大，但由于之前对耕地生态系统的破坏过于严重，使得一些耕地发生退化性变化，且耕地生态系统的恢复需要一定的周期，所以短期内三个省份的耕地生态安全水平的绝对数值仍然不会出现大幅度的提升。

三、东北粮食主产区生态保障能力与粮食安全因果关系分析

（一）粮食生产安全的耕地生态保障理论分析

粮食生产活动是我国人多地少"人地关系"模式下耕地可持续利用的重要一环。这就要求粮食生产必须以生态承载为约束合理利用耕地资源，而修复受损的耕地环境可以进一步协调与粮食生产的关系。具体而言，耕地生态安全既是粮食生产安全的前提，也是重要约束条件，粮食生产活动不能超出耕地生态系统的承载容量范围。耕地生态承载力状况直接决定粮食生产的发展变化，在

耕地资源约束趋紧和耕地生态破坏的双重压力下，粮食生产必须以耕地资源为硬约束对标耕地生态承载力，实现粮食生产安全保障与耕地生态保护的高度统一。粮食生产是自然再生产和经济再生产相互交织的过程，粮食生产的耕地利用过程不可避免造成非期望产出的环境代价，耕地生态效率直观反映粮食生产对耕地生态的影响。此外，耕地是一种重要生态资源，加之耕地具有公共产品属性，使得生态补偿成为耕地保护外部性内部化、实现东北地区粮食生产与耕地生态协调的有效经济激励手段。因此，本部分基于粮食安全理论、边际报酬递减规律、人地协调理论和生态系统平衡理论，应用"压力-状态-响应"（PSR）环境问题分析范式，构建东北地区粮食生产安全的耕地生态保障研究框架，如图4。

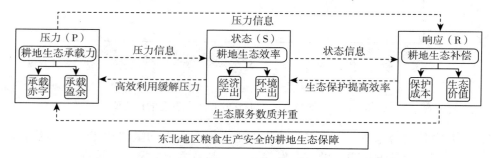

图4 研究框架

其中，压力即耕地生态承载力，反映粮食生产对耕地生态的现实压力；状态即耕地生态效率，是指耕地在粮食生产压力下的利用状态；响应即耕地生态补偿，体现解决耕地生态承载赤字和弥补耕地生态效率损失所采取的措施。压力、状态和响应三者之间具有明确的因果关系。

（二）粮食生产安全的耕地生态保障实证分析

1. 评价指标体系构建

（1）评价指标体系。耕地是粮食生产的基础，其以保障粮食生产为首要功能，研究生态安全约束下耕地稳定性对保障国家粮食安全的重要性。本文基于张翠娟等学者的研究，结合粮食生产、耕地资源和生态环境特点将耕地生态承载力定义为：在生态环境稳定和社会经济可持续发展条件下，耕地生态系统对粮食生产活动的供容能力，是有效判断粮食生产与耕地生态协调与否的重要工具。另外，遵循科学、系统、可比性等原则，基于耕地生态承载力内涵，结合专家建议，最终构建了黑龙江省耕地生态承载力评价指标体系。本文从负荷、协调、管理三个方面系统研究耕地生态承载力。

负荷反映粮食生产活动对耕地生态系统施加的压力。人口自然增长率反映人口对耕地资源系统及生态环境系统的压力；建设占用耕地面积比重反映土地资源的变化，城市建设用地面积越多，占用耕地资源越多；单位耕地化肥使用强度反映粮食生产活动对耕地生态所造成的污染和破坏；单位耕地废水负荷反映农业生产活动水资源利用和浪费程度。

协调描述了耕地生态系统当前所处的状态。单位耕地粮食产量反映耕地资源对粮食生产的供给程度以及粮食安全程度；土地垦殖率反映黑龙江省耕地利用程度，是耕地生态系统在农业生产活动下的状态；人均耕地面积反映耕地资源的稀缺程度，同时反映了人类活动对耕地生态系统的压力；农电集约度反映农业发展水平及对耕地的农电投入能力。

管理表征了人类面对耕地生态系统所存在的问题而采取的措施。农业机械化水平反映农业生产条件和农业现代化水平；农村居民人均可支配收入反映农民生产生活状况以及耕地生产效益；气象灾害是影响黑龙江省农业生产和耕地生态环境的重要因素，有效灌溉面积占比反映水利设施建设程度，是缓解耕地干旱威胁的重要指标；除涝面积占比反映黑龙江省政府耕地生态环境保护效益和防灾减灾治理水平。

（2）数据来源。 以黑龙江省 12 个地市 2009—2018 年为研究单元，研究数据来自 2009—2018 年《中国统计年鉴》《中国农村统计年鉴》《黑龙江统计年鉴》《中国城市建设统计年鉴》《中国区域经济统计年鉴》以及各市国民经济和社会发展统计公报和相关部门官方网站，大兴安岭地区数据缺少不参与计算。对于其他地市个别缺失数据，本部分采用前后两年平均数据计算得到。

2. 承载力评价和障碍因素诊断方法

（1）数据标准化处理。 由于各指标量纲单位和性质不同，为了避免原始数据数量级和量纲差别，首先对原始数据进行处理，公式如下。

正向指标：
$$x'_{\theta ij} = \frac{x_{\theta ij} - x_{j\min}}{x_{j\max} - x_{j\min}} \tag{11}$$

逆向指标：
$$x'_{\theta ij} = \frac{x_{j\max} - x_{\theta ij}}{x_{j\max} - x_{j\min}} \tag{12}$$

其中，$x'_{\theta ij}$ 为标准化后的指标值；$x_{\theta ij}$ 为第 θ 年省份 i 的第 j 个指标。

（2）指标权重确定。 对耕地生态承载力评价是多属性决策问题，为了避免人为因素的干扰和对不同年份进行比较，借鉴杨丽等加入时间变量的改进熵值法，客观分析指标权重，具体步骤如下。

第一步：确定第 θ 年省份 i 的第 j 指标权重。

$$s_{\theta ij} = \frac{x'_{\theta ij}}{\sum_{\theta=1}^{r} \sum_{i=1}^{n} x'_{\theta ij}} \tag{13}$$

第二步：测算第 j 项指标熵值。

$$h_j = -\frac{1}{\ln(m)} \times \sum_{\theta=1}^{r} \sum_{i=1}^{n} s_{\theta ij} \ln(s_{\theta ij}) \qquad (14)$$

其中，$0 \leqslant h_j \leqslant 1$。

第三步：计算信息熵冗余度。

$$a_j = 1 - h_j \qquad (15)$$

第四步：计算指标权重。

$$w_j = \frac{a_j}{\sum\limits_{j=1}^{m} a_j} \qquad (16)$$

第五步：改进熵权。由于熵值趋近于 1 时，细微的差别会导致不同指标权重发生成倍的变化，为了减少结果误差，本文基于以上结果对公式进行改进。

$$w_j = \frac{\sum\limits_{j=1}^{m} h_j + 1 - 2h_j}{\sum\limits_{j=1}^{m} \left(\sum\limits_{j=1}^{m} h_j + 1 - 2h_j \right)} \qquad (17)$$

依据公式测算黑龙江省耕地生态承载力评价系统各指标权重如表 9。

表 9　耕地生态承载力评价指标体系

准则层	指标层	指标单位	指标类型	改进前 熵权	改进后 熵权
负荷	C_1 人口自然增长率	%	逆向	0.077 1	0.083 3
负荷	C_2 建设占用耕地面积比重	%	逆向	0.050 9	0.083 1
负荷	C_3 单位耕地化肥使用强度	千克/公顷	逆向	0.073 7	0.083 3
负荷	C_4 单位耕地废水负荷	千克/公顷	逆向	0.058 8	0.083 2
协调	C_5 单位耕地粮食产量	千克/公顷	正向	0.096 6	0.083 4
协调	C_6 土地垦殖率	%	逆向	0.059 2	0.083 2
协调	C_7 人均耕地面积	公顷/万人	正向	0.072 3	0.083 4
协调	C_8 农电集约度	千瓦·时/公顷	正向	0.119 7	0.083 6
管理	C_9 农业机械化水平	千瓦/公顷	正向	0.088 7	0.083 4
管理	C_{10} 农村居民人均可支配收入	元	正向	0.087 2	0.083 4
管理	C_{11} 有效灌溉面积占比	%	正向	0.133 5	0.083 6
管理	C_{12} 除涝面积占比	%	正向	0.082 4	0.083 3

（目标层）

（3）耕地生态承载力指数计算及分级方法。 耕地生态承载力评价系统包含负荷、协调、管理三个子系统，本文采用综合评价法计算黑龙江省耕地生态承载力，公式如下：

$$ECC = \sum_{j=1}^{m} x'_{\theta ij} \times w_j \qquad (18)$$

其中，ECC 为耕地生态承载力指数；$x'_{\theta ij}$ 为标准化后的指标值；w_j 为指标权重。

鉴于目前国内对耕地生态承载力划分尚未有统一标准，为了避免人为划分耕地生态承载力等级所造成的主观性和随机性，本文使用统计软件 SPSS 24.0 对耕地生态承载力进行系统聚类分析，选用组间平均连接法和平方欧式距离算法，依据聚类分析生成的聚类树状谱系图并结合黑龙江省耕地生态环境特点，将 12 个市耕地生态承载力分为 5 个等级，具体分级结果如表 10。

表 10 耕地生态承载力指标分级标准

级别	耕地生态承载力承载状态	耕地生态承载力分级
1	承载良好	$ECC \geqslant 0.6$
2	承载安全	$0.5 \leqslant ECC < 0.6$
3	承载预警	$0.4 \leqslant ECC < 0.5$
4	轻微超载	$0.3 \leqslant ECC < 0.4$
5	严重超载	$ECC < 0.3$

（4）耕地生态承载力障碍因素诊断方法。

在分析耕地生态承载力的基础上，为了探讨制约黑龙江省耕地生态承载力提高的影响因素和有针对性地提出黑龙江省耕地生态承载力保护政策，本文引入因子贡献率（R_{ij}）、指标偏离度（V_{ij}）、障碍度（p_{ij}）构建障碍度模型，计算公式如下：

$$p_{ij} = \frac{(1 - x'_{\theta ij}) \times w_j}{\sum_{j=1}^{m} (1 - x'_{\theta ij}) \times w_j} \times 100\% \qquad (19)$$

其中，p_{ij} 为第 i 个省第 j 项指标对耕地生态承载力的障碍度；因子贡献率用 w_j 表示，即各指标对总目标的权重；指标偏离度表示各指标与最优指标的差距，这里用 $1 - x'_{\theta ij}$ 表示。

3. 耕地生态承载力时空演变分析

（1）耕地生态承载力时间变化。 基于耕地生态承载力指标体系和公式测算出 2009—2018 年黑龙江省各地市耕地生态承载力指数，具体结果如表 11。

表 11　2009—2018 年黑龙江省各市耕地生态承载力指数

城市	2009 年	2010 年	2011 年	2012 年	2013 年	2014 年	2015 年	2016 年	2017 年	2018 年	平均
哈尔滨	0.430 5	0.449 7	0.460 1	0.492 5	0.496 2	0.523 9	0.546 7	0.544 0	0.596 6	0.601 2	0.514 1
齐齐哈尔	0.394 0	0.449 4	0.429 0	0.482 1	0.477 2	0.494 2	0.513 2	0.528 3	0.586 2	0.582 6	0.493 6
鸡西	0.445 5	0.467 3	0.502 1	0.534 9	0.543 7	0.555 5	0.585 7	0.599 3	0.608 0	0.602 7	0.544 5
鹤岗	0.354 4	0.408 3	0.448 1	0.478 5	0.474 5	0.503 9	0.514 1	0.521 6	0.551 8	0.563 3	0.481 8
双鸭山	0.445 2	0.459 3	0.474 2	0.532 9	0.508 9	0.556 4	0.569 4	0.565 5	0.626 9	0.620 3	0.535 9
大庆	0.392 8	0.468 7	0.470 3	0.497 3	0.486 0	0.527 2	0.529 9	0.535 1	0.582 3	0.573 8	0.506 3
伊春	0.351 1	0.382 5	0.393 8	0.401 8	0.402 7	0.426 6	0.440 8	0.444 2	0.449 5	0.479 8	0.417 3
佳木斯	0.377 2	0.405 6	0.455 9	0.512 3	0.506 9	0.513 9	0.533 7	0.535 4	0.569 6	0.595 0	0.501 8
七台河	0.296 4	0.328 7	0.304 1	0.358 5	0.324 8	0.367 0	0.404 7	0.427 7	0.510 6	0.493 6	0.381 6
牡丹江	0.428 8	0.464 7	0.493 5	0.489 0	0.524 6	0.556 0	0.576 9	0.579 5	0.614 6	0.611 6	0.534 0
黑河	0.407 7	0.418 3	0.442 0	0.465 0	0.499 2	0.494 7	0.504 0	0.504 5	0.551 4	0.537 7	0.482 4
绥化	0.396 6	0.436 4	0.456 5	0.471 3	0.503 0	0.481 5	0.496 1	0.511 4	0.568 6	0.588 5	0.491 0
平均	0.393 4	0.428 2	0.444 1	0.476 3	0.480 0	0.500 1	0.517 9	0.524 7	0.568 0	0.570 8	

由表 11 可知，黑龙江省各市耕地生态承载力平均值从 2009 年的 0.393 4 增长到 2018 年的 0.570 8，整体形势向好发展，但上升幅度较小，且多数城市耕地生态承载力刚刚达到安全阶段，部分城市耕地生态承载力仍处于预警阶段。

2009—2012 年黑龙江省各市耕地生态承载力大多处于不安全阶段，2009 年黑龙江省七台河市耕地生态承载力处于严重超载阶段，耕地生态承载力处于轻微超载阶段的有齐齐哈尔、鹤岗、大庆、伊春、佳木斯、绥化，处于承载预警阶段的有哈尔滨、鸡西、双鸭山、牡丹江和黑河，暂无城市达到承载安全和承载良好阶段。2010—2012 年黑龙江省耕地生态承载力虽有所加强，相比于 2009 年，齐齐哈尔、鹤岗、大庆、伊春、绥化耕地生态承载力从轻微超载阶段提高到承载预警阶段，鸡西、双鸭山、佳木斯耕地生态承载力上升到承载安全阶段，所有城市耕地生态承载力均摆脱严重超载阶段，但仍未出现耕地生态承载良好的城市。

2012—2015 年黑龙江省各地市耕地生态承载力呈缓慢上升趋势，2012 年全省耕地生态承载力整体上处于预警阶段，2013 年牡丹江和绥化耕地生态承载力从预警阶段过渡到安全阶段；2014 年耕地生态承载力安全阶段又增加了哈尔滨、鹤岗、大庆三市，但多数城市耕地生态承载力仍处于预警阶段；2015

年黑龙江省耕地生态承载力整体上处于安全阶段，但相比于 2013 年、2014 年增长幅度较小，其中，齐齐哈尔和黑河耕地生态承载力进入安全阶段，伊春、七台河、绥化耕地生态承载力仍处于预警阶段。

2015—2018 年黑龙江省各地市耕地生态承载力达到了新的高度，各地耕地生态承载力基本上处于安全阶段，这主要得益于农业部 2015 年展开的化肥农药减施措施和黑龙江省实施的农业绿色发展措施。2016 年耕地生态承载力安全阶段新增了绥化市，2017 年七台河市耕地生态承载力也进入到安全阶段，2018 年除伊春和七台河市耕地生态承载力仍处于预警阶段外，其他各市耕地生态承载力均处于安全阶段，其中，哈尔滨、鸡西、双鸭山、牡丹江耕地生态承载力达到良好阶段，但只略微高于耕地生态承载力良好分界线。

（2）耕地生态承载力空间变化。 运用 ArcGIS12.0 可视化技术，选取 2009 年、2012 年、2015 年和 2018 年 4 个时间节点分析黑龙江省各市耕地生态承载力空间分布特征。如图 5，在空间尺度上，黑龙江省耕地生态承载力水平区域分异明显，2009 年、2012 年、2015 年和 2018 年耕地生态承载力指数最低城市和最高城市相差分别为 0.149 1、0.176 4、0.181 0、0.109 1，区域耕地生态承载力指数差距整体上呈先增大再减小趋势。在空间分布上，2009—2018 年黑龙江耕地生态承载力整体呈上升趋势，涨幅为东部地区高于西部地区，分布格局转为东部、西部、中部梯度递减，区域耕地生态承载力差距逐渐增大。

2009 年黑龙江省耕地生态承载力空间格局呈东南高、西北低状态，整体上以轻微超载为主，轻微超载区市占区市总数的 58.33%，东部的哈尔滨、牡丹江、鸡西、双鸭山和北部的黑河处于承载预警阶段，七台河处于超载阶段，其他地区都处于轻微超载阶段。其中，东部的鸡西和双鸭山耕地生态承载力指数相比其他城市较高，主要得益于该地区耕地资源丰富，且处于黑土带，属于优质农产品生产基地。

2012 年黑龙江省耕地生态承载力空间格局变化较大，总体上呈东高西低空间分布，处于预警阶段的城市占 66.67%。东部地区的鸡西、双鸭山和佳木斯耕地生态承载力上升到安全阶段，但七台河市仍处于承载超载阶段，该地化肥施用量持续增长，2012 年单位化肥施用量为 0.479 6 吨，农业污染和水土流失严重，耕地利用绩效和协调度表现较差，耕地生态系统面临较大威胁。

2015 年黑龙江耕地生态承载力空间格局呈现中部低、东西部高状态，多数城市耕地生态承载力处于安全状态，占黑龙江省城市总数的 75%。中部地区绥化和伊春耕地生态承载力仍处于承载预警状态，西部地区的齐齐哈尔、大

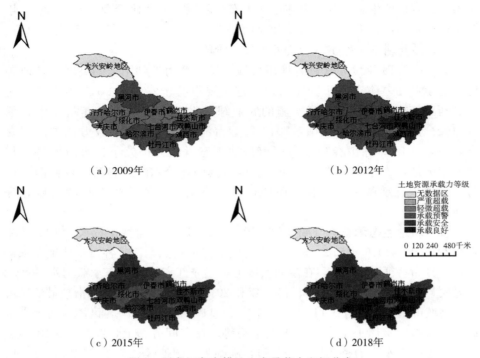

（a）2009年 （b）2012年

（c）2015年 （d）2018年

土地资源承载力等级
无数据区
严重超载
轻微超载
承载预警
承载安全
承载良好

0 120 240 480千米

图5 黑龙江各市耕地生态承载力空间分布

庆、黑河和东部地区的牡丹江耕地生态承载力从预警状态过渡到承载安全状态。

2018年黑龙江耕地生态承载力呈东部高、中部低空间格局分布，耕地生态承载力处于安全和良好的区市分别达到了50%和33%。中部地区的伊春和东部的七台河耕地生态承载力处于预警阶段，东南部地区鸡西、双鸭山、牡丹江和西部的哈尔滨耕地生态承载力突破安全状态，提升到良好状态，但依旧较低。

4. 耕地生态承载力障碍因素分析

（1）障碍因素分析。分析耕地生态承载力内在障碍因素对于识别制约耕地生态承载力提高的关键因素并精准施策具有重要意义，为深入分析制约黑龙江省耕地生态承载力提高的障碍因素，运用耕地生态承载力障碍度模型，对2009—2018年黑龙江省各市12个基础指标障碍度进行测算并按从大到小排序，由于指标因子较多，本文选取2009年、2012年、2015年、2018年4个时间节点和排序前三位主要障碍因子对黑龙江省各市耕地生态承载力障碍因素进行诊断，结果如表12。

表12 2009—2018年黑龙江省各市耕地生态承载力主要障碍因子

城市	2009年障碍因子			2012年障碍因子			2015年障碍因子			2018年障碍因子		
	1	2	3	1	2	3	1	2	3	1	2	3
哈尔滨	C_3	C_1	C_{11}	C_{11}	C_7	C_3	C_1	C_3	C_7	C_6	C_7	C_3
齐齐哈尔	C_1	C_{10}	C_6	C_8	C_{10}	C_6	C_8	C_6	C_{11}	C_8	C_6	C_5
鸡西	C_1	C_7	C_{10}	C_7	C_{11}	C_{12}	C_7	C_{11}	C_{12}	C_7	C_{12}	C_1
鹤岗	C_8	C_{10}	C_4	C_8	C_4	C_7	C_8	C_6	C_4	C_7	C_4	C_5
双鸭山	C_{11}	C_9	C_{10}	C_{11}	C_7	C_{10}	C_{11}	C_8	C_7	C_{11}	C_7	C_5
大庆	C_7	C_{10}	C_1	C_7	C_1	C_{10}	C_7	C_1	C_2	C_7	C_2	C_3
伊春	C_2	C_8	C_4	C_{11}	C_2	C_4	C_2	C_8	C_4	C_8	C_4	C_2
佳木斯	C_1	C_9	C_{10}	C_8	C_{12}	C_9	C_8	C_{12}	C_7	C_8	C_5	C_{12}
七台河	C_{11}	C_1	C_{10}	C_1	C_7	C_{11}	C_{11}	C_7	C_{12}	C_{11}	C_3	C_5
牡丹江	C_{11}	C_7	C_4	C_{11}	C_7	C_4	C_{11}	C_7	C_4	C_{11}	C_7	C_5
黑河	C_{11}	C_5	C_8	C_{11}	C_8	C_{12}	C_{11}	C_8	C_7	C_{11}	C_8	C_5
绥化	C_1	C_{10}	C_9	C_{10}	C_1	C_9	C_6	C_1	C_3	C_1	C_{11}	C_3

由表12可知，不同因素对黑龙江省各市的影响存在较大差异，其中主要制约因素包括有效灌溉面积占比（C11）、人均耕地面积（C7）、人口自然增长率（C1）、农电集约度（C8）、单位耕地化肥使用强度（C3）、除涝面积占比（C12）、土地垦殖率（C6）、农业机械化水平（C9）等。

位于东部地区的鸡西、双鸭山、佳木斯和七台河耕地生态承载力主要制约因素为人均耕地面积（C7）、有效灌溉面积占比（C11）、除涝面积占比（C12），东部处于黑龙江省低洼易涝区，农作物受自然灾害影响较多，因此，水利设施和除涝技术对于保障粮食生产安全尤为重要。

西部地区齐齐哈尔、绥化、黑河、大庆耕地生态承载力主要制约因素除了人口自然增长率（C1）、单位耕地化肥使用强度（C3）、土地垦殖率（C6）之外，还包括人均耕地面积（C7）等。黑龙江西部地区土壤碱化且春旱、夏旱频发，化肥农药施用量偏高，水土流失问题严重，对农作物生长具有重要影响，加之人口密集，人均耕地面积相比于其他地区较少，且城市面积不断扩大，这些因素直接影响了西部地区耕地生态承载力。

南部地区的牡丹江和哈尔滨，其耕地生态承载力主要受人口自然增长率

（C1）、单位耕地化肥使用强度（C3）、人均耕地面积（C7）等因素影响。哈尔滨是黑龙江的省会，城市的快速发展和人口的急剧增长，使人均耕地面积减少，耕地生态安全面临巨大压力。牡丹江坡耕地和山林面积比重大，人均耕地面积随着人口的增长不断下降，近些年，随着政府对优质耕地的重点保护，其耕地生态承载力有轻微改善。

东北部地区的伊春和鹤岗主要受人均耕地面积（C7）、单位耕地废水负荷（C4）、农电集约度（C8）等因素的影响。伊春粮食产量虽然在增加，但是化肥施用量和水污染也随之持续增长，且耕地资源处于不断减少状态，近些年，伊春严格实施耕地保护措施，对土地肥力、水土保持和修复、农田基础设施等进行了重点研究，耕地生态承载力有所提高。鹤岗位于三江平原地区，其耕地整治率、耕地技术效率和耕地集约化利用水平均处于黑龙江省较高地位，但土壤肥力不高，且人均耕地面积明显低于黑龙江省其他城市，成为制约鹤岗耕地生态承载力提高的主要因素。

（2）研究结论。从理论与实践意义来看，系统分析了黑龙江省耕地生态承载力演变进程，提出了客观公平的耕地生态承载力评价指标系统，并借助改进熵值法、聚类分析、障碍度模型和 ArcGIS 科学评价黑龙江省各市耕地生态承载力状态，但由于市级有关数据难以获取，该研究有待进一步细化。

从研究结果来看，在时间尺度上，2009—2018 年黑龙江省耕地生态承载力整体呈现上升趋势，但承载力仍然偏低，多数市耕地生态承载力仍需提高；空间尺度上，黑龙江省耕地生态承载力水平区域分异明显，不同年份空间分布又有所差异，整体上呈现中部低、东西部高的空间格局分布；障碍因素上，有效灌溉面积占比、人均耕地面积、人口自然增长率、农电集约度、单位耕地化肥使用强度、除涝面积占比、土地垦殖率、农业机械化水平等为黑龙江省耕地生态承载力提高的主要障碍因素。

四、东北粮食主产区环境规制对生态保障能力和粮食安全的影响分析

（一）东北地区不同环境规制下粮食生产效率研究

本文基于 2004—2018 年东北三省粮食生产的投入产出数据，运用 DEA 模型测算出各省份粮食生产效率，并结合 Tobit 模型检验环境规制对粮食生产效率的影响，主要从投入产出角度考察了粮食生产环境成本，并就环境规制对粮食生产效率的影响进行了检验。

1. 数据来源

本文选取 2004—2018 年黑龙江、吉林、辽宁三省的省级面板数据展开研究。为保证统计口径统一，本文原始数据主要来自历年的《中国环境统计年鉴》《中国统计年鉴》《中国农村统计年鉴》《中国财政统计年鉴》以及国家统计局网站，年鉴中缺失数据则在各省历年统计年鉴中查询得到。

2. 理论模型

在实践中采取不同的方法对生产效率进行评价，主要有层次分析法、德尔菲法、比率分析法、聚类分析法、模糊综合评价法。这几种方法都有自己独特的适用范围，能够用来综合评价多产出多输入问题，但在评价过程中主观性太强，使得评价结果具有一定的局限性。本文选用 DEA 模型，从投入和产出两个角度构建评价指标体系及综合评价模型，定量测算东北三省粮食生产效率、技术效率和规模效率。

DEA 是研究运筹学和生产边界的一种定量方法，主要用于分析具有多投入多产出决策单元相对效率的非参数方法，评价过程中无须对数据进行无纲量化处理，因此用来评价生产效率具有绝对优势。

BCC 模型属于 DEA 模型的一种，考虑规模收益。该模型假设第 i 个决策单元（DMU）通过 x 种投入可以获得 y 种产出，具体模型如下：

$$\begin{cases} \min\theta \\ \sum_{i=1}^{n} x_i\lambda_i + s^- = \theta x_0 \\ \sum_{i=1}^{n} y_i\lambda_i - s^+ = \theta x_0 \\ \sum_{i=1}^{n} \lambda_i = 1 \\ \lambda \geqslant 0,\ \theta \geqslant 0,\ s^- \geqslant 0,\ s^+ \geqslant 0,\ i = 1, 2, 3, \cdots, n \end{cases}$$

式中，θ 为综合效率值，$(x_i,\ y_i)$ 表示第 j 个决策单元 DMUj，s^+，s^- 是松弛变量，$\lambda_i(i=1,\ 2,\ \cdots,\ n)$ 表示第 i 个决策单元的权值。

由于 OLS（普通最小二乘法）的模型在估计回归系数时，会影响参数估计的有偏和不一致，因此经济学家 Tobin 提出了截尾回归模型。Tobit 模型是在解释变量 Y_i 介于 0~1 的截尾数据时，对部分连续分布和离散分布的因变量的一个回归模型（曾福生和高鸣，2012），回归模型如下：

$$TE_i = \delta_0 + \sum_{i=1}^{n} \delta_i Z_i + \varepsilon_i \tag{20}$$

式中，TE_i 表示粮食生产效率值；δ_0 为常数项；δ_i 为待估参数；ε_i 为误差

项；Z_i 表示影响粮食生产效率的因素，包括环境规制、人均经营规模、农业经济地位、有效灌溉面积、城镇化率、农机化水平。

3. 变量选取

（1）粮食生产投入产出变量说明与统计。

①产出要素。产出变量包括期望产出和非期望产出。本节将选用东北三省2004—2018 年粮食总产量和粮食总价值作为 DEA 模型的产出变量；价值角度该文用农业 GDP 中近似分离出来的粮食占比来表示，具体构建的权重指标对农业中的粮食 GDP 贡献进行分离，即粮食价值等近似表示（田红宇和祝志勇，2018）。权重计算公式如下：

$$M＝（农业总产值/农林牧渔产业总产值）×（粮食播种面积/农作物总播种面积）$$
$$N＝粮食播种面积/农作物总播种面积$$

非期望产出采用总氮（TN）、总磷（TP）来衡量。在现有研究中，部分学者在农业污染物指标选取上除了总氮（TN）、总磷（TP）外还包括化学需氧量。借鉴陈敏鹏等（2006）研究采用清单分析法度量粮食种植污染排放量（李银坤等，2018），具体公式如下：

$$E = \sum EU_i \, \rho_{ij}(1-\eta_j)C_{ij} \tag{21}$$

②投入要素。参照之前学者们的研究，本部分选择土地、劳动力和化肥、农药、农机使用 5 个层面的要素。土地要素用黑龙江省 2004—2018 年粮食播种面积（千公顷）来表示；劳动力要素，用黑龙江省务农人数（万人）表示；化肥要素使用黑龙江省化肥施用量（万吨）表示；农药要素使用黑龙江省农药使用量；农机要素使用黑龙江省农机总动力表示。

由于细分粮食生产投入、产出数据统计的缺失，为了保证粮食投入产出数据统计口径一致，借鉴已有文献做法用权重指标对农业投入、产出要素进行分离。其中，产出要素中的粮食价值为农业 GDP，用权重 M 进行分离；投入指标中的劳动力要素用权重 M、化肥和农机用权重 N 分别进行分离。

（2）解释变量说明。 选取环境规制为核心解释变量，由于粮食生产具有较强的土地依赖性，水土流失、土地酸化、肥力下降、农业用水污染等因素是粮食生产环境遭到破坏的直接表现，也是引起粮食产出效益下降最重要的环境因素。对于农村环境规制这一变量的选取，目前尚未有统一定论。综合相关文献，主要有三种衡量标准：一是直接以污染来源作为环境规制的替代变量，二是以土地过剩氮含量作为农业生产中环境规制变量，三是采用清单分析法测算出单位面积污染强度，以产污强度作为环境规制变量的衡量指标。具体测算方法如下：

$$E = \sum EU_i \, \rho_i (1 - \eta_i) C_i (EU_i, \ S)$$
$$EI = \frac{E}{AL} \tag{22}$$

其中：E 代表氮和磷的排污总量；EU_i 为排污单元 i 的指标统计数；ρ_i 为单元 i 的产污强度系数；$1 - \eta_i$ 为资源利用效率；C_i 为单元 i 的污染物排放系数，它由单元 i 和空间特征 S 决定。AL 为农作物种植面积，EI 为产污强度。具体测算方法是在参考《第一次全国污染源普查：农业污染源肥料流失系数手册》与总结相关文献的基础上进行的。由于粮食生产的特殊性，化肥、农药、秸秆燃烧是造成农业环境污染的最直接、最主要的因素。考虑到数据的可获得性、有效性，本文以化肥和主要粮食作物秸秆作为参考对象，采用清单分析法测算粮食生产过程中氮、磷流失总量，以其单位面积产污强度作为环境规制变量（许标文和郑百龙，2015）。其值越大，表明环境污染程度越高，粮食生产环境压力越大，政府及生产者也将会采取更加强烈的环境规制措施。

（3）控制变量。

①人均经营规模。变量 $x2$ 表示土地规模水平。耕地单位面积越大，越有利于在种植过程中引进新技术，并且起到优化粮食生产的资源配置作用，因此本研究采用人均经营规模水平作为控制变量，具体测算公式为：$x2 =$ 农作物播种总面积/第一产业总人数，并预期土地规模水平对粮食生产效率有正向影响。

②农业经济地位。变量 $x3$ 表示农业经济地位。使用农业 GDP 占地区总GDP 的比重来表示，取对数表示为 $\ln x3$。并且农业 GDP 对资源配置有显著的促进作用，政府的支农政策能促进粮食的增产，也在一定程度上导致了粮食价格上升，因此本研究预期农业经济地位对粮食生产效率具有正向影响。

③有效灌溉面积。变量 $x4$ 表示有效灌溉面积，用权重 N 进行分析，并预期其对于粮食生产效率产生正向影响。

④城镇化率。变量 $x5$ 表示城镇化率。在城镇化过程中大量粮田被转为建设用地，挤占了粮食种植面积，同时会吸引大量的劳动力向二三产业转移，城乡之间的要素配置会被重置，一方面农民会被城市中非农就业所吸引，引起劳动力流失，另一方面，城市发展带来的资本、技术会反向推动农业效率的提高，因此城镇化率会间接影响到粮食生产效率。本文选取各省份城镇人口占该地区总人口的比例来表示，并预期其对粮食生产效率产生正向影响。

⑤农机化水平。变量 $x6$ 表示农机化水平，具体的测算方法为：机耕面积

占总耕地面积的比重。一个地区的农机化水平，在一定程度上反映了当地农业现代化水平，较高的农业现代化水平有利于提高粮食生产效率。因此本文预期农机化水平对粮食生产效率有正向影响。

所有变量说明和描述见表 13。

表 13　变量说明与描述性统计

模型	变量类型	变量名称	代码	均值
DEA 模型	期望产出	粮食总产量（千克）	Q	3 657.73
		粮食总产值（亿元）	G	638.68
	非期望产出	氮排污总量	$E1$	5.57
		磷排污总量	$E2$	0.52
	投入要素	土地（千公顷）	K	6 845.34
		劳动力（万人）	L	297.12
		化肥（万吨）	H	165.67
		农药（万吨）	S	77.29
		农机使用（万千瓦）	N	2 595.14
Tobit 模型	核心解释变量	环境规制	$x1$	0.018
	控制变量	人均经营规模	$x2$	10.84
		农业经济地位	$x3$	10.84
		有效灌溉面积	$x4$	2 277.94
		城镇化率	$x5$	0.58
		农机化水平	$x6$	3.63

（二）环境规制对粮食生产环境效率的影响分析

在对数据总体进行回归分析之后，我们将 2004—2018 年分为三个阶段，每个阶段为五年，再次进行 Tobit 回归，其分别对应模型 1、模型 2、模型 3，回归结果如表 14 所示。从总体上看，核心解释变量环境规制在 2004—2008 年和 2009—2013 年分别通过 1% 和 10% 的显著性检验，且系数为正，但是 2013—2018 年，系数为负，说明随着环境规制投入，粮食生产效率随之提升，但是当达到一定规模时，环境规制开始影响粮食生产效率，这与此前学者提出的观点相吻合，即环境规制对粮食增长的影响呈现倒 U 型曲线关系，较低的环境规制有利于粮食增长，当环境规制力度突破拐点后，粮食产出效益将会下降。

此外，人均经营规模在 2004—2008 年和 2013—2018 年阶段均通过了 5％ 的显著性检验，系数为正，说明耕地单位面积越大，越有利于在种植过程中引进新技术，并且起到优化粮食生产的资源配置作用，有效地提高了粮食生产效率，与预期相符。农业经济地位在第一阶段通过了正向的 5％ 的显著性检验，但是在第二阶段显著性检验系数为负，分析原因，地方农业经济地位越高，说明当地第一产业占比较高，间接地反映出地区的经济发展欠发达的现象，发展较为落后，农业要素投入转化率不高，间接地影响到粮食生产效率。

我们也观察到，城镇化率以及农机化水平在前两阶段均通过了显著性检验，并且为正向显著。城镇化对耕地、农户的流动性和农业机械都有较大的影响：城镇化进程节约了粮食生产投入要素，进而提高了粮食生产效率。农机化水平直接弥补了因劳动力或因经济落后而外出务工，或因为城市化进程的发展向二三产业转移导致的地区劳动力不足的问题，通过提高农机化水平带来的技术要素投入也是促进粮食生产效率提高的重要原因之一。前两阶段二者显著性检验结果也能说明城镇化发展带来生产要素资源配置效率的提高，也会促进农机化水平的提高。有效灌溉面积没有通过显著性检验，原因可能与实际操作中，化肥和水资源的不合理使用、造成大量资源浪费有关。

表 14　Tobit 参数估计结果

变量	2004—2008 年	2009—2013 年	2013—2018 年
	模型 1	模型 2	模型 3
$x1$	0.068 1***	0.381*	−0.025**
	(−0.105)	(−0.218)	(−0.024)
$x2$	0.079**	0.127*	0.082 7**
	(−0.026)	(−0.009)	(−0.043)
$x3$	−0.437**	−0.061***	0.003
	(−0.182)	(−0.012)	(−0.072)
$x4$	0.85	0.699	0.041 2*
	(−0.109)	(−0.612)	(−0.326)
$x5$	0.093**	0.002*	0.005
	(−0.537)	(−0.871)	(−0.715)

（续）

变量	2004—2008 年	2009—2013 年	2013—2018 年
	模型 1	模型 2	模型 3
$x6$	0.148*	0.119*	0.142*
	（—0.021）	（—0.418）	（—0.761）
对数似然值	223.35	523.244	627.992
$P>\text{chi2}$	0	0	0.000 5

注：***、**、*分别代表1%、5%和10%的显著性水平，括号内是标准差。

（三）粮食生产全要素生产率指数的空间分布分析

1. 东北地区粮食生产全要素生产率动态分析

运用 DEA‑Malmquist 模型，测算出东北地区 2004—2018 年粮食生产全要素生产率，如表 15 所示。黑龙江全要素生产率最高，达到 1.09，其后依次为辽宁、吉林，全要素生产率分别是 1.04 和 1.00，黑龙江由于其资源禀赋，黑土地面积较为广阔，因此化肥、农药投入相对而言不需要太多，由此看出环境要素对粮食生产效率具有提升作用。除了 2013—2014 年黑龙江综合效率未达到有效以外，其他年份均达到有效水平，实现了环境规制。这可能与当年自然灾害有关，辽宁、吉林全部达到有效。

表 15　2004—2018 年东北地区粮食生产效率 Malmquist 指数

年份	黑龙江				辽宁				吉林			
	effch	Pech	sech	TFP	effch	Pech	sech	TFP	effch	Pech	sech	TFP
2004—2005	1	1	1	1.22	1	0.969	1	0.969	1	1	1.1	1.1
2005—2006	1	1	1	1.104	1	1.069	1	1.069	1	1	1.094	1.094
2006—2007	1	1	1	0.925	1	1.068	1	1.068	1	1	0.907	0.907
2007—2008	1	1	1	1.113	1	1.044	1	1.044	1	1	1.125	1.125
2008—2009	1	1	1	1.225	1	0.868	1	0.868	1	1	0.892	0.892
2009—2010	1	1	1	0.942	1	1.176	1	1.176	1	1	1.088	1.088
2010—2011	1	1	1	1.14	1	1.134	1	1.134	1	1	1.104	1.104
2011—2012	1	1	1	1.251	1	1.089	1	1.089	1	1	1.077	1.077
2012—2013	1	1	1	0.836	1	1.066	1	1.066	1	1	1.048	1.048
2013—2014	0.998	1	0.998	1.256	1	0.894	1	0.894	1	1	1.038	1.038
2014—2015	1.002	1	1.002	1.024	1	1.181	1	1.181	1	1	1.016	1.016

（续）

年份	黑龙江				辽宁				吉林			
	effch	Pech	sech	TFP	effch	Pech	sech	TFP	effch	Pech	sech	TFP
2015—2016	1	1	1	1.086	1	0.971	1	0.971	1	1	0.958	0.958
2016—2017	1	1	1	1.108	1	1.015	1	1.015	1	1	0.986	0.986
2017—2018	1	1	1	1.141	1	1.067	1	1.067	1	1	0.998	0.998
Mean	1	1	1	1.09	1.00	1.04	1.00	1.04	1.00	1.00	1.03	1.00

2. 东北地区粮食生产全要素生产率空间分布

选取三个时间段比较三个省份的粮食生产全要素生产率，我们发现，黑龙江由于高强度环境规制的作用，粮食生产全要素生产率居第一位，但是随着投入的环境规制强度升高，生产率也在逐步降低。比较辽宁和吉林两省也可看出，适当的环境规制可以提高粮食生产全要素生产率，过多的规制效率会导致化肥、农药对土壤环境的破坏，降低生产效率。

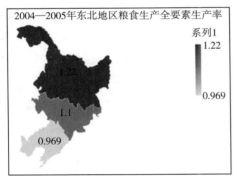

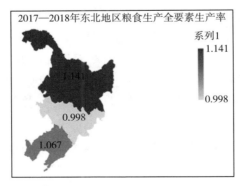

图 6　2004—2018 年东北地区粮食生产全要素生产率空间分布

3. 分析结论

本节选取 2004—2018 年东北三省粮食生产的投入产出数据，运用 DEA 模型测算出各省份粮食生产效率，并结合 Tobit 模型检验环境规制对粮食生产效率的影响，分析得到如下结论：①适当的环境规制对粮食生产效率具有一定的促进作用，过强的环境规制会影响降低生产效率；②东北三省中，黑龙江省的环境规制强度最高，三个省的粮食生产效率水平较好；③城镇化率以及农机化水平也会促进粮食生产效率的提高。

五、东北粮食主产区提升生态保障能力
促进粮食安全的对策建议

（一）明确目前生态保障耕地保护的重点应当是建立"激励性"补偿机制

长期以来的政策倾向于对耕地进行"约束性"和"建设性"保护，而对"激励性"保护的重视程度不足。将定量补偿的资金直接用于改善耕地质量和配套设施的建设，虽取得了一定成效，但对发展县域经济、提高农民参与耕地保护的积极性效果有限。应将耕地保护的重点围绕"激励性"补偿，对参与保护的农民、基层政府和集体经济组织等主体给予补偿，通过直接受益和奖罚并行提高公众自觉保护耕地的积极性。

（二）巩固和落实农民的补偿主体地位，摆脱小农户与新型农业经营主体补偿的"一刀切"模式

耕地生态补偿包括"耕地生态的补偿"和"耕地的生态补偿"，但无论哪一方面农民既是耕地产出的直接受益者和治理成本的直接承受者，也是生态保护的主要执行者和生态补偿的首要经营者，对于政策走向十分关注，建议通过进一步巩固和落实农民耕地承包经营权，厘清土地权利关系，在产权上保障农民的补偿主体地位。同时，摆脱小农户与新型农业经营主体补偿的"一刀切"模式，建立小农户与新型农业经营主体利益联结机制，以新型农业经营主体承担主要耕地保护建设项目的实施，发挥耕地保护工作的带头作用。

（三）充分考虑粮食生产生态保障的外部性，重新调整补偿标准

目前，东北三省给予耕地保护主体的地力补贴、耕地保护性耕作补贴等主

要以成本费用、不同区位技术条件和利用方式为依据，这种补偿标准的制定既缺乏对耕地所产生的重要生态效益和社会效益的考量，也未顾及耕地质量和市（县、区）域经济发展水平的差异性。建议在此基础上将耕地保护成本与生态服务价值作为核心内容，考虑单位面积耕地所产生的总体外部性及不同地力等级和市（县、区）域支付能力，重新调整补偿标准，并使粮食主销区等耕地保护的生态和社会效益"受益者"参与支付相应数额的补偿。

（四）探索多元化的耕地激励补偿形式

在农民经营土地追求收入最大化的现实需求下，激励补偿仍应以经济形式为主。建议根据不同市（县、区）耕地单位面积经济补偿执行标准，确定其补偿的盈余或赤字，通过中央—省—市级财政纵向转移支付和各市（县、区）之间横向财政转移支付，均衡各地的耕地保护补偿。该激励补偿可采用货币化补偿、农业生产资料补偿以及生产技术补偿等常规补偿方式，同时也可以社会保障缴纳和农业保险补贴的方式进行。另外，针对农作物的碳汇功能，可以建立一个碳汇交易平台，把农作物产生的净碳汇作为生态产品通过平台交易。还可以引入合同协议或设置补偿专项资金，发挥市场在资源配置中的基础性作用，在便于城镇居民为耕地生态服务进行付费的同时具有一定约束作用。

（五）构建经济补偿资金融资体系

现行耕地保护的资金主要来源于中央和地方财政，相对单一，建议依据循序渐进和社会经济发展的原则，建立包括耕地出让金、政府财政、耕地生态社会效益税等在内的多元化融资渠道，设立耕地保护经济补偿专项基金，统一管理，特定条件下也可将其统一纳入高一级政府财政之内，再通过转移支付的方式回归到耕地保护经济补偿融资体系之中，弱化市、县（区）级政府"理性人"的利益驱动性。

（六）建立健全耕地保护补偿的法律保障和监督管理体系

耕地保护激励补偿机制的落实必须有一套权威、高效、规范的法律监管体系。建议出台将补偿政策的范围、对象、方式、标准等纳入其中的《黑龙江省耕地保护的激励补偿条例》，同时，建立市—县（区）—镇一体化的垂直监管体系，健全耕地质量监测评价机制及相应的责任体系，鼓励各级政府积极采用信息化手段提高补偿落实的监管工作效率。此外，还要注重舆论监督和群众监督，在黑土地保护相关政策制定等方面赋予公众更多参与权和知情权，促进形成全社会的利益共同体意识。一方面，要注重黑土地保护外部效益的科普宣传，通过电视媒体及现场宣传等多种方式，使补偿主体和受偿主体了解、认识到黑土地生态社会效益的重要意义，提高公众对黑土地保护激励补偿实施的配合意识，为资金筹措提供舆论支持；另一方面，可以通过建立小农户与新型农业经营主体利益联结机制，以新型农业经营主体承担主要黑土地保护建设项目的实施，发挥黑土地保护工作的带头作用。

项目负责人：崔宁波

主要参加人：董晋、兰惠、王婷、刘紫薇、于尊、姜兴睿等

基于人口收缩的黑龙江省资源枯竭型城市产业变动及解决对策研究[*]

周慧秋　崔丽

黑龙江省资源型城市是国家能源资源安全的保障基地，是国民经济持续健康发展的重要支撑。黑龙江省作为东北振兴战略的重要实施主体，以丰富的资源优势曾为国家的经济社会发展做出了突出贡献。但进入新常态后，黑龙江省资源丰富的光环逐渐消失，黑龙江省一半的资源型城市面临资源枯竭，对全省经济增长负向拉动作用明显，产业衰退引发人口流失，人口和产业累积循环效应不断深化城市收缩，出生率下降和老龄化又让城市收缩雪上加霜。随着资源枯竭衍生出的经济、民生和环境问题越来越复杂且严重，解决资源枯竭型城市可持续发展问题的需求也越来越迫切。而长期以来，城市规划中增长的思维和模式占据主导地位，城市收缩是城市发展研究中亟待解决的问题。因此，以前瞻性视角预见城市收缩的客观规律，加强资源枯竭型城市人口收缩和产业变动的机理研究，重构产业多元化新格局，重聚产业发展新动能，可以为黑龙江省破解资源枯竭型城市发展问题打开突破口。

一、黑龙江省资源枯竭型城市人口收缩及产业变动现状分析

（一）资源枯竭型城市概况介绍

2013 年 11 月，国务院印发《关于全国资源型城市可持续发展规划（2013—2020 年）的通知》（国发〔2013〕45 号），在规划中，黑龙江省有 11 个城市被列入全国资源型城市。其中，伊春、大兴安岭于 2008 年被确定为首批资源枯竭型城市，七台河、五大连池于 2009 年被确定为资源枯竭型城市，鹤岗、双鸭山于 2011 年被确定为资源枯竭型城市。本文以鹤岗、双鸭山、伊

---

* 黑龙江省哲学社会科学研究规划项目（项目编号：18JYH751）。
　项目负责人为周慧秋教授，主要参加人员有崔丽、刘春梅、徐建中、李东等。

春、七台河、大兴安岭、五大连池 6 个国家认定的资源枯竭型城市和大庆市为研究对象。加入大庆市的原因是：大庆油田自 2015 年开始连续每年调减产量 150 万吨，并且截至 2015 年底，大庆油田剩余可采储量约 1.97 亿吨，按照现在的开采速度计算，也就只够开采五年左右。因此，本文将大庆市也纳入资源枯竭型城市的范畴进行研究，并且以 2014 年为其资源枯竭的元年。本文研究的资源枯竭型城市按照拥有的资源类型可分为石油型、煤炭型和林木型三大类，石油资源枯竭型城市为大庆；煤炭资源枯竭型城市为鹤岗、双鸭山、七台河；林木资源枯竭型城市为伊春、大兴安岭、五大连池。

2018 年，黑龙江省资源枯竭型城市土地面积占黑龙江省的 37.9%，资源枯竭型城市地区生产总值（GDP）占黑龙江省地区生产总值的 26.5%，公共财政收入和支出分别占黑龙江省的 20.3% 和 19.6%，人口总数占黑龙江省的 20.8%，失业人员占黑龙江省的 24.5%（不含五大连池市），具体指标如表 1 所示。总之，黑龙江省资源枯竭型城市经济已经进入低迷期，产业发展缺乏弹性和新动能，人口规模和结构发生变迁。

表 1　黑龙江省资源枯竭型城市基本指标情况

指标	GDP（亿元）	公共财政收入（亿元）	公共财政支出（亿元）	人口总数（万人）	失业人口（万人）
资源枯竭型城市	4 337.3	259.99	915.2	784.16	9.67
占黑龙江省比重（%）	26.5	20.3	19.6	20.8	24.5

数据来源：《黑龙江统计年鉴》（2019）。

（二）资源枯竭型城市人口收缩现状分析

1. 资源枯竭型城市的人口规模分析

黑龙江省资源枯竭型城市人口总量数据显示（图 1），2005—2018 年，石油、煤炭资源枯竭型城市人口总量呈现倒 U 型，石油资源枯竭型城市人口总量的峰值出现在 2013 年，煤炭资源枯竭型城市人口总量峰值出现在 2010 年，而林木资源枯竭型城市人口一直呈现下降趋势，在 2010 年开始下降幅度增大。人口调研数据显示：从 2005 年开始，资源枯竭型城市纷纷开始出现总人口增长率为负的现象；2015 年，资源枯竭型城市人口收缩最严重，其中七台河总人口增长率为 −59.5‰，大兴安岭总人口增长率为 −55.6‰；以 2005 年为基年，2018 年资源枯竭型城市总人口约为基年的 94% 左右，其中七台河和大兴安岭人口收缩最严重，仅为基年的 87.8% 和 80.3%。

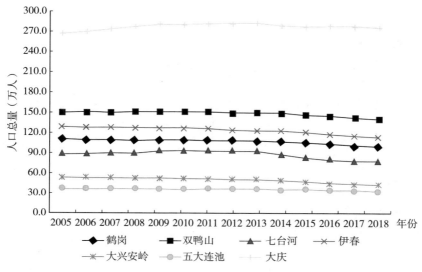

图 1　2005—2018 年黑龙江省资源枯竭型城市人口总量

数据来源：2006—2019 年《黑龙江统计年鉴》和调研所得。

资源枯竭型城市人口规模收缩可从人口自然收缩和人口迁移收缩两方面考虑。一是人口自然收缩，本文用人口自然生长率指标衡量，即出生率和死亡率的差值。人口自然增长率数据显示（图 2），2005—2017 年，资源枯竭型城市人口自然增长率快速下降，其中伊春降幅达到 15.9 倍，大兴安岭降幅 5.6 倍，五大连池降幅 1.1 倍。如果资源枯竭型城市的人口自然增长率持续在负值水平运行，城市未来人口总数下降速度将不断加剧，且城市老龄化问题会进一步恶化。二是人口迁移收缩，本文用人口净迁出指标衡量，即人口迁出数与人口迁入数的差值。调研显示，短期内自然增长率对人口总量变化的影响不是主要因素，人口迁移才是主要因素；以七台河为例，2015 年七台河人口自然增长率为−0.99‰，而当年人口总量减少为 10.5%。究其原因，资源枯竭型城市发展已经形成路径依赖，当以资源开采加工为核心的社会经济结构受到冲击时，劳动力短时间内很难从心理、技能和知识结构等方面适应新变化，就业机会减少，失业人口增多，逼迫人口大规模外迁。

2. 资源枯竭型城市的人口结构分析

从人口结构来看，年龄结构和性别结构都影响人口收缩的程度。一是人口年龄结构的变化。人口普查和人口抽样调查数据显示（图 3），2005—2015 年，15~59 岁人口占比平均都在 70% 以上，总体呈下降趋势，平均下降 1.3 个百分点，五大连池降幅最大为 3 个百分点；0~14 岁人口占比逐年减少，平均下

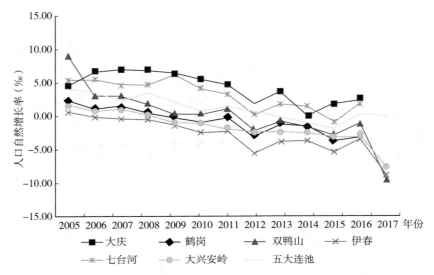

图 2 2005—2017 年黑龙江省资源枯竭型城市人口自然增长率

注：大庆、鹤岗、七台河 2017 年人口自然增长率缺失，双鸭山、七台河 2016 年人口自然增长率不包含所辖县。

数据来源：根据调研数据计算所得。

降 4.9 个百分点，大兴安岭降幅最大为 7.5 个百分点；60 岁以上人口占比大幅上升，平均上升 6.9 个百分点，大庆上升幅度最大为 8.5 个百分点；2005 年，城市 60 岁以上人口占比小于 0～14 岁人口占比，而 2015 年，城市 60 岁以上人口占比超过 0～14 岁人口占比，数值为其 2 倍左右。据此推测，在不考虑人口迁移情况下，未来 0～14 岁人口、15～59 岁劳动力人口将进一步减少，而 60 岁以上老年人口仍将继续上升。

二是人口性别结构的变化。人口性别结构数据显示（表 2），按照联合国认定的出生性别比值域（女婴数量为 100）为 102～107，在忽略不计成长过程中死亡等原因导致性别比变化的情况下，2005 年和 2010 年，除伊春和大庆处于男性偏少的状态，其他城市性别结构均处于合理区间；2015 年，双鸭山、七台河、五大连池、大兴安岭处于合理区间，但已出现男性占比下降趋势，鹤岗、伊春和大庆均处于男性比例低状态。2018 年，只有七台河和大兴安岭人口性别结构在合理区间，其余 5 个城市均出现男性人口严重不足的问题。七台河和大兴安岭人口性别结构已经处于合理区间的下边界附近，可能在 1～2 年后也出现性别比例失衡问题。由此可见，黑龙江省资源枯竭型城市人口外流男性居多，性别比失衡会进一步促使出生率下降，未来劳动力将持续减少，这都

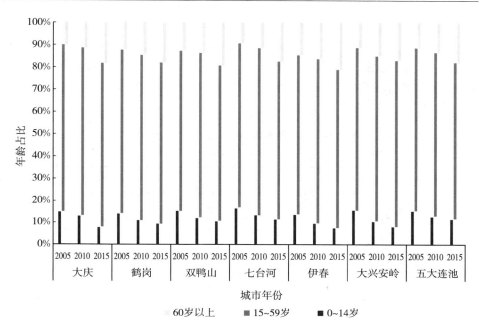

图 3　2005—2015 年黑龙江省资源枯竭型城市人口年龄结构

数据来源：调研所得。

预示着资源枯竭型城市人口更严重的收缩。

表 2　2005—2018 年黑龙江省资源枯竭型城市人口性别比

年份	石油资源枯竭型城市	煤炭型资源枯竭型城市			林木型资源枯竭型城市		
	大庆	鹤岗	双鸭山	七台河	伊春	大兴安岭	五大连池
2005	102.53	105.73	106.27	103.13	100.69	103.48	104.71
2010	100.71	102.85	102.89	105.02	100.10	106.95	103.10
2015	99.90	101.50	102.12	104.27	101.91	104.43	103.10
2018	99.01	99.01	100.92	102.56	98.17	102.32	—

注：五大连池 2018 年人口性别比缺失。

数据来源：调研所得。

（三）资源枯竭型城市产业变动现状分析

1. 石油资源枯竭型城市产业变动现状分析

一是城市三大产业增加值的变化分析。石油资源枯竭型城市三大产业产值数据显示，大庆三次产业呈现截然不同的变化趋势（表 3），2005—2018 年，大庆市第一产业的增加值呈现非常缓慢的增长态势，近五年的年均增长率仅为1％。大庆第二产业增加值则呈现大起大落的态势，2005—2013 年，第二产业增加值年均增速达到 13.5％，而 2014—2018 年，第二产业增加值连年下滑，到 2018 年才出现 3.25％的小幅增长。2005—2018 年，大庆第三产业增加值呈现逐年快速上升的态势，年均增速达到 16.2％。

表 3　石油资源枯竭型城市 2005—2018 年三大产业增加值

单位：亿元

年份	大庆		
	第一产业	第二产业	第三产业
2005	42.4	1 203.5	154.8
2006	50.8	1 387.7	181.8
2007	55.1	1 548.3	218.8
2008	69.0	1 889.0	262.0
2009	80.3	1 668.0	371.7
2010	95.0	2 385.1	420.0
2011	134.1	3 070.0	537.4
2012	154.2	3 235.9	610.9
2013	175.6	3 318.4	687.5
2014	191.8	3 079.9	805.8
2015	194.9	1 935.7	852.8
2016	187.1	1 463.4	959.5
2017	194.2	1 463.6	1 022.8
2018	199.8	1 511.1	1 090.3

数据来源：2006—2019 年《黑龙江统计年鉴》。

二是城市三大产业占比的变化分析（表 4）。从产业结构来看，大庆第二产业占比一直高于第一和第三产业，只是从 2010 年开始，第二产业占比逐年减少，由 2005 年的 85.9％下降到 2018 年的 53.9％，降幅达到 37.3％。第二产业减少的份额基本由第三产业代替，第一产业占比一直处于 10％以下。大庆第三产业占比由 2005 年的 11.1％上升到 38.9％，上升幅度达到 250.5％。第三产业的迅速崛起要归功于大庆近几年的产业结构转型发展，但也要注意到，第三产业虽然在结构上代替了第二产业，实际上总量减少的缺口是第三产业没有办法弥补的。

表4 石油资源枯竭型城市 2005—2018 年三大产业结构

单位：%

年份	大庆		
	第一产业	第二产业	第三产业
2005	3	85.9	11.1
2006	3.1	85.6	11.2
2007	3	85	12
2008	3.1	85.1	11.8
2009	3.8	78.7	17.5
2010	3.3	82.2	14.5
2011	3.6	82.1	14.4
2012	3.9	80.9	15.2
2013	4.2	79.4	16.4
2014	4.7	75.5	19.8
2015	6.5	64.9	28.6
2016	7.2	56.1	36.7
2017	7.2	54.6	38.2
2018	7.1	53.9	38.9

数据来源：2006—2019 年《黑龙江统计年鉴》。

三是城市产业变动方向分析。大庆因油而生、依油而兴，长期以来，油经济一直是大庆经济的支柱。面对近几年原油产量每年调减，以及国际原油市场的冲击，大庆开始探索一条可持续的产业发展之路，产业发展方向逐步向发展石化、汽车制造、铝业和新材料、装备制造、生物医药和新能源等战略性新兴产业和现代服务业转型。此外，大庆围绕采油、化工、装备等传统优势产业技术提升需求，加强关键共性技术的研发和推广应用，改造传统产业装备，提升科技化、信息化水平，大力实施精益制造和智能化改造，推动重点领域基本实现数字化制造，推动传统产业从低端向中高端迈进，由要素规模扩张向质量效益提升转变。

2. 煤炭资源枯竭型城市产业变动现状分析

一是城市三大产业增加值的变化分析（表5）。煤炭资源枯竭型城市三大产业产值数据显示，鹤岗、双鸭山和七台河第三产业增加值逐年上升，2012年后增速放缓，鹤岗年均增速 8.3％，双鸭山年均增速 13.5％，七台河年均增速 9.8％；第一产业产值 2012 年以后增长乏力，增速放缓，且增速出现了由正转负；2012 年以前第二产业增加值呈逐年上升趋势，2012 年以后第二产业产值呈逐年断崖式下降，至 2018 年鹤岗累计下降 43.9%，双鸭山累计下降 59.7%，七台河累计下降 42.6%。

表5　煤炭资源枯竭型城市 2005—2018 年三大产业增加值

单位：亿元

年份	鹤岗			双鸭山			七台河		
	第一产业	第二产业	第三产业	第一产业	第二产业	第三产业	第一产业	第二产业	第三产业
2005	27.4	45.2	40.0	43.5	59.2	43.9	13.1	49.2	37.9
2006	30.5	54.4	45.1	48.2	70.1	50.9	13.9	57.1	43.2
2007	35.5	65.3	52.8	59.2	88.3	59.0	13.8	70.0	51.3
2008	44.5	80.5	59.7	81.9	111.7	66.5	17.4	110.0	59.8
2009	49.6	93.9	58.9	91.7	129.8	77.1	19.8	148.0	65.9
2010	66.4	117.0	67.7	120.3	177.5	98.6	22.4	202.0	80.8
2011	88.1	149.4	75.5	160.1	233.1	109.8	26.3	195.1	86.4
2012	105.5	167.8	84.9	184.9	258.0	122.6	30.6	174.0	94.3
2013	93.6	143.5	83.0	189.3	239.0	126.6	31.7	111.6	97.7
2014	92.9	81.4	85.2	164.3	113.2	155.5	31.2	87.2	95.9
2015	93.5	79.4	92.8	165.6	98.7	169.1	34.2	78.2	100.2
2016	90.5	79.0	94.6	158.5	96.6	182.3	31.8	79.1	105.7
2017	93.0	87.6	102.3	166.7	100.1	196.1	29.9	85.5	113.5
2018	87.0	94.2	108.4	194.4	104.1	208.5	30.9	99.8	119.6

数据来源：2006—2019 年《黑龙江统计年鉴》。

二是城市三大产业占比的变化分析（表6）。煤炭资源枯竭型城市三大产业占比数据显示，城市产业结构变化大致可以分为两个阶段，第一阶段是 2012 年以前，第二产业占主导，占比 50% 左右，产业结构呈"二三一"或"二一三"的产业发展格局；第二阶段是 2012 年以后，第二产业占比大幅下降，至 2018 年鹤岗累计变动 14.4 个百分点，双鸭山累计变动 25.1 个百分点，七台河累计变动 18.3 个百分点，第三产业占比明显上升，产业结构呈现"三二一"或"三一二"的产业发展格局。呈现此格局的原因在于，一方面是煤炭资源枯竭型城市的资源产业集中在第二产业，在资源枯竭及资源价格大幅下降之前第二产业占比高，而后第二产业产值不断萎缩，导致占比相对下降；另一方面是第二产业析出大量失业人员，地区开始大力发展第三产业来吸收失业，导致第三产业占比不断提高。

表 6　煤炭资源枯竭型城市 2005—2018 年三大产业结构

单位：%

年份	鹤岗			双鸭山			七台河		
	第一产业	第二产业	第三产业	第一产业	第二产业	第三产业	第一产业	第二产业	第三产业
2005	24.3	40.2	35.5	29.7	40.4	30	13.1	49.1	37.8
2006	23.5	41.8	34.7	28.5	41.4	30.1	12.2	50	37.8
2007	23	43	34	29	43	28	10	52	38.0
2008	24.1	43.6	32.3	31.5	42.9	25.6	9.3	58.8	31.9
2009	24.5	46.4	29.1	30.7	43.5	25.8	8.5	63.3	28.2
2010	26.4	46.6	27	30.3	44.8	24.9	7.3	66.2	26.5
2011	28	48	24	32	46	22	9	63	28
2012	29.4	46.9	23.7	32.7	45.6	21.7	10.2	58.2	31.6
2013	29.2	44.8	26	34.1	43.1	22.8	13.1	46.3	40.6
2014	34.4	29.7	35.9	35.8	31.4	32.8	14.6	40.7	44.7
2015	35	30	35	38	23	39	16	37	47
2016	34.3	29.9	35.8	36.2	22.1	41.7	14.7	36.5	48.8
2017	32.9	31.0	36.1	36.0	21.6	42.4	13.0	37.4	49.6
2018	30.0	32.5	37.4	38.4	20.5	41.1	12.3	39.9	47.8

数据来源：2006—2019 年《黑龙江统计年鉴》。

　　三是城市产业变动方向分析。被确定为资源枯竭型城市后，鹤岗、双鸭山、七台河均纷纷谋求转型发展。鹤岗持续加大力度调整经济结构，努力走出"依托煤，不唯煤"的新路子，着力发展煤炭精深加工、石墨精深加工、绿色食品精深加工三大主导产业，全力打造现代煤电化工生产基地、石墨新材料产业基地和"两江一岭"绿色食品加工基地。双鸭山依托于煤炭资源，积极延伸煤炭产业链条，提高煤炭就地转化率，大力提高产品附加值。双鸭山将煤化工产业的重点从焦化等传统煤化工产业向下游产品精深加工延伸，逐步形成产业发展由"一煤独大"到多元发展。七台河立足于"依托煤、延伸煤、不唯煤、超越煤"的发展思路，逐步形成由黑变绿、由一变多、变废为宝的转型特色。依托煤炭资源优势，形成煤—焦—化工、煤—电—建材等煤炭循环经济产业链，建立煤基多联产系统，大力发展接续产业。

　　3. 林木资源枯竭型城市产业变动现状分析

　　一是城市三大产业增加值的变化分析（表 7）。林木资源枯竭型城市三大产业增加值数据显示，伊春、大兴安岭和五大连池第三产业增加值逐年上升，但 2012 年后增速放缓，伊春年均增速 8.0％，大兴安岭年均增速 9.5％，五大连池年均增速 11.4％；第一产业增加值 2012 年以后增长乏力，增速放缓，近年还出现了增速由正转负；伊春和大兴安岭地区 2013 年以前第二产业增加值逐年上升，2013 年以后呈断崖式下降状态，至 2018 年伊春累计下降 36.0％，大兴安岭累计下降 51.1％；五大连池第二产业增加值 2013 年以前逐年上升，2013 年以后第二产业增加值增速放缓，增长乏力。

表 7　林木资源枯竭型城市 2005—2018 年三大产业增加值

单位：亿元

年份	伊春			大兴安岭			五大连池		
	第一产业	第二产业	第三产业	第一产业	第二产业	第三产业	第一产业	第二产业	第三产业
2005	28.9	43.8	43.3	18.0	6.6	21.5	9.8	2.2	6.5
2006	32.4	49.1	48.8	19.1	7.8	23.6	10.7	2.6	7.4
2007	39.7	57.0	56.5	23.6	9.8	25.7	14.4	3.1	8.7
2008	47.2	65.7	66.1	28.6	12.3	28.8	17.6	3.0	9.7
2009	54.0	63.5	55.0	32.8	16.0	31.8	21.4	3.4	10.4
2010	61.4	79.5	61.6	39.4	23.5	36.3	25.3	4.8	12.6
2011	74.9	84.9	69.9	50.5	28.0	46.1	32.5	5.3	14.2
2012	91.6	87.9	80.5	59.7	29.9	58.1	42.4	6.1	15.9
2013	99.8	92.7	92.0	67.5	32.3	62.6	43.3	6.6	17.7
2014	106.5	60.1	89.4	62.9	12.8	52.8	50.1	7.1	19.7
2015	106.3	51.2	90.6	65.7	12.9	56.4	52.5	6.6	21.1
2016	106.2	49.5	95.5	71.0	13.3	59.5	51.5	6.9	22.7
2017	97.7	56.4	104.0	47.8	14.7	60.3	50.1	7.3	23.6
2018	103.8	59.3	111.1	49.5	15.8	63.6	52.8	7.8	25.8

数据来源：2006—2019 年《黑龙江统计年鉴》和调研所得。

　　二是城市三大产业结构占比的变化分析（表 8）。林木资源枯竭型城市三大产业占比数据显示，城市产业结构变化规律比较不稳定，呈现"二三一""二一三""三一二""一二三"和"一三二"的产业结构，近年来规律逐渐明晰，五大连池呈现第一产业独大格局，第三产业占比总体呈增长趋势；城市第二产业占比不断萎缩，至 2018 年伊春第二产业占比降幅最大，累计下降 16.1 个百分点；2018 年伊春第一产业和第三产业占比之和为 78.3％，大兴安岭第一产业和第三产业占比之和 87.7％，五大连池第一产业和第三产业占比之和 91％，"去工业化"现象明显。此外，第三产业发展重视程度在提高，但是内部结构不合理问题逐渐显现，调研显示：第三产业主要服务于资源产业，且以餐饮为代表的传统服务业占比相对较高，第三产业吸纳能力弱、容量小；金融、物流等生产性服务业发展不充分，没有科技含量高、预期效益好、就业容量大的现代服务业。

表 8 林木资源枯竭型城市 2005—2018 年三大产业结构

单位：%

年份	伊春			大兴安岭			五大连池		
	第一产业	第二产业	第三产业	第一产业	第二产业	第三产业	第一产业	第二产业	第三产业
2005	24.9	37.7	37.4	39	14.3	46.7	53	12	35
2006	24.9	37.7	37.5	37.8	15.4	46.7	52	13	35
2007	26	37	37	40	17	43	55	12	33
2008	26.4	36.7	36.9	41	17.6	41.3	57	13	31
2009	31.3	36.8	31.9	40.7	19.9	39.4	61	10	29
2010	30.3	39.3	30.4	39.7	23.7	36.6	59	11	30
2011	33	37	30	41	22	37	63	10	27
2012	35.2	33.8	31	40.4	20.2	39.3	66	9	25
2013	35	32.6	32.4	41.6	19.9	38.5	64	10	26
2014	41.6	23.5	34.9	48.9	10	41.1	65	9	26
2015	43	21	36	49	10	41	66	8	26
2016	42.3	19.7	38.0	49.4	9.2	41.4	64	9	28
2017	37.9	21.8	40.3	39.0	11.9	49.1	62	9	29
2018	37.8	21.6	40.5	38.4	12.3	49.3	61	9	30

数据来源：2006—2019 年《黑龙江统计年鉴》和调研所得。

三是城市产业变动方向分析。黑龙江省林木资源型城市被确定资源枯竭后，一直在积极开展接续产业和替代产业培育工作。伊春按照"林业经济林中发展，林区工业林外发展"的要求，下决心从根本上改变低端、粗放、单一的产业体系，用绿色化的思维推进生态与经济、美丽与富庶互动双赢的发展模式。伊春强化生态与经济融合，产业发展的重点由 2007 年"3＋X"调整为森林食品、森林生态旅游、林都北药、木业加工、绿色矿业五大支柱产业。大兴安岭立足资源禀赋和边境口岸优势，以大兴安岭对俄经济贸易合作区等园区为承接载体，大力发展以生态旅游、森林生态食品、兴安北药、林业碳汇、绿色矿业和水产、生态文化六大接替产业，努力探索一条"在保护中发展、在发展中保护"的可持续发展之路。五大连池通过强力推进产业平台建设，大力发展接续替代产业，重点培育矿泉饮品产业、生态农林产业、康养旅游产业、战略新兴产业、现代服务产业等特色产业，确立了打造"矿泉旅游名城、休闲养生之都"的发展战略。

二、黑龙江省资源枯竭型城市产业变动存在的主要问题

黑龙江省资源枯竭型城市产业变动，有属于城市产业优化发展带来的主动变动，也有属于资源枯竭和价格波动导致的被动变动。两种变动共同造成黑龙江省资源枯竭型城市产业现状，这种变动存在诸多问题。

1. 第一产业现代化程度低

黑龙江省是全国农业大省，是维护国家粮食安全的压舱石和农业现代化建设的排头兵，粮食数量上地位牢固，但第一产业现代化程度还亟待提升。由于黑龙江省资源枯竭型城市的定位和独特发展历程，第一产业现代化程度更低。尤其是石油和煤炭资源枯竭型城市，资源产业与第一产业在效益上长期存在较大差异，经济要素的单向流动明显。长期以来，稀缺的资金、技术和人才等流入资源产业，限制了农业发展的空间和条件。煤炭资源枯竭型城市农业布局、标准化生产和产业化经营完全没有形成，也未实现用现代化生产方式经营农业，未来农业保持中高速增长面临严峻挑战。

黑龙江省林木产业特色鲜明，林木业产品种类较多，森林旅游资源丰富，有相当数量国家 4A 级景区，但林木资源枯竭型城市第一产业发展存在诸多问题。一是林业产权不明晰。城市林业资源产权关系不规范、不清晰，产权归属不明确制约了林业产业化发展，造成林业资源低效益的尴尬局面。二是林业产业结构有待优化。林业三大产业缺少有机融合，三大产业间发展不平衡，第一产业比重过高，二、三产业发展滞后，第三产业服务体系缺乏。三是林业产业科技创新能力不足。科技含量低，林木深加工产品少且产品创意落后，林业产业科技进步贡献率低，高新技术林业人才匮乏。

2. 第二产业竞争力低

黑龙江省资源枯竭型城市开发的初始阶段，大量资金、人力和物力的投入，使资源型产业蓬勃发展成为地方支柱产业，但第二产业中重工业产值远远大于轻工业产值，重工业中采掘业和原材料初加工业比重大，深加工业比重小。第二产业产品还存在同质化程度高、技术含量低的问题，具体表现为：一是城市超过 80％的工业产品是资源密集型和初级加工产品，处于产业链低端，利润水平较低；二是产品主要集中在能源、重化等领域，简单的产品结构无法

适应外部需求变化，难以形成产品特色与优势。在资源枯竭背景下，城市轻工业和高新技术产业发展缓慢，外部经济环境变化时城市支柱性工业部门遭遇冲击，而高新技术工业部门无法起到缓冲作用，资源枯竭型城市第二产业发展必然陷入困境。

资源枯竭型城市的资源产业以资金密集和劳动密集为主要特征，资源开发和生产存在较高的进入门槛。在企业规模结构中，国家直属企业比重大，大中型企业多，小型企业少，市场化程度低阻碍了企业间竞争，也阻碍了第二产业技术进步和创新，成为资源枯竭型城市第二产业转型升级和产业变动的顽疾。一方面国有工业占比过高，国有工业在城市中的地位高而竞争压力小，则自我积累与发展动力不足，缺乏进一步创新和提质增效的内生动力。另一方面民营工业占比小，城市没有形成有利于民营经济充分发展的良好营商环境，难以释放工业企业活力，民营工业难以有效促进城市工业化发展，城市产业发展缺乏民营资本后续动力。

3. 第三产业内部结构有待优化

2005 年以来，黑龙江省资源枯竭型城市第三产业产值一直呈上升趋势，2012 年以后第三产业占比逐年上升，对城市经济有一定支撑作用，尤其是在资源枯竭和外部环境变化后。但是从整体上看，第三产业发展仍存在水平相对较低、结构有待完善等问题。一是有效供给不足、发展水平较低。与东部发达地区相比，城市生产性服务业供给不足、生活性服务业发展水平较低，仍处于粗放式发展阶段；服务业规模较小，比重较低，服务业增加值占地区生产总值比重依然很小，服务业发展水平滞后于经济社会所需。二是内部结构有待优化、产业层次不高。城市以传统服务业为主，现代服务业比重较小。近年，城市金融业占比仅为 10％左右，信息传输、计算机服务和软件业产值不足江苏省的 5％，商务、科技等服务行业远落后于东部发达地区。三是高端人才匮乏、企业竞争力弱。城市服务业人才存在结构性问题，高层次的技能型人才和经营管理人才，如市场运营管理、大数据分析、企业品牌策划等领域高端人才匮乏。企业数量较多，但实力较弱、规模偏小，大部分企业从业人数不足 20 人。

三、影响黑龙江省资源枯竭型城市人口收缩及产业变动的因素

影响人口和产业结构的因素很多，理论界研究成果众多，文中以黑龙江省资源枯竭型城市为研究对象，以理论成果和调研为基础，厘清人口和产业结构的影响因素，阐述人口收缩和产业变动机理。

（一）影响资源枯竭型城市人口收缩的因素

1. 收入差距

在研究收入差距对人口流动影响的理论模型中，引力模型应用比较广泛，并经多次修正后已经较为成熟。本文引用无制约引力模型解释收入差距对人口流动的内在机制，具体模型如下：

$$M_{ij} = k \frac{W_i^{a_1} W_j^{a_2}}{d_{ij}^c} \qquad (1)$$

M_{ij} 为 i 地区迁入 j 地区的人口数；W_i 为迁出地 i 地区的人均国民收入水平；W_j 为迁入地 j 地区的人均国民收入水平；a_1 和 a_2 为收入指数；d_{ij} 为人口迁出地 i 与人口迁入地 j 之间的空间距离；c 为距离指数。

其中，a 为收入指数，代表迁出地 i 或迁入地 j 的收入水平对迁移的影响，a 越大，则区域收入水平对人口迁移的影响越大。若迁移人口由收入较低的地区迁入收入较高的地区，即本文研究的资源枯竭型城市由于收入降低，迁入其他收入较高的地区，则迁出地的收入因素对人口迁移产生推排效应，这时 a_1 为负，反之 a_1 为正。则上式变为

$$M_{ij} = \frac{k}{d_{ij}^c} \frac{W_j^{a_2}}{W_i^{|a_1|}} \qquad (2)$$

假设 d_{ij} 为常数，那么当 W_j 不变，W_i 变小时，M_{ij} 变大，即当其他地区收入水平不变，资源枯竭型城市收入水平下降，两地收入差距变大时，由资源枯竭型城市迁出的人口增加，造成资源枯竭型城市人口收缩。

2. 产业结构

产业结构不仅对经济发展产生影响，而且也对人口变化产生影响。依据配第-克拉克定理的产业结构演变规律，在经济发展早期，劳动力主要在第一产业就业，随着经济发展和收入增加，人们对农产品的需求达到饱和，即农产品的需求不随收入增加而增加，所以，劳动力从第一产业流向第二产业；当人均GDP进一步提高时，人们对第三产业的需求增加，第三产业逐渐繁荣，劳动力又向第三产业转移。因此，从产业结构总体变化规律来看，第一产业就业人数会逐步减少，第二产业和第三产业就业人数则会逐渐增加。由此可以推断，资源枯竭型城市大部分就业人员集中于资源产业，资源枯竭导致短时间内资源产业析出大量失业人员，但是，资源枯竭型城市的第三产业受"荷兰病"影响而发展规模不足，难以吸收众多失业人员，人们为解决生存需求不得不选择背井离乡，最终，城市出现失业人口大量外流现象，导致资源枯竭型城市人口收缩。

3. 集聚经济

集聚经济的发生需要有充足劳动力作为前提条件，但是劳动力流动和经济集聚之间的关系并不是单向的，集聚经济反过来吸引劳动力流入，并通过两种机制发挥作用。一是集聚经济造成地区间出现工资差异。藤田等学者的研究表明，在接近中心市场的地区具有更高的名义工资，同时，市场规模较大的地区由于生产了更为多样化的产品，地区消费价格水平因不用承担过多运输成本而更低，从而提高该地区实际工资水平，最终，地区间工资水平差异推动人口从工资水平低的地区向工资水平高的地区流动。二是集聚经济的规模效应降低了个体搜寻工作的成本。集聚经济的规模化能够产生较大规模的劳动力需求，劳动力市场上的工人更容易找到与其生产技能相匹配的工作，降低找工作的时间成本，从而吸引更多劳动人口向此地区流动。改革开放初期，广州等地迅速崛起，产业集聚产生集聚经济，众多就业岗位吸引了劳动力大规模流入，这一现象证实了集聚经济对人口流动的推动作用。

4. 城市环境、公共服务能力

影响人口流动的因素有很多，许多研究都把地区经济差距、经济结构、服务业发展列为主要影响因素，近些年，又加入了生活质量、创新能力、福利保障等，研究越来越趋于考察人作为城市主体的感受。人们迁移冲动的形成往往源于自身需求得不到满足。而人们对环境、城市公共服务能力的需求涵盖了生理、心理等不同层面，从而形成了不同类型的需求，即生存型、发展型与享乐型。随着经济的发展，人们在解决温饱后更加注重生活质量，已经由满足生存型需求转向发展型需求和享乐型需求。众多的城市发展实例证明，在环境治理与保护不力、城市公共服务不健全的情况下，导致不少具有生存型需求、发展型需求和享乐型需求的人向其他地区迁移。同时，这种人口流出又与经济因素、社会因素等其他因素相互作用，进一步诱发在原居住地需求得不到满足的个体或家庭发生迁移。

（二）影响资源枯竭型城市产业变动的因素

1. 国际方面因素

改革开放以来，我国经济规模不断扩大，国内资源供求对国际资源市场产生重大影响，同时国际市场资源价格波动与我国资源型城市经济周期呈现高度一致，且存在互动关系。全球范围资源供求和大宗商品价格对黑龙江省资源枯竭型城市产业结构影响较大。

一是世界范围内煤炭资源供求疲软，森林面积减少。近年，诸多经济体陆续推进国家能源低碳转型，尤其是欧美发达国家已经出台了税收、环保等多方面政策，逐步限制燃煤电站使用直至关闭所有燃煤电站。德国和英国相继公布全面停运煤电时间表，德国政府计划在 2016 年中期至 2050 年间逐步摆脱化石燃料，并在 2050 年左右实现较 1990 年二氧化碳排放量减少 95％的目标。英国政府计划到 2023 年限制燃煤电站的使用，到 2025 年关闭所有燃煤电站。可以预见，未来发达国家煤炭需求将持续下降。同时，印度作为重要煤炭进口国，随着其国内煤炭供求形势转变，印度政府积极推动降低煤炭进口，并在 2017 年实现国有电力企业完全停止进口动力煤。此外，森林面积不断减少，但是减速放缓。联合国粮农组织（FAO）发布的《全球森林资源评估报告 2020》数据显示，世界森林总面积 40.6 亿公顷，占陆地总面积的 31％。热带地区拥有世界上最大比例的森林（45％），其次是北半球、温带和亚热带地区。世界上超过一半（54％）的森林只分布在 5 个国家——俄罗斯、巴西、加拿大、美国和中国。自 1990 年以来，世界森林面积已减少 1.78 亿公顷，相当于利比亚的面积。1990—2020 年，由于一些国家森林砍伐减少，加上其他国家通过植树造林和森林自然扩张增加森林面积，森林净损失率大幅下降。但是，世界森林面积仍在不断减少，1990—2000 年的年减少量达到 780 万公顷，2000—2010 年的年减少量达 520 万公顷，2010—2020 年的年减少量为 470 万公顷。2010—2020 年，非洲的森林净损失率最高，为 390 万公顷，其次是南美洲，为 260 万公顷。然而，与 2000—2010 年相比，2010—2020 年，南美的失业率已大幅下降，只有 2000—2010 年的一半左右。

二是全球范围内大宗商品价格大幅下降。与资源有关的价格因素对资源型城市经济影响巨大，黑龙江省资源枯竭型城市对大宗商品价格依赖较大，特别是石油价格与化工品大宗价格。随着油气勘探开发技术的进步、非传统能源来源的增加及能效提高，全球能源形势得到改善。石油方面，2013 年以来，国际石油价格与化工品大宗价格持续降低，2015 年世界石油市场发生 21 世纪以来最严重的供应过剩，全年供大于需达 170 万桶/日。价格大幅下降使得煤炭资源枯竭型城市第二产业产值出现断崖式下降，尤其是新冠肺炎疫情在全球蔓延，欧佩克＋减产联盟破裂，沙特与俄罗斯反目，相继增产和打价格战，国际油价应声暴跌，美国 WTI 原油 2020 年 3 月 9 日跳空跌破 30 美元/桶，此后继续下跌，3 月 18 日最低至每桶 20 美元，如今才缓慢回升到 30 美元以上震荡。疫情对世界经济和原油需求造成重大冲击，全球石油需求直线下降，目前全球有 30 亿人活动受影响。因此，世界石油需求减少约 2 000 万桶/日。俄罗斯能源部副部长 Pavel Sorokin 指出，控制新冠病毒蔓延的措施已导致美国、欧洲和中国的石油需求每日减少 1 500 万～2 000 万桶。随着全球资源与大宗商品价格走势不可预期的变化，黑龙江省资源枯竭型城市产业结构将进一步发生变化。

2. 国内方面因素

目前，黑龙江省资源枯竭型城市正处于全国经济增长速度换挡期、结构调整阵痛期、前期刺激政策消化期"三期叠加"阶段，遇到经济下行压力加大的共性问题，也面临资源枯竭、国家战略与宏观调整等方面综合叠加的影响。

一是资源枯竭影响产业结构转型升级。黑龙江省资源丰富，石油资源、煤炭资源和林木资源储量在全国处于领先地位。然而，由于资源的不断开采、砍伐，石油等资源的储量不断降低，资源逐渐呈现枯竭态势。黑龙江省资源枯竭型城市资源开发已进入晚期，资源累计采出储量已超过可采储量70%的红线，《全国资源型城市可持续发展规划（2013—2020）》中将其认定为衰退型城市，是资源城市可持续发展的重难点地区。资源枯竭不仅造成经济社会发展速度放缓，而且严重影响资源型城市产业结构转型升级。部分资源枯竭型城市甚至出现第二产业产值占比远低于第一、第三产业的状态。以往粗放型的经济增长方式无法有效节约利用资源，造成极大资源浪费。在资源枯竭大趋势下，粗放式经济增长后劲不足的问题更加突出，对黑龙江省资源枯竭型城市产业结构升级产生非常不利的影响。黑龙江省资源枯竭型城市必须要改变经济增长方式，提高资源利用率，控制碳排放量，发展低碳经济，大力度推进城市产业优化转型、升级换代。

二是国家战略与宏观调控影响产业变动。黑龙江省是我国粮食主产区之一，其农业生产不仅需要满足自身经济发展的需求，还是国家总体安全中极其重要的一环。同时，作为国家重要林木基地，以伊春市、大兴安岭市等为代表的地区，其地市产业结构发展变动极易受到国家战略与宏观调控的影响。林木资源的自然属性，需要政府在实现林木产业可持续发展过程中发挥主导作用。现阶段，经济社会发展要发挥市场在资源配置中的决定性作用，因而政府的主导作用并非全面干预林业产业发展的各个环节，而是建立以中央政府为主体，以地方政府为辅助的多层次国家宏观调控体系。地方政府相对于中央政府来说是被调控者，所以，林木资源型城市产业结构变动受国家宏观调控影响较大。第一制定第一产业发展顶层设计时，要建立起适合黑龙江省地域特点的总体规划，统筹兼顾、全面协调，避免出现地区间各自为政、恶性竞争，促进第一产业可持续发展。地方各级政府在落实战略规划中，也要科学合理地利用公共政策随时调整本地区的农业发展计划，保证区域农业产业合理有序的发展。第二产业结构变动中，要更好地保护涉及老百姓的利益。依托国家战略，要完善相关城市社会保障体系，协调各阶层利益矛盾，解决产业结构变动中与老百姓生活密切相关的矛盾与问题，才能更好地促进林业资源型城市产业转型升级。第三国家战略与宏观调控可以影响林木业发展市场环境。只有在充分发挥黑龙江林木业比较优势的基础上，营造出更加完善的市场环境，才能实现资源的优化配置，将林业资源型城市潜在比较优势转化为现实的竞争优势，实现资源型城市的可持续发展。

3. 资源枯竭型城市自身因素

一是人力资本影响产业变动。索洛增长模型表明，地区经济增长与资本存量的增长、劳动力的增长和技术进步密切相关。新古典经济学将人力资本作为经济增长的具体变量引入经济增长模型中，将人力资本对经济增长的影响从描述性分析引向计量实证分析。然后，新经济理论把人力资本对经济增长的作用机制进行了解释，认为知识积累或者人力资本积累是引起内生技术进步的源泉，从而促进经济增长。综合国内外学者的研究成果，人力资本促进经济增长的机制大体可分为两种路径。第一种是直接作用于经济增长，即提高人力资本存量和水平作为最终产品生产的直接投入要素。在这种作用机制下，人力资本是通过其"内在效应"和"外在效应"直接作用于经济增长，前者通过脱产的正规或非正规教育产生，表现为人力资本投资使自身收益递增；后者是通过边干边学产生，表现为人力资本投资使其他生产要素的收益递增。第二种是间接作用于经济增长，即把人力资本视为技术生产的关键投入要素，通过影响技术进步（全要素生产率，简称生产率）间接作用于经济增长。人力资本的提高促进技术进步又有两个途径，一是发挥后发优势学习和模仿先进技术，二是通过自主技术创新。也就是说，人力资本主要通过加速技术模仿和创新这两个途径对生产率增长产生促进作用，进而推动经济增长。黑龙江省资源枯竭型城市资源产业收缩而导致具有一定学历和技术的人员外流，使当地人力资本下降，不利于培育高技术产业，更不利于新兴产业替代旧有规模报酬递减产业，无法完成主导产业更替和产业结构向好的方向变动，也无法完成经济持续增长所需的资本积累。在一定程度上，黑龙江省资源枯竭型城市人口流失和产业结构不合理互为因果，产业结构不合理导致人才流失，人才流失又进一步影响产业转型升级。

二是体制机制影响产业变动。体制机制作为经济发展的制度保障，对产业发展有着重要的影响。机制体制影响经济增长主要有两种途径：第一经济所有制。马克思认为，生产力和生产关系是社会生产的两大要素，生产关系对生产力的作用表现在两个方面，一方面当生产关系同生产力的发展要求相适合时，生产关系就会推动生产力的发展，另一方面当生产关系不适合生产力发展要求时，生产关系就会阻碍生产力的发展。因此，经济所有制对经济增长的推动作用是有条件的，经济的发展主要是依托产业的发展，现代化的产业发展模型需要高效、便捷的体制机制与之相符合。目前，黑龙江省资源枯竭型城市的经济所有制结构仍然是公有制占大部分，与目前产业发展的要求不相适应，从而阻碍了产业的发展。第二市场机制。市场机制对经济增长的推动作用主要表现在，对目前的要素配置进行帕累托改进，提高要素的使用效率，从而推动经济增长，促进产业发展。众多学者的研究表明，在黑龙江省的经济发展中，市场手段发挥不足而行政干预过多，所以在原有增长动力衰退背景下，不能通过市场调节转换发展模式，造成地区打造的产业不能有效对接市场需求。

四、治理黑龙江省资源枯竭型城市产业变动负面影响的对策建议

解决黑龙江省资源枯竭型城市产业变动的负面影响，要明确产业调整方向，结合城市三大产业特点，主动适应和引领高质量发展新常态，找准短板，精准发力，走出一条资源枯竭型城市可持续发展的新路，具体对策如下。

1. 争取国家政策支持，促进城市发展

经济新常态下，要坚持市场在资源配置中的决定作用，但决不能忽视政府的作用。在西方发达国家资源型城市转型过程中，采取了以政府行为矫正市场失灵的方式。资源产业较高沉没成本导致产业的刚性特征，制约了产业结构转型，再加上进入其他行业存在资金、技术和人才壁垒，单纯依靠市场很难集中必要的资源推动转型，必须争取国家政策支持。按照新一轮东北振兴规划的要求和国家发展战略性新兴产业的要求，资源枯竭型城市要积极寻求国家政策支持。争取国家财政更大力度的资源的转移支付，弥补过去和未来资源开采的合理补偿；争取城市布局国家重点大型产业项目，促进本地产业转型升级；按照中央要求，大力发展金融业，建立健全多层次资本市场；积极对接寻求与发达省市的对口合作，全面促进要素合理流动、资源共享、园区共建。综合以上考虑，可以在黑龙江省资源枯竭型城市设立东北地区对内对外开放的新型试验区，对内谋求与长三角、珠三角、京津冀等地区产业对口合作和承接产业转移，对外打造对俄商贸集散地、中转站；为进一步增强试验区的吸引力，可以尝试连续五年每年按 15％的增长率增加教育、养老、医疗、科技等项目的中央专项转移支付，实行上交中央的增值税全免，对国家鼓励类产业企业减按 15％的税率征收企业所得税。另外，争取国家在转移支付、城市基础设施及高铁、机场大通道和重大民生项目上给予黑龙江省资源枯竭型城市倾斜和支持。

2. 实施人口全面开放，提高人力资本

黑龙江省资源枯竭型城市均面临着人口总量减少、人口外迁的问题，因此，引导人口流入是目前黑龙江省资源枯竭型城市的首要任务。一是实施城乡

人口全面开放政策。首先全面放开城乡落户限制，实现农村人口向城镇无障碍流动；其次落实常住居民基本公共服务，为农民工提供全面的工伤保险，为半年以上常住居民提供医疗保险、养老保险缴纳服务。二是实施全面的人才政策。首先选育本土人才。根据企业和产业发展需求，每年选拔一批年轻人才到大专院校、高职院校深造，重点培养管理人才、营销人才、设计人才等。探索实行 2 年高中教育＋1 年职业教育的培养模式，扩大高中毕业生就业。开展新型企业学徒制，培育中、高级技术工人。如，借鉴陕西省以"招工即招生、入企即入校、企校双师联合培养"为主要内容的企业新型学徒制。为农民工提供免费的创业、技术培训。建立"返乡创业意向项目库"，围绕意向库谋划项目，吸引本地人返乡创业，并创建创业保险和补偿机制，分散创业风险。对于具有本科及以上学历或高层次"蓝领"的本地户籍返乡工作人员，其配偶、子女、子女的配偶均可按照同层次对口安置，集聚资源型城市发展的本土型人才。其次是引进外域人才。对于直接引进的急需人才，提供免费住房，给予其子女省内重点小学、初中择校权利，其配偶、子女一次性安置权利，择校权还可顺延给子女的子女，形成一人引进、全家安排工作的政策。创建资源枯竭型城市人才专项基金，用于直接引进人才的薪资补贴、安置费用、科研启动经费等支出。各市地设立人才引进办公室，对引进的博士和具有高级以上职称人员进行一对一的政策落地服务。对于研发型人才，为其制定具有激励作用的薪酬体系，为重大科研课题提供研究绿色通道，在材料、设备、数据上享受优先使用的权利；对于创业型人才，要为其提供良好的创业环境，给予税收等政策上的优惠，调动人才创业的积极性。最后是柔性人才交流。建立省内共享的资源枯竭型城市柔性人才交流库，吸纳国家级、省级杰出人才、领军人才、拔尖人才、青年优秀人才入库，打造资源枯竭型城市发展的"蓄水池"，给予入库人才固定金额的补助。实施"岗编适度分离"政策，利用事业单位编制招聘引进人才，如，牡丹江市已经开始探索实施"岗编适度分离"引进急需紧缺人才措施。开展企业家"省县牵手"活动，可以通过统战部门、共青团、妇联等群团组织，定期组织省里企业家与县域企业结对子，传经送宝，互通信息，共同进步。开展"夕阳辉煌"活动，鼓励支持退休的技术工人、营销人员、管理人员等为资源枯竭型城市建设发挥余热，帮助当地企业改造升级、培植产业、开拓市场等。

3. 增加居民收入，缩小地区收入差距

黑龙江省资源枯竭型城市为解决资源产业析出的失业人员的安置问题，设立了一批政府公益性岗位，但是公益性岗位收入水平较低，对增加居民收入作用不大。要想改变资源枯竭型城市居民收入现状还需多渠道共同推进。一是强

化职业再培训。根据市场和就业者的不同需求，开展不同内容的职业培训，包括：引导性培训、职业技能培训、创业培训等，并且可以引入不同体制的培训教育机构，与接收企业签订接收协议提高就业率。二是在职业再培训的基础上，提供就业指导。通过人力资源部门收集企业招聘信息，推荐再培训人员上岗，缩短其找工作的时间，稳定再培训人员的工资收入。三是提高最低工资标准。国际上很多发达国家采用这种方法对收入进行干预，持续提高最低工资标准是保护劳动者权益的有效途径。同时，为减轻企业负担，对接收失业安置人员的企业给予政策优惠，降低企业的经营成本，从而达到既解决了安置问题，又激发了企业接收再培训人员积极性的目的。四是鼓励自主创业。资源枯竭型城市要为安置人员自主创业提供差别化政策扶持，形成一人创业带动数人就业的良好局面，从而减少地区之间的收入差距。五是深化央企、国企工资福利体系改革，实行企业利润与全部职工工资福利挂钩，缩小企业内部工资差距，激发员工的工作积极性。

4. 加速关键领域改革，创新体制机制

围绕供给侧结构性改革、财税、土地、企业设立、科技转化等方面创新体制机制，促进资源枯竭型城市产业结构转型升级。一是深化国企改革。在国有企业总体改革方案基础上，按照"一市一方案"的原则，出台资源枯竭型城市国有企业改革分类实施方案。在国企改革中推进混合所有制、职工个人持股、交叉持股等多元化改革方案，建立国有资本管理与经营、国有企业内部激励与约束、国有企业管理层与员工利益相匹配的实施方案，促进国有企业成为自主经营、自负盈亏的独立主体。支持符合条件的国有企业上市或挂牌融资，积极支持企业发行融资债券。另外，省政府可以考虑在资源枯竭型城市中选择国有企业相对集中的地市设立国企改革试验示范区，建立先行先试的典范，并总结可复制、可推广的改革经验向全国推广。二是深化"放管服"改革。对标国内先进城市，在资源枯竭型城市推行精简高效的权利清单和负面清单制度，推广"一个窗口受理、一站式办理、一条龙服务"。全面推行企业投资项目承诺制，探索以信用为中心的监管模式。提升政府服务水平，优化企业发展环境，平等保护市场主体合法权益，多措并举减轻企业负担，激发企业家热情，增强企业内在活力与创造力，加大金融财税支持战略性新兴产业力度，发挥财税资金引导作用，吸引社会投资，完善管理与风险防控，引导社会资本参与重大项目建设。三是完善生态补偿机制。虽然目前生态补偿机制已经有了"谁开发、谁保护、谁受益、谁补偿，谁污染、谁治理，谁破坏、谁修复"的原则，但是在机制具体执行中，还存在管理和监督主体不清、补偿资金无法落实等问题。首先是整合建立统一的生态保护和补偿工作管理机构，协调矿业、林业、农业、水

利、国土等部门；其次是构建财政专项资金评估制度，监测补偿效果，并且由生态补偿管理机构向社会定期公布资金的使用及环境保护和治理状况，接受社会监督；最后是建立以政府补偿为主、市场补偿为辅的补偿机制。

5. 促进产业融合，优化产业结构

从资源枯竭型城市的产业结构特征和全球产业发展的趋势来看，促进产业融合是优化产业变动的有效方法，既可以合理地优化产业的内部结构，又可以提升产业竞争力。一是促进高新技术产业与传统产业的渗透融合。高新技术产业具有极强的渗透性，目前资源枯竭型城市的传统产业转型面临着科技技术含量低、附加值低的困境，高新技术产业与传统产业的融合发展既有利于传统产业转型升级，还有利于高新技术的价值转化。以市场为导向，通过高新技术产业与传统产业的融合研发出新产品，是资源枯竭型城市实现弯道超车的重要契机。二是推进联系密切的产业延伸融合。通过联系密切的产业延伸进行融合，可以达到从单一的线性融合转化为交错融合，从而将产业融合密集化、全面化。如：石油型和煤炭型资源枯竭型城市发展工业和服务业的融合，服务业延伸到工业中，形成工业旅游业、工业生产性服务业等。林木型资源枯竭型城市三产和一产的延伸发展，形成农业旅游业、农业生产服务体系等。三是支持企业重组融合。产业融合的最基本的执行单元就是企业，企业为保持自身竞争力和促进企业自身发展会主动适应市场需求的变化，不断地吸取先进企业的管理理念和技术，促进企业间的交流，从而形成新的产业。因此，可以通过培育融合型的企业主体来实现产业融合，尤其是各行业各产业间的龙头企业和技术外溢性企业，支持其在产业内部和跨产业兼并重组，从而实现产业重组融合。

6. 依托产业园区，培育产业集聚

资源枯竭型城市具有很好的工业基础，产业园区数量较多，为培育集聚经济打下良好基础。一是梳理具有产业联系的产业园区进行整合，按照产业发展类型和发展阶段进行精细化管理，促进具有地区特色的专业化产业区的形成和本地产业专业水平的提高，形成集聚经济的内部条件。二是提高产业园区待遇，积极向国家申请省级产业园区提升至国家级或享受国家级待遇，增强园区的吸引力。三是围绕产业园区建设加强本地与外部区域的贸易联系、经济交流和合作，大力改善本地进入外部市场的条件，提高产业园区的市场潜能，从而吸引更多的产业向产业园区集聚。四是建立功能化园区。根据企业不同成长阶段建立小企业孵化园区、企业加速园区、产业化园区，将园区打造成资源枯竭型城市产业发展的"孵化地"和"加油站"。匹配企业不同成长阶段的需求，在园区内为企业提供工商注册、税务申报、企业内审、政策对接、法律咨询、融资担保、股权设计等全周期服务。建立园区综合信息服务平台，一方面整合

各类资源，为企业提供经营管理、品牌宣传等方面的专业服务，另一方面定期组织政府机构、专业人士交流分享经验，达到资源共享的效果。同时，园区建立专业物业服务团队，为企业提供"贴心"的管家式服务，全面促进企业在县域园区成长发展。五是基于煤炭资源枯竭型城市的区位条件，可以考虑打造跨区域的产业园区，从而综合更多产业优势，避免产业发展的重叠，建立资源共享、人才共享、信息共享、利益分成的合作机制，形成地区间的集聚经济，发挥更大的周边带动作用。六是改变园区建设理念，更加注重生产和生活的结合。通过产业的专业化吸引更多企业加入集聚，带动周边相关产业和服务的发展，增加生活性基础设施的投资，提高单位面积的经济密度和人口密度，形成生产和生活相互融合的产业发展空间，最终形成产业集聚。

7. 强化土地再开发，提升城市形象

资源枯竭型城市因资源的过度开采均出现了环境恶化、基础设施和公共服务设施建设严重滞后的问题，应通过统筹规划，强化土地再开发，提升城市形象。一是加快推进城区老工业区和独立工矿区搬迁改造。争取国家政策支持，推进城镇低效用地再开发和以双鸭山市、七台河市、鹤岗市为重点的工矿废弃地复垦利用，在黑龙江省开展生态综合补偿和生态移民试点，进一步加大中央预算内投资对资源枯竭、产业衰退地区和城区老工业区、独立工矿区、采煤沉陷区、煤城的生产生活区和沉陷区、国有林区等困难地区支持力度，进一步提高国家资金在具体项目上支持的比例。二是结合林场布局优化调整，推动建设一批特色宜居小镇。根据特色宜居小镇的不同发展目标，制定科学的10～20年远景规划，发展可持续的替代产业，并且对国有林区林场所职工撤并搬迁给予政策支持，将深山远山林场所撤并搬迁、生态移民纳入易地扶贫搬迁工程，并给予每人一定的搬迁补助。同时，比照独立工区、老城区搬迁改造专项给予相应政策资金支持。三是在土地政策上给予资源枯竭型城市倾斜。土地政策上要争取中央给予下放或针对资源枯竭型城市制定特色的政策。在不触碰耕地红线的基础上，从省级层面积极与国土部门协调，在调剂农用地转用指标、工业急需用地指标置换等方面优先考虑资源枯竭型城市。

项目负责人：周慧秋
主要参加人：崔丽、刘春梅、徐建中、李东、夏明赫、张清学等

黑龙江省产业扶贫的模式选择、
利益机制与增收研究[*]

张 梅　黄善林　王 晓　高志杰

　　我国的扶贫开发由单纯的救助式扶贫向开发式扶贫和参与式扶贫发展，产业扶贫成为精准扶贫中贫困农户实现脱贫的根本之策和推动脱贫攻坚的根本出路。2011 年中共中央、国务院第一次提出"产业化扶贫"的概念，2015 年习近平总书记提出的"五个一批"精准扶贫措施，其中产业扶贫是最核心的措施。2016 年习近平总书记指出"要脱贫也要致富，产业扶贫至关重要"，产业扶贫是提高贫困人口造血机能、实现内生发展的重要途径。2018 年 6 月，《中共中央　国务院关于打赢脱贫攻坚战三年行动的指导意见》进一步强调要加大产业扶贫力度，创建一二三产业融合发展扶贫产业园，完善新型经营主体与贫困农户联动发展的利益联结机制，推进电商扶贫和光伏扶贫。产业扶贫作为打赢脱贫攻坚的重点，是提高贫困农户自我发展能力的根本举措。为实现 2020年全面脱贫的目标，黑龙江省也十分重视产业扶贫在精准扶贫中的作用。根据黑龙江省的产业发展和贫困状况，2016 年 9 月的《黑龙江省产业扶贫规划 (2016—2020)》进一步明确了黑龙江省产业扶贫的基本原则、工作目标以及具体措施。黑龙江省将产业扶贫作为实现贫困农户脱贫增收的重要举措，展开了很多有益的实践，脱贫成效显著。

一、黑龙江省产业扶贫的主要模式

　　以黑龙江省各市为重点，结合各市贫困县的分布数量进行分层抽样选取 5个县，对典型产业扶贫模式采用案例分析法，分析当前产业扶贫发展路径和发展现状，并根据扶贫产业的实际作用主体对黑龙江省产业扶贫模式进行分类。调研发现，黑龙江省产业扶贫中发挥实际主导作用的主体，即产业的产权所

　　* 黑龙江省哲学社会科学研究专题项目（项目编号：18JYH752）。
　　项目负责人为张梅教授，主要参加人员有黄善林、王晓、杨志勇、王铭生、马增林、高志杰等。

有、实际运营和管理者包括政府、家庭农场、农民合作社、专业大户、农业产业化龙头企业及贫困农户，而新型经营主体中家庭农场及专业大户由于其自身资源的限制带动的扶贫产业较少，所以本研究着重分析新型农业经营主体中的农民合作社和农业产业化龙头企业主导式的产业，由于两者均为"私营"性质，且将两者归为一类进行研究，简称合作社和企业，即将黑龙江省的产业扶贫模式划分为政府主导模式、合作社或企业主导模式及贫困农户自发模式。

（一）政府主导模式

政府主导模式，是指政府出资、村集体所有、县政府—扶贫办及扶贫中心或者村集体运营的产业，由政府管理部门直接参与扶贫的产业扶贫方式。按照产业投资、产权所有及运营管理的主体差异，将其划分为村集体所有、政府运营的产业和村集体所有且运营的产业两种产业类型。

由村集体所有、政府出资和运营的产业以光伏产业为主，其具有投资规模大、效益稳定的特点。通常县扶贫中心将涉农资金及扶贫资金进行整合，根据贫困农户在各村分布情况及各村空场地情况，修建专门的光伏发电站，发电站可持续发电 20 年左右。发电站由政府统一招标的企业进行建设和运营管理，建成后所有权归村集体所有。通常收益的 5％用于光伏发电站的管理和维护、35％作为村集体的资产积累、60％用于给贫困农户分红，以带动贫困农户脱贫增收，收益分配比例各县略有差异。发电收益账单由扶贫中心聘请的会计进行统一管理，扶贫中心根据乡镇上报的贫困农户名单统一发放分红资金，并将名单进行统一公示。截至 2018 年底，汤原县在全县 58 个建档立卡贫困村投资 1.5 亿元，建设发电总规模 17.4 兆瓦的光伏扶贫项目，并已于 2017 年 6 月 30 日正式并网发电。

此外，也存在以村集体所有的合作社为组织载体且由政府出资、村集体所有和运营的产业，村集体组织则通过合作社带动贫困农户发展产业。富裕县三十三号水稻种植专业合作社是由村集体领办、归村集体所有、由村集体进行经营的合作社。其于 2017 年成立，注册资本 500 万元，国家投入 300 万元，村集体借款投资 200 万元。2016 年县投入整合扶贫资金 890 万元进行旱改水，包括改造 3 000 亩土地、打造机电井、整修田间路 4.9 千米、3 000 亩土地包地钱（年末给钱）、修建 80 栋 45 米×8 米的育苗大棚。合作社的资金构成包括以土地入股的农户有 21 户，共 468 亩土地；9 户以资金入股，共 40 万元；890 万元的村集体资金。镇政府为合作社配备专门的技术人员，以指导合作社种植水稻。该合作社通过土地流转、县财政资金入股分红、以地入股、社内务工四种方式带动贫困户增收。

（二）合作社或企业主导模式

合作社或企业主导模式，是指以企业或者乡村能人带头成立的合作社为中间载体，以入股分红、土地流转租金、订单帮扶、社内务工、生产托管等方式为利益联结方式，通过合作社或企业运营管理来带动贫困农户脱贫增收的扶贫方式。而贫困农户由于受资金等其他方面的限制，调研未发现由贫困农户组织成立合作社的情况。在这一模式中，政府扶持的方式分为资金投入和技术投入两种方式。

政府通过各种出资方式改善合作社或企业的资金状况，合作社或企业则按照合同以各种利益联结方式为基础带动一定数量的贫困农户增收。其中，政府出资的方式分为三种：一是政府出资建设固定资产的方式，将固定资产租赁给企业和合作社使用，通过固定资产出租获取租金的方式获得产业收益，固定资产名义上归村集体所有；二是政府充当银行的角色，将资金注入企业或合作社，企业及合作社则每年支付政府利率，即和银行利息率等同的利息，直到总额达到本金数额；三是政府以资金入股的方式将资金注入企业或合作社，并利用扶贫资金的 4%～6% 作为利息为贫困农户分红，通常分红资金由县部门进行统筹发放，贫困农户获得的分红各异，而投入的股份和定期的分红同样名义上均归村集体所有。政府扶持企业或合作社发展的另一种方式是技术支持，政府技术支持的对象包括合作社、企业和贫困农户。一方面，政府直接为贫困农户提供技术指导以带动贫困农户依托合作社或企业发展产业；另一方面，政府会对合作社或企业进行技术指导，通过合作社或者企业的发展带动贫困农户的发展。2019 年延寿县实施"千企联千村带万户"产业扶贫行动，以带动贫困农户增收。截至 2020 年 3 月，延寿县的 232 家企业已全部完成企村对接，共向村、户投入资金 1 130.06 万元，带动 300 余名贫困户实现持续稳定增收。

（三）贫困农户自发模式

贫困农户自发模式，是指贫困农户根据自身家庭特点和发展意愿，通过再就业或发展农业产业实现自主脱贫的产业扶贫方式。由于贫困农户缺乏生产资金，扶贫小额贷款成为贫困农户发展生产的重要资金来源。同时，各县针对贫困农户建立了以奖代补政策，以鼓励贫困农户发展生产。

扶贫小额贷款以建档立卡户为贷款对象，政府财政贴息，银行对符合贷款条件的建档立卡贫困农户根据实际经营规模、偿债能力合理审慎确定贷款额度，最高不超过 5 万元。贷款人根据借款人经营项目生产周期、生产经营实际、偿还能力等情况，合理确定贷款期限，最长期限不超过 3 年。孙吴县使用扶贫再贷款为资金来源，对建档立卡贫困农户投放扶贫贷款，按人民银行扶贫再贷款利率执行，年利率为 3.75％。同时，建立风险补偿机制，由县政府及扶贫、财政部门安排相应担保金，化解贷款风险，保障资金安全。财政部门安排专项资金，作为扶贫小额贷款风险补偿金存放在贷款银行专户内。贷款银行按风险补偿金总额放大贷款比例，贷款最高额度为风险补偿金的 10 倍，力争做到扶持对象贷款支持全覆盖。

以奖代补政策是针对建档立卡户的家庭特色增收项目，目的在于引导贫困农户主动投入生产，激发内生动力，实现自主脱贫。而不同县市的以奖代补政策存在差异，富裕县的以奖代补政策以最小种植、养殖规模为基础进行补贴，而拜泉县则规定了种植、养殖规模的上限来控制贫困农户的风险。同时，充分发挥帮扶责任人和村干部对项目生产、收获的监督作用，以保障产业扶贫效果。

二、黑龙江省不同产业扶贫模式的利益联结机制

贫困农户收入的增加程度受各主体的利益联结及贫困农户的增收途径所影响。不同产业扶贫模式中各主体的利益联结方式是促使不同参与主体成为一个统一以贫困农户增收为目标的整体的重要因素，它使得各个模式不同参与主体之间存在相互利益。而以产业扶贫模式中各主体的利益联结方式为基础，不同产业扶贫模式在产权、参与方式、利益分配方式、风险承担方面均存在显著差异。

（一）政府主导模式

政府主导模式的参与主体包括县政府、村集体及驻村工作队、贫困农户。县政府拥有资金、政策、技术及人才优势，作为领导主体和项目的决策主体而存在；贫困农户由于缺乏资金、信息资源，甚至面临劳动力不足的问题，作为弱势群体和受益主体而存在，在村集体及驻村工作队的帮助下，整合可利用资源，进行项目参与；而村集体及驻村工作队上可获得县政府的资金、政策扶持及信息支持，下可对贫困农户有充分的了解和直接的接触，其作为产业项目的实施主体而存在，在县政府的帮助下建立项目，以产业良好运营和贫困农户增收为目标。在该产业扶贫模式的整个运营过程中，作为委托方的政府和作为代理方的村集体及驻村工作队，双方均以贫困农户增收为共同目标。县政府以县产业发展和贫困农户增收为目标，而村集体及驻村工作队则以村集体产业发展、乡村振兴及贫困农户增收为目标，两者的目标具有一致性，不存在利益冲突和利益矛盾。此模式下的产业具有政府出资、村集体所有的共同特征，而在

产业运营方面存在差异。部分产业交由村集体运营，而部分产业为避免村集体运营的决策风险，目前交由县政府运营。贫困农户承担风险较小，风险由政府及村集体承担。

虽然此种模式下的产权界定清晰，均归村集体所有，但利益分配方式由村集体决定，贫困农户的参与度较低，对政府具有较强的依赖性。政府大量的资金投入，导致了该模式下产业过度依赖政府的现象产生。一旦政府减少或者停止资金的投入，产业发展往往会因此停滞。此外，在县政府对村集体产业运营缺乏监督的情况下，可能会存在信息不对称的现象。同时，县政府可能无法实时了解和把控村集体产业的实际运营状况及带动贫困农户状况，导致贫困农户权益受损现象的发生。为了避免此种现象的发生，县政府需要加强对村集体产业运营状况及利润分配状况的监督，并建立完善的约束机制。

（二）合作社或企业主导模式

合作社或者企业主导模式的参与主体包括县政府部门、村集体及驻村工作队、银行、合作社或企业、贫困农户，主体类型复杂，参与主体较多。此模式在充分整合贫困农户闲置可利用资源的基础上，结合国家扶贫资源和自身的优势进行市场化运作。合作社及企业在发挥其经济功能实现发展的同时，发挥其扶贫的社会功能带动贫困农户收入的增加，并帮助政府实现了贫困农户的脱贫工作。在这一过程中，农民合作社及企业以借助国家扶贫资金实现自身发展和贫困农户增收为目标，政府以利用合作社完成扶贫工作为目标，政府、合作社、企业作为实施的主体既是扶贫主体，也是受益主体，而贫困农户则是作为单纯的受益主体而存在，村集体及银行在其中作为次要主体和次要参与者而存在，政府、合作社、企业及贫困农户之间形成了相互依存的利益协调关系。该模式下各扶贫主体的利益协调机制包括四个方面：实施主体、作用客体、操作工具和实施目标。其中，实施主体包括政府、农民合作社、企业；作用客体是贫困农户、政府、合作社、企业的利益；操作工具包括政府协调和组织协调；实现目标是各主体利益诉求通畅，利益分配合理，利益协调有效，最终实现利益和谐。实施主体承担了较大风险，贫困农户承担的风险与其投入的个人资源息息相关。不同类型产业的产权归属存在较大差异，但不同类型产业与贫困农户的利益联结方式和利润分配方式趋于一致。该模式中的贫困农户对产业项目的参与程度相对于政府主导模式较高。政府和扶贫带动主体之间通过招标、合同的方式确定关系，合同包含投入资金数额、带动贫困农户数量及利润分配等。

但是，作为委托方的政府和作为代理方的合作社及企业存在一定的目标差异和利益冲突。当合作社或企业的利益与贫困农户的利益发生冲突时，合作社或企业可能会选择以自身的发展和利益为首要目标，作为弱势群体的贫困农户的利益可能会受到损害，政府的监督和约束是必不可少的。而相对于政府主导模式，合作社或企业作为与政府完全不相关的独立个体而存在，政府监督相对比较困难。所以，县政府项目初期选择有责任心、预期运营状况较好的合作社和企业，这对于贫困农户的权益维护具有重要意义。

（三）贫困农户自发模式

贫困农户自发模式的参与主体包括政府、银行、贫困农户、帮扶责任人。此模式下的政府同样作为投资方和协调方而存在，而银行则作为中介组织，为符合贷款条件的建档立卡贫困农户，根据实际经营规模、偿债能力提供不同贷款额度的无息贷款，额度最高不超过 5 万元。帮扶责任人作为贫困农户的第一负责人，对贫困农户的家庭状况较为熟悉，负责宣传和落实以奖代补政策。此模式并不存在委托代理关系，扶贫产业的所有权和经营权均归贫困农户所有，不存在以上两种模式的目标冲突和利益矛盾。该模式中贫困农户在项目选择和决策过程中介入程度较高，帮扶责任人应鼓励贫困农户在自己熟悉的环境中充分利用自身资源优势发展产业，加强对自身资源的利用和控制，提高自身素质和能力，发挥自身的能动作用和增强责任感。

该模式中产业运行收益归贫困农户所有，且产业运行风险也全部由贫困农户承担。而处于弱势地位的贫困农户普遍存在教育水平相对较低、认知度缺乏的特征，这导致贫困农户的市场信息不足和滞后，可能会影响到该模式产业的收益。因此，政府应通过媒体等途径，帮助贫困农户加强对市场信息的掌握，适时做出正确的产业发展决策。该模式下政府可能需要花费更多的时间成本，但政府对贫困农户的引导对产业的收益至关重要，可以起到帮助贫困农户避免风险的重要作用。

不同产业扶贫模式的特征见表 1。

表 1　不同产业扶贫模式中各主体的利益联结方式

特征	政府主导模式	合作社或企业主导模式	贫困农户自发模式
参与主体	县政府、村集体及驻村工作队、贫困农户	县政府部门、村集体及驻村工作队、银行、合作社或企业、贫困农户	政府、银行、贫困农户、帮扶责任人
委托方	政府	政府	无
代理方	村集体及驻村工作队	合作社、企业	无

（续）

特征	政府主导模式	合作社或企业主导模式	贫困农户自发模式
风险承担	政府	合作社、企业	贫困农户
政府资金投入力度	高	中	中
贫困农户参与度	低	中	高
政府作用	领导、决策	辅助、监督	培训、引导

三、不同产业扶贫模式中贫困农户的增收途径

（一）政府主导模式

该模式下农户的增收途径主要有以下几种：一是入股分红。该途径是指利用财政出资建设的村级光伏扶贫电站并网发电所取得的净收益直接对贫困农户进行分红。不同程度的贫困农户的分红额度存在差异，政府会根据贫困农户家庭人口数量、劳动力情况等实际家庭状况进行分档。特残、无劳动能力的贫困农户每年发放大约 3 000 元，半残、有劳动能力的贫困农户每年发放 1 600～2 000 元，且不同县市发放标准存在差异。二是公益就业岗位。该途径以光伏产业收益为资金来源设置公益岗位，以开展公益岗位扶贫。对贫困农户家庭成员中有劳动能力的人员，通过设置政策宣传员、卫生保洁员、设施管护员等公益岗位，按劳动计酬，工资 2 000～4 000 元/年，同等条件下优先安排贫困人口较多、残疾人口较多的贫困农户就业。该方式建立了参与式的扶贫利益机制，光伏项目的收益并不直接给贫困农户，而是促使贫困农户通过就业获得，有效增加了贫困农户的参与性。三是村集体组织带动。村集体组织在驻村工作队的指导和帮助下综合考虑贫困农户的能力问题和产品市场问题，选择一个适合本村发展的产业，成立由村集体所有的农民合作社。村集体组织通过产业的运营和发展，带动本村贫困农户增收。该途径产业扶贫的效果与帮扶单位的能力有较大关系。驻村工作队在产业发展中起到协调资金、技术及销售的重要作用。

（二）合作社或企业主导模式

该模式下贫困农户的增收途径主要有以下几种：一是入股分红。该途径以产权关系为利益联结纽带，不仅是合作社或企业扶贫的一种比较理想的组织形式，也是合作社或企业和贫困农户利益联结的高级形式。政府通过带动贫困农户以土地、小额贷款入股合作社和企业，或者县财政资金代为贫困农户注资方

式，促使贫困农户与合作社或企业进行股份合作，贫困农户则可以定期从合作社或企业中获得股份分红。此模式下的组织载体主要包括"合作社或企业＋贫困农户""合作社＋企业＋贫困农户"两种形式。其中"合作社或企业＋贫困农户"的组织载体是指发展较好的合作社或企业以土地、小额贷款和县财政资产入股，企业或合作社利用市场优势和规模优势，发展特色农业和附加值高的产业获得利润，贫困农户享受保底收入并参与合作社或企业二次分红；"合作社＋企业＋贫困农户"的组织载体形式是指公司和合作社合作，以合作社作为生产基地，企业对合作社生产的蔬菜、杂粮等农产品实行订单收购，合作社对入股贫困农户进行分红。二是土地流转租金。该途径的利益联结方式为土地流转，即贫困农户将土地的经营权转让给合作社或企业，转让期限包括一至两年的短期转让或长期转让，转让价格可能会随着粮食价格的变化而发生变动。此外，此模式以市场为利益联结纽带，而组织载体同样存在"合作社或企业＋贫困农户""合作社＋企业＋贫困农户"两种形式。三是订单帮扶。该途径的利益联结方式为技术支持，具有以契约（合同）为利益联结纽带的特征。订单帮扶是指贫困农户依托现有合作社或企业，大力发展种养业并采取订单收购的方式，以保底价签订收购订单，组织贫困农户按照订单合同生产。通常，当市场价低于订单价，合作社或企业以订单价保底收购；当市场价高于订单价，合作社或企业则随行就市以市场价收购。一些一二三产业融合发展较好的合作社或企业还会以贫困农户生产的农副产品为基础，对农副产品进行加工、销售及其他社会化服务。四是社内务工。社内务工是指合作社或企业自愿为有劳动能力的贫困农户提供就业岗位，并与贫困农户签订合同，贫困农户在合作社或企业内进行短期或长期的务工以获得收入，具有以契约（合同）为利益联结纽带的特征。通常在合作社或企业进行务工的贫困农户收入相对较高，大约年均一万元以上。五是生产托管。该途径是指在贫困农户不流转土地经营权的条件下，将农业生产中的耕、种、防、收等全部或部分作业环节委托给农业生产性服务组织完成的农业经营方式。常适用于无劳动能力或劳动力不足、无法转移就业的贫困农户，采取单环节托管、多环节托管的方式，将土地等生产要素托管给企业或合作社统一经营，项目收益按比例分红。

（三）贫困农户自发模式

该模式下农户的增收途径主要有以下几种：一是农业生产收益。该途径是指贫困农户以小额贷款为启动资金进行农业生产以获得收益的方式。此方式中存在的农业风险问题、还款问题、政府调控风险问题是影响其效果的重要因素。通常县政府及扶贫办、财政部门安排相应担保金，化解贷款风险，保障资金安全。县政府部门安排的担保资金存放在营业部。各支行按担保金总额适当放大贷款比例，力争做到扶持对象信贷支持全覆盖。同时，为分散贷款风险，积极促进政府金融扶贫政策和保险机构的配合与合作，引导和鼓励贫困农户购买扶贫小额信贷保险。二是以奖代补政策补贴。该途径是指政府根据农户的实际种养数量，给予贫困农户一定的财政补贴，以激励贫困农户通过积极发展农业生产的方式增加其生产性收入，因而也被称为"以奖代补项目"或"家庭特色增收项目"。当地政府通过奖励方式，充分调动了贫困农户的生产积极性，有利于激发贫困农户的内生动力。贫困农户在产业的选择和决策中充分介入，提高素质、增进能力，具有参与式发展的特点。根据贫困农户增收项目类型及规模的差异，奖励额度在 500～1 000 元范围内波动。由于以奖代补补贴金额有限，当地政府鼓励贫困农户利用金融扶贫政策发展家庭特色增收项目。但是，贫困农户将不可避免地面临着农业经营风险和市场风险，这是影响贫困农户收益的重要因素。三是技术就业。该途径是指贫困农户通过各乡镇在农闲季节针对建档立卡贫困人员举办的扶贫培训班的学习，增强了职业技能和就业能力，从而凭借技术实现就业的方式。当地政府本着培训项目与社会用工相适应的原则，通过市场用工情况调查，选择适合农村劳动力就业的护理、焊工、电子商务、维修电工和手工编制等专业培训项目，以增强农村贫困劳动力的职业技能和就业能力，为他们拓宽新的就业领域。

以上不同产业扶贫模式的增收途径见表 2。

表 2　不同产业扶贫模式的增收途径

产业扶贫模式	增收途径
政府主导模式	入股分红；公益就业岗位；村集体组织带动
合作社或企业主导模式	入股分红；土地流转租金；订单帮扶；社内务工；生产托管
贫困农户自发模式	农业生产收益；以奖代补政策补贴；技术就业

四、黑龙江省不同产业扶贫模式增收差异的影响因素分析

（一）研究假说

李永文等提出的资源（resource）—人（humanity）—效益（benefit）的三要素系统战略思路，为旅游扶贫开发提供了思路。而不同的产业扶贫模式同样需从这三个要素出发，综合考虑资源、人、效益三大要素。在产业扶贫过程

中，人的因素即为贫困农户特征因素，资源因素和效益因素即为产业特征因素。而同一种类型的产业扶贫模式中产业发展的外部条件通常具有相似性，产业特征中的内部条件则具有较大差异，而内部条件主要是指贫困农户和产业的关系，这导致了同一产业的贫困农户之间的增收效果存在差异性。所以，本研究从贫困农户特征和产业特征两个维度出发构建影响不同产业扶贫模式增收效果差异的影响因素指标。

1. 贫困农户特征

贫困农户特征包括年龄、性别、受教育程度、土地规模、劳动力数量、家中是否有老人或小孩六个指标。徐志刚等认为家庭劳动力特征对人均收入增量具有显著的正向影响，扶贫政策的实施应充分考虑农户劳动能力的异质性。张琦等人从供给侧视角提出实现产业精准扶贫需要贫困农户、农村经济组织、企业和政府四位一体的有机组合，贫困主体应侧重提高劳动力的供给质量。胡晗等在对产业扶贫政策对收入影响的研究中将人均土地面积作为自然资本，劳动力人口、户主受教育程度、户主年龄等人力资源成本纳入模型中进行分析。巫林洁等在产业扶贫对贫困农户收入影响的研究中发现贫困农户的人力及自然资源特征对收入产生积极影响。廖文梅研究发现劳动力转移变量对贫困农户的退出具有积极的促进作用，通过劳动力转移可以增加农户的家庭收入和非农收入，能够有效地促进贫困农户摆脱贫困。贫困农户年龄越大，沟通能力及知识技能的限制可能会导致其参与产业扶贫的方式单一，进而不利于其收入的增长。反之，贫困农户的受教育程度往往在一定程度上拓宽了其参与产业扶贫的路径。黑龙江省广阔的耕地面积使得土地成为农村家庭的重要资源，耕种收入和土地流转收入成为家庭收入的重要组成部分。因疾病、意外等所导致的家庭劳动力缺乏是致贫的主要原因，且务工收入是产业扶贫中收益较高的增收方式。同时，贫困农户家中如有老人和小孩需要照顾将会约束其获得收入的方式和范围。因此，提出如下假说：

性别、受教育程度、土地规模、劳动力数量变量对不同产业扶贫模式增收效果具有正向影响；年龄、家中是否有老人或小孩变量对不同产业扶贫模式增收效果具有负向影响。

2. 产业特征

产业特征包括利益联结纽带、贫困农户参与程度、个人资金投入、增加收入主要来源四个指标。古川等认为发展扶贫产业需要借助资本的力量，通过市场化的手段，建立稳固的利益联结机制，夯实各主体共赢的经济基础。吴理财、瞿奴春以"鹤峰模式"为例，分析了该模式成功的原因是重新构建了政府、企业与农民的利益耦合机制，合理的利益分配是其能长期持续运行的核心动力。杨照等从产业选择、经营方式和支持方式等方面构建产业精准扶贫评价体系，发现产业扶贫资金投入指标权重对产业精准扶贫影响最大。胡振光认为参与式扶贫因其规范化系统化的运作程序和良好的扶贫效果，为扶贫开发带来了新的活力。目前的利益联结纽带主要包括市场关系、契约关系、产权关系，这三种联结纽带的紧密程度依次由低到高排列。利益联结的紧密程度越高，表明贫困农户与扶持产业之间的关系越稳固，有利于可持续性收入的增加。而贫困农户参与产业发展的程度越高，越有利于激发其内生动力，对贫困农户能力提升、责任意识增强具有重要意义。贫困农户资金投入比例高低，在一定程度上会影响贫困农户的积极性和对产业发展的关注度。不同的收入来源是导致贫困农户收入增加存在差异的一项重要因素。因此，提出如下假说：

利益联结纽带、贫困农户参与程度、贫困农户资金投入比例变量对不同产业扶贫模式增收效果具有正向影响；而增加收入主要来源变量对不同产业扶贫模式增收效果具有负向影响。

（二）数据及方法

1. 数据来源

从参与和未参与产业扶贫的有效样本中，选取参与产业扶贫的 320 份有效样本，以进一步分析影响不同产业扶贫模式增收效果差异的因素。其中，参与政府主导模式的 106 份，占 33.13%；参与合作社或企业主导模式的 103 份，占 32.19%；参与贫困农户自发模式的 111 份，占 34.69%。样本分布情况如下：孙吴县共 62 份样本，参与政府主导模式的有 19 份，参与合作社或企业主导模式的有 21 份，参与贫困农户自发模式的有 22 份；延寿县共 66 份样本，参与政府主导模式的有 23 份，参与合作社或企业主导模式的有 19 份，参与贫困农户自发模式的有 24 份；汤原县共 70 份样本，参与政府主导模式的有 24 份，参与合作社或企业主导模式的有 26 份，参与贫困农户自发模式的有 20 份；富裕县共 61 份样本，参与政府主导模式的有 18 份，参与合作社或企业主导模式的有 22 份，参与贫困农户自发模式的有 21 份；拜泉县共 61 份样本，参与政府主导模式的有 22 份，参与合作社或企业主导模式的有 15 份，参与贫困农户自发模式的有 24 份。

2. 方法选择

为进一步研究考察不同模式下贫困农户收入增长差异的影响因素，将贫困农户参加产业扶贫后所导致的收入增量作为被解释变量进行分析，以研究模式中的哪些具体变量导致了收入增加。其中，收入增量为扣除贫困农户投入成本后的纯增量。本研究将投入生产成本尚未获得收益的收入增量记为零。受样本的限制，收入增量的取值范围大于等于零。为此，本研究以收入增量为因变量，以贫困农户特征和产业特征为自变量，设定多元回归模型，定量分析不同模式下影响贫困农户收入增量的因素。根据伍德里奇的《计量经济学导论，现代观点》第六章关于被解释变量取对数的方法，由于因变量为非负值，包含 0 值，所以对收入增量 w 取对数 $\ln(1+w)$。

回归模型设定如下：

$$\ln(1+w_{ij})=\gamma+\beta_1 PN_{ij}+\beta_2 IN_{ij}+\mu_{ij}$$

其中，w_{ij} 为贫困农户参加某种产业扶贫模式所带来的收入增量，$\ln w_{ij}$ 为收入增量的自然对数，i 为样本贫困农户的编号，PN_{ij} 为贫困农户特征因素，IN_{ij} 为产业特征因素，γ 是常数项，μ_{ij} 是随机误差项。

（三）变量选取及描述性统计

1. 变量选取

本研究在对三种产业扶贫模式的增收效果进行评估的基础上，利用多元回归模型进一步分析影响不同模式增收效果差异的影响因素，以收入增量为因变量，定量分析不同模式中的哪些具体变量影响了贫困农户的收入增加。

对于自变量的选取，以不同产业扶贫模式增收效果差异的影响因素的理论假设为依据，选取贫困农户特征、产业特征两大类 10 个变量进行分析。其中，贫困农户特征包括年龄、性别、受教育程度、土地规模、劳动力数量、家中是否有老人或小孩 6 个指标；产业特征包括利益联结纽带、贫困农户参与程度、贫困农户资金投入比例、增加收入主要来源 4 个指标。具体变量设置及赋值见表 3。

表 3　影响因素变量的设置及赋值

变量	含义及赋值
因变量	
收入增量（fi）	参与某种产业扶贫模式所带来的家庭收入的增加量/元
自变量	
贫困农户特征（PN）	
年龄（ag）	1. 30 岁及以下；2. 31～50 岁；3. 51～70 岁；4. 71 岁以上
性别（se）	1. 女；2. 男
受教育程度（ed）	1. 小学及以下；2. 初中；3. 高中；4. 职校、中专；5. 大专及以上
土地规模（lan）	家庭土地面积/公顷
劳动力数量（lab）	家庭 16～64 岁除学生外有劳动能力的人数/人

（续）

变量	含义及赋值
家中是否有老人或小孩（ec）	0. 否；1. 是
产业特征（IN）	
利益联结纽带（li）	1. 市场关系；2. 契约关系；3. 产权关系
贫困农户参与程度（pa）	1. 低；2. 中；3. 高
贫困农户资金投入比例（su）	1. 低；2. 中；3. 高
增加收入主要来源（ty）	1. 工资性收入；2. 家庭经营性收入；3. 财产性收入；4. 转移性收入

2. 变量的描述性统计

政府主导模式的利益联结纽带变量平均值最高，贫困农户自发模式次之，合作社或企业主导模式最低。而贫困农户参与程度方面，平均值排序依次是：贫困农户自发模式、合作社或企业主导模式、政府主导模式。在贫困农户资金投入比例方面，政府主导模式最低，贫困农户自发模式最高。增加收入主要来源方面，政府主导模式平均值较高，偏向于转移性收入和财产性收入，而合作社或企业主导模式和贫困农户自发模式类似，偏向于工资性收入和家庭经营性收入（表4）。

表4 产业特征变量的描述性统计

变量	政府主导模式	合作社或企业主导模式	贫困农户自发模式
利益联结纽带（li）	2.396 (0.510)	1.641 (0.712)	2.153 (0.777)
贫困农户参与程度（pa）	1.151 (0.360)	2.029 (0.845)	2.838 (0.370)
贫困农户资金投入比例（su）	1.604 (0.491)	2.204 (0.549)	2.717 (0.453)
增加收入主要来源（ty）	3.425 (0.904)	1.631 (0.642)	1.595 (0.918)

注：①括号外为平均值，括号内为标准差；②数值均为调研数据整理所得。

（四）不同产业扶贫模式增收效果差异影响因素的实证分析

本研究利用 Stata15.1 软件分别对三种产业扶贫模式的样本贫困农户进行多元线性回归分析。为解决模型的异方差问题，本研究使用稳健标准误差进行回归。运行结果见表 5。

表 5　增收效果差异的影响因素回归结果

变量		政府主导模式	合作社或企业主导模式	贫困农户自发模式
贫困农户特征	年龄（ag）	0.314*	0.357	0.410
		(0.185)	(0.466)	(0.450)
	性别（se）	−0.054	0.058	0.508
		(0.080)	(0.098)	(0.386)
	受教育程度（ed）	0.124	0.200**	−0.307
		(0.116)	(0.084)	(0.381)
	土地规模（lan）	0.059	0.471**	0.304**
		(0.069)	(0.224)	(0.120)
	劳动力数量（lab）	−0.114	0.274***	0.622**
		(0.084)	(0.093)	(0.220)
	家中是否有老人或小孩（ec）	0.240**	0.034	0.092
		(0.111)	(0.107)	(0.357)
产业特征	利益联结纽带（li）	0.547***	0.235***	0.568**
		(0.206)	(0.086)	(0.267)
	贫困农户参与程度（pa）	0.167**	0.356***	0.663***
		(0.071)	(0.080)	(0.171)
	贫困农户资金投入比例（su）	0.014	0.318**	0.534***
		(0.074)	(0.151)	(0.203)
	增加收入主要来源（ty）	−0.164	−0.146***	−0.613
		(0.117)	(0.082)	(0.418)
	常数项（_cons）	0.025	−0.042	−0.481
		(0.036)	(0.046)	(0.437)
	样本数	106	103	111
	R^2	0.450	0.333	0.291
	F 值	20.85	4.6	2.550
	概率（F 值）	0.000	0.000	0.000

注：①***、**、*分别表示 1%、5%、10% 的统计显著性水平；②括号外为系数，括号内为标准误差。

从表 5 可以看出，F 值在 1% 的水平上统计显著，这说明模型的整体线性关系显著。但 R^2 值不高，表明回归方程的拟合优度还有待加强。这主要是因为影响增收效果的因素较多，而部分影响因素由于实际操作困难导致未能纳入上述回归方程，从而出现 R^2 值略低的状况，但这并不影响对已列入回归的各自变量作用的分析。

1. 贫困农户特征对不同产业扶贫模式增收效果的影响

年龄在 10% 的显著水平上对政府主导模式的增收效果具有正向影响，而对合作社或企业主导模式和对贫困农户自发模式的影响并不显著，可能是因为政府主导模式中贫困农户主要针对无劳动能力的人群所致，在无劳动能力的贫困农户中老人所占比例较高，而贫困农户自发模式和合作社或企业主导模式中贫困农户年龄主要集中在 45~60 岁。性别对三种产业扶贫模式增收效果的影响在统计上均不显著。受教育程度在 5% 的显著水平上对合作社或企业主导模式的增收效果具有正向影响，而对政府主导模式和贫困农户自发模式的影响并不显著，可能是因为合作社或企业主导模式所带动发展的产业需要贫困农户具有一定的信息接受度和学习能力。土地规模在 5% 的显著水平上对合作社或企业主导模式和贫困农户自发模式具有正向影响，合作社或企业主导模式中贫困农户的土地规模每增加 1 公顷，收入增加 47% 左右，而贫困农户自发模式收入增加 30% 左右，这主要是因为合作社或企业主导模式的农业生产风险由企业及合作社承担，而贫困农户自发模式中的农业生产风险则由贫困农户自己承担，且企业和合作社所组织的农业生产规模较大，在一定程度上减少了农业生产成本。劳动力数量分别在 1% 和 5% 的显著水平上对合作社或企业主导模式和贫困农户自发模式具有正向影响，而对政府主导模式的影响并不显著，可能是由于政府主导模式以资产收益为主导致。同时，每增加一个劳动力，贫困农户自发模式比合作社或企业主导模式收入多增加 35% 左右。家中是否有老人或小孩在 5% 的显著水平上对政府主导模式具有正向影响，而对合作社或企业主导模式影响和贫困农户自发模式并不显著，这可能与政府主导模式主要是以产业分红的途径带动农户增收相关。

2. 产业特征对不同产业扶贫模式增收效果的影响

利益联结纽带在 1% 的显著水平上对政府主导模式和合作社或企业主导模式具有正向影响，在 5% 的显著水平上对贫困农户自发模式具有正向影响。说明不论哪种模式，利益联结的紧密程度都是影响增收效果的重要因素，优化产业扶贫模式的利益联结方式对于贫困农户收入的增加具有重要意义。贫困农户参与程度在 5% 的显著水平上对政府主导模式的增收效果具有正向影响，在 1% 的显著水平上对合作社或企业主导模式和贫困农户自发模式具有正向影响，而贫困农户自发模式收入增加比例相比其他两种模式更具有优势。

贫困农户资金投入比例在 5% 的水平上对合作社或企业主导模式的增收效

果具有正向影响，在1%的显著水平上对贫困农户自发模式的增收效果具有正向影响，而对政府主导模式的影响并不显著，可能是因为政府主导模式无劳动能力贫困农户相对较多，主要采取入股分红的增收方式所致。增加收入主要来源在1%的水平上对合作社或企业主导模式的增收效果具有负向影响，而对政府主导模式和贫困农户自发模式的影响并不显著，这可能是由于合作社或企业主导模式增收途径相对较多，且无劳动能力和有劳动能力增收途径差异所造成的收入类型和收入增量差异较大所致。

五、黑龙江省产业扶贫模式选择和扶贫效果提升的对策建议

（一）优化发展合作社或企业主导模式

农民合作社和企业作为贫困农户和政府之间的中间载体，承担着带动贫困农户脱贫增收的重要功能。本研究表明，以合作社或企业为主导的产业扶贫模式能够显著提高贫困农户的家庭人均纯收入，增收效果为19.24%，这说明合作社或企业主导的产业扶贫模式是实现贫困农户增收的一种有效模式。因此，为了实现2020年全面脱贫的目标，巩固脱贫成效，推动产业扶贫的发展，促进合作社或企业主导的产业扶贫模式发展是完善现有扶贫政策的一项重要手段。但是，通过对该产业扶贫模式各主体的利益联结方式和增收途径的分析，发现现有的合作社或企业主导模式仍存在贫困农户弱势地位突出、农民合作社及企业抗风险能力低等问题，推动该产业扶贫模式的优化发展是当务之急，对保障贫困农户在合作社中的地位及利益具有重要的意义。

一方面，要增强农民合作社和企业领导人的责任意识和风险精神。合作社和企业领导的个人素质对于扶贫政策效果发挥具有重要影响。政府可通过集中培训和奖励激励方式，积极培育合作社和企业领导人的责任意识，以确保当合作社或企业的利益与贫困农户的利益发生冲突时，贫困农户的利益不受到损害。同时，在推动合作社和企业经营发展的前提下，扩大扶贫范围，为更多贫困农户提供脱贫增收的机会和途径。另一方面，合作社和企业要增强自身实力，提高其应对市场风险和自然风险的能力。可通过延长产业链实现产业价值增值，加强三产融合的发展。在促进合作社和企业一二产业、一三产业、一二三产业融合发展的同时，与乡村振兴结合起来，拓展农业多功能性发展。

（二）规范发展政府主导模式

政府居于主导地位的产业扶贫模式是目前产业扶贫中的重要组成部分，该

模式中产业具有政府单位或村集体所有，并由其出资、运营管理的特点。本研究表明，以政府为主导的产业扶贫模式能够显著提高贫困农户的家庭人均纯收入，增收效果为 16.88%，这说明政府主导模式同样是实现贫困农户增收的一种有效模式。该模式对贫困农户收入的增收效果良好，但是尚处于探索阶段，仍面临诸多问题。一方面，以资产收益为主的扶持方式在短期内提高贫困农户的收益明显，但其对贫困农户帮扶体现为短期收入的增加，且贫困农户的参与较少、增收途径有限；另一方面，该模式在实施过程中，政府居于主导地位导致行政化倾向显著，出现过度依赖政府的现象。因此，应从以下两个方面进一步规范政府主导产业扶贫模式发展。

一方面，要加强资产收益扶贫的长效制度建设。资产收益扶贫作为产业扶贫中一项创新，仍处于探索阶段，如何将对贫困农户的"短期的支持"转化为"长期的支持"，对于贫困农户稳定脱贫、有效避免返贫现象发生具有重要的意义。可通过加强资产收益扶贫的制度建设，提高制度的规范性和长效性，将此种扶贫方式逐渐转化为贫困农户可长期享有的一种基本公共服务。同时，政府要从县级角度将扶贫产业和其他产业发展进行整合，从而做好顶层设计和整体规划，从乡、村阶层做好乡村规划，保证产业的持续性。另一方面，在实践中需要不断拓展政府主导模式中贫困农户的增收途径和分配的灵活性，增加贫困农户的参与，提高贫困农户的参与能力和内生动力。可以通过定期更新股权量化的享有者和量化比例的方式，让真正需要的贫困农户获得帮扶，以确保社会平等和减贫效果的可持续性。

（三）促进贫困农户自发模式的可持续发展

本研究表明，贫困农户自发模式对贫困农户家庭人均纯收入的增收效果并不显著。究其原因可能有以下两点：一是贫困农户由于受资金的限制，往往选择受自然灾害影响大、抗风险能力弱、价格波动大的种植业和畜牧业为发展方向；二是贫困农户所选择的产业中部分品种类型具有生产周期长的特点，这导致短时间内难以看到收益。虽然目前由于产业因素尚无增收效果，但贫困农户自发模式具有贫困农户在项目选择和决策过程中介入程度较高、参与程度较高的特点，具有其他两种模式不可替代的优势，是一个值得推广的模式。为不挫伤贫困农户发展的积极性，保持其可再生能力和参与度，政府应通过制定一系列扶持和引导政策、多维举措确保产业的质量和持续性，促进贫困农户自发模式的可持续发展。

一方面，要增强贫困农户的风险意识和市场意识。贫困农户自发模式鼓励贫困农户在自己熟悉的环境中充分利用自身的资源优势发展产业，有利于贫困农户加强对自身资源的利用和控制、提高自身素质和能力、发挥自身能动作用和增强责任感。但农业较长的生产周期和投资周期使得农业生产面临较大的市场风险和自然风险。为避免亏损，贫困农户需要加强自身的农业风险意识和市场意识。政府需要发挥引导者的作用，向农户普及专业的网站，帮助农户及时了解关注市场信息，避免因信息不对称导致贫困农户的判断失误。另一方面，政府可定期组织不同类型产业的培训，选择当地具有丰富经验的农村能人分享和交流实践经验，帮助贫困农户提高专业水平，帮助他们适时做出正确的产业发展决策。此外，政府要加强与保险机构的合作，引导贫困农户购买农业保险以防范自然风险。

（四）提高贫困农户与产业扶贫模式的匹配度

从贫困农户特征角度，对不同产业扶贫模式增收差异的影响因素分析发现，年龄、家中是否有老人或小孩对政府主导模式的增收效果影响显著，受教育程度、土地规模、劳动力数量对合作社或企业主导模式的增收效果影响显著，而土地规模、劳动力数量对贫困农户自发模式的增收效果影响显著。因此，根据贫困农户的异质性选择相适合的扶贫模式对于确保增收效果具有重要意义。

政府要根据贫困农户的自身资源条件匹配与之相适合的产业扶贫模式，以增加扶贫措施的针对性。实践中应该充分利用村集体、帮扶责任人、第一书记等力量，加强对无劳动能力贫困农户的甄别，提高扶持对象的精确度。对于无劳动能力的老人则采用以资产收益扶贫为主的政府主导模式进行兜底扶持。合作社或企业主导模式则主要针对有劳动能力、受教育程度相对较高、家中有土地的贫困农户，通过社内务工、订单帮扶的方式带动其收入的增加，激发其内生动力，避免有劳动能力的贫困农户获得无偿性的转移性收入，从而导致有劳动能力贫困农户形成"等、靠、要"的思想，增加扶贫难度。同时，基于合作社或企业主导模式带动贫困农户增收途径的多样性，可以通过入股分红、生产托管的方式增加无劳动能力贫困农户的收入。与此同时，根据入股分红数额的高低，对于无劳动能力的贫困农户，可将两种扶贫模式适当组合，无劳动能力的贫困农户可同时享有两种模式的产业分红，通过产业分红的交叉覆盖方式确保无劳动能力贫困农户的收入。土地规模和劳动力数量分别使得贫困农户自发模式中贫困农户收入增加30％和60％左右，收入增加比例较大。所以，对于家中有劳动力和土地规模较大的贫困农户在充分整合家庭资源禀赋的基础上，可通过再就业或发展农业产业的方式实现自主脱贫。

（五）完善产业扶贫模式的利益联结方式

从产业特征的角度研究显示，利益联结纽带对三种产业扶贫模式的增收效果均具有显著影响。利益联结方式是贫困农户与农民合作社、企业、政府等产业扶贫主体之间在利益方面相互联系、相互作用的基础。完善不同产业扶贫模式的利益联结方式对于保障贫困农户的利益，促进不同产业扶贫模式的持续健康发展具有重要意义。

一方面，要努力探索多种利益联结方式。合作社及企业与贫困农户利益联结方式的多样性促进了扶贫成效的提高。各地应积极总结成功经验，因地制宜推进合作社或企业产业扶贫模式的发展和完善，有助于形成可复制、可推广的扶贫模式，并通过县域效应来带动周边县域扶贫工作的共同发展。而对于利益联结方式相对较少的政府主导模式和贫困农户自发模式，各地应在实践中不断进行尝试和探索，拓展这两种模式利益联结方式的多样性。另一方面，要不断完善产业扶贫模式中各主体的利益分配方式。利益分配方式是产业扶贫过程中各个主体的利益分配关系。完善产业扶贫模式的利益分配方式需要加强项目进行前、进行中、完成后的利益分配机制设计，明确政府财政资金投入、合作社、企业、村集体、贫困农户的相互利益。要根据贫困农户可利用的闲置资源和家庭条件的不同，创新扶贫主体和扶贫客体的利益联结方式，探索推进产业扶贫利益分配机制改革，着力发展资产收益联结、"以奖代补"利益联结、股份收益联结、务工就业利益联结模式。同时，针对利益联结松散的问题，需要在实践中加强不同利益联结方式的协作。

（六）提高贫困农户的参与能力和参与水平

从产业特征的角度研究显示，贫困农户的参与程度对三种产业扶贫模式的增收效果均具有显著影响。贫困农户的参与与产业扶贫模式的增收效果具有密切相关性。提高贫困农户的参与能力和参与水平，对激发贫困农户参与的积极性和发展的内生动力具有重要意义。

一方面，要提高贫困农户的参与能力。合作社要完善组织结构和治理机制，逐步引导作为普通成员的贫困农户参与合作社事务，增强其权利意识和义务意识，加强贫困农户权利—能力的建设。企业要优先采用社内务工、订单帮扶的帮扶措施，带动贫困农户收入增加。通过这两种帮扶措施逐步增强贫困农户的参与积极性。另一方面，要提高贫困农户的参与水平。由于贫困农户普遍文化水平偏低，在产业的管理和决策等专业程度较高的方面，提高贫困农户的参与较为困难。因此，需要创新贫困农户的参与方式，政府应在基层实践中建立贫困农户参与监督的平台，吸纳贫困农户代表成为监督一员，建立以政府为约束主体、贫困农户为监督主体的利益约束机制，来监督扶贫主体对扶贫资金的使用和对贫困农户的利益分配。不仅有利于保障处于相对弱势的贫困农户的利益，而且有利于提高贫困农户的参与积极性。

（七）政府要健全资金、技术方面的监督和保障制度

从产业扶贫模式中各主体的利益联结方式角度研究显示，政府监督和保障制度的建设仍存在不足，不利于产业的持续运行和扶贫资金使用的有效性，对于产业扶贫模式的增收效果具有重要影响。制度的建设要坚持机理和约束相结合的原则，确保贫困农户能够增收、利益实现、脱贫，还要确保增收的稳定性。因此，需要从以下两个方面进行完善。

一方面，提高资金的动态管理性和使用的规范性。政府要加强投入资金的动态管理性，增强资金使用的规范性，建立相应的监督管理机制，对于产业扶贫的健康发展必不可少。应构建政府审计部门、金融部门、村集体、贫困农户联合组织和帮扶工作队等多方面参与的监督机制，规范资金的使用，增加资金使用的有效性。同时，监督部门要对产业发展和资金的使用状况进行定期评估，并以评估为基础对资金投入数量进行动态调整。另一方面，要建立健全资金和技术的保障制度，从而为产业的健康发展创造良好的外部条件。一要健全金融服务体系，提高产业发展的金融支持力度，扩展扶贫小额贷款的规模和范围。同时，金融机构要因地制宜，根据贫困地区的产业发展特点完善金融产品、服务方式，改善贫困农户自发模式中小额贷款期限和农业生产周期不匹配的问题和企业、合作社发展资金短缺问题。二要健全科技支撑服务体系，充分发挥各级推广机构的技术推广作用，安排技术人员通过进村入户的方式推进信息和技术，对贫困农户、企业、合作社进行长期的追踪和技术指导。三要加大贫困地区高素质农民和农村实用人才带头人的培养力度，引导农村能人带动贫困农户发展相对成熟的产业，并帮助贫困农户进入市场，以确保收益。

项目负责人：张梅

主要参加人：黄善林、王晓、杨志勇、王铭生、马增林、高志杰

资源约束条件下黑龙江省乡镇民营企业发展路径选择研究[*]

马增林　　王天一　　王　磊　　于璟婷

随着中国特色社会主义市场经济的逐步建立和完善，我国乡镇民营企业近年来呈现出迅猛发展的势头。党的十九大已就鼓励支持民营企业高质量发展作出一系列重大论述，为民营企业指明发展方向，标志着中国民营企业发展将迎来新的历史机遇并进入一个新的发展阶段。当前，如何推动乡镇民营企业快速稳定可持续发展成为一个重要的研究课题。以资源型企业为主的黑龙江省，在目前资源约束条件下，为乡镇民营企业设计相应发展路径并实现可持续发展已成为提升黑龙江省民营企业竞争力的首要问题。但在目前的研究中，乡镇民营企业发展路径设计常常忽视理论基础，对于不同类型企业的发展路径缺乏区分研究。因此，设计具有针对性的乡镇民营企业发展路径具有重要的理论与现实价值。

一、黑龙江省乡镇民营企业发展及资源约束现状分析

（一）黑龙江省乡镇民营企业发展现状

由于从公开的统计年鉴以及中小企业局难以查到黑龙江省乡镇民营企业的具体资料和数据，因此本文以黑龙江省民营企业以及民营经济等数据来分析黑龙江省非公经济发展状况。

2017 年末黑龙江省民营企业数量占全部企业的 84.7%，民营经济占经济总量的 51.8%，投资占 71.4%，进出口占 40.1%，税收占 51.6%。2017 年，黑龙江省非公有制增加值实现 8 634.6 亿元，比上年增长 7.8%，占黑龙江省生产总值的 54.3%。黑龙江省非公有制经济单位 186.4 万户，比上年增长 0.3%；其中非公有制企业 23.5 万户、个体经营户 162.9 万户，分别比上年增

———————————

* 黑龙江省社会科学研究专题项目（项目编号：18GLH738）。

项目负责人为马增林教授，主要参加人员有王天一、王磊、于璟婷、李莜莜、贾文森等。

长 0.8%和 0.2%。从业人员 716.8 万人，比上年增长 0.7%；其中非公有制企业 315.8 万人、个体经营户 401.0 万人，分别比上年增长 0.1%和 1.2%。

从增速上看，2017 年非公有制增加值增长速度按可比价格计算（下同），比上年增长 7.8%，高于黑龙江省生产总值增速 1.4%；对黑龙江省经济增长的贡献率达 65.9%，拉动黑龙江省经济增长 4.2%。2013—2017 年非公有制经济增速分别为 10.4%、7.1%、7.3%、7.7%、7.8%，分别比同期的 GDP 增速高 2.4、1.5、1.6、1.6、1.4 个百分点。五年间，黑龙江省非公有制增加值年均增长 8.1%，高于 GDP 增速 1.7 个百分点。从比重上看，2013—2017 年非公有制增加值占黑龙江省 GDP 比重逐年提升，分别为 51.6%、52.0%、52.3%、53.1%、54.3%。

（二）黑龙江省乡镇民营企业发展资源约束状况

影响中小企业生存与发展的资源归类为生存型资源和发展型资源，生存型资源主要指自然资源，生存型资源受自然条件的影响，人为改变的因素较少；发展型资源主要包括人力资源、资金资源、政策资源，其受企业自身及社会控制因素较大，是企业和政府可以利用控制的资源。本课题限于研究的时间、技术以及条件，所研究的黑龙江省乡镇民营企业资源约束仅指发展型资源。

1. 政策资源

2018 年 9 月，习近平总书记在东北三省考察时指出："我们毫不动摇地发展公有制经济，毫不动摇地鼓励、支持、引导、保护民营企业发展。"紧接着在 2018 年 10 月 8 日，黑龙江省发布的《关于支持民营经济发展的若干意见》提出了支持鼓励乡镇民营企业发展的五十条措施，这五十条措施为乡镇民营企业未来壮大市场份额、降低经营成本和获得金融支持力度提升提供稳定保障。

2019 年 9 月，黑龙江省工信厅、黑龙江省财政厅、黑龙江省卫健委、黑龙江省市场监管局、黑龙江省药监局联合发文，将对 2019 年在地方、行业、国家、国际标准制定中起到主导作用的民营企业和"老字号"企业，给予 5 万~50 万元不等的奖励补助。此次的奖补对象为民营企业中个人独资企业、合伙制企业、有限责任公司和股份有限公司。虽然黑龙江省近几年促进民营企业发展的政策力度很大，省委以及省政府也高度重视，但受限于财政与经济能力，相比于浙江、上海和深圳等地的支持力度还是略显不足，而这些地区的营商环境又比较成熟，所以持续的政策支持与服务显得尤为重要。同时，2019 年 10 月 8 日，黑龙江省人民政府办公厅关于印发《加强金融服务民营企业二十项政策措施》的通知指出全力推动上市融资。制定出台推动企业上市工作专项行动计划，重点协调解决企业上市过程中遇到的障碍和困难，推动符合条件的科技创新企业在科创板上市。鼓励支持总部和主营业务均在黑龙江省的企业在沪、深交易所主板、中小板、创业板及科创板首发上市，并分阶段给予补贴。但是据了解黑龙江省乡镇民营企业基本都属于未上市公司，其政策也就落不到乡镇民营企业上。

2. 人力资源

党的十八大以来，随着城镇化发展政策的提出，农村城镇化的速度越来越快，黑龙江省也不例外，四十岁以上的大部分人留在乡镇，年轻人都奔往大城市生活，乡镇民营企业大部分员工也相继辞职奔向大城市发展。由于一二线城市的收入远远高于乡镇，刺激乡镇劳动力涌向大城市发展。由以往的统计年鉴可知，从新中国成立以来黑龙江省城镇人口比例一直高于全国平均城镇人口比例，但是城镇化的发展速度相比于全国略低，大体的城市人口增长趋势与全国几乎保持一致，而从 2013—2017 年的数据可以看出，近几年的人口增长趋势略显"后劲不足"，主要原因是黑龙江省经济发展放缓。

依据 2018 年黑龙江省年鉴统计，从年龄方面来看，2017 年，黑龙江省 60 岁及以上老年人口中，60～65 岁年龄人口最多，占老年人口的 35.8%；同时，黑龙江省 50～59 岁年龄人口为 691.7 万人，占黑龙江省人口的 18%。总体看，黑龙江省老年人口数量和所占比重逐年提高，老龄化趋势明显。2017 年，黑龙江省城镇人口占常住总人口比重为 59.4%，与 2016 年相比提高 0.2%；户籍人口城镇化率 49.92%，比 2016 年提高 0.04%，基本持平。

随着科技的进步，社会的发展，经济的增长，农村人口减少的趋势已然成为定局。据调查，目前农村年轻人占比极少，大部分都出去上学或者去经济发达地区打工，农村优质劳动力减少，与此同时，黑龙江省内的大学毕业生跨省就业的人数也呈现逐年增多的趋势，本省能够留下的学生较少，很多一部分都是在事业单位或者公务员系统中，留在企业的也都是在大中型企业，实际上能到乡镇民营企业的大部分都是创业者。

黑龙江省乡镇民营企业的大部分决策者尚未对人力资源管理有一个深层次的认识和了解，对其认识仍停留在事务性管理层面，以事为中心，要求人去适应事，对人才重使用而轻培育，将人视为成本算人头账，而不算人力资本账，人力资源管理水平停留在较低的层次上。而在现代市场经济资源约束条件下，人才流动速度越来越快，用人机制越来越灵活，很多乡镇民营企业老板认知保守，秉持固有观念，导致人才流失，骨干人员的离去，带走的不仅是技术、市场及其他资源，而且更可怕的是遗留下来的不安全感和不稳定感，使得员工心态不稳，进而引发"跳槽"，员工队伍流失加大，影响企业发展后劲。

3. 资金资源

为促进黑龙江省乡镇民营企业的发展，振兴龙江经济，政府加大了对金融机构的改革监督力度。2018 年初黑龙江省乡镇企业贷款余额达到 3 267.78 亿元，同比增长 4.65%；乡镇企业贷款占各项贷款比重达到 15.62%。金融机构乡镇企业贷款加权平均利率 5.26%。为建立健全工作机制，2018 年人民银行哈尔滨中心支行牵头成立了深化乡镇企业金融服务工作小组，制定下发了《黑龙江省深化乡镇企业金融服务若干措施》，在信贷支持、银行考核、拓宽渠道、财税优惠等方面提出 22 项具体措施，为优化民营和乡镇企业金融服务奠定了基础。

2018 年以来，黑龙江省组织银行机构选派精通企业财务的信贷人员或邀请财税专家，为民营企业和乡镇企业开展财务制度培训。黑龙江省银行机构对民营和乡镇企业客户开展财务辅导培训 4 500 户次，其中 408 家民营和乡镇企业通过财务辅导达到了信贷融资标准，获得了银行信贷支持。

2018 年黑龙江省创新"众银帮"模式，龙江银行、哈尔滨银行、建设银行 3 家银行共同为企业提供贷款 2.04 亿元，贷款审批周期由 30 天缩短至 5 天。人民银行哈尔滨中心支行还指导建设银行开发"地押云贷"业务，累计为企业融资 1.22 亿元。以招商银行、浦发银行、兴业银行、广发银行为重点创立黑龙江省乡镇企业融资模式创新示范点，积极加强对"订单贷"等融资模式的探索。

人民银行哈尔滨中心支行与省地方金融监管局、省工信厅共同主办"开门红"金融服务民营企业对接会，同时举办了"龙江食品加工企业融资""龙江科技型企业融资""龙江现代服务业企业融资"三场企业专题路演活动和一场金融机构与民营企业自由对接活动。截至 2018 年底，已对接企业 1 666 户次，授信额度 280.69 亿元。

截至 2018 年底，黑龙江省民营和乡镇企业应收账款、股权、知识产权等无形资产质押贷款余额合计 2 050 亿元，同比增长 9%。同时，大力推广人民银行中征应收账款融资服务平台，累计融资成交达 836 笔，成交额从 2014 年底的 1.3 亿元增长至 2018 年底的 632.9 亿元。

目前乡镇民营企业融资渠道主要包括小额贷款公司和商业银行，但这两个融资渠道都存在制度不完善以及操作困难等问题。小额贷款公司"只贷不存"，限制了小贷公司的业务扩展和资金来源，进而限制了民营企业贷款的规模。银行方面为了保证贷款的优良率和完成指标，导致大部分贷款流向了大型民营企业和国有企业，限制了小微民营企业政策性贷款申请。

针对以上问题，人民银行哈尔滨中心支行、黑龙江省金融局、省工信厅等

6 部门联合发布《黑龙江省全面深化民营和乡镇企业金融服务暨首贷培植行动方案（2019—2020 年）》，将针对民营和乡镇企业首贷难、融资难、融资贵的主要问题进行逐步解决。潜力好、市场前景佳的民营和乡镇企业经过培育和扶持有望进入银行"白名单"。力争实现到 2020 年民营和乡镇企业贷款年均增速不低于各项贷款平均增速，民营和乡镇企业综合融资成本稳中有降。到 2020 年培植民营和乡镇企业数量和获得首贷的民营和乡镇企业户数明显增加。

二、黑龙江省乡镇民营企业发展的案例分析

（一）案例概述

前文从理论文献等角度详细地论述了阻碍企业可持续发展的主要资源约束，那么乡镇民营企业在实际经营中是否也存在着相关资源约束的问题，又有哪些具体体现；企业遇到这些障碍又是如何解决的，是否可以借鉴处于同一行业中类似企业的经验？为回答上述问题，本章主要从齐齐哈尔市依安县 PC 有限责任公司民营企业的实际出发，以其发展历程和路径来探索阻碍乡镇民营企业发展的资源约束，并以其发展经验来总结乡镇民营企业可能的发展路径，为黑龙江省的民营企业发展提供可参考的路径依赖。

PC 有限责任公司位于黑龙江省依安县，是一家多元化经营的乡镇民营企业，主要以饲料加工和餐饮服务为主，占地面积 75 700 平方米，建筑面积 19 276 平方米，仓容 8.5 万吨，资产总额 12 397 万元，其中，固定资产 6 243 万元，流动资产 6 154 万元。

1. 案例的选取及理由

本节以齐齐哈尔市依安县 PC 有限责任公司民营企业为例，探讨该公司成立至今，在乡镇民营企业变迁过程中的真实经历、遇到的问题、解决的措施等。选取该民营企业作为案例的理由如下。

（1）该案例民营企业创建于 2012 年，是黑龙江省近年来发展比较出色的乡镇民营企业，历经 7 年的风雨坎坷和不懈奋斗，由创业之初仅有 5 名员工的小商贩发展成为一家集粮食收购、掺混肥料加工、餐饮等多种产业于一体的多元化、综合型的民营企业集团，实现了 7 年持续不断的稳健发展，被誉为当地乡镇民营企业的模范。黑龙江省民营企业平均寿命只有 2～3 年，低于全国民营企业平均寿命 3～5 年。

（2）案例企业的高层管理人员一直在企业工作，能够详细描述民营企业的发展历程，具有一定的说服力。同时，该案例企业董事长和其他管理者管理经验丰富，理论知识和实践能力相对较强，面对各种制度障碍和困境能够采取有

效的措施，帮助企业渡过难关，具有一定的指导意义。

（3）PC 有限责任公司作为一家民营集团公司，业态丰富，涉及粮食、掺混肥料加工、餐饮、物业等多个领域，可以从多个方面反映资源约束下乡镇民营企业发展中存在的问题和资源不利因素。

（4）该案例民营企业自成立至今，已有 7 年的发展历史，作为当地优秀的民营企业，为黑龙江省经济做出大量贡献的同时，也享受着黑龙江省很多惠企政策。

2. 数据来源

本案例分析主要资料的来源是多元的，不仅包括二手资料，还包括深度访谈获得的一手资料。本章一手资料来源于与企业董事长及相关人员的深度访谈，二手资料主要包括网络信息查询、企业会议纪要和各时期历史档案的调阅等。企业提供资料包括：①现有在职员工的"花名册"；②公司现有文字版薪酬福利制度；③公司现有各项工作流程及说明；④公司各类管理类表格；⑤公司现有各项管理规章制度；⑥公司现有绩效考核制度文件；⑦公司各类资质一览表；⑧公司组织架构图及说明、各部门职能、岗位说明书；⑨公司当下企业文化文字描述。

3. 企业发展历史概述

（1）企业初创阶段。 2011—2012 年为企业的初创阶段，那时乡镇民营企业发展受到了国内经济形势的巨大冲击，导致市场金融泡沫过大，多数民营企业资金紧张，又缺乏国家信用等级，授信不足，无法获得银行贷款，此时国家又鼓励开办民间金融来缓解民营企业融资难融资贵的问题。黑龙江省乡镇民营企业更是资金紧张，案例公司创始人、现任集团董事长通过最"原始"和最直接的市场调研，了解到粮食的收购、加工市场空间大，有利可图，最终坚定了创业决心，通过向亲属借款 50 万元，以诚信经营、不拖欠农户粮款为经营理念，成立了初创公司。

（2）企业成长阶段。 2012—2015 年，随着人民生活水平的不断提高，乡镇民营企业发展也迎来了转型升级的阶段。该案例企业通过开展内部大讨论提出要扩展公司规模，在 2015 年末，贷款数量也从最初的 50 万元增加到 730 万元，其产值已到达 2 000 万元，员工人数达到 20 人，但是具有大专以上学历的员工不多，整体素质不高。公司业务已经涉及淀粉制品和副产品制造、销售；玉米收购、装卸、烘干、仓储服务；秸秆致密成型燃料加工；掺混肥料生产、物业领域投资等。

（3）企业发展稳定阶段。 2015 年至今，案例民营企业已经发展成当地最大的乡镇民营企业，业务拓展到宾馆、餐饮业等产业，资产总额 12 397 万元，其中，固定资产 6 243 万元，流动资产 6 154 万元。近期，该企业通过讨论提出要广泛借助现代信息科技，自主研发集团内部信息管理平台，大力发展信息化、数据化、智能化企业，积极拥抱互联网、大数据，注重人才的培养使用，由劳动密集型员工向知识型、技能型员工转变，积极为未来转型工作做准备。

4. 局限性

本节仅选取一家乡镇民营企业作为观察窗口，其地点位于依安县红星乡内，该企业虽然对此商业模式下的民营企业具有一定的代表性，却不能反映整个乡镇民营企业的问题所在，也不能反映黑龙江省的乡镇民营企业的发展情况，具有一定的局限性。案例企业是一家以粮食收购、肥料生产为主的民营企业，黑龙江省数千家乡镇民营企业中最常见的还是餐饮业、服务业等，企业相似发展问题具有一定的差异，分析得出的路径在具体企业中实施会有一定差距。

（二）案例公司在资源约束下的发展困境分析

乡镇民营企业在其发展过程中，遇到了诸多的困难和问题，案例企业也不例外，受限于研究时间、条件以及技术等因素，本文只分析案例公司在发展型资源约束下的发展困境。

1. 政策资源约束下公司发展困境

虽然黑龙江省发布了《关于支持民营经济发展的若干意见》，内容可谓全面、丰富，政策力度较大，但是政策落实存在着问题，一是，有些农产品加工业中的中小民营企业，对政府支持民营企业发展的优惠政策了解不够全面，这也反映了政府的宣传力度不够。二是，政府主动参与服务意识不强，对中小民营企业诉求了解不够充分，扶持的内容与民营企业实际需要存在差异。

黑龙江省财政厅 2018 年 9 月 27 日印发了《黑龙江省创新创业载体、中小企业服务机构和公共服务平台奖励资金政策实施细则》，细则第三条指出对在黑龙江省排序前 20 名的小型微型企业创业创新基地（原中小企业创业（孵化）基地）给予 50 万元奖励，对在黑龙江省排序前 20 名的中小企业服务机构给予 30 万元奖励，对在黑龙江省排序前 20 名的中小企业公共服务平台给予 100 万元奖励。但是没有企业排名的具体细则，案例企业也只是边缘化的企业，享受不到奖励。

《中共黑龙江省委黑龙江省人民政府关于支持民营经济发展的若干意见》（2016 年 11 月 26 日）第九条指出鼓励民营企业扩大投资。对年内投产的省重点工业产业项目，按照投产当年固定资产投资贷款额度给予不超过 5％贴息，单户企业最高不超过 2 500 万元；对投产当年利用自有资金完成固定资产投资给予不超过 3％补助，单户企业最高不超过 2 000 万元。对贫困县民营企业固定资产投资 1 亿元以上、年内投产的工业项目，按照项目实际完成固定资产投资额给予 3％补助，单户企业最高不超过 600 万元。而实际上，作为贫困县的案例公司没有得到鼓励，甚至连政策的发布都不了解。

黑龙江省"老字号""原字号""新字号"及国家级贫困县（市）中小企业发行直接债务融资工具奖补政策实施细则（黑发〔2017〕28 号）中指出对国家级贫困县（市）中小企业发行债券融资的，省财政按实际到账额的 5％给予补贴，单户企业补贴上限不超过 500 万元；金融机构作为主承销商、分销商或银行间交易市场认购人，牵头运作发行债券的，省财政按企业实际融资到账额的 5％给予奖励，上限不超过 500 万元。政策的制定对案例企业非常有帮助，但是在具体落实上，还存在着很大的差距，结果是案例企业没有发行债券进行融资。

2. 人力资源约束下公司发展困境

（1）案例公司人员素质统计。公司从 2012 年成立，就面临着企业职工整体人才素质较低的局面。当时，基本上都是低学历的农村人员，而高学历和城市户口的择业者仍对乡镇民营企业有所偏见，认为其不是"正经工作""不是长久之计"的工作。从 2012 年的从业人员花名册可以看出，公司创立之初，员工较少，只有 5 人，均来自农村，其中女性员工 2 人，占总人数的 40％，从学历构成来看，小学以下学历（含）占 60％，从年龄段来看，主要集中在 30～40 岁。

东北大多数择业人员对民营企业仍抱有偏见，尤其是城市择业人员。公司的从业人员均来自农村，而且女性偏多，学历素质较低。2012 年以来公司从业人员的平均年龄逐年递增，这说明公司从业人员的"老龄化"趋势在不断呈现，这些员工大多数是公司成立之初的老员工，思想往往比较保守，缺乏超前理念；另外，公司很难吸引到年轻的员工，尤其是具有较高知识层次、较高文化素质、思想活跃的大学生，这也是创新动力不足的原因之一。

在公司发展的第 3 个年头，正值乡镇民营企业稳定发展的阶段。公司为了发展，不断地加强职工学历素质的提升培训，同时也不断地广招人才，从 2012 年至 2015 年，无学历的员工逐年减少，小学文凭的员工逐年增多，人员的学历水平普遍提升，从 2016 年起，高学历人才突破 0 人，每年的高学历人才离职率在 25％左右。

（2）员工离职的原因。学历的提升，有助于给公司带来新的理念和新的技能，然而高离职率也造成了公司的人才流失，2015 年在公司发展期间，大量员工离职的主要原因有：①择业者多为学手艺而来。案例公司是当地最早成立自己收粮车队的企业，因此很多择业者为了学本驾照而选择公司。当拿到驾照后，便辞职另谋他路；另一方面，公司的待遇相对外省的打工待遇不具有竞争力，许多人在掌握工作技艺后，离职而去。这些对当时公司造成非常大的损失。②为发展民营企业，解决人员不够的问题，公司请了亲戚朋友前来帮忙，暂缓公司的人员压力，待公司困难解决，这些人员便各自从事自己的本职工作去了。③当时法律不健全，没有对用工企业采取保护措施，尤其是没有规定入职后离职的天数和违约条件，对从业者缺乏约束，造成部分员工想来就来、想走就走的局面。

缺少高素质高学历人才使公司失去了创新的动力源泉。在这段时间内，公司高学历员工离职的主要原因有：①公务员热兴起，大学生对民营企业仍有偏见。大多数大学毕业生还是对公务员情有独钟，大学生的亲戚以及其他社会舆论都认为大学生毕业后应从事高科技的工作或去国企事业单位工作，对民营企业、私营企业不认可。②部分大学生抱着来公司实习的心态，在公司得到实习经验或"镀金"后，便辞职。

(3) 人才不足的原因。 从公司自创办起，结合三个阶段的人力资源情况，总结出高素质、高技能、高学历人才不足的主要原因有以下几个方面。

①受思维定式和传统观念束缚。公司创立于 2012 年，以粮食收购为主，属于劳动密集型企业，企业员工知识化程度较低，创业初期从业者大多是中学以下学历的低学历员工。随着信息化、大数据时代的到来，企业许多老员工受年龄以及知识文化的限制慢慢丧失了过去的创业激情，思维观念固化，甚至越来越不适应公司的发展，导致公司缺乏创新的动力。

②就业的双向选择。当前，劳动力群体正在发生代际替换，80 后 90 后甚至 00 后已经成为市场上的求职主体，这些人整体素质的提升及就业需求的多元化，与企业特别是劳动密集型企业普通岗位的用工条件存在很大的差距，导致企业遭遇招工难问题。案例企业所在地属于国内二线城市下辖的一个县城，对比来看，受经济发展制约招才引智更加缺乏吸引力，刚毕业的大学生往往会选择去北上广深等大城市或往省城发展，民营企业人才问题更加凸显。

③家族式管理。公司的高层领导通常是亲属或者近亲属，阻断了其他员工的晋升之路，企业员工薪资水平与市场水平对比没有明显竞争力，绩效考核很难实施，薪资待遇分配得不合理。

④黑龙江省整体经济影响。黑龙江省作为重要的老工业基地，近些年来经济增长比较缓慢，甚至可以用"畸形增长"来形容，第二产业已经连续两年比全国平均增速低 4.5～4.6 个百分点。2015 年黑龙江省地区生产总值为 1.5 万

亿元，人均 GDP 为 3.9 万元，低于全国平均水平。

3. 资金资源约束下公司发展困境

资本市场发育不足，中介组织缺乏，直接融资渠道不畅。政府方面，虽然贷款政策下达至银行，但是对银行的监督工作还不到位，导致银行的钱大都流向了大企业、资质较好的中型以上的民营企业，而乡镇民营企业却得不到国家政策型的贷款。

由表 1 可知，案例企业的发展资金基本都是民间借款、小额信贷、银行贷款，而没有政府政策性贷款。调研过程中，案例企业家了解国家扶持中小企业的政策，但是由于企业规模小，政府的扶持政策辐射不到案例企业，案例企业完全通过自己融资来谋求发展。

表 1　2012—2018 年案例公司筹款明细表

年份	金额（万元）	备注
2012	50	亲属借款
2013	120	亲属借款、民间借款
2014	500	民间借款、小额信贷、银行贷款
2015	730	民间借款、小额信贷、银行贷款
2016	850	民间借款、小额信贷、银行贷款
2017	1 080	民间借款、小额信贷、银行贷款
2018	1 260	民间借款、小额信贷、银行贷款

数据来源：案例公司财务报表。

调查显示，乡镇民营企业获取外部资金的渠道是金融机构和民间贷款。目前在黑龙江省包括金融租赁、信托投资等非银行金融机构在内的各类金融机构中，民生银行、城市信用社、农村信用社和城市商业银行等中小金融机构提供的贷款比重较高，而四大国有商业银行中，除中国农业银行向乡镇民营企业贷款比重较高外，其余三家银行贷款份额均较小，非银行金融机构融资性业务服务比例更低。

（三）资源约束下乡镇民营企业发展存在的主要问题

1. 缺乏对政策的理解

黑龙江省乡镇民营企业对惠企政策了解不够深入，企业只知道国家对乡镇民营企业的发展持支持态度，但是从未与政府、民营经济促进会等相关机构进行沟通与合作。同时政府主动参与服务意识不强，相关政府部门对乡镇民营企业诉求了解不够充分，扶持内容与其实际需要存在差异。

在通过手机 App 可以实时了解国家、地区惠企政策，同时也可以找到相应政策解读的信息时代，很多乡镇民营企业家没有主动寻找惠企政策的远见，甚至对惠企政策存在"偏见"，认为国家的惠企政策和自己的企业无关，就算申请也是白费时间和精力。政策需要专业的人员对政策进行分析解读，理解其意义，而乡镇民营企业缺少这样的政策解读人员，现实中乡镇民营企业内部员工对政策基本不了解。

2. 企业各类人才匮乏

近 1/2 的黑龙江省大学毕业生前往南方发展，留在黑龙江省的学生大部分都进入了国家公务系统。2000 年和 2010 年的第五次、第六次全国人口普查数据显示，东北的人口流失已达 400 万人。课题组统计了东北农业大学本科班同学的毕业走向，全班 33 人，有 11 人读研，超过 1/3 的同学前往北京、深圳等一线城市，或出国留学，而留在哈尔滨工作的仅 6 人。

据了解，黑龙江省大多数乡镇民营企业的研发人员为企业所有人或主要负责人，导致企业管理和创新不能兼顾。公司缺少专业性人才，并且职员学历普遍较低，同时各民营企业与高校合作较少，导致其人员管理、技术能力较低，创新驱动力不足。从整个公司管理，到具体业务运行，创新贯穿在每一个部门、每一个细节中，然而企业创新的根源在人，没有高素质的创新型人才的企业，就没有可持续发展的未来。很多乡镇民营企业由于缺乏研发人员而导致其对外只是资源利用型企业，得不到投资人青睐，阻碍了公司发展。

乡镇民营企业员工的待遇偏低，多为合同制，很少有员工享受五险一金。由于薪酬与经济、社会地位挂钩，所以高端人才基本不会将乡镇民营企业纳入就业范围。同时，乡镇民营企业大都是家族式管理，缺少完整的晋升体制，制约了员工的职业发展，无法吸引高端人才。

3. 企业融资能力不强

除贷款期限短、贷款金额小、融资渠道少之外，融资成本高主要体现在两个方面，一是成本比较高，基本上浮 30% 以上，二是门槛高，附加条件多。面对错综复杂的国内外环境，乡镇民营企业的融资压力进一步加大，融资成本达到 8%，甚至 9%。据权威部门调查显示，乡镇民营企业获取外部资金的渠道除了金融机构外，民间贷款也成为其重要的资金来源，占比为 14.59%，而通过直接融资渠道的数额极小，仅占 1.8%。

乡镇民营企业面临的首要问题为资金不足。调查显示 90% 以上乡镇民营企业的贷款服务需求尚未得到满足或只得到部分满足。目前在我国包括金融租赁、信托投资等非银行金融机构在内的各类金融机构中，民生银行、农村信用社和城市商业银行等中小金融机构提供的贷款比重较高，而四大国有商业银行中，除中国农业银行向中小型企业贷款比重较高外，其余三家银行贷款份额均较小，非银行金融机构融资性业务服务比例更低。乡镇民营企业普遍规模较小，资金积累不足，且大多属于劳动密集产业，没有专门的资金管理部门，管理人员素质较低，财务制度不健全，经营资金的能力较差，缺乏融资意识和风险控制理念，由于欠资过多，使其信用急剧下降，因而融资困难。

企业融资需要抵押担保，绝大多数中小民营企业又普遍存在固定资产少、流动资产变化快、无形资产难以量化等问题，因而寻求担保又遭遇重重的困难。融资的关键在于企业信用，东北企业的诚信环境较差，有些乡镇企业普遍存在经营不规范、财务不透明、信用记录缺失等问题，甚至有些个别企业的出发点就是钻银行空子，因此，这些企业达不到银行最低的贷款门槛。

很多中小民营企业家的融资意识也不强，部分民企是依靠企业家自身的积蓄来创建的，而有些乡镇企业家表示由于申请程序繁琐，企业一直采用向亲戚朋友借款方式进行企业融资。

三、黑龙江省乡镇民营企业发展路径选择

（一）黑龙江省乡镇民营企业发展路径选择原则与目标

乡镇民营企业发展路径代表着不同的发展方向，无优劣好坏之分，只是需要根据乡镇企业的自身特征和实际需要选择实施，因此不同类型的乡镇民营企业所选择路径会有所不同。选择适合企业自身发展的路径予以实施对企业具有现实意义。

在企业发展路径实施的过程中，所积累的发展信息来自外部刺激，即从外部获取的信息，包括对研发、品牌、供应商合作等能力的投入。这会直接提升企业的可持续发展潜力，但并不能全部被吸收形成有效发展模式，因为任何一家乡镇企业自身都具有独特性和竞争优势，当实施新路径、注入新外界信息时，二者之间存在的差异性会引起匹配差异，阻碍企业发展。因此乡镇民营企业在进行路径选择前，要确定企业的发展类型。通常情况下，乡镇民营企业对其核心能力的持续投入代表着其发展方向，企业在各能力间的投入分配比例和行业内的相对水平决定了其发展类型。因此乡镇民营企业选择最适宜发展路径的关键，是明晰自身优势能力，进而明确发展驱动力，确定企业所属类型。

1. 黑龙江省乡镇民营企业发展路径选择的原则

（1）比较优势原则。 当前国际市场环境变化莫测，技术革新速度加快，充

足的资本投入使得资源约束条件下乡镇民营企业的创业期和成长期大大缩短，在这种情况下，随意转型不仅会降低资源利用效率，而且会错过发展机遇。因此，乡镇民营企业要想在市场中立于不败之地，就要培育壮大最有益于企业发展的比较优势，不断强化驱动力。此外，企业发展所需的发展资源可以依靠自身的比较优势从外界聚集或互换，进而提高综合实力。

（2）**经济合理原则**。乡镇民营企业发展路径的选择是为了以最少的资源投入获得最有效的发展水平提升，因此，首先从结果出发，探究乡镇民营企业发展路径中的关键因素。其次将关键因素与企业驱动力相匹配。

（3）**量化选择原则**。通过量化经营能力来衡量乡镇民营企业的发展水平，企业发展的路径选择也是建立在发展理论和经营数据的量化分析上。因此企业在选取数据时，首先，保证数据真实、客观，通过年报等公示渠道进行采集，避免主观性；其次，在此基础上尽可能多地选取，保证当个别数据缺失时，有备用数据替代，依靠科学的方法进行路径选择。

2. 黑龙江省乡镇民营企业发展路径选择的目标

为使乡镇民营企业继续扩大营销网络规模，建立多渠道、多层次的综合营销网络体系，提高市场占有率，实现品牌价值的最大化，渠道效益的最大化，其首要任务是选择正确的企业发展路径。发展模式相同的乡镇民营企业可以借鉴其他成功企业的发展路径，并加以延伸出适合企业自身的民营企业发展路径。

黑龙江省乡镇民营企业在选择发展路径时，应对企业未来的发展趋势有准确的判断和深刻的理解。要在充分理解企业发展的内外部环境的基础上，利用优势，克服劣势，实现差异发展；要在充分挖掘和利用资源的前提下，形成企业核心竞争力，以达到企业目标的实现；要实现企业与全体员工的共同目标，企业目标必须获得全体员工的认可和理解；具体来说乡镇民营企业发展的路径应该包括以下目标。

（1）**可持续发展的目标**。必须确保选择的发展路径在未来能够促进企业的经济发展和生产规模的扩大。

（2）**绿色无污染发展目标**。乡镇民营企业的发展必须响应国家与政府的号召，走绿水青山就是金山银山的发展之路。

（3）**产品、技术与产业升级目标**。乡镇民营企业的发展路径必须走产品、技术与产业升级的发展之路。

（二）黑龙江省乡镇民营企业发展路径设计

黑龙江省乡镇民营企业是一个由农产品加工业、服务业、制造业等产业组成的庞大的企业群，本文根据乡镇民营企业的构成，将其划分为商业模式型和资源利用型乡镇民营企业两大类，这两类企业涵盖了大部分黑龙江省乡镇民营企业，具有一定的代表性。

1. 黑龙江省乡镇民营企业发展路径设计原则

（1）科学性原则。 黑龙江省乡镇民营企业发展的路径设计是建立于系统的理论分析基础之上。以文献梳理以及案例分析结果为依据，参照《黑龙江统计年鉴 2018》进行归纳分析，实地走访企业调研，根据调查结果分析路径，提升了路径设计的科学性。

（2）针对性原则。 黑龙江省民营企业数量众多，类型多样，设计普适单一的可持续发展路径没有实际意义。由于不同类型的乡镇民营企业的可持续发展影响因素各不相同，同时，乡镇民营企业的可持续发展是一个需要长期投入、持续变革的工程，其效益显现时间存在一定的滞后性，因此区分企业类型，进而分别设计可持续发展路径，具有更强的针对性，更高的可操作性，以及可以更加显著地提升企业发展状态。

（3）系统性原则。 黑龙江省乡镇民营企业的可持续发展转变是一个多部门多环节相互配合协同变革的过程，这要求在路径设计中除了要考虑整个企业内"先变"环节对其他环节的影响，还要全面考虑各个环节的衔接程度，不能出现脱节的情况。

2. 商业模式型乡镇民营企业发展路径设计

（1）路径框架。 当今资源约束条件下乡镇民营企业的竞争是商业模式的竞争。无论是为了获得快速成长，或是在发展过程中保持良好的状态，都要以良好、匹配的商业模式为基础。商业模式型乡镇民营企业发展路径是以挖掘需求、开拓市场为起点，在发展过程中实施信息化、服务化等适应性动态创新，最后整合核心用户社群及合作伙伴实现价值共创，而后视发展情况进行组织商业分化，形成子公司进行新领域布局，基本路径如图1。

（2）适用条件。 选择商业模式型发展路径的乡镇民营企业，可以避免大部分资源约束问题，首先，适用于对自然资源依赖度较低，主要通过优化自身机制、模式和发展思路来获得高额利润和更高市场占有率的企业。其次，要具有敏感的环境洞察能力，能够感知运营发展环境的变化，并对变化趋势有一定的预判能力，在关键节点上能够抓住机遇，有效整合各类可用资源，在趋势中顺势而为，完成转型。最后，企业的组织结构和资源配置方式要足够灵活，信息传递速度快，使企业与外部变化交互效率更加显著。

（3）支撑要素。

①品牌价值。品牌价值是企业所生产的产品或所提供的服务为消费者带来

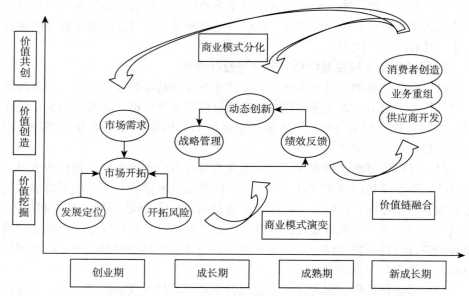

图 1　商业模式型乡镇民营企业发展路径

的独特价值，是顾客所能感受到的一系列既得利益的总和。在社会的不同发展阶段，顾客的消费偏好会发生偏移，民营企业要对顾客价值取向、未来市场竞争的发展趋势做出正确的阶段性判断。企业挖掘客户深层次的需求，通过针对性地宣传自身产品或服务与顾客需求的契合点，或经过营销将价值传递给消费者，证明和展示自己的市场价值，获取市场流量。例如，商品种类匮乏时期，消费者更加关注质量与实用性；快销品种类丰富后，差异化的设计和独特性功能更具溢价能力，因此企业要灵活调整自身市场主张，谋求消费需求覆盖最大化。

②战略布局。乡镇民营企业在动态发展的市场竞争中，需要根据外部环境的变化以及资源现状来随时对自身业务发展做出收缩、扩张或转型等战略性调整，这种顶层设计的改变往往需要企业在生产模式、盈利模式等方面做出相应改变，以及在中期、长期发展阶段中相互配合，支撑企业的市场价值。

（4）路径实现。商业模式型制造企业初入市场时，优势往往较为单薄。民营企业需要确定战略，迅速开拓市场。案例公司成功地选择了适合自身的市场，其商业模式的成功不在于自身的技术研发水平和产品线覆盖能力，而在于充分满足客户某一方面的需求。

①市场开拓。

a. 挖掘市场需求。通过第三方市场调研、设计社会实验、复盘式体验或从已完成的生产项目中寻找与需求相关的蓝海市场，确定其市场份额，加深对行业特征和变化趋势的了解，对消费市场的需求、满足需求成本、收益等进行评价排序，根据与自身具备资源的匹配程度选择性价比较高的消费市场进行布局，通过差异化特点，集中有限的资源为目标客户群提供解决方案，精准地解决需求痛点，以此打造品牌、开拓市场、延展市场链。

b. 明确发展定位。从产品定位、用户定位以及价格定位三个维度明确企业发展的定位问题。产品定位要符合市场需求分析结果；用户定位要精确瞄准一定份额的客户群，避免共性需求市场的激烈竞争；价格定位要考虑行业经济环境发展背景，消费升级与降级反映的是消费习惯及对产品、服务本身支付意愿的改变。因此要根据目标消费人群愿意购买的价值、愿意支付的价格与企业的价值链细分活动，估计现行开展业务的盈利能力，以及对未来业务的计划、盈利能力评价，设计与自身盈利能力相匹配的盈利模式，获取企业发展的原始积累。

c. 降低市场开拓风险。由于所专注市场的单一性，使得选择商业模式型路径的企业会承担较大风险，因此初期需要在生产制造各环节中选择更直接、快捷的工作方式，采取具有企业开拓期特点的全面成本控制制度，提高风险防范能力。在产品设计阶段可以通过模仿成功案例提高市场开拓成功率，在产品研发阶段通过拆解、研究、升级的反向研发方式缩短研发周期，以及采取自动化取代手工，或手工、自动化相结合的弹性生产方式，确保能够以较低的成本和风险实现既定的市场开拓目标。在乡镇民营企业采用差异化、专一化或低成本战略度过发展生存期后，应不断进行战略调整以适应环境的变化或领先于环境，从而实现可持续发展，建议开展如下方案。

②商业模式动态演变创新。

a. 建立战略管理部门捕捉环境变化。在民营企业高层中分离或组建独立的战略管理部门，从行业宏观环境和市场用户微观变化两方面入手，对社会科技水平的提升及发展方向、客户需求结构、行业发展趋势等企业发展影响因素持有高度的敏感和重视，通过对企业现存可持续发展障碍和外部发展机遇进行分析，对服务化、网络化的战略转型制定灵活动态的转型目标和规划方案，出台具体的转型举措。

b. 顶层战略设计指导服务化、智能化创新。对于服务化转型，以互联网技术为基础，以提供高附加值的产品或服务为手段，满足客户新需求，拓宽盈利渠道与方式，提升企业盈利能力。对于智能化转型，以信息技术、网络技术辅助业务开展，以创新结果为导向进行业务重组，降低运营成本，提高制造资源整合效率；建立面向产品生命周期的运行维护体系，提高制造企业信息化程度，实现完整的产品设计、研发、制造周期的可视化管理；建立高效灵活的以客户为中心的管控体系，提高客户认可及留存度。

c. 对商业模式转型成效进行监控、反馈和实时调整。根据演变创新的目标和结果，不断优化组织架构、管理流程、资源配置、绩效考评等方面，弥补体制和制度性缺陷，将企业发展惯性调整在可控范围内。建立前后端、内外部协调联动机制，分层分级逐步推进创新转型规划的末端实施，为以生产为中心向以客户为中心的平稳转型提供支撑和保障。

③价值链成员的价值共创。商业模式型制造企业通过整合内部资源进行模式创新，不断拓展市场份额后，需要吸收更多外部能量向更高的可持续发展水平跃迁，以防止同质企业的模仿赶超造成企业能量相对衰减。对于此类企业而言，关键资源是核心用户社群。企业可以通过开放式发展，深度开发用户资源，吸收市场价值，提升自身可持续发展水平。

a. 建立消费者价值创造导向。将消费者对产品和服务的需求转化为对企业商业模式创新的导向，企业建立多层调研、研发、设计、资源调配体系，外层与市场直接接触，明确市场需求。中层对接需求，分解为研发、生产子任务，整合配置制造资源。内层根据需求分析文档、研发任务文档开展研发生产，从满足主流市场向覆盖长尾市场发展，形成更大市场占有率。

b. 消费者关系管理部门引导业务流程再造。重新规划部门的职责内容和边界，重新定义民营企业和消费者角色，确定消费者为价值的主要创造者，企业发挥生产协助的作用，满足客户个性化需求，形成新型客户关系。线上构建"企业—用户"交互平台，在用户终端直接获取创意想法和反馈，并配备专业设计、研发人员，整合信息过滤、筛选、清洗、归类等环节；线下设计保障机制，确保线上可行反馈或创意雏形能够以项目或产品的形式交于生产制造，用柔性化、大规模定制等方式解决个性化功能、服务需求，使消费者的创意成为优化企业创业模式的创新动力；设计激励措施，以社交关系为手段，提高关系紧密度，加强客户的价值感和归属感，最大程度挖掘利用客户资源。

c. 拆分重构民营企业内部组织结构、生产资源，构建价值共创模式。制造企业要扩大价值共创规模范围，首先在消费端，要积极引导消费者需求，平衡消费者需求与企业实际能力，形成切实可行的创新需求。在供应生产端，要加强与供应链成员的沟通联系，构建嵌入式合作关系，强化动态调动能力。制造企业可以调配研发力量、生产人员、销售团队等内外多方资源探寻产品改进和服务优化的可能性，获得更大的品牌溢价。

3. 资源利用型制造企业可持续发展路径设计

（1）路径框架。资源利用型乡镇民营企业发展路径框架是以生产制造环节为中心，摒弃原有产量的管理方法、份额优先的发展目标，通过不断创新生产方式、改进生产工艺、完善配套设施等方式，提高生产效率以及资源运营能力。基本路径如图 2 所示。

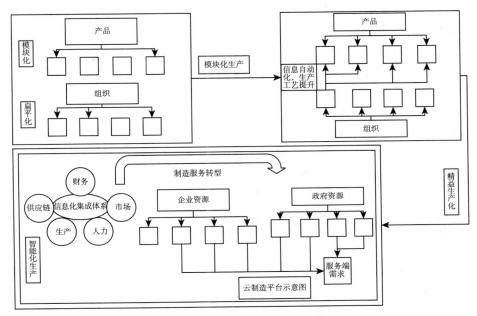

图 2　资源利用型乡镇民营制造企业发展路径

（2）试用条件。资源利用型乡镇民营制造企业发展路径针对以生产制造为核心能力，拥有充足的供应链合作伙伴，强健的关系网络，并以生产线、生产控制等设备、生产技术、人力资源等为主要制造资源的民营制造企业。

（3）支撑要素。

①网络关系以生产制造为主营业务的制造类民营企业更加依赖供应链的支持，与上游原材料以及下游经销商或再加工企业的混合程度决定材料到产品的转化效率以及产品到消费市场的速度。面对产能分布、制造标准与需求在地域、功能上的不匹配，民营企业可以通过改进自身的企业结构、生产模式等方式与外部环境形成节点更多的网络关系，在产能的地理分布上去中心化，市场分布与资源利用更加合理，同时，包含信任因素的强健网络关系可以提高企业间的协同效率，使得信息流以及产品流的流动更加畅通。

②生产运作是影响资源利用型民营制造企业可持续发展水平的直接因素之一，通过对生产工艺、流程进行改进优化，不仅可以在绿色资源选用以及排放末端，还可以在提升生产要素的利用效率上，实现自动化、绿色化，提升制造

企业和外部环境的双重可持续性。

（4）路径实现。

①构建模块化。

生产模块化不仅可以将整体制造任务进行拆分，细化制造环节，克服生产效率不高的问题，同时还可实现与外部生产网络的融合，使生产资源利用更具灵活性。

a. 产品模块化。制造类民营企业实现模块化生产的前提是产品模块化，因此要以企业核心制造能力为中心，分析原有产品的设计、生产、组合装配等环节，对原有的生产体系进行离散、重组，进行模块化设计，将生产产品拆解为生产产品模块，形成若干标准的、满足可重构、可重用、可扩充特性的细分结构。以高度差异化、专一化为标准，对各产品模块的企业核心生产能力承载值、利润值进行序化，专注核心生产业务的同时剥离非核心生产业务。此外，各产品模块的设计生产前，要对行业内的制造企业、上游供应商以及下游需求市场的现状和趋势做深入调研，扩大合作伙伴储备库，强化供应链柔性，对模块细分程度、功能要求、接口设计、联系规则做一致化处理，符合外部整体生产环境要求，便于通过编码化进行信息交流。

b. 组织模块化。资源利用型制造企业在生产模块化之后，要建立起平面式的分布网络企业组织结构，即企业的生产总部只是整个管理网络中的一个协调中心，负责与客户、项目、外部单位联系。制订订单任务分配、生产计划运作规则和协调整个企业的资源配置与成员间的利益关系，具体操作则由作为网络中心结点的各子组织来完成。企业中每个部门、环节都成为在一定范围内高度自治的制造系统，由一系列标准或非标准的、独立的协作制造单元动态组成，其内部结构是相对稳定的，而对外则是标准的、容易集成和组合的，因而具有高度的自治性和协调性，能够对外界变化保持高度弹性。这样，企业中的每一个生产环节能够主动参与和响应市场的变化，而不是被动地接受上级指令，从而大大提高了整个集团的决策速度和反应能力。

②实行精益化生产。

a. 生产工艺改进。精益化生产要从生产工艺的改进出发。在明确产品工艺目的的基础上，首先以目标为指引对生产工艺进行优化，在明确每道工序的具体操作过程、工作内容和工作目标后，对工序存在的必要性做出判断，力求简化，提高生产效率。其次对有必要的工序分析其前序和后序工作，考虑是否可以合并以减少工序所需时间，最后对简化后的各道工序进行重新排序，合理安排每道工序操作内容的衔接、工作地点与物料放置的布局以及操作人员与操作难度的匹配，提出实现升效率、降消耗的改进方法，从固定投资、维护保养、可用期、协同效益、环保效益、发展趋势等方面进行评价。民营企业选择与短期发展生产需求相匹配的改进措施予以实施，充分实现生产的标准化、规范化。

b. 信息自动化建设。现代的精益生产依靠网络技术和信息设备对物料资源使用过程的数据进行精准记录和计算，并根据生产计划做出需求安排。因此，制造类民营企业需要进行信息化建设。一方面，针对制造企业管理层，建设 ERP 系统。另一方面针对制造生产层，建设 MRP 系统控制物料的使用、监控生产设备以及生产工艺的相关参数，在计划层与控制层之间建立制造执行系统（MES）进行衔接。计划层、执行层、控制层信息化的实施，首先，需要对行业相似企业进行市场调研，根据自己公司的情况分析实施的必要性以及可行性；其次，招商，选择适合公司的软件供应商，企业内部要组建信息化小组来配合软件供应商实施顾问工作；最后，对内部员工开展培训，通过利用信息化方法、软件工具对工作分压。在使用过程中及时记录、反馈问题，并拓展以 CRM 为代表的协同商务功能。自动化建设方面，根据产品的市场需求、市场变化、人工成本，考虑增加半自动化、全自动化以及柔性生产线的比例，提升生产效率。

③智能化生产。领先的生产型制造企业需要高度的智能化，首先体现在企业职能层面与生产层面的集成管理；其次需要转换其在市场中的角色定位，由产品提供者转换为制造资源服务的提供者。

a. 信息化体系的集成。制造企业要将供应链、人力资源、财务管理以及生产管理等方面的信息化成果进行集成。在软件的选用上，需要对现有软件进行匹配性和兼容性判定，业务需求与产品功能的吻合度构成匹配性指标，部门软件的接口开放度以及与其他软件数据调用便捷性构成兼容性指标，以此作为具体评判标准进行软件置换。在数据的流通上，通过互相连通的网络环境实现人与人、人与设备、设备与设备的通信与交互，便于管理人员对效率、精度和质量等信息的掌握，使生产数据及时在机械设备、管理部门、外部市场间按需流动、交换。在信息部门的构建上，企业需要重构企业信息部门的职能和人员，将各个软件使用部门的需求移植到信息部门，信息人员则从需求整合、软硬件设备维护扩展至功能需求挖掘、技术实现、使用维护三方面，实现集成一体化。

b. 云制造服务模式转型。市场份额稳定且具有较高知名度的制造企业应从内部制造资源消耗者的身份转换为云制造资源的运营者，从资源利用向资源服务转型。为此，民营企业应该调整资源的配置，与其他企业组织、需求端构造虚拟云制造管理平台，虚拟化制造资源，将物理资源转化为应用服务，对物理资源的静态属性、动态属性、行为属性及部属配置信息进行描述。将不同类型的制造资源在描述、封装、部署、管理以及通信接口方面规范化、标准化。最终形成设计服务平台、制造服务平台、供应链服务平台、营销服务平台等，和众多企业形成良好合作关系，与合作企业共享制造资源。

（三）黑龙江省乡镇民营企业发展的保障措施

1. 政府层面

（1）培养正确的消费观念。正确的消费观念是可以通过企业和社会的共同宣传来培养的。一是企业要加大产品的营销力度，通过宣传使消费者能够对绿色、有机、健康产品形成正确的认识，提高营养意识，进而促进消费。二是政府要对绿色、有机、健康农产品进行公益性宣传，提高公众的消费意识，严把产品关，避免盲从消费，维护健康的消费市场。

（2）增强服务意识。政府要加大政策的宣传、解读力度，让每个民营企业家都及时了解惠企政策，同时政府要加强服务意识，主动了解民营企业需求，为民营企业发展出谋划策。通过上门走访对接，使广大乡镇民营企业更好地了解各金融机构融资要求，各金融机构也能切合企业实际，提供更加符合企业需求的金融产品。同时要简化贷款手续，加快续贷办理速度，提高工作效率。

（3）创新制度，建立和谐的市场营商环境。通过废除、简化经营手续和流程，创新工作机制，促进竞争，降低中小民营企业经营成本，使企业盈利。营造良好营商环境，首先是抓住全面深化改革的重大历史机遇，以发展为中心，以问题为导向，向改革要红利。把制约环境建设的症结找出来，影响市场活力的问题摆进去，从群众最急需的入手，乡镇民营企业最期盼的改起，有的放矢，对症下药，兴利除弊。以市场的理念、改革的思维，推进体制机制创新，真正从官本位转变以商为先、民为天。

（4）企业提高诚信及政府担保融资。首先，乡镇民营企业要提高企业的诚信度，建立完善的财务制度体系，生产合格产品，规范经营，提高贷款信誉。其次，具有好项目的乡镇民营企业可以通过开放股权的形式，多渠道引入民营资本。再次，金融主管部门要加大对银行支持乡镇民营企业信贷的监督力度，确保政策落实，也可以由政府牵头成立担保机构，为信誉高、规范经营的乡镇民营企业担保贷款。《关于有效发挥政府性融资担保基金作用切实支持小微企业和"三农"发展的指导意见》指出各级政府性融资担保、再担保机构要主动剥离政府债券发行和政府融资平台融资担保业务，不断提高支小支农担保业务规模和占比，重点支持单户担保金额 500 万元及以下的小微企业和"三农"主体。

2. 企业层面

（1）改变企业家思想观念。 首先要改变乡镇民营企业家的思想观念，一是民营企业家要不断通过自我学习，提高个人素养和专业管理技能；二是由政府牵头，组织乡镇民营企业联合会，定期学习先进的管理知识以及先进的经济发展理念，提高民营企业家的管理水平和素质，采取引进来和走出去两种方法，定期邀请南方发达省份优秀乡镇民营企业来传授经验和组织本省民营企业家去南方发达地区参观学习，借鉴发达乡镇民营企业发展模式及理念，从根本上引导黑龙江省乡镇民营企业家思想观念的改变。

（2）产品销售渠道多样性。 根据各乡镇民营企业的产品特点，建立产品品牌，结合微信公众号、抖音、快手等手机 APP 进行全面宣传，同时不要忽略淘宝等线上营销，做好售后服务；乡镇民营企业也可以借助大数据、物联网的平台通过私人订制的营销方式销售产品。

（3）加强与省内各大高校进行合作。 乡镇民营企业应与黑龙江省各高校合作。首先，可以了解各高校相关学科领域的发展情况，通过借鉴学习，解决部分因人才短缺造成的技术难题。其次，在高校的宣讲过程中，可以增加大学生对企业发展的了解，受限于资金实力，企业可以通过股权等形式吸引人才。最后，可以与各高校直属的创客合作，创客中集聚着有创业意向的大学生，他们不仅有思想，还有技术，在创客成功选拔出来的 SIPT 项目进入企业孵化也是各高校所期待的。

项目负责人：马增林

主要参加人：王天一、王磊、于璟婷、李莜莜、贾文淼等

黑龙江省产业升级与创新
驱动中心建设对策建议[*]

王吉恒　于威　王为

产业升级是摆脱锁定和衰退，实现可持续发展的关键。无论从理论创新的角度，还是实践发展的需要看，研究产业升级机理、创新驱动的内在规律以及两者之间的关系都具有重要意义。本研究以基于创新驱动的产业升级机理作为研究对象，以产业创新驱动体系的形成和创新功能的增强作为出发点和落脚点。其中，产业是创新驱动机制的作用对象，产业升级是创新驱动发展的目标，创新驱动是产业升级的核心机制。国家创新系统理论、区域创新系统理论、产业集群理论、经济发展理论等为本研究提供了具体的理论工具和分析方法。

一、黑龙江省创新驱动产业升级发展现状及存在的问题

（一）黑龙江省创新驱动产业升级发展现状

2018 年，黑龙江省高新技术产业开发区内共有 3 576 家企业，经国务院批准的高新技术产业项目仅 897 个。黑龙江省是以哈尔滨和大庆两个高新技术开发区为龙头，以哈大齐高新技术产业带为核心，形成了 32 个集中经济开发区，这些高新技术企业是黑龙江省高新技术改造传统产业，促进经济发展、实现创新型省份的中坚力量。2018 年哈尔滨、大庆两个高新技术开发区实现高新技术产值 3 785 亿元，占黑龙江省高新技术企业总产值的 97.25%；利税总额达167 亿元，占黑龙江省高新技术企业纳税总额的 95.70%；2018 年，黑龙江新认定高新技术企业 78 家，截至 2017 年底，黑龙江省符合高新技术企业认定标准的企业共计 656 家。目前已组织申报、通过认定的科技型中小企业有 500 多家。高新技术服务业在黑龙江省开始发展，政府也给予了关注，具有很大发展空间。

---

  * 黑龙江省应用技术研究与开发计划软科学项目（项目编号：GC16D115）。
  项目负责人为王吉恒教授，主要参加人员有于威、王为、李玉等。

黑龙江省目前设立的中介服务机构包括：科技企业孵化器、生产力促进中心、工程技术研究中心和中试基地、专利代理机构以及各种技术信息服务机构。黑龙江省科技企业孵化器（包括高新技术创业服务中心、大学科技园、留学创业园、孵化器有限公司等）的工作以创新创业环境为主线，以提高服务功能为核心，在保证数量稳步增长的同时注重孵化器质量的提高，加强公共技术服务平台和公共服务设施建设。截至 2018 年，黑龙江省共有 66 家科技企业孵化器，2018 年新增入孵企业 345 家，其中有 245 家科技型企业以及科技服务机构在国家科技型中小企业技术创新基金立项，共获得研发经费 2.07 亿元。据相关数据统计，2018 年上半年，黑龙江省各类科技服务机构为省内科技型中小企业提供服务近 700 次，协助中小企业研发新产品近 500 个，申请企业专利达 4 000 多件。

（二）黑龙江省产业升级中存在的主要问题

1. 产业结构不合理，转型升级步伐缓慢

黑龙江省产业结构失衡，工业比重过大，工业内部重工业比重较大。几十年来形成的不合理产业格局一直延续至今，并且构成了经济增长和生态环境双重压力。依据上述高新技术产业主营业务收入占规模以上工业企业主营业务收入比重的单一指标比较来看，黑龙江省高新技术产业发展规模远远落后于中南、华北、华东等经济发展较为发达的地区，甚至是西南地区。产业转型升级滞后成为经济增长的主要绊脚石。在三次产业发展状况方面，黑龙江第三产业发展较为滞后，第三产业产值占地区生产总值的比重为 45.1%，低于国家平均水平。服务业发展仍以传统服务业为主，金融、通信、商务等现代服务业占比较低。此外，高新技术产业和战略性新兴产业占比较低，并且发展严重滞后于其他地区高技术产业发展水平，对黑龙江省经济发展支撑力度较弱。

2. 创新动力和创新投入不足，创新效率与科技成果转化率低

黑龙江省产业科技竞争力较差，创新动力不足。主要表现在：创新意识不强，黑龙江省具有研发机构的企业数占企业总数的比重、省内企业研发投入强度等均较低；自主研发能力较弱，创新效率和创新能力较低，新产品更新换代步伐慢，科技成果转化率低，难以支撑高端产业发展。从创新投入来看，虽然黑龙江省创新投入较中西部地区具有微弱优势，但较东部发达省份以及全国平均水平而言，仍有较大差距。人才是经济发展中最重要的要素，创新驱动关键是人才驱动，虽然当前东北地区人才培养规模较大，但是产业人才较为匮乏，并且流失较为严重。不仅高层次创新创业人才流失严重，一些技能型员工也大量外流。老龄化和人口外流，使黑龙江省产业发展面临"后继无人"的困境。

黑龙江省创新活动的低效率问题可以从实证分析中得到印证，黑龙江省缺乏相应的创新创业生态系统，导致地区创新活动开展过程，遇到了高投入、低产出、高浪费的创新发展困境。

3. 资本市场不发达，资金短缺

无论是产业结构调整与产业转型升级，还是科学发展与技术创新，黑龙江省产业创新发展必将面临资金问题。黑龙江省多数企业还处于规模扩张的成长发展期，面临着"提质"与"增量"的双重任务。"提质"就是要通过科技创新，提高产品质量，研发出新的、高质量产品，淘汰旧的、处于市场饱和状态的低质量产品；"增量"就是通过加大资金投入，扩大企业规模，提高企业品牌形象、市场竞争力与抗风险能力。在"提质增量"的转型升级阶段，企业需要大量的资金供给，但从现实情况来看，多数企业受到资金短缺的困扰，成为企业转型升级最重要的瓶颈。仅仅靠地方政府投资或者国家财政支持，企业创新动力不足，研发投入低，很难满足东北老工业基地振兴的资金需求。资本市场不发达、层次与体系不健全是导致振兴东北老工业基地战略实施中资金短缺的重要因素。黑龙江省信贷市场结构相对比较集中，多以政策性银行和国有商业银行为主体，缺乏竞争，在一定程度上导致了金融机构运行的低效率；资本市场发展较为滞后，直接融资渠道狭窄，在规模与效率上较其他发达地区差距明显；融资方式单一，传统的融资方式成本高，难度大，制约黑龙江省产业创新发展。

4. 体制与机制不完善，创新创业环境欠佳

制度安排是经济发展的内生变量，对区域经济发展具有决定性作用。黑龙江省产业创新发展所面临的根本问题是传统的体制机制弊端。从宏观角度来看，计划经济遗留影响导致市场与政府双轨制资源配置格局低效率，市场经济发展不足导致黑龙江省产业发展缺乏市场竞争能力，无力抵抗市场风险。从微观角度来看，国有经济比重偏高，公有产权性质导致黑龙江省企业创新缺乏效率，科技成果转化也面临着种种制度障碍。由于受计划经济影响较深远、国有经济比重较高，市场机制不健全，政府在资源配置中作用较为强势，导致经济发展内生动力与活力不足、创新创业环境欠佳。黑龙江省较发达省份在政府决策与运行机制等方面还有较大差距。

二、创新驱动中心的一般框架分析

(一) 创新驱动中心框架的一般构成要素

根据创新驱动的基本内涵和创新驱动体系的构建原则，借鉴国家创新体系

和区域创新体系关于创新系统构成因素的分析，可以将创新驱动体系的基本构成因素划分为四种，即创新主体、创新要素、创新机制和创新环境，四个方面的要素相互联系、相互影响，形成驱动经济系统发展的合力。其中，创新主体是发挥主动性作用，对资源进行配置的主导力量。根据熊彼特创新理论，创新是生产要素和生产条件之间的新组合，属于创新主体的资源配置行为；创新要素是创新主体的作用对象，即各种创新来源的资源要素和它们的组合方式；创新机制则是创新主体配置资源的机制，是创新主体和创新资源之间的中介因素；创新环境是创新经济系统有序运行的条件和保障。创新驱动体系依托于创新环境，创新主体在创新机制激励引导下，对创新资源要素进行优化配置，不断提升系统集成的创新能力，驱动经济系统的发展升级，这是创新驱动体系运行和发挥作用的内在实质和逻辑规律。

任何一个创新驱动系统必须具备上述四个要素，缺少任何一个要素，该创新系统都是不完整的，甚至是不存在的，或者至少说是名存实亡的。分别研究各构成要素的内涵、构成、特征和规律，并在相互联系、相互作用的整体上系统研究创新驱动发展的作用机理，才能深入把握创新驱动经济系统发展的规律，从而指导创新驱动战略的制定。

1. 创新主体：创新驱动的行为主体

创新主体是通过对创新资源的运用、配置和组合，开展创新研发活动的行为主体或组织机构等，主要由企业、高校院所、金融机构、中介服务机构和政府等组成，相应的创新功能包括技术创新、科学研究、金融创新、服务创新以及制度创新等。只有通过创新主体创造性劳动，才能优化资源的组合配置，实现创新发展。

2. 创新资源：创新驱动的物质基础

创新资源是创新驱动经济过程中的投入要素，是实现创新驱动的物质基础。根据熊彼特关于创新的定义，创新是"建立一种新的生产函数，即引入生产要素和生产方式的新组合"。没有创新要素资源的优化组合，就无法实现创新。经济增长理论派别的不同分野，就是根据经济增长决定性要素的不同来区别的。经济增长理论先后经历了资本决定论、技术决定论、人力资本决定论、制度决定论和结构决定论等不同理论流派，对应强调资本、技术、人力资本、制度和结构等要素在经济发展中的决定性作用。据此，我们可以将投入创新经济活动的资源区分为传统要素和创新要素，既包括传统经济发展理论中的劳动力、资本、自然资源，也包括新经济增长理论中的人力资本、知识、科技、信息、制度因素、结构因素以及文化因素，比如社会资本等高级要素，前者具有边际收益递减特征，而后者则具有非竞争性、非消耗性以及边际收益递增的特点。

3. 创新机制：创新驱动的动力来源

从一般意义上理解，所谓机制是指一个系统的组成要素或构成部分之间相互作用的过程和方式，也可以认为是与实现一个经济系统运行有关的一切组织结构、方法、制度、规章、习惯等的体系，是一个经济系统实现有效运转的制度性条件。创新机制是创新驱动体系的构成要素之间相互作用的过程和方式，由相关的机构、方法、规章、制度和习惯等构成。创新机制是联系着创新资源和创新主体的中介机制，是体现创新驱动本质的重要因素。创新机制通过影响创新主体的决策和行为，进而影响资源配置，实现资源的重新组合和优化配置，达到创新发展的目的。

4. 创新环境：创新驱动的依托保障

任何一个创新的经济体系都离不开外部环境的支持。创新系统内部创新主体只有通过与外部环境的良性互动，实现资源要素的交流，才能为创新体系的正常运转和发挥作用提供条件和保障。

一般来说，创新环境可以为创新主体提供设施、文化、法律、制度等方面的保障，保障创新高效顺利进行。因此，创新环境是有助于研发创新活动的各种软、硬件的外部条件，其中，创新硬环境主要指科研设施、信息网络、机器设备等从事创新活动所必不可缺的基础条件；创新软环境主要指市场、法律、文化、教育等为创新提供非物质激励的因素。完备的科研设施、信息网络、产业基地等创新硬环境将有利于创新主体实施研发创新，更多的创新也将通过提高产出增长率而激励创新硬环境投资，形成良性互动。创新软环境改善同样能激励创新、提高效率，主要表现在：公开、公平、公正的市场竞争环境激励并引导各类企业和研发机构加大技术创新规模和加快创新速度，从而在激烈的市场竞争中处于优势地位；稳定、透明、统一的法律法规环境有利于保护创新成果和创新产权，激发创新人才与创新主体的创新积极性；诚实守信、开放合作、尊重创新、宽容失败的创新文化环境，有利于在经济区域或经济系统内提出新的科学思想，开辟新的研究方向，形成良好的创新氛围。

（二）创新驱动中心的作用机理

创新系统的研究经历了国家创新系统、区域创新系统的微观学派、宏观学派和综合学派、集群创新系统等发展阶段，产生了"生产者—用户"交互学习创新模型、"三重螺旋"互动协同模型以及"创新生态系统"模型等，更加强调各创新主体之间互动协同机制的动态演化，创新体系自身发展越来越强调创新要素之间的协调整合形成创新生态。

创新驱动体系就是由四个相互联系、相互依存的要素构成的具有创新功能的生态系统。其中，创新主体主要解决创新驱动体系的主体问题，即哪些组织或机构进行创新，为何创新，重点进行什么创新等问题；创新资源解决创新驱动客体问题，即进行资源优化组合的要素有哪些，各自发挥什么功能；创新机制解决创新驱动的动力来源，即创新主体对创新资源进行优化组合的支配因素是什么；创新环境是创新驱动的外部依托。各要素之间相互作用、相互依赖，构成具有相对稳定结构和功能的创新系统整体。只有四个要素共同作用才使得创新驱动具有实质性内容、实质性功能和实质性意义。任何一个要素的缺失，创新驱动系统都是不完备的，都会使创新驱动丧失其应有的功能，进而失去存在的可能。

创新驱动体系中各要素相互作用形成创新功能系统促进产业发展，揭示了产业集群创新发展的演进规律。在一定创新环境下，创新主体受到创新机制支配作用，对创新资源进行优化组合的配置，实现多种创新功能的基础，驱动经济系统发展升级。其中，企业技术创新居于核心地位，上游需要高校院所的知识创新提供创新成果，下游需要企业市场创新和商业模式创新以开拓市场，实现创新价值。从知识创新到技术创新再到市场创新的循环往复，形成了完整的创新链条，体现了科技创新中需求拉动和技术推动的联合作用，体现了科技创新经济技术范畴的本质；政府的制度创新、企业的组织管理创新、金融机构促进科技和金融融合的金融创新、中介服务机构的服务创新则为科技创新提供服务、激励和保障。微观企业科技创新、企业与高校院所、中介服务机构、金融机构、政府的互动协同，整体体现为产业的升级和区域竞争力提高，实现了创新驱动发展。因此，创新驱动体系是多创新主体协同，多创新要素整合，多创新机制联动，多创新环节相互衔接，以知识创新为源头、技术创新为核心、制度创新为保障、市场创新为手段，通过创新资源的优化配置，提高要素生产率，实现知识、技术、市场的贯通，各创新主体的协同，各种创新功能的集成，实现企业创新、产业升级和区域发展。

（三）创新驱动中心促进产业升级

创新驱动是产业集群升级机理的核心，从创新驱动视角研究产业集群升级具有必然性。产业集群是当今经济发展的一个突出现象，从动态演进的角度研究产业集群的升级，对于实现产业集群可持续发展具有更多的现实意义。在产业集群升级理论综述部分，本章围绕产业集群升级机理这一主题，系统梳理了产业集群升级的内涵、影响因素、动力机制和升级途径等。通过综述可以看到，集群升级机理研究基本围绕两个维度进行，即产业集群网络治理和全球价值链的嵌入。但是，这些研究却忽视了经济发展模式这个基本前提。在要素驱动或投资驱动发展模式下，产业集群发展主要依靠规模扩张和资源能源消耗，形成低成本竞争优势。即使加强集群网络的治理，积极嵌入全球产业价值链，也难以形成可持续的竞争优势，实现价值链的攀升和产业集群的升级。因此，产业发展模式的升级，即由要素驱动或投资驱动发展模式升级为创新驱动内生发展模式，是产业集群升级的前提和关键。在此基础上进行集群网络治理和价值链的嵌入，才能实现产业集群的升级。这样，创新驱动发展模式成为集群升级的前置条件，创新驱动成为产业集群升级的核心机制，研究产业集群升级问题必须从创新驱动角度切入。

（四）创新要素的优化组合

从实现创新驱动投入要素角度来看，将经济发展影响因素区分为创新要素和传统要素是开展创新驱动机理研究的前提。创新要素在生产发展中投入更多，创新要素对传统要素替代作用更强，创新要素对传统要素改造作用越大，在全要素生产率中比重越高，创新驱动发展就越能实现。为此，应该在创新要素资源的需求、供给、配置及整合等方面采取措施。

创新资源的需求方面。完善资源要素价格机制、加大政府激励引导和扶持力度，鼓励创新主体增加创新要素资源的使用，加大创新要素对传统要素改造、替代的力度，优化资源要素配置结构。

创新资源的供给方面。创新资源要素的稀缺性是制约创新驱动的重要原因之一。一方面，政府应加大对作为公共产品的创新资源要素的供给。比如，加大教育培训力度，提高人力资本水平；加大对创新基础设施投入，为科技创新提供基础条件；支持基础研发和前沿技术研发，增加全社会创新知识储备等。另一方面，通过完善市场体系，健全市场机制，规范市场秩序，通过社会需求和市场需求引导创新资源的生产和供给。

创新资源的优化配置方面。市场机制是实现资源优化配置的决定性机制。创新资源与传统资源要素进行优化组合的创新过程，有赖于完善的市场条件和适宜的市场环境。政府主要通过制度创新、提供公共产品、规范市场秩序等，为创新驱动提供激励保护，创造环境和条件，弥补市场在创新资源要素配置中的失灵现象。比如，在产权进行清晰界定、严格保护和有序流转的前提下，知识技术等创新资源才能实现优化配置。为此，政府应完善知识产权相关法律法规，加大对知识产权保护力度，促进知识产权的创造、应用和交易。

创新资源的共享整合方面。健全科技资源开放共享制度，促进科技资源优化配置和高效利用。比如，建立健全高校、院所和企业的科研设施和仪器设备等科技资源向社会开放的运行机制。加大国家重点实验室、国家工程实验室、国家工程（技术）研究中心、大型科学仪器中心、检验测试中心等向企业开放服务的力度。提高区域性科研设备协作水平，提高对企业技术创新的支撑服务能力等。

三、黑龙江省创新驱动中心技术促进农业产业升级的对策建议

（一）黑龙江农业产业升级方向

1. 以资源禀赋为根本开展农业现代化

一个地区开展何种模式的农业现代化，走何种路径的农业现代化离不开自然资源、社会制度与经济基础的影响，特别是资源禀赋对农业模式的选择至关重要。只有探索符合区域资源禀赋的农业现代化路径才能促使其快速与合理地实现，否则即便是实现了农业现代化也会对其他方面产生不利影响。黑龙江省各县（市）可以根据自身特点，平原地区通过转移劳动力，实现规模化与机械化生产，而经济发展落后、地况复杂的山地地区可以通过农业集约化发展，以及农业的纵向发展，提升农业产业化程度。

2. 以土地制度改革为手段开展农业现代化

农业生产离不开土地资源，不同土地制度往往决定了不同的农业发展模式。我国目前正在进行新一轮土地改革，核心是打破土地二元结构限制，进一步推进农村土地改革，以此为契机进行利于农业现代化发展的土地制度改革是一个机遇。目前我国土地制度正处于改革与调整期，土地流转制度与土地市场并不完善，在一定程度上限制了土地的规模化经营，黑龙江各县应依据自身特点，制定合理的土地流转制度与改革方案，在完善家庭联产承包责任制的基础上，实现规模化与小农经营之间有效协调。

3. 以农业技术为支持开展农业现代化

农业现代化发展中的一个重要环节就是科学技术的推广与应用，随着农业现代化从传统现代化向第二次现代化发展，机械化与化学化特点逐渐被信息化和高新技术化所替代。无论何种模式与路径的农业现代化发展，均离不开农业技术的支持，考虑到各县的技术基础不一，在推行农业现代化过程中，采用与其匹配的农业技术（可以是弥补劣势的现代化技术，亦可是发挥优势的现代化技术），同时依托当地科研优势，形成完善的农业技术产学研体系，保证农业技术在农业生产过程中的推广与实施。

4. 以农业合作组织为纽带开展农业现代化

分散的农户难以在农业生产中形成合力，特别是以小农模式生产的黑龙江

县域地区，农产品的产、供、销等环节均可能对农户造成阻碍。农业合作组织正是以一个纽带的作用存在于农业现代化过程中，实现农户与市场的有效衔接。无论是机械化生产还是小农经营模式，农业现代化发展中均不能脱离农业合作组织的现代化经营管理模式。黑龙江县域农业现代化也应该重视发展农业合作社和协会等经济组织，提高农民的组织化程度，但要避免协会的多而杂，同一类型的农业合作组织形成合力，完善农业社会化服务体系。

5. 以培育职业农民为主体开展农业现代化

随着农业现代化的不断升级与发展，农业技术的投入与实施都要求农民要不断提升素质与技能以适应新时代农业发展的要求。各级政府应该将培育职业农民作为一项重点工作来抓，探索职业农民的培育机制，结合农业现代化发展过程中新技术、新环境等要素变化，设计符合农民知识结构和实际需要的培训内容与方式，更好更快地培育新型职业农民。

6. 以地方政府为引导和保障开展农业现代化

纵观国内外农业现代化发展成功经验，政府一直扮演着重要角色和发挥着重要作用。地方政府在农业现代化发展过程中作用毋庸置疑，但黑龙江省各县政府如何发挥作用，应该根据具体县域特点，制定相应的实施机制与保障措施，引导和保障农业现代化的顺利实施。

（二）增强黑龙江省创新驱动中心在农业示范区升级中作用的对策

1. 积极推进示范区科研成果转化推广

黑龙江的现代农业示范区建设，要坚持始终把研发与示范合理结合起来、把社会效益与经济效益合理结合起来，并且以自主创新与现代科技为出发点，始终以单项成果和综合配套为主旨，折射出示范内容拥有集体性、标准性和开放性的综合特点，共同建设现代化创新基地，为现代化大农业的进步指引方向。使黑龙江现代农业示范园，成为黑龙江省和国家现代农业新装备新技术试验推广示范区。在完善已形成各类农业示范园区基础上，选择基础条件好、优势明显、代表性强、具有良好发展前景的农场和单位，全面展示新品种、新技术、新机具、新方法等成果，扩大示范区成果的受益面，推广普及示范区先进的技术和管理成果。

2. 全方位拓展农业社会化服务体系

在黑龙江现代农业示范区建设新型农业社会化服务体系是创新现代农业产业体系、保证粮食增产农民增收的重要保障，也是实现现代农业的必须要求。当前，随着黑龙江农业经济的不断快速发展，尤其是在现代农业示范区确立的前提下，对农业社会化服务的广度和深度都提出了更新、更高的要求。示范区要以审时度势的战略眼光准确把握现代农业发展的新趋势，充分认识完善社会化服务体系的重要性，以多层次、多主体扩展社会化服务覆盖的广度，以为农业提供全程化、全方面角度扩展社会化服务的深度，两条主线共同发展。扩展农业社会化服务体系的广度主要是从提供服务的主体上来看。这主要包括以政府为首的公共服务机构、以农民为主体的合作经济组织、现代农业示范区内的龙头企业以及其他能够为农业提供社会化服务的组织形式。

3. 建立完整的现代农业产业体系

在黑龙江现代农业示范区内建设现代农业产业体系是其健康、快速、可持续发展的最基本前提。现代农业示范区在建设现代农业产业体系过程中，要充分发挥黑龙江的自然条件和各方面优势，努力发展现代化大农业。按照走中国特色农业现代化道路的基本要求，在推进农业现代化进程中，在发展现代化大农业的历程中，要充分发挥市场需求的导向作用，加大对农业的科技投入，不断完善农业生产中的物质技术装备，优化农业产业结构，拓展农业产业领域，提升农业产业竞争力，构建现代农业产业体系，使黑龙江现代农业产业体系形成有机整体，成为黑龙江省和国家现代农业建设发展排头兵。黑龙江现代农业示范区要结合各区域的实际情况着力做强六大产业，构建现代农业产业体系：①做强现代化粮食产业。②做强绿色健康养殖业。③做强生态经济型林业。④做强农产品精深加工业。⑤做强新型农业服务业。⑥大力发展低碳循环农业产业。

4. 多元化构建资金筹措机制

目前，黑龙江现代农业示范区的资金筹措手段较为单一，对农垦总局的资金依赖过大，缺少持续资金注入。示范区想要保证持续良好的发展状态必须要有足够的资金支持。示范区必须实施多元化的资金筹措机制，形成以政府为引导、企业为主体、个人为补充、外资为契机的多渠道融资局面。改变示范区原有的以政策性融资为主，积极引导市场化融资模式进入，调动更多的社会主体来为示范区发展提供资金力量。鼓励新型的投资基金、担保基金等投资形式的发展，尝试探索风险投资。黑龙江农业管理部门应转变角色，由原来的管理者逐渐转变为协调者，由直接掌控转变为间接引导，发挥各种资金筹措途径的优势，逐渐摆脱对黑龙江省农业政策性投资资金的依赖。

5. 实施高效的现代经营管理模式

黑龙江省应在现代农业示范区创建高效的现代经营管理模式，改变以往落后、保守、混乱的经营方式，建立起新型现代企业制度。示范区经营活动要遵循市场原则，追求经济效益和社会效益并重的目标，不断完善农业经营机制体系。加大对家庭农场组织成立农业专业协会、专业合作社等方面的引导，本着农工主体的原则，带领农户参与市场竞争，使广大农户的组织化程度得以提高。

6. 加大政府支持力度

要充分发挥各级政府和行政组织的引导作用，调动合作双方的积极性，着力破解体制性难题。要充分发挥双方比较优势，统筹兼顾双方利益，选准合作对接点和突破口，打破所有制、部门和地域界限，整合区域资源，实现合作共赢，共同发展。严格根据"人大立法授权，政府依法派出，区域管理，内部政企分开"的基本行为准则，不断强化行政管理机制与体制。要加快构建北大荒集团母子公司管理体制，推进农场内部政企分开，健全社会公共服务体系，为推进城镇化、工业化、农业现代化建设提供体制机制保障。

项目负责人：王吉恒
主要参加人：于成、王为、李玉等

粮食主产区农民能力与贫困的耦合关系研究[*]

余志刚　马丽　齐蘅　崔钊达等

粮食主产区是我国商品粮生产的核心区域，在保障我国粮食安全方面起着决定性的作用，但主产区的贫困问题长期没有得到足够的重视。近年来，针对主产区"种粮吃亏"问题，政府主要通过利益补偿的方式进行调节，但对解决贫困问题帮助不大。实际上，利益补偿固然必要，也确实从一定程度上增加了农民收入，但并非解决主产区贫困的治本之策。那么，造成主产区贫困的根本原因究竟是什么？一个重要的现实是，并非所有的粮食主产区都很贫困，即使自然条件很类似的两个产粮贫困县，其贫困程度也有着很大的差别，那么造成这种差别的原因又是什么？对此，本文将从农民能力视角切入，对此问题进行深入探讨。

一、我国粮食主产区的历史变迁及贫困状况分析

（一）我国粮食主产区的历史变迁

1. 我国粮食主产区的区域分布特征

一是产粮区域北移。我国已形成以晋冀鲁豫、东北、长江中游、东南沿海、西北、西南、京津等粮食主产区格局。1978—2020 年，晋冀鲁豫地区粮食产量占全国比重处于首位，粮食播种面积占比小幅波动，但粮食产量却有所提高；东北地区粮食产量与播种面积在全国占比大幅增加；西北地区粮食产量与播种面积整体均呈倒 U 型变化；长江中游地区粮食产量与播种面积在1978—2014 年整体均呈下降趋势，但 2020 年均有所回升；东南沿海和京津地区粮食产量与播种面积在全国占比均有所下降（表 1）。整体看，我国东南沿海与长江中游区域粮食生产逐渐缩减，产粮区域向晋冀鲁豫与东北地区集中，

---

* 黑龙江省自然科学基金项目（项目编号：G2018002）。
　项目负责人为余志刚教授，主要参加人员有马丽、齐蘅、崔钊达、王亚等。

并呈西北扩展态势。

表1　1978—2019 年粮食产量与粮食播种面积区域变化

地区	粮食产量占全国比重（%）						粮食播种面积占全国比重（%）					
	1978 年	1990 年	2000 年	2008 年	2014 年	2020 年	1978 年	1990 年	2000 年	2008 年	2014 年	2020 年
晋冀鲁豫地区	21.13	22.20	24.54	25.65	24.81	26.13	24.52	24.31	24.43	24.18	24.19	24.44
长江中游地区	20.20	20.71	19.63	18.94	12.73	23.38	17.73	18.08	17.23	17.45	11.57	22.15
东南沿海地区	20.69	17.93	15.82	11.62	10.84	5.95	15.10	14.71	12.49	10.15	9.69	6.19
东北地区	11.85	13.12	11.52	16.88	23.52	25.91	13.38	12.40	13.41	17.24	22.69	26.10
京津地区	0.99	1.02	0.58	0.52	0.40	0.39	0.96	0.83	0.60	0.49	0.41	0.34
西北地区	6.74	8.30	9.01	10.39	7.01	6.79	10.82	12.20	12.59	12.87	8.18	7.57
西南地区	18.00	16.73	18.89	16.00	15.07	11.45	13.38	12.40	13.41	17.24	17.38	13.20

注：1978—2008 年数据根据《新中国农业 60 年统计资料》计算整理得出，2014 年数据来自《中国统计年鉴》，2020 年数据来自国家统计局。

二是产粮区域集中。我国 13 个粮食主产区粮食产量占全国总产量 78%，东北地区成为粮食产量最集中地区之一，1978—2020 年，我国粮食产量增加 3.65 亿吨，东北地区贡献率达 40%。我国超过 5 亿千克的产粮大县达 400 多个，粮食产量占全国比重超过 50%；超过 50 亿千克的产粮市（地）33 个，粮食产量占全国比重为 43%，粮食产区集中度显著提高。

2. 我国粮食主产区的贫困分布特征

由表 2 可知，1978—2020 年，粮食主产区财政收入增速均显著。13 个粮食主产区财政总收入从 1978 年的 514.76 亿元增至 2020 年的 50 238.08 亿元。其中东部地区粮食主产区财政收入由 218.54 亿元增至 18 284.40 亿元，增长了 80 多倍；中部地区由 259.55 亿元增至 27 695.68 亿元，增长近 107 倍；西部地区由 36.67 亿元增至 4 258.00 亿元，增长了 116 倍。我国东部粮食主产省份 1978 年财政收入均在 60 亿元以上，中西部地区粮食主产省份除黑龙江省 1978 年财政收入达到 63.30 亿元，其他省份均低于 40 亿元，内蒙古仅 6.91 亿元。由财政收入情况可看出，中西部粮食主产省份财政收入较少，东部粮食主产省份财政收入相对较多，与我国重点扶贫省份分布情况一致，粮食主产区贫困现象集中于中西部地区。

（二）我国粮食主产区贫困的现状、类别及特征

1. 我国粮食主产区贫困现状

我国扶贫工作重点县包括黑龙江省、吉林省、内蒙古自治区、江西省、湖

南省、湖北省、安徽省、四川省、河南省、河北省 10 个粮食主产区，共 244 个国家扶贫工作重点县。其中，黑龙江省 14 个，吉林省 8 个，内蒙古自治区 31 个，江西省 21 个，湖南省 20 个，湖北省 25 个，安徽省 19 个，四川省 36 个，河南省 31 个，河北省 39 个。粮食主产区贫困村共 49 432 个，贫困人口共 3 974.22 万人。

表 2　粮食主产区 1978—2020 年财政收入情况

单位：亿元

地区	1978 年	1980 年	1990 年	2000 年	2010 年	2014 年	2020 年
辽宁	92.60	86.90	129.28	295.63	2 004.84	3 192.78	2 665.50
江苏	61.81	62.45	136.20	448.31	4 079.86	7 233.14	9 059.00
山东	64.13	48.11	109.11	463.68	2 749.38	5 026.83	6 559.90
吉林	16.41	14.39	50.86	103.83	602.41	1 203.38	1 085.00
黑龙江	63.30	17.10	76.58	185.34	755.58	1 301.31	1 152.50
安徽	22.50	20.28	54.50	178.72	1 149.40	2 218.44	3 216.00
江西	12.22	12.50	40.62	111.55	778.09	1 881.83	2 507.50
河南	33.73	31.86	85.97	246.47	1 381.32	2 739.26	6 267.39
湖北	31.40	34.01	77.85	214.35	1 011.23	2 566.90	4 580.89
湖南	27.98	29.86	72.35	177.04	1 081.69	2 262.79	3 008.70
河北	45.10	35.02	76.19	248.76	1 331.85	2 446.62	3 826.40
内蒙古	6.91	4.13	32.98	95.03	1 069.98	1 843.67	2 051.30
四川	36.67	34.62	119.82	233.86	1 561.67	3 061.07	4 258.00
总计	514.76	431.23	1 062.31	3 002.56	19 557.30	36 978.03	50 238.08

注：根据各省财政厅数据整理得出。

（1）**粮食主产区基础设施投入不足。**基础设施薄弱仍是制约粮食主产区种粮农民增收的主要因素，基础设施薄弱主要体现在生产与生活基础设施投入贫困两方面。一方面，粮食主产区贫困省份农村地区生产基础设施建设普遍落后，与非贫困省份存在较大差距，农村生产基础设施投入力度仍有待加强；另一方面，粮食主产区生活、生态基础设施建设较落后，尤其表现在医疗、交通等配套设施不完善方面，污染治理及生态保护缺乏力度。

（2）**粮食主产区农村人力资本水平不高。**首先，由于长期以来认识不足，我国农村文化教育未得到足够重视，农村劳动力文化教育程度普遍偏低。其次，粮食主产区贫困地区农村劳动力逐年减少，而平均每个劳动力负担人口却逐年增加。再次，我国粮食主产区农业从业人员技术含量普遍偏低，农村劳动力职业技能水平偏低。粮食主产区扶贫工作重点县中，大部分农村劳动力属于体力型劳动力，影响农业科技水平提高。最后，由于粮食主产区中贫困县农村医疗卫生服务设施及条件普遍较落后，农村居民健康水平相对较低，影响农村劳动力生活及劳动质量，阻碍劳动生产率提高，不利于农村经济健康运行。

2. 我国粮食主产区贫困类别

本研究采用系统聚类法，以 13 个省的原始指标作为可观测因素变量，采用 Q 型系统聚类分析法（对研究对象本身进行分类），以 13 个省为样本，采用离差平方和法（dendrogram using ward method）进行系统聚类分析，最后得到了聚类谱系图（图 1）。

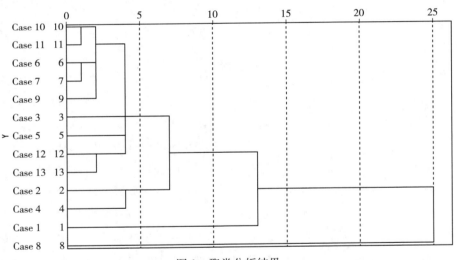

图 1　聚类分析结果

借助 SPSS 软件聚类，利用系统聚类分析法结合判别分析法，综合考虑 13 个省的特点及其农村经济发展水平、地理位置，将 13 个粮食主产区分为四类。

第一类：湖北省、湖南省、安徽省、河北省、河南省。

第二类：辽宁省、山东省、江西省、四川省。

第三类：吉林省、内蒙古自治区、黑龙江省。

第四类：江苏省。

3. 我国粮食主产区贫困特征

（1）贫困发生的隐蔽性。相较于绝对贫困，粮食主产区农村相对贫困具有一定隐蔽性。因为赤贫更显而易见，而财富差距不易把握。若仅按贫困线测定，部分贫困人口未被划入绝对贫困人口范围，但财富占有与消费支出间的悬殊造成较大差距，造成了相对贫困现象。相对贫困在一定程度上是一种心理贫困，这种贫困源于比较。物价不断上涨，收入增加幅度与物价上涨幅度间差距使数量较庞大的农村人口陷入相对贫困，缺乏能满足需求相应的物质条件，部分贫困人口在脱离绝对贫困后陷入相对贫困。因此，粮食主产区扶贫不能仅着眼于绝对贫困，更应关注具有一定隐蔽性的相对贫困，通过优化经济结构消除隐蔽贫困也是扶贫的关键。

（2）贫困存在的持久性。 自 1986 年第一次确定 331 个国家扶贫重点县以来，30 年间共出台三次调整，虽有部分贫困县成功脱贫，但不断有新的贫困县加入，我国贫困县数量维持在 592 个，农村贫困具有持久性。

1994 年确定的 592 个国家级贫困县中，中西部地区占 82%，其中包括河北、辽宁、吉林、黑龙江、安徽、江西、山东、河南、湖北、湖南、四川省及内蒙古自治区 12 个粮食主产区。2012 年确定的 592 个国家级贫困县包括河北、吉林、黑龙江、江西、湖北、湖南、河南、四川、安徽省及内蒙古自治区 10 个粮食主产区。由此可看出，虽然粮食主产区贫困省份有所减少，但大部分粮食主产区仍为国家重点扶贫对象，扶贫攻坚任务艰巨，粮食主产区农村贫困具有长期性。

（3）贫困分布的集中性。 我国 13 个粮食主产省份中，东部地区粮食主产省区包括辽宁、江苏、山东省，三省均非国家重点扶贫省份；西部地区仅四川省为粮食主产区，且为国家重点扶贫省份；中部地区粮食主产区均为国家重点扶贫省份，包括吉林、黑龙江、安徽、江西、河南、湖北、湖南、河北省及内蒙古自治区。我国粮食主产省区集中分布于中部地区，粮食主产贫困省区也集中于中部省份，在地域上具有一定集中性。

（4）扶贫脱贫的困难性。

一是农民种粮积极性下降，种粮经济效益低。近年来，国家为提高农民种粮积极性，实施粮食收购最低保护价收购政策，虽在一定程度上保护种粮农民收益，但增幅有限，相较于务工收入，种粮收入仍偏低，导致农民种粮积极性不高。另外，粮食成本上升、中间环节多、信息不对称等导致农民种粮比较收益下降。

二是耕地流转难，适度规模经营受阻。农村土地实行家庭联产承包经营制，因人多地少、采取均田化承包方式，导致农户规模经营普遍较小。按经济学原理，若耕地面积不变，仅增加其他要素投入量，边际收益将递减，从事小规模经营农业生产，农民很难摆脱贫困。此外，土地流转资金上涨较快，适度规模经营受阻。

三是农民非农经营能力较差。大部分粮食主产区农民家庭经营性收入仍占据主导地位，工资性收入次之，财产性收入最少。中西部粮食主产区与东部地区相比，非农收入普遍偏低。辽宁、江苏、山东省工资性收入均在 6 000 元以上，而中西部粮食主产区工资性收入大多低于 6 000 元。

（三）我国粮食主产区与贫困分布的耦合分析

1. 粮食主产区贫困分布指数的确定及数据来源

（1）地理集中度。地理集中度是表明某项活动在地域上集中程度的指标，在反映某一产业部门的集中度，以及某一区域在高层次区域的地位和作用等方面具有重要意义（韩长军，2010）。参考地理集中度的概念，构建粮食集中度、地方财政收入集中度、农民收入集中度三个指标，用于衡量粮食供给、财政收入和农民收入的空间集中程度。其计算公式如下。

$$R_{GRA_i} = \frac{GRA_i \times \sum GRA_i}{T_i \times \sum T_i} \qquad (1)$$

$$R_{REV_i} = \frac{REV_i \times \sum REV_i}{T_i \times \sum T_i} \qquad (2)$$

$$R_{INC_i} = \frac{INC_i \times \sum INC_i}{T_i \times \sum T_i} \qquad (3)$$

其中，R_{GRA_i}、R_{REV_i} 和 R_{INC_i} 分别表示某时段 i 地区粮食、财政收入、农民收入的地理集中度；GRA_i、REV_i 和 INC_i 分别表示 i 地区的粮食产量、地区财政收入和农民人均纯收入；T_i 表示 i 地区的国土面积。

（2）CGR 指数和 CGI 指数。为进一步分析粮食产量和地方财政收入以及农民收入之间的关系或偏差，借鉴人口经济一致性系数（韩长军，2010），计算粮食地理集中度和地方财政收入以及农民收入地理集中度的关系，即 CGR 指数和 CGI 指数。

其中，CGR 指数是指某区域范围内粮食集中度占比与地方财政收入集中度占比的比值；CGI 指数是指某区域范围内粮食集中度占比与农民收入集中度占比的比值。用公式表示为：

$$CGR_i = \frac{gra_i}{rev_i} = \frac{GRA_i \times \sum REV_i}{REV_i \times \sum GRA_i} \qquad (4)$$

$$CGI_i = \frac{gra_i}{inc_i} = \frac{GRA_i \times \sum INC_i}{INC_i \times \sum GRA_i} \qquad (5)$$

式中，gra_i、rev_i、inc_i 分别表示某时段 i 地区粮食集聚水平、财政收入集中程度和农民收入的集中程度；GRA_i、REV_i、INC_i 分别表示 i 地区的粮食产量、财政收入和农民收入。

（3）数据来源。 本文研究数据主要来源于中国经济与社会发展统计数据库、wind 数据库和各主产省统计公报以及历年《中国统计年鉴》，并对获取的数据进行归一化处理。考虑到 1997 年重庆市脱离四川省划为直辖市，为保持数据的连续性和一致性，将重庆市的粮食产量、财政收入和农民收入的数据并入四川省计算。计算采用 Excel 和 SPSS 软件，作图采用 ArcGIS10.0 软件。

（4）分类体系和分类标准。 CGR 指数和 CGI 指数的绝对协调水平为 1，结合相关研究（刘友金，2006）以及粮食、财政和农民收入的现实水平，可以将 CGR 指数和 CGI 指数分别以上浮 20％和下降 20％为临界点，进行划分类型（表 3）。根据三种类别，可以刻画出不同地区粮食生产与财政收入以及农民收入的空间协调或者偏离性。

表 3　我国粮食主产区粮食生产、财政收入与农民收入的一致性分类标准

类型	CGR	类型	CGI
粮食集聚水平高于财政收入集聚水平（Ⅰ区）	$CGR > 1.20$	粮食集聚水平高于农民收入集聚水平（Ⅰ区）	$CGI > 1.20$
粮食集聚水平与财政收入集聚水平基本协调一致（Ⅱ区）	$0.80 \leqslant CGR \leqslant 1.20$	粮食集聚水平与农民收入集聚水平基本协调一致（Ⅱ区）	$0.80 \leqslant CGI \leqslant 1.20$
粮食集聚水平低于财政收入集聚水平（Ⅲ区）	$CGR < 0.80$	粮食集聚水平低于农民收入集聚水平（Ⅲ区）	$CGI < 0.80$

2. 改革开放以来粮食主产区贫困分布的耦合分析

（1）粮食生产与地方财政收入的耦合特征。 按照上文中计算 CGR 指数公式，分别抽取 1978 年、2000 年和 2014 年三个时间节点，对 13 个粮食主产省份的粮食生产和财政收入协调性进行分析。结果见表 4、表 5 和图 2。

从表 4、图 2 可知，1978 年 CGR 指数最小的是辽宁省，为 0.29；CGR 指数最大的为江西省，为 2.23；后者是前者的 7.69 倍。就类型划分来看，CGR 在 0.8 以下的省份有两个，处于 0.8～1.2 的有 3 个省，而其余 8 个省都大于 1.2。各省的 CGR 指数排名依次为：辽宁＜黑龙江＜山东＜河北＜江苏＜湖北＜吉林＜河南＜四川＜安徽＜内蒙古＜湖南＜江西。

2000 年 CGR 指数最小的依然是辽宁省；而江西省有了很大降低；最高的是河南省，为 1.53；最高最低值之间比例缩小为 4.37。就类型划分来看，

CGR 在 0.8 以下的省份增加到 3 个,处于 0.8~1.2 的省份依然为 3 个,其余 7 个省份 CGR 指数大于 1.2。各省的 CGR 指数排名依次为:辽宁<江苏<山东<湖北<河北<内蒙古<黑龙江<安徽<四川<江西<吉林<湖南<河南。

2014 年 CGR 指数最小的变为江苏省,数值为 0.39,最大的黑龙江省,为 3.85,二者之间的差距增加到了 9.87 倍。就类型划分来看,CGR 指数在 0.8 以下的省份有 3 个,处于 0.8~1.2 的省份有 6 个,其余 4 个省份大于 1.2。各省的 CGR 指数排名依次为:江苏<辽宁<山东<湖北<四川<江西<湖南<河北<内蒙古<安徽<河南<吉林<黑龙江。

从年度变化来看,从 1978 年到 2000 年,再到 2014 年,主产区的最大 CGR 和最小 CGR 的差距先缩小,再扩大;而与此同时,CGR 指数处于 0.8 以下的省份基本上保持在 3 个以下,处于 1.2 以上的省份则由 8 个降低到了 4 个,处于 0.8~1.2 的由 3 个增加到了 6 个。总体来说,粮食生产与财政收入协调程度有所改善。

表 4　我国粮食主产区粮食生产与财政收入一致性指数

年份	河北	内蒙古	辽宁	吉林	黑龙江	江苏	安徽	江西	山东	河南	湖北	湖南	四川
1978	0.90	1.74	0.29	1.35	0.57	0.94	1.59	2.23	0.86	1.50	1.33	1.80	1.57
2000	0.96	1.20	0.35	1.45	1.26	0.64	1.27	1.33	0.76	1.53	0.95	1.49	1.32
2014	1.10	1.20	0.44	2.36	3.85	0.39	1.24	0.92	0.73	1.69	0.81	1.07	0.89

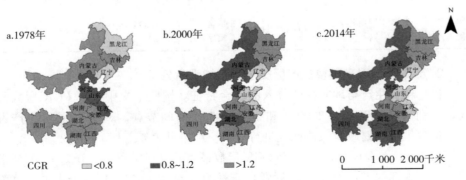

图 2　我国粮食主产区分省 CGR 指数

按照 CGR 指数对主产区进行分类,可将 13 个主产区分成Ⅰ区、Ⅱ区和Ⅲ区三大类型区域,分别代表粮食财政集聚的高水平、中等水平和低水平区域。处于Ⅰ区说明该省份财政收入水平高于粮食生产水平、处于Ⅱ区说明该省份财政收入水平基本等于粮食生产水平、处于Ⅲ区说明该省份财政收入水平低于粮食生产水平（表 5）。

表 5　基于 CGR 分区的粮食产量比重和财政收入比重

年份	Ⅰ区			Ⅱ区			Ⅲ区		
	省份名称	粮食产量比重	财政收入比重	省份名称	粮食产量比重	财政收入比重	省份名称	粮食产量比重	财政收入比重
1978	黑龙江、辽宁	12.3%	30.3%	河北、山东、江苏	29.9%	33.2%	吉林、内蒙古、河南、安徽、湖北、湖南、江西、四川	57.8%	36.5%
2000	辽宁、山东、江苏	24.7%	40.2%	内蒙古、河北、湖北	18.5%	18.6%	黑龙江、吉林、河南、安徽、四川、湖南、江西	56.8%	41.2%
2014	辽宁、山东、江苏	21.4%	41.2%	内蒙古、河北、湖北、四川、湖南、江西	37.4%	38.0%	黑龙江、吉林、河南、安徽	41.2%	20.2%

（2）粮食生产与农民收入的耦合特征。同上，按照上文 CGI 指数计算公式，分别抽取 1978 年、2000 年和 2014 年三个时间节点，对 13 个粮食主产省份的粮食生产和农民收入协调度进行分析。结果见表 6、表 7 和图 3。

从表 6、图 3 可知，1978 年 CGI 指数最小的是内蒙古自治区，为 0.33；CGI 最大的是山东和河南省，为 1.68；二者相差 5.09 倍。就类型划分来看，CGI 在 0.8 以下的有 5 个省份，处于 0.8～1.2 的有 1 个省，而其余 7 个省都大于 1.2。各省的 CGI 指数排名依次为：内蒙古＜吉林＜辽宁＜江西＜黑龙江＜安徽＜湖南＜河北＜江苏＜湖北＜四川＜山东＜河南。

2000 年 CGI 指数最小的是辽宁省，为 0.44；最大的是河南省，为 1.87；二者之间相差 4.25 倍。就类型划分来看，CGI 在 0.8 以下的省份有 5 个，处于 0.8～1.2 的省份增加到了 5 个，CGI 指数大于 1.2 的下降到了 3 个。各省的 CGI 指数排名依次为：辽宁＜内蒙古＜江西＜吉林＜江苏＜湖北＜河北＜黑龙江＜安徽＜湖南＜山东＜四川＜河南。

2014 年 CGI 指数最小的省份依然是辽宁省，数值为 0.46，最大的河南省，为 1.86，二者之间的差距为 4.04 倍。就类型划分来看，CGI 指数在 0.8 以下的省份有 5 个，处于 0.8～1.2 的省份有 6 个，只有黑龙江省和河南省大于 1.2。各省的 CGI 指数排名依次为：辽宁＜江苏＜江西＜湖北＜内蒙古＜湖南＜吉林＜河北＜安徽＜四川＜山东＜黑龙江＜河南。

从年度变化来看，从1978年到2000年，再到2014年，主产区的CGI指数和CGR指数相似，都呈现出了一个先缩小、再扩大的趋势。与此同时，CGI指数大于1.2的省份由7个减小到2个，总体来看，粮食生产与农民收入协调程度有所改善。

表6　我国粮食主产区粮食生产与农民收入一致性指数

年份	河北	内蒙古	辽宁	吉林	黑龙江	江苏	安徽	江西	山东	河南	湖北	湖南	四川
1978	1.24	0.33	0.51	0.42	0.73	1.30	1.10	0.67	1.68	1.68	1.31	1.23	1.57
2000	0.95	0.55	0.44	0.73	1.08	0.78	1.16	0.69	1.31	1.87	0.89	1.19	1.61
2014	1.00	0.78	0.46	0.99	1.81	0.71	1.05	0.64	1.18	1.86	0.72	0.91	1.16

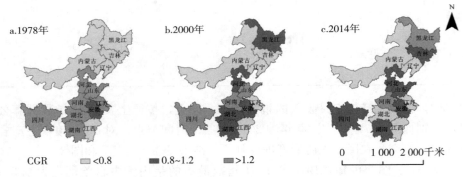

图3　我国粮食主产区分省CGI指数

同上，对主产区按照CGI指数分类成Ⅰ区、Ⅱ区和Ⅲ区三大类型区域，分别代表粮食收入集聚的高水平、中等水平和低水平区域。处于Ⅰ区说明该省份农民收入水平高于粮食生产水平、处于Ⅱ区说明该省份农民收入水平基本等于粮食生产水平、处于Ⅲ区说明该省份农民收入水平低于粮食生产水平（表7）。

表7　基于CGI分区的粮食产量比重和农民收入比重

年份	Ⅰ区 省份名称	粮食产量比重	农民收入比重	Ⅱ区 省份名称	粮食产量比重	农民收入比重	Ⅲ区 省份名称	粮食产量比重	农民收入比重
1978	黑龙江、吉林、辽宁、内蒙古、江西	24.2%	45.1%	安徽	7.0%	6.3%	河北、山东、河南、湖北、湖南、四川、江苏	68.8%	48.6%

（续）

年份	Ⅰ区			Ⅱ区			Ⅲ区		
	省份名称	粮食产量比重	农民收入比重	省份名称	粮食产量比重	农民收入比重	省份名称	粮食产量比重	农民收入比重
2000	吉林、内蒙古、辽宁、江苏、江西	26.7%	40.9%	黑龙江、河北、安徽、湖北、湖南	38.8%	37.1%	山东、河南、四川	34.5%	22.0%
2014	内蒙古、辽宁、江苏、湖北、江西	27.7%	41.7%	吉林、河北、山东、安徽、四川、湖南	46.2%	44.1%	黑龙江、河南	26.1%	14.2%

二、我国粮食主产区农民能力的现状及测度——以黑龙江省为例

（一）黑龙江省农民能力的现状分析

1. 黑龙江省农民生产能力现状

（1）黑龙江省农民耕地面积。 2005—2016 年，黑龙江省农民人均耕地面积、人均经营耕地面积、户均耕地面积、户均经营耕地面积整体均呈增加趋势。2019 年，人均耕地面积比 2005 年增加了 55.6%，年均增长 4.0%，人均经营耕地面积比 2005 年增加了 69.7%，年均增长 5.0%，说明人均经营耕地面积增长速度高于人均耕地面积增长速度。2019 年，户均耕地面积比 2005 年增加了 31.5%，年均增长 2.3%，户均经营耕地面积比 2005 年增加了 62.5%，年均增长 4.5%，说明户均经营耕地面积增长速度高于户均耕地面积增长速度（表 8）。

表 8　2005—2019 年黑龙江省主要粮食平均耕地面积

年份	人均耕地面积（公顷/人）	人均经营耕地面积（公顷/人）	户均耕地面积（公顷/户）	户均经营耕地面积（公顷/户）
2005	0.63	1.42	2.00	2.4
2006	0.66	1.53	2.11	2.5
2007	0.67	1.60	2.19	2.6
2008	0.71	1.62	2.18	2.7

（续）

年份	人均耕地面积（公顷/人）	人均经营耕地面积（公顷/人）	户均耕地面积（公顷/户）	户均经营耕地面积（公顷/户）
2009	0.81	1.92	2.58	2.8
2010	0.84	2.00	2.66	2.7
2011	0.87	2.03	2.68	2.9
2012	0.89	2.09	2.71	3.1
2013	0.90	2.11	2.71	3.2
2014	0.92	2.20	2.73	3.3
2015	0.94	2.23	2.81	3.4
2016	0.95	2.23	2.77	3.5
2017	0.92	2.28	2.70	4.1
2018	0.94	2.36	2.68	4.0
2019	0.98	2.41	2.63	3.9

注：数据来源于《黑龙江统计年鉴》，人均耕地面积＝粮食作物播种面积/乡村人口，人均经营耕地面积＝粮食作物播种面积/乡村农业从业人员，户均耕地面积＝粮食作物播种面积/乡村户数。

（2）黑龙江省农民粮食产量。2005—2016年，黑龙江省农民人均粮食产量整体呈增加趋势，户均粮食产量呈先上升后下降的倒U型变化。2019年人均粮食产量比2005年增加了122.4%，年均增长8.7%，2019年户均粮食产出比2005年增加了64.8%，年均增长4.6%，说明人均粮食产出增长速度高于户均粮食产出增长速度（表9）。

表9 2005—2019年黑龙江省主要粮食平均产量

年份	人均粮食产量（千克/人）	户均粮食产量（千克/户）
2005	2 300	8 351
2006	2 440	8 704
2007	2 558	9 131
2008	2 724	9 205
2009	3 113	10 403
2010	3 669	12 249
2011	4 206	13 689
2012	4 437	14 261
2013	4 665	14 721

（续）

年份	人均粮食产量（千克/人）	户均粮食产量（千克/户）
2014	4 899	15 150
2015	5 064	15 608
2016	4 876	14 835
2017	4 818	14 155
2018	4 986	14 142
2019	5 115	13 764

注：数据来源于《黑龙江统计年鉴》，人均粮食产出＝粮食总产量/乡村人口，户均粮食产出＝粮食总产量/乡村户数。

（3）黑龙江省各地区农民耕地面积和产量。黑龙江省各地区农民主要粮食人均耕地面积和户均耕地面积最大地区是大兴安岭，分别是 6.4 公顷/人和 9.71 公顷/户，最小地区是绥芬河，分别是 0.53 公顷/人和 1.02 公顷/户，大兴安岭人均耕地面积和户均耕地面积分别是绥芬河的 12 倍和 9.5 倍；人均产量和户均产量最高的地区是抚远市，分别为 19 953 千克/人和 41 880 千克/户，最低的地区是绥芬河，为 2 162 千克/人和 4 200 千克/户，抚远市人均产量和户均产量分别是绥芬河的 9.2 倍和 10 倍。

2. 黑龙江省农民经营能力现状

（1）黑龙江省农民家庭劳动人口。2008 年到 2018 年，黑龙江省农民户均常住人口减少了 0.8 人/户，户均劳动力减少了 0.6 人/户，而平均每个劳动力平均负担的人口没有变化，一直维持在 1.3 人/户，仅 2009 年、2010 年和 2013 年为 1.4 人/户。说明农村劳动力非农转移过程中，无论是常住人口和农村劳动力均不断减少，但是通过平均每个劳动力平均负担的人口没有变化可看出，农民家庭规模基本还是处于一个较为稳定的状态（表 10）。

表 10　2008—2018 年黑龙江省农民家庭人口现状

年份	户均常住人口（人/户）	户均劳动力（人/户）	平均每个劳动力平均负担人口（人/户）
2008	3.6	2.7	1.3
2009	3.5	2.6	1.4
2010	3.5	2.6	1.4
2011	3.4	2.5	1.3
2012	3.4	2.5	1.3
2013	3.2	2.4	1.4

（续）

年份	户均常住人口（人/户）	户均劳动力（人/户）	平均每个劳动力平均负担人口（人/户）
2014	3.2	2.4	1.3
2015	3.1	2.3	1.3
2016	3.1	2.2	1.3
2017	2.9	2.2	1.3
2018	2.8	2.1	1.3

（2）黑龙江省农民户主教育水平。总体来看，黑龙江省农民户主教育水平不断提高。2013—2017 年，户主教育水平表现为未上过学和小学程度的占比不断减少，分别减少 1.5% 和 2.4%；初中程度的占比不断增加，增加 3.7%；高中程度、大专程度、大学本科及以上学历的比例较少，且基本没有增加和减少趋势（表 11）。

表 11   2013—2017 年黑龙江省农民户主教育水平

指标	单位	2013 年	2014 年	2015 年	2016 年	2017 年
未上过学	%	4.7	4.4	3.8	3.3	3.2
小学程度	%	32.2	31.8	30.7	29.9	29.8
初中程度	%	51	51.5	53.1	54.6	54.7
高中程度	%	10.7	10.9	11.1	10.7	10.8
大学专科程度	%	1.2	1.2	1.2	1.2	1.3
大学本科及以上	%	0.2	0.2	0.2	0.2	0.2

（二）黑龙江省农民能力的测度分析

1. 农民能力的指标体系构建

（1）农民生产能力。农民生产能力主要表现在农业生产过程中降低成本能力和提高产出能力。降低成本能力主要选取能够减低生产资料成本和能够降低机械成本两个指标；提高产出能力主要选取能够提高单位面积产量和能够提高人均产量两个指标。

（2）农民经营能力。农民经营能力主要表现为销售能力和（扩大）再生产能力。销售能力主要选取能够提高售价和能够降低仓储耗损两个指标；农民的（扩大）再生产能力主要选取是否有土地流入、是否有土地流出、自有耕地面积以及是否有雇工行为四个指标。

综上所述，本文设计了 4 个层次 10 个指标来评价农民生产经营能力（表 12）。

目标层：农民生产经营能力（A_1）。

准则层一：生产能力（B_1）和经营能力（B_2）。

准则层二：降低成本能力（C_1）、提高产出能力（C_2）、产品销售能力（C_3）和（扩大）再生产能力（C_4）。

指标层：能够降低生产资料成本（X_1）、能够降低机械成本（X_2）、能够提高单位面积产量（X_3）、能够提高人均产量（X_4）、能够提高售价（X_5）、能够降低仓储耗损（X_6）、是否有土地流入（X_7）、是否有土地流出（X_8）、自有耕地面积（X_9）、是否有雇工行为（X_{10}）。其中，农民生产经营能力的评价指标值 X_1，…，X_6，根据农民生产经营成本和产出数据计算得出，再按照李克特量表分为五种，即"很强""较强""一般""较差""很差"，与之对应的数值分别为 5、4、3、2、1（表 13），计算公式如下：

$$X_i = \frac{\overline{X}_i - X_i}{\overline{X}_i}(i = 1，\cdots，6) \tag{6}$$

其中，X_i 表示第 i 个指标的值，$\overline{X}_i$ 表示第 i 个指标的平均值。

表 12　农民生产经营能力评价指标体系

目标层	准则层一	准则层二	指标层	指标说明
农民生产经营能力（A_1）	生产能力（B_1）	降低成本能力（C_1）	能够降低生产资料成本（X_1）	1～5 分值，打分
			能够降低机械成本（X_2）	1～5 分值，打分
		提高产出能力（C_2）	能够提高单位面积产量（X_3）	1～5 分值，打分
			能够提高人均产量（X_4）	1～5 分值，打分
	经营能力（B_2）	产品销售能力（C_3）	能够提高售价（X_5）	1～5 分值，打分
			能够降低仓储耗损（X_6）	1～5 分值，打分
		（扩大）再生产能力（C_4）	是否有土地流入（X_7）	是=1，否=0
			是否有土地流出（X_8）	是=−1，否=0
			自有耕地面积（X_9）	按亩统计
			是否有雇工行为（X_{10}）	是=1，否=0

表 13　农民生产经营能力评价指标值打分标准

指标	1 分	2 分	3 分	4 分	5 分
能够降低生产资料成本（X_1）	−11% 以下	−10%～−4%	−3%～3%	4%～10%	11% 以上
能够降低机械成本（X_2）	−14% 以下	−13%～−5%	−4%～4%	5%～13%	14% 以上

（续）

指标	1 分	2 分	3 分	4 分	5 分
能够提高单位面积产量（X_3）	−16%以下	−15%～−5%	−5%～5%	6%～15%	16%以上
能够提高人均产量（X_4）	−16%以下	−15%～−6%	−5%～5%	6%～15%	16%以上
能够提高售价（X_5）	−8%以下	−7%～−3%	−2%～2%	3%～7%	8%以上
能够降低仓储耗损（X_6）	−8%以下	−7%～−3%	−2%～2%	3%～7%	8%以上

（3）数据来源。本研究选取抚远市、木兰县、青冈县和富裕县作为研究对象，四县（市）由东到西，横向贯穿整个黑龙江省，基本情况见表 14。

表 14　四个县（市）基本情况

地区	地理位置	农村人均耕地面积（公顷/人）	农业从业人员（万人）	机收面积（万公顷）	主要种植农作物
抚远市	黑龙江最东部	2	5.2	15.6	水稻、玉米、大豆
木兰县	黑龙江中部	0.52	22.3	8.4	大豆、水稻、玉米
青冈县	黑龙江中南部	0.45	45.3	13.5	玉米
富裕县	黑龙江西部	0.67	22.2	14.9	大豆、玉米、小麦

2. 黑龙江省农民能力的测度

本文选择熵值法确定农民生产经营能力各指标的权重，并以此为基础对农民生产经营能力进行测度。

首先，本文选取 4 个县（市），10 个指标，X_{ij} 则为第 i 个县（市）的第 j 个指标的数值（$i=1$，2，3，4；$j=1$，2，…，10）。

其次，通过标准化处理，将异质指标同质化。而且，由于正向指标和负向指标数值代表的含义不同（正向指标数值越高越好，负向指标数值越低越好）。因此，对于正负指标本文采用不同的算法进行标准化。

再次，对数据进行标准化，其具体方法如下：

$$X'_{ijh}=\frac{E_{ijh}-E_{sjh}}{E_{mjh}-E_{sjh}} \quad X'_{ijh}=\frac{E_{mjh}-E_{ijh}}{E_{mjh}-E_{sjh}} \tag{7}$$

其中，标准化后的指标 X'_{ijh} 表示第 j 项指标的值，E_{mjh} 和 E_{sjh} 分别表示指标的最大值和最小值。对于正向指标，选择前一个公式，对于负向指标，选择后一个公式。

最后，对数据进行标准化处理后，计算第 j 项指标下第 i 个县（市）占该指标的比重、第 j 项指标的熵值和差异系数。对于第 j 项指标，指标值的差异越大，对方案评价的作用就越大，熵值就越小。最后，求出各属性权重值，并通过加权和构建评价函数计算出各县（市）的综合得分和黑龙江省的整体得分。

（1）评价指标权重的确定。本文用 P_j 来表示第 j 个信息属性的不确定度（即出现的概率），则整个信息（设有 n，$n=1$，2，$\cdots$，10）的不确定量可用下式表示：

$$S = -K\sum_{j=1}^{n} P_j \ln(P_j) \tag{8}$$

其中 K 为正常数，当各个信息发生的概率相等时，即 $P_j = 1/n$，S 取值最大，此时熵最大，可利用熵信息的概念确定权重，假设多属性决策矩阵如下：

$$\boldsymbol{M} = \begin{matrix} A_1 \\ \vdots \\ A_2 \end{matrix} \begin{bmatrix} X_{11} & \cdots & X_{1n} \\ \vdots & \ddots & \vdots \\ X_{m1} & \cdots & X_{mn} \end{bmatrix}$$

则用 $P_{ij} = X_{ij} / \sum_{i=1}^{n} X_{ij}$ 表示第 j 个属性下第 i 个县（市）A_i 的贡献度，用 E_j 来表示所有方案对属性 X_j 的贡献总量。

其中，常数 $K = \dfrac{1}{\ln(n)}$，这样，就能保证 $0 \leqslant E_j \leqslant 1$，即 E_j 最大为 1。

由上式可以看出，当某个属性下各县（市）的贡献度趋于一致时，E_j 趋于 1；特别是当 E_j 全相等时，也就可以不考虑该目标的属性在决策中的作用，即此时属性的权重为 0（表 15）。

表 15   不同县（市）不同指标贡献度分布

贡献度	抚远	富裕	木兰	青冈
能够降低生产资料成本	0.284 0	0.261 9	0.194 7	0.259 4
能够降低人力成本	0.317 3	0.275 5	0.160 8	0.246 4
能够提高单位面积产量	0.279 0	0.247 9	0.217 1	0.256 1
能够提高人均产量	0.292 3	0.255 2	0.207 6	0.244 9
能够提高售价	0.281 2	0.285 1	0.208 3	0.225 3
能够降低仓储损耗	0.293 4	0.286 6	0.201 1	0.218 9
是否有土地流入	0.462 3	0.353 7	0.036 3	0.147 7
是否有土地流出	0.387 0	0.292 6	0.063 2	0.257 1
自有耕地面积	0.278 1	0.328 2	0.186 4	0.207 2
是否有雇工	0.283 3	0.297 2	0.181 5	0.238 0

这样，可看出属性值由所有县（市）不同属性的差异大小来决定权系数大小。为此可定义 d_j 为第 j 个属性下各县（市）贡献度的一致性程度，$d_j = 1 - E_j$。

则各属性权重 W_j 如下：

$$W_j = \frac{d_j}{\sum\limits_{j=1}^{m} d_j}$$

当 $d_j = 0$ 时，第 j 个属性可以剔除，其权重等于 0（表 16）。

表 16　不同属性指标权重 W_j 分布

权重	E_j	d_j	W_j
能够降低生产资料成本	0.993 3	0.006 7	0.018 3
能够降低人力成本	0.979 9	0.020 1	0.054 8
能够提高单位面积产量	0.997 1	0.002 9	0.007 8
能够提高人均产量	0.994 7	0.005 3	0.014 4
能够提高售价	0.993 4	0.006 6	0.018 1
能够降低仓储损耗	0.990 4	0.009 6	0.026 1
是否有土地流入	0.813 1	0.186 9	0.510 2
是否有土地流出	0.902 3	0.097 7	0.266 7
自有耕地面积	0.981 6	0.018 4	0.050 1
是否有雇工	0.987 7	0.012 3	0.033 5

（2）评价函数与测度结果。 本文采用线性加权和构建评价函数测度黑龙江省农民生产经营能力。假定 n 个参数值分别是 X_1，X_2，X_3，$\cdots$，X_n，对应权重分别为 W_1，W_2，W_3，$\cdots$，W_n，则其线性加权和构建的评价函数为：

$$S = X_1 \times W_1 + X_2 \times W_2 + X_3 \times W_3 + \cdots + X_n \times W_n = \sum_{i=1}^{n} (X_i \times W_i)$$

对黑龙江省四个县（市）的调研数据进行标准化处理之后，根据黑龙江省农民生产经营能力测度的指标体系和权重分布，得到黑龙江省四个县（市）农民生产经营能力测度结果，详见表 17。

（3）黑龙江省农民生产经营能力的测度结果分析。 黑龙江省农民生产经营能力的综合评价得分为 0.445 6，抚远市、木兰县、青冈县和富裕县的得分分别是 0.152 1、0.060 9、0.101 2 和 0.131 4，表现出明显的异质性，且异质性不仅存在于地区内部不同农户之间，还存在于不同地区之间（表 18）。

表 17 样本地区农民生产经营能力测度结果

指标	抚远	富裕	木兰	青冈	综合评价
能够降低生产资料成本（D_1）	0.007 3	0.006 8	0.005 0	0.006 7	0.025 9
能够降低人力成本（D_2）	0.023 0	0.020 0	0.011 7	0.017 9	0.072 6
能够提高单位面积产量（D_3）	0.003 6	0.003 2	0.002 8	0.003 3	0.012 9
能够提高人均产量（D_4）	0.007 3	0.006 4	0.005 2	0.006 1	0.024 9
生产能力得分	**0.041 3**	**0.036 3**	**0.024 7**	**0.034 0**	**0.136 3**
能够提高售价（D_5）	0.006 9	0.007 0	0.005 1	0.005 5	0.024 5
能够降低仓储损耗（D_6）	0.013 8	0.013 5	0.009 5	0.010 3	0.047 1
是否有土地流入（D_7）	0.034 7	0.026 6	0.002 7	0.011 1	0.075 1
是否有土地流出（D_8）	0.034 9	0.026 4	0.005 7	0.023 2	0.090 2
自有耕地面积（D_9）	0.001 2	0.001 5	0.000 8	0.000 9	0.004 4
是否有雇工（D_{10}）	0.019 3	0.020 2	0.012 3	0.016 2	0.068 0
经营能力得分	**0.110 8**	**0.095 1**	**0.036 2**	**0.067 2**	**0.309 3**
综合评价	**0.152 1**	**0.131 4**	**0.060 9**	**0.101 2**	**0.445 6**

表 18 样本地区农民生产经营能力测度结果统计性分析

指标	抚远市	木兰县	青冈县	富裕县
Max	0.934 1	0.592 2	0.614 5	0.906 7
Min	0.007 7	0.000 1	0.000 1	0.001 1
AVG	0.152 1	0.060 9	0.101 2	0.131 4
σ^2	0.030 8	0.004 2	0.010 4	0.027 0
σ	0.175 6	0.065 2	0.102 0	0.164 0

地区内部农民之间生产经营能力的异质性。抚远市、木兰县、青冈县和富裕县农民生产经营能力的方差分别为 0.030 8、0.004 2、0.010 4 和 0.027 0，均大于 0，说明四个县（市）内部不同农户之间的生产经营能力存在一定的离散，即农民层面其生产经营能力在地区内存在异质性。

不同地区之间农民生产经营能力的异质性。四个县（市）的方差均不相同，说明四个县（市）之间农民生产经营能力存在不同的稳定性和离散程度，且抚远市、木兰县、青冈县和富裕县的均值分别为 0.152 1、0.060 9、0.101 2

和 0.131 4，四个县（市）农民生产经营能力的平均水平差异较大，即地区层面农民生产经营能力存在平均水平的异质性。

由表 19 可知，样本地区农民经营能力指标权重排名最高的五个指标分别为："是否有土地流入""是否有土地流出""能够降低人力成本""自有耕地面积"和"是否有雇工"。这五项指标均受农民个体特征的影响，即是否有土地流转和雇工等的需求以及是否具备降低人力成本的能力，也受其所处地区的影响，即其所处地区土地交易市场是否活跃、雇工市场是否完善等。

表 19　农民生产经营能力权重排序

排名	指标	W_j
1	是否有土地流入（D_7）	0.510 2
2	是否有土地流出（D_8）	0.266 7
3	能够降低人力成本（D_2）	0.054 8
4	自有耕地面积（D_9）	0.050 1
5	是否有雇工（D_{10}）	0.033 5
6	能够降低仓储损耗（D_6）	0.026 1
7	能够降低生产资料成本（D_1）	0.018 3
8	能够提高售价（D_5）	0.018 1
9	能够提高人均产量（D_4）	0.014 4
10	能够提高单位面积产量（D_3）	0.007 8

三、我国粮食主产区农民能力的影响因素分析——以黑龙江省为例

（一）多层线性模型的建立

农民生产经营能力问题具有明显的层次性，通过梳理已有研究成果，本文从两个层面来研究农民生产经营能力，将方程分解为由个体差异造成的部分（农户层面）和由组织差异造成的部分（地区层面），围绕这两个层面，将建立包含农户和地区两个层次的 HLM 模型，即多层线性模型。

零模型可以表达为：

第一层，农户层面：

$$Y_{ij} = \beta_{00} + e_{ij}$$

第多层，地区层面：

$$\beta_{00} = \gamma_{00} + \mu_{0j}$$

其中，Y_{ij} 表示农户生产经营能力，β_{00} 表示农户生产经营能力的平均水平，γ_{00} 表示农民所在地区社会、经济、文化、制度等维度带给农民生产经营能力的平均水平，μ_{0j} 是农民所处地区与地区特征相关的偏好的增量，e_{ij}、μ_{0j} 为随机干扰项。

将地区层面模型带入农户层面模型，可得到组合模型：

$$Y_{ij} = \gamma_{00} + \mu_{0j} + e_{ij}$$

将影响因素代入模型，可得到随机截距模型：

第一层，农户层面：

$$Y_{ij} = \beta_{0j} + \beta_j X_{ij} + e_{ij}$$

第多层，地区层面：

$$\beta_{0j} = \gamma_{00} + \gamma_{0j} W_{ij} + \mu_{0j}$$

将地区层面模型代入农户层面模型，得到组合模型为：

$$Y_{ij} = \gamma_{00} + \gamma_{0j} W_{ij} + \beta_j X_{ij} + \mu_{0j} + e_{ij}$$

其中，X_{ij} 为农民层面的影响因素，包括个体特征、家庭特征、个体生产经营特征等；W_{ij} 为地区层面的影响因素，包括教育水平、培训状况、科技推广力度等；e_{ij}、μ_{0j} 为随机干扰项。本研究使用 SPSS.22 软件创建多层数据结构的 SSM 文件，采用 HLM6.0 构建多层线性模型（HLM2）。

（二）变量选取与数据来源

1. 变量选取

通过梳理已有文献，本文选择的农民层面自变量包括：自有耕地面积、租入耕地面积、租出耕地面积、农耕机械价值、是否进行土质改良、家庭劳动力个数、雇工个数、雇工时间、耕地收入、其他收入；控制变量包括：租入单价、租出单价、农耕经验、教育水平、年龄、劳动力健康、雇工单价、外借资金、贷款资金。地区层面自变量包括：土地流转价格、人居耕地面积、农业知识培训、是否有卫生室、农合参保率；控制变量包括：土地市场的活跃度、农业科技推广力度、教育师资投入力度、雇工市场活跃度、金融体系完善度（表 20）。

表 20　影响农民生产经营能力的指标

一级指标	二级指标	指标	指标说明
农民层面	自变量	自有耕地面积（X_1）	亩/户
		租入耕地面积（X_2）	亩/户

（续）

一级指标	二级指标	指标	指标说明
		租出耕地面积（X_3）	亩/户
		农耕机械价值（X_4）	元/户
		是否进行土质改良（X_5）	是＝1，否＝0
		家庭劳动力个数（X_6）	个/户
		雇工个数（X_7）	个/户
		雇工时间（X_8）	天/年
		耕地收入（X_9）	元/户
		其他收入（X_{10}）	元/户
	控制变量	租入单价（X_{11}）	元/亩（按年计算）
		租出单价（X_{12}）	元/亩（按年计算）
		农耕经验（X_{13}）	从事农业生产多少年
		教育水平（X_{14}）	小/初/中/大专及以上
		年龄（X_{15}）	家庭劳动力平均年龄
		劳动力健康（X_{16}）	家庭劳动力平均健康
		雇工单价（X_{17}）	元/人
		外借资金（X_{18}）	元/户
		贷款资金（X_{19}）	元/户
地区层面	自变量	土地流转价格（W_1）	元/亩（按地区、年计算）
		人均耕地面积（W_2）	亩/人
		农业知识培训次数（W_3）	次/年
		是否有卫生室（W_4）	是＝1，否＝0
		农合参保率（W_5）	＊＊.＊％
	控制变量	土地市场的活跃度（W_6）	1～5分值，打分
		农业科技推广力度（W_7）	1～5分值，打分
		教育师资投入力度（W_8）	1～5分值，打分
		雇工市场活跃度（W_9）	1～5分值，打分
		金融体系完善度（W_{10}）	1～5分值，打分

2. 数据来源

本文主要通过对接四个县（市）政府机构获得地区层面的数据（表 21），通过整理调研问卷，获得农民层面数据。

表 21　四个县（市）相关数据来源

资料来源	资料内容
卫生计生局	农村医疗设备、卫生室等分布及统计资料
教育局	中小学、幼儿园分布及统计资料
国土局	最新农用地分等定级更新报告及数据库
	村庄、城镇地籍调查数据库
	土地整治项目分布图及竣工验收报告
统计局	经济统计数据

（三）黑龙江省农民生产经营能力影响因素的多层线性模型分析

1. 农民生产经营能力影响因素模型结果分析

多层次线模型从农民层面和地区层面对黑龙江省农民生产经营能力的影响因素进行研究。构建模型 1、模型 2 和模型 3，通过离异数来判断三个模型的优劣，以此作为判断依据，选择最合适的模型来研究黑龙江省农民生产经营能力的影响因素。如表 22，模型 1、模型 2 和模型 3 的离异数分别为 −845、−1 739、−1 852，离异数越小越好，说明模型 3 更适合我们的研究。因此，采用模型 3 对黑龙江省农民生产经营能力的影响因素进行研究分析，得出 R^2 为 0.887 3，说明我们选的自变量对农民生产经营能力差异解释率为 88.73%，解释效果比较好（表 22）。

表 22　黑龙江省农民生产经营能力影响因素的模型结果

变量	模型 1	模型 2	模型 3
截距	0.117 8***	0.048 2**	0.026 9***
农民层面			
控制变量			
租入单价		0.001 9***	0.012 7***
租出单价		−0.000 249***	−0.000 228***
农耕经验		0.006 4	0.001 2
教育水平		0.011 7	0.079 9
年龄		0.009 3	−0.010 8*
劳动力健康		0.014 1	0.013 5*

（续）

变量	模型 1	模型 2	模型 3
雇工单价		−0.000 0	0.004 7 *
外借资金		0.000 2 ***	0.001 5 ***
贷款资金			0.000 1
自变量			
自有耕地面积			0.109 7 **
租入耕地面积			0.109 0 ***
租出耕地面积			−0.001 4 *
农耕机械价值			0.075 2 **
是否进行土质改良			0.006 6
家庭劳动力个数			0.121 1 ***
雇工个数			0.140 6 **
雇工时间			0.036 3 **
耕地收入			0.120 1 ***
其他收入			0.010 2
地区层面			
控制变量			
土地市场的活跃度		0.017 9 **	0.030 4 **
农业科技推广力度		0.095 0 **	0.014 7 *
教育师资投入力度		−0.072	−0.009 5
雇工市场活跃度		0.012 4 ***	0.033 7 ***
金融体系完善度		0.072 5	0.038 2 **
自变量			
土地流转价格			−0.014 1 **
人均耕地面积			0.058 9 *
农业知识培训次数			0.075 9 *
是否有卫生室			0.013 8 *
农合参保率			0.029 3
组内方差 δ^2	0.018	0.004 57	0.002 80
组间方差 ι	0.003	0	0

（续）

变量	模型 1	模型 2	模型 3
R^2		0.746 1	0.887 3
χ^2/df	2.433*** （39）	0.73 （34）	0.888 （29）
离异数	-845	$-1\ 738$	$-1\ 852$

注：* 表示 $p<0.1$；** 表示 $p<0.05$；*** 表示 $p<0.001$。

2. 黑龙江省农民生产经营能力影响因素结果分析

（1）农民层面。 从表 23 中可以看到，农民自有耕地面积、租入耕地面积、农耕机械价值、家庭劳动力个数、雇工个数、雇工时间和耕地收入对黑龙江省农民生产经营能力具有显著的正向影响；而租出耕地面积对黑龙江省农民生产经营能力具有显著的负向影响；是否进行土质改良和其他收入对黑龙江省农民生产经营能力无显著影响。同时可以发现雇工个数、劳动力个数、耕地收入、自有耕地面积和租入耕地面积五个自变量对黑龙江省农民生产经营能力的影响较大；而农耕机械价值、雇工时间和租出耕地面积 3 个自变量对黑龙江省农民生产经营能力的影响较小。

表 23　农民层面黑龙江省农民生产经营能力影响因素结果

指标	γ	p
自有耕地面积	0.109 7	<0.01
租入耕地面积	0.109 0	<0.001
农耕机械价值	0.075 2	<0.01
家庭劳动力个数	0.121 1	<0.001
雇工个数	0.140 6	<0.01
雇工时间	0.036 3	<0.01
耕地收入	0.120 1	<0.001
租出耕地面积	$-0.001\ 4$	<0.05
是否进行土质改良	0.006 6	>0.05
其他收入	0.010 2	>0.05

（2）地区层面。 从表 24 中可以看到，人均耕地面积、农业知识培训次数和是否有卫生室对黑龙江省农民生产经营能力具有显著的正向影响；土地流转价格对黑龙江省农民生产经营能力具有显著的负向影响；农合参保率对黑龙江省农民生产经营能力无显著影响。同时可以发现人均耕地面积和农业知识培训

次数两个自变量对黑龙江省农民生产经营能力的影响较大；而土地流转价格、是否有卫生室和农合参保率 3 个自变量对黑龙江省农民生产经营能力的影响较小。

表 24　地区层面黑龙江省农民生产经营能力影响因素结果

指标	γ	p
土地流转价格	$-0.014\,1$	<0.01
人均耕地面积	$0.058\,9$	<0.05
农业知识培训次数	$0.075\,9$	<0.05
是否有卫生室	$0.013\,8$	<0.05
农合参保率	$0.029\,3$	>0.05

四、基于农民能力培育视角的我国
粮食主产区发展策略

（一）积极推进土地适度规模经营

为实现经营效益与规模经营面积同步增长，应积极推进粮食主产区土地适度规模经营，把握"适度"的范围。近年农村劳动力外流现象严重，劳动力价格不断上升，农村规模化种植管理经验欠缺，在此背景下，粮食主产区的农业经营主体更应首先考虑适度规模经营，创新农村土地使用制度，提高农村土地利用率，积极鼓励探索多种形式的土地规模生产，设立农村土地规模流转补助资金、成立农村产权交易所、明确农地股份合作社法人地位、开展"一权一房"抵（质）押试点等多种形式，探索农村土地、社区股份产权制度等改革，着力拓宽农民"土地财产权"。鼓励农户以土地承包经营权作价入股的方式，成立土地股份合作社，进行农业集约化经营。

应遵从农户意愿，建立经营规模相对适中的家庭农场、农民专业合作社等新型农业经营主体，开展土地适度规模经营（李星星，2016）。基于利润最大化和劳动力机会成本最小化目标，探索最优土地适度规模经营面积。另外，还应提高机械化程度，剔除不可控人力劳动，提高生产效率，降低生产成本；创立品牌，发掘销售新渠道，保证产品销售畅通，稳定价格；积极发展多种形式适度规模经营，把握土地适度规模的尺度，不断创新土地适度规模经营模式。除此之外，大力开展农业社会化服务，通过服务规模化补充土地规模化，以减少土地租金成本，提高农业效益。

（二）促进劳动力的本地转移

一是改善农村生产生活环境，实现城乡一体化统筹发展。加大粮食主产区财政支出中农村社会事业比重，制定相关配套政策，鼓励社会资金流向农村。坚持按城乡一体化标准，完善粮食主产区农村基础设施建设，推进社会公共服务，通过改善农村社会环境提高农民生活水平。

二是发展现代农业，吸引外出劳动力返乡创业。加快粮食主产区农业现代化进程，探索土地制度改革，逐步激活农村土地要素，优化农村土地流转市场，实现土地规模化经营。改善农村生产生活条件，进一步提高农民增产增收的能力，吸引外出务工农民返乡就业、创业。

三是加强农村劳动力就业与创业培训。劳动力素质的提高可在一定程度上解决农村劳动力转移问题，实现分流与生活质量提升。应制定优惠政策，建立更具针对性的劳动力培训制度，培育具有专业技能的新生代农民，使外出务工劳动力就业层次不断提高，工资收入水平不断提高，增强农民返乡自主创业积极性。

四是加大粮食主产区劳动力保护力度。完善相应制度机制，改善农村劳动力住房、医疗、教育等条件，保障农村劳动力权益，吸引农村劳动力本地转移。

（三）积极推进一二三产业的融合发展

促进农村一二三产业融合可有效提高农民比较收益和竞争力，激发新型业态产生，扩大粮食主产区农业发展空间。因此粮食主产区应树立大农业、大食物概念，推动粮经饲统筹、农牧渔结合、种养加一体、三产融合发展。为加速推进粮食主产农村一二三产业融合发展，粮食主产省份应按相关三产融合政策推动种植业向下游延伸，推动农产品生产、存储、运输、加工、销售融合发展，建立完善粮食主产区现代农业产业体系。

首先，粮食主产区应着力发展大田托管、农产品加工、物流等市场化服务；其次，应扩大多元经营主体，发展多种形式适度规模经营；再次，建立利益联合机制，加强粮食主产区龙头企业连农与国家扶持政策联结的激励机制；最后，加大政策支持力度，粮食主产区投资向产业融合发展项目倾斜。

随着供给侧结构性改革步伐加快，政府大规模收储粮食等农产品可能性逐渐减小，政府不再直接干预农产品市场，农产品供给将由市场决定。发达国家农业与二三产业融合非常发达，虽然农业在其 GDP 中占比仅 1‰～2‰，但农业影响度较高，能够带动占比约达 10% 的产业。因此，对于面临增产不增收、比较效益偏低的粮食主产区农村，一二三产业融合发展是未来主要发展趋势。

（四）加强粮食主产区农民的教育

一是改变观念，增加贫困农民的"造血"功能。通过农民创业脱贫致富的个案宣传，提高主产区农民种粮的积极性和创业的信心；通过农村影视宣传渠道，让农民自身反省，增强改变贫困现状的需求；通过印刷宣传册、组织人员进村宣讲等各种方式向主产区农民进行政策解读，使其了解国家的惠农政策，帮助和引导享受惠农政策的各种途径，鼓励和增强摆脱贫困的信心和勇气。

二是加强科技培训规划。应着力提高农村劳动力综合素质与就业能力，加强对粮食主产区农民的实用性技术培训。将远程教育的工作重点放在促进农民学以致用上，将粮食主产区农业龙头企业、农民专业合作社、农村经纪人及远程教育管理员作为重点，集中力量培养骨干农民，强化农村技术人员培训。

三是充分发挥涉农教育机构的重要作用。大力引导与鼓励社会培训机构为粮食主产区农民提供培训机会，建立更加竞争、高效的农民培训体系，发挥农业广播电视学校在农民教育培训中的主导作用。全面建立农民科技教育培训中心，逐渐形成将教育、科技普及、服务推广、信息流通等多重功能集于一体的全新的教育培训体系。

四是创新教育培训载体。应结合粮食主产区农民专业合作社建设，积极开展农民知识化工作，逐步提高涉农企业与农民专业合作社的经营管理水平。通过粮食主产区农村各类示范户与经营大户建立示范基地，有机结合教育培训实习和试验示范推广，充分发挥基地的带动与示范作用，不断探索农民科技教育培训中心的教育培训模式，灵活运用建设项目载体，拓宽教育培训的渠道。

五是因材施教。应根据各粮食主产省份农村实际情况及农民实际需求确定教育方式、实际培训载体，使教学资源更具针对性与实用性。应将粮食主产区农村新政策、农业新技术及市场信息等相关知识、技术转化为教学资源，以此发挥指导农民生产与经营的作用。

六是拓展教育培训空间。充分利用网络教育培训资源，推行网上教育培训，扩大粮食主产区农民科技培训的整体覆盖面，解决科技人员匮乏的问题，为农民提供实时网上教育，使农民能够随时学习所需各项技术，以期提高收入水平、增加农业产业效益、推动农村发展。

（五）继续完善粮食主产区利益补偿制度

国家应在较高层面上建立粮食主产区发展补偿机制，用以鼓励粮食主产区进一步发展生产，确保粮食安全，同时增加农民的政策转移性收入，促进粮食主产区全面脱贫与全面小康社会建设。粮食主产区应根据各省实际，综合考量粮食调出量与产销区农民人均纯收入差距，进而确定具体补偿标准及金额，保证粮食主产省份仍具备扩大再生产的基本条件，保障国家粮食安全，提高农民收入。

一是结合资源税改革，推行粮食补贴与粮食贡献挂钩制度。具体做法是由国家财政根据粮食主销区耕地占用量，向粮食主销区收取一定资源税或补偿金，利用转移支付方式，根据粮食主产区调出粮食总量，补偿粮食主产区，遵循多调多得、少调少得原则，使粮食补贴向种粮大户倾斜，增加粮食风险基金与产粮大县奖励资金规模。

二是根据全国县级财政人均财力状况制定粮食主产区产粮大县的奖励标准，使粮食主产区产粮大县逐渐达到全国县级平均水平。

三是通过优惠利率政策支持粮食收购贷款，延长贷款期限，全额核销粮食主产省份粮食政策性财务挂账贷款本息。在粮食主产区建立期货市场与期货交割库，推动涉粮企业通过上市进行融资。优先安排支农资金、政策性银行的贷款、农业基建投资，优先安排粮食主产区支农工业项目与重大科技项目。

（六）加强粮食主产区的基础设施建设

一方面，推进基础设施建设应准确把握新阶段的新要求。一是综合考虑投资效率与发展需求，实现经济与社会效益最大化；二是聚焦粮食主产区农业农村基础设施等突出劣势，加大建设力度，让农民切实感受到变化，得到实惠；三是统筹协调粮食主产区各类型基础设施，发挥最大综合效益；四是推动绿色发展，在规划建设中落实绿色、循环等措施，大力提升基础设施信息化水平。另一方面，推进粮食主产区农村基础设施领域改革创新，着力在投融资、运营管理等方面找到更大的突破口。

第一，制定农业基础设施建设总规划。各粮食主产省份根据总体规划要求，制定各地区具体规划，根据各省份财力状况，有序推进基础设施建设。第二，对粮食主产区产粮大县重点项目与品种提供特殊照顾。在新增加投入建设上，按照轻重缓急原则，挖掘产粮大县增收潜力，集中财政力量，增强基础设施建设成效。第三，持续增加对粮食主产省份加工、收购、运输企业与种植户仓储、烘干、晾晒等基础设施建设支持力度，实现安全科学储粮，错季销售，确保粮食主产区农民能够增产增收。第四，加大粮食主产区保证食品安全的各类设施设备投入。着力完善质量监测、土壤环境监测、科技信息化、环境监测预报等基础设施建设，加大资金、人才、技术支持力度，支持地方政府建设，鼓励企业和社会资本建设。第五，强化对粮食主产区的农村金融支持。调整金融机构准入问题，拓宽涉农银行的主要渠道优势，将更多类型金融机构吸引至农业领域。同时，应加快粮食主产区农村乡镇的金融网点布局，不断创新融资担保方式，创新金融产品，加大农业保险力度，加快全覆盖、高赔付，充分保障粮食主产区农业安全。

项目负责人：余志刚

主要参加人：马丽、齐蘅、崔钊达、王亚、宫思羽、陈琛等

乳制品伤害危机下的品牌记忆研究：结构维度、影响因素与作用机理[*]

王 磊

2008 年发生的"三聚氰胺毒奶粉"事件不仅给食用毒奶粉的消费者和家庭带来直接身体健康和精神上的伤害，也给其他消费者带来心理上的恐慌、悲愤和质疑，甚至产生了拒绝购买国产奶粉的消费行为变化。此外，由于一个时期内乳制品伤害危机事件频频发生，消费者对国产乳制品的"品牌不信任感"不断升级，导致大量消费者舍近求远，远赴香港、澳门等地购买进口品牌的乳制品，致使港、澳政府对大陆消费者采取限购政策。"三聚氰胺毒奶粉"事件给国产乳制品品牌带来严重的形象危机、信誉危机，直接导致国内乳制品企业产品销量急剧下降、市场占有率减少，甚至导致企业破产，与此同时也给整个中国乳制品市场带来巨大的冲击。

2013 年 4 月 18 日中国乳制品工业协会发布《国产进口婴幼儿奶粉质量调查报告》，报告结果充分说明中国乳制品行业采用新标准是高于国际标准的，并且洋品牌并不可靠。该报告一出，舆论一片哗然，为什么作为中国乳制品的行业协会，发布的质检报告没有消除消费者对于国产婴幼儿奶粉认知的不良印象，消费者依然转向进口产品或从国外代购婴幼儿奶粉，以致一些国家或地区限制我国消费者购买的情况屡屡出现。

究其原因，就在于"三聚氰胺毒奶粉"事件给消费者留下了非常深刻的乳制品品牌记忆，虽然时隔数年，但由于乳制品伤害危机事件不断爆发，消费者关于中国乳制品的品牌负面记忆不断被加深、不断被重复，严重影响着中国消费者对乳制品品牌的选择行为，因此，在乳制品伤害危机下，修复消费者对我国乳制品的品牌记忆是解决中国乳制品行业目前困境的主要措施之一。

---

* 黑龙江省自然科学基金青年项目（课题编号：QC2017081）。

项目负责人为王磊教授，主要参加人员有樊斌、赵建、赵丽娟、苑婧婷、王立民、蔡玉秋、王聪、郝莎莎。

品牌记忆是品牌认知的基础，也是消费者选购商品品牌的第一步。消费者对乳制品品牌记忆的深度、宽度和内涵就是乳制品品牌的深度、宽度和内涵，只有消费者对国产乳制品品牌产生正面记忆，国产乳制品品牌才具有知名度和美誉度。因此，通过修复消费者乳制品品牌记忆唤起中国乳制品消费者对国产乳制品品牌的购买意愿，对于以增加消费者购买行为为目的的中国乳制品企业品牌战略具有重要的意义。

目前，国内外学者还没有涉及以乳制品伤害危机为背景，研究如何修复消费者乳制品品牌记忆的研究成果，存在很多亟待解决和解释的问题，诸如，乳制品品牌记忆的内涵是什么？乳制品品牌记忆应如何测量？个体层面影响消费者乳制品品牌记忆的影响因素什么？影响路径是什么？群体层面影响消费者乳制品品牌记忆的影响因素是什么？影响路径是什么？个体层面的影响因素和群体层面的影响因素是如何发生交互作用的？消费者的乳制品品牌记忆是如何影响消费者对国产乳制品品牌的转换意愿的？在乳制品伤害危机事件下，我国消费者乳制品品牌记忆的修复策略是什么？上述复杂疑难问题的有效解决，对于丰富和发展乳制品伤害危机理论和乳制品品牌记忆理论，修复消费者乳制品品牌记忆，减少顾客流失率，进而提高我国乳制品品牌的竞争力，推动我国乳业的可持续健康发展具有重要的理论意义和实际意义。

一、品牌记忆的内涵、结构维度及其测量研究

（一）研究方法与数据来源

1. 质性研究与扎根理论方法

质性研究是研究者通过观察收集所需的能够自然客观地反映事实的数据，对这些数据进行思考和分析从而进一步研究现象本质的过程。扎根理论由 Glaser 和 Strauss 提出，是从实地调研获取的访谈资料入手，通过深入归纳和剖析事物现象本质，提取核心概念及范畴，然后提升到系统的理论，并且不断寻求范畴之间的联系，修正原理论，剖析新范畴，将新范畴纳入理论框架，直至达到理论饱和的一种自下而上的质性研究方法。

对于品牌记忆问题的研究，目前国内外还没有现成的理论假设和科研成果可以直接利用和借鉴，而且品牌记忆这类多维概念会涉及感知、情感等有关品牌消费心理行为和消费者对品牌认知的精神层面，需要对消费者进行深入观察和分析得出，定量研究难以实现。因此，本研究采取扎根理论这种质性研究的方式。

2. 资料收集与整理

扎根理论是通过连续分析和归纳在访谈和焦点会议过程中得到的原始记录资料，从而实现构建出系统的理论框架。因此本研究收集资料的方式主要是访谈和焦点会议两种方式。

（1）访谈。 品牌记忆是一个内涵丰富而又复杂的概念，而品牌记忆的多维性则涉及不同水平的消费者，所以本研究运用理论抽样与调研目的地抽样的方法进行调研，本次研究共选取了 45 位不同职业、不同年龄、不同地区的可以代表不同观点与认知的受访者。主要由消费者、高校或科研单位的行业专家、企业监管部门的管理人员、企业高层管理者、企业基层职员这 5 类不同职位的人群组成。请他们对品牌记忆提出科学的、前瞻的、丰富的认识及看法。

在开放式访谈过程中通过聊天的方式引导和邀请受访者提出自己的观点和看法。访谈主要围绕以下几个内容进行话题展开：①引导受访者回忆产品伤害危机事件；②在购买产品时，已经发生的伤害危机事件是否对你的购买行为产生影响；③如果伤害危机事件对你的购买行为产生影响，你是怎样理解品牌记忆的内涵的；④危机产品品牌的伤害记忆是否影响同类其他品牌的品牌记忆；⑤你头脑当中的品牌记忆是怎么形成的。在访谈结束前，再向被访者总结和叙述访谈内容，以保证访谈内容的准确性和完整性。

（2）焦点会议。 焦点会议采取半结构化方式，会议主持人首先介绍会议背景和内容，然后对本研究所需要解决的各个问题给予时间进行自由讨论和发言，当对各个问题达成统一意见时结束此次会议。

访谈与焦点会议都分成两个部分依次进行，当每一批的访谈结束后，立即整理本次的访谈资料进行编码，编码结束后会举行一次焦点会议。第一次的焦点会议在目的抽样结束后进行，这次焦点会议的成员分别为 5 位消费者、2 位企业的高层管理者和 3 位高校或科研单位专家，请他们对品牌记忆的内涵、结构维度进行深入探讨并掌握和剖析本研究的总方向；当全部访谈结束后进行第二次焦点会议，此次焦点会议的成员为 2 位监管部门的管理人员、3 位企业的高层管理者和 5 位高校或科研单位专家，来验证理论模型是否饱和以及验证其合理性。

3. 范畴挖掘与提炼

扎根理论的精髓是对原始资料进行整合编码的过程。共分为三个步骤，分别为开放式编码、主轴编码和选择性编码。

（1）开放式编码。 开放式编码是对资料进行收集并将资料中与主题相关的语句进行逐字逐句逐节的划分和分析，打破原有语句，然后将所有语句重新组合，最后把这些语句进行初始概念化与范畴化并给予正确命名的过程。本过程采取深度访谈与开放式编码依次发生的方法来确保开放式编码结果的准确性和实效性。即第一次深度访谈结束以后，立即整理本次访谈资料，当本次访谈资料整理和编码结束后，再开始第二次的访谈工作，以此类推。开放式编码过程中，通过对原始资料的分析，共得到 176 个原始语句以及相应初始概念，通过重新整理归纳，删除无效概念、合并同类概念以及重新提炼概念后形成了 36 个范畴，资料的开放性编码过程分别为：促销传播记忆、人际传播记忆、广告传播记忆、公关传播记忆、正向口传记忆、负向口传记忆、品牌名称、品牌包装、品牌商标、品牌特定符号、产品质量、产品属性、产品技术、产品设计、品牌环境、品牌服务、品牌创新、品牌文化、品牌历史、功德表现、诚信度、社会作风、社会责任、独创性、合作、热烈、同情、敏捷、有纪律、自我品味、身份和地位、经济实力、社会成就感、引起他人的注意和尊敬、表达自我形象、向他人展现自我。

（2）主轴式编码。 在开放式编码过程中整理和提炼的概念与范畴之间仍有相互的交错关系，其中的逻辑关系也不是十分清晰。所以主轴编码则是需要将各个独立的范畴重新分类、合并与深度分析，旨在发现、探究和建立不同概念和范畴之间的相关关系与内在联系，最终提炼出相应的主范畴的过程。本研究共提炼出 12 个主范畴，分别为品牌传播、正向口传、负向口传、标识性记忆、功能性记忆、体验性记忆、品牌精神、品牌责任、品牌个性、品牌社会识别、品牌社会地位、品牌个人识别。

（3）选择性编码。 在提取出主范畴后，选择性编码则需要更进一步系统地、科学地挖掘和分析各个主范畴之间更为深入的逻辑关系，并梳理和归纳总结出核心范畴。最后通过描述现象的"故事线"，联结核心范畴、主范畴以及其他对应范畴，最终构建出科学完整的理论框架。通过对上述 36 个范畴的深入分析和 12 个主范畴的继续剖析，在与访谈材料进行比较分析后发现品牌价值性记忆和其他范畴紧密相连并发挥着重要的作用。最后提炼出"品牌记忆概念与维度"这一核心范畴。围绕这一核心范畴，本研究将故事线概括为：品牌记忆由效应性记忆、价值性记忆、情感性记忆以及象征性记忆四个维度共同构成，效应性记忆是重塑品牌记忆的基础，价值性记忆则是重塑品牌记忆的关键，情感性记忆以及象征性记忆则是重塑品牌记忆的升华。在此故事线基础上，本研究构建了品牌记忆概念模型。

在选择性编码阶段，用第二阶段的 8 份访谈资料检验理论饱和度。对比分析发现，受访者的陈述要点已经被之前的访谈资料覆盖，进一步的资料分析表明没有增加新的概念和范畴，因此可以判断理论达到了饱和。

4. 模型构建

在明确了品牌的心理效应内涵的基础上，结合之前研究中基于扎根理论得出的故事线，本研究建立了品牌记忆的概念模型，如图 1 所示。本研究认为，品牌记忆由品牌效应性记忆、品牌价值性记忆、品牌情感性记忆和品牌象征性记忆四部分构成，四者之间是由低到高的层层递进关系。

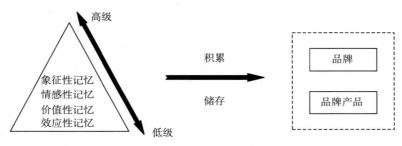

图 1　品牌记忆结构维度的概念模型

（二）品牌记忆结构维度测量题项的开发及探索性因子分析

1. 量表开发和问卷形成

本次调查问卷题项的设计来源主要有两部分。第一部分以基于扎根理论构建的品牌记忆结构维度初始模型为基础，对于在访谈与焦点会议中获取的资料信息进行量表语句陈述与整理，针对范畴挖掘与提炼过程中得到的编码信息与结果进行整理、引用与陈述，将开放式编码中得到的 176 个原始语句、36 个范畴，主轴式编码中得到的 12 个主范畴与选择性编码中得到的品牌记忆主范畴的典型关系结构作为基础资料与信息，针对初始模型中得到的四个维度以及各子维度，进行量表问题的开发；第二部分主要参考相关学术研究和相关经典文献，提炼相关题项，基于扎根理论的研究方法，在借鉴刘建平、Herz 与 Brunk 等学者研究的基础上，参考有关专家建议，初步确定为 4 个组成因素，形成品牌记忆结构维度的初始量表，在形成初始量表后主要采取线上调查的方式选择出不具有有效作用的题项。由于品牌产品的消费者是本研究的主体，形成的量表问题必须做到简明清晰、通俗易懂，因此邀请不同年龄段的品牌产品消费者进行问卷预答与评价，针对表达不清晰不合理、理解困难、有歧义的相关题项进行词汇和语句的修改，经过 4 次修正后形成 18 项能够反映重要问题的题项并采用 Likert 五点量表评分（表 1）。最终，利用东北农业大学在校师生所抽样抽取的调查样本所提供的数据结果进行检验，并对品牌记忆结构维度调查问卷中的 18 个题项进行简化，形成正式的调研问卷。

表 1 品牌记忆的测量量表

维度	题项	测量题项
效应性记忆	a1	我会通过家人或同事、朋友对某一品牌的推荐产生对这一品牌积极的看法
	a2	如果某一品牌经常进行满减活动或是消费达到一定金额时会赠予相关优惠，会使得我对该品牌产生印象与记忆
	a3	我喜欢或欣赏的明星或名人代言某一品牌，我会倾向于购买或推荐该品牌
	a4	在购买产品时，我会比较各个品牌之间的地位和知名度
	a5	当家人、同事或朋友向我诉说他们对于某一品牌的消极评价时，我对于这一品牌的好感度会大幅降低
象征性记忆	a6	在日常生活中，我会想通过品牌来表示我一部分的品味、身份地位以及经济实力
	a7	我认为：品牌在某种程度上可以引起他人的注意和尊敬
	a8	当我拥有某一能够彰显社会地位的品牌，会让我提升一部分自尊和自信
情感性记忆	a9	如果某一品牌有深厚的历史渊源和浓郁的文化内涵，我会对这一品牌产生深刻的印象和记忆
	a10	如果某一品牌承诺其产品质量，并表示一定会承担社会责任，我会比较放心地购买该产品
	a11	如果某一品牌所代表象征的个性和精神和我自身的价值观很相似，我会对该品牌产生深刻的契合感和印象
	a12	在面对众多品牌时，我会倾向于购买或推荐他人购买中国的民族品牌
	a13	我在购买该品牌的产品时，会注重品牌产品对我提供的消费体验
价值性记忆	a14	当我想起某一特定品牌时，一般来说，首先想到的会是这一品牌的名称、包装、商标或特定符号
	a15	如果购买一个知名品牌的产品（不是假货），但是质量出现了一些问题，我以后不会购买该品牌有关的产品
	a16	我在购买该品牌的产品时，会注重品牌产品对我提供的消费体验
	a17	在购买产品时，非常在意产品的品牌属性
	a18	在购买产品时，我会仔细考虑品牌的综合价值

2. 研究方法与研究样本

（1）研究方法。在实证研究阶段，主要采取探索性因子分析与验证性因子分析方法。探索性因子分析法是一种识别多个观测变量的本质结构，并对其进行降维的方法。验证性因子分析与探索性因子分析是相对的，它将研究者的逻辑框架与理论关系作为指标，测试一个因子与其相对应的测量题项是否符合这一指标，通常采用结构方程模型进行检验。结构方程模型是基于变量的协方差矩阵分析变量之间关系的一种统计方法。本研究为检验各因子维度的构思效度，将进行品牌记忆结构维度的 EFA 和 CFA 分析，其中，主要运用 SPSS 25.0 检验各因子维度的信度，验证性因子分析运用 AMOS 17.0 进行，最后开发出品牌记忆结构维度的量表。

（2）研究样本。 在调查方法的选择上，主要采取线上收集的方式，本次调查问卷共收取 713 份，其中，通过筛选发现无实际效用的调查问卷 33 份，得到具有完整、代表性的问卷 680 份。调查问卷分为两部分进行收集，调查问卷 1 共收集 331 份，调查问卷 2 共收集 349 份。

样本数据的特征性分析显示：被调查者中女性稍多，占 51.8%；被调查者年龄分布特点是 41～50 岁的人偏多，占 31.5%；被调查者的地区分布主要集中在东北地区，占比 36.2%；样本在行业领域分布上呈现多元化，其中有个体经营者 128 人，占比 18.8%，基层职工 86 人，占比 12.6%，高层管理者 103 人，占比 15.1%，教师 117 人，占比 17.2%，农民 59 人，占比 8.7%，学生 82 人，占比 12.1%，样本在各类消费水平与行业分布上比较合理；从教育背景角度看，本科以下 241 人，占比 35.4%，本科学历 307 人，占比 45.1%，研究生及以上学历 132 人，占比 19.5%，不同学历层次均有涉及，以本科学历为主。

3. 品牌记忆结构维度的探索性因子分析

（1）量表的信度检验。 主要运用 SPSS 25.0 对品牌记忆结构维度指标进行信度分析。将 331 份具有效用的调查问卷录入 SPSS 25.0 中，计算得到量表总体的 Cronbach's α 系数为 0.912，说明量表总体具有非常好的信度。经过计算可知，效应性记忆、价值性记忆、情感性记忆和象征性记忆的 Cronbach's α 值均高于 0.7，分别为 0.885，0.848，0.887，0.908，删除题项后信度系数值并不会明显提高，结果说明本研究的各因子变量的关联性较好，内部一致性系数较高，利用该量表进行数据调查是可行的。

（2）量表的效度分析。 为检验调查所获得的样本数据能够测量相关理论结构和特质的程度，运用最大方差正交旋转后的因子分析法来检验结构效度。因子分析的前提条件是：①数据的 KMO 值大于 0.5；②样本的 Bartlett 形检验的卡方值显著；③样本的相关矩阵具有公因子。本研究中，样本数据的 KMO 值为 0.920，Bartlett 球体检验的卡方值为 3 935.975，在 $p < 0.001$ 水平下显著，因此可以进行因子分析。利用最大方差正交旋转因子分析时，4 个因子的解释方差为 71.908%，删除因子载荷小于 0.6 的，多重载荷大于 0.2 的，因此删除题项 a4，a5，a12，a13，a17，a18，修正后的样本数据的 KMO 值为

0.872，Bartlett 球体检验的卡方值为 2 197.774，析出特征值大于 1 的因子有 4 个，其解释方差达到了 77.246%。

（3）变量的相关分析。表 2 显示了本研究测量变量的均值、标准差与相关系数，结果表明情感性记忆、象征性记忆、效应性记忆与价值性记忆之间均显著相关。其中，象征性记忆与情感性记忆、价值性记忆与效应性记忆的相关系数分别为 0.568、0.511、0.323；象征性记忆与情感性记忆、价值性记忆之间的相关系数分别为 0.636、0.158；情感性记忆与价值性记忆之间的相关系数为 0.264，均低于 0.8，计算结果说明量表中不同因素之间不会相互影响，不会出现各因素高度相关而产生构思重合，说明探索性因素得到的 4 个因子变量都属于品牌记忆的结构维度。

表 2　研究变量的描述性统计及各变量之间的相关系数

变量	Mean	SD	F1 效应性记忆	F2 象征性记忆	F3 情感性记忆	F4 价值性记忆
F1 效应性记忆	3.779 7	0.739 55				
F2 象征性记忆	4.030 9	0.748 61	0.568**			
F3 情感性记忆	3.822 2	0.791 15	0.511**	0.636**		
F4 价值性记忆	3.173 9	1.022 06	0.323**	0.158**	0.264**	

注：各研究变量的相关系数均在 $p < 0.01$ 水平显著。

（三）品牌记忆结构维度的验证性因子分析

1. 量表信度的二次分析

在量表信度分析中，由于剔除掉 a4，a5，a12，a13，a17，a18，本研究重新对量表的信度进行分析，研究结果显示，剔除 CITC 小于 0.4 的题项后，量表总体的 Cronbach's α 系数为 0.870，说明量表总体的信度依然非常好。效应性记忆、象征性记忆、情感性记忆、价值性记忆的 Cronbach's α 值分别为 0.829、0.848、0.830、0.879，均大于 0.7，充分说明四个因子变量的相关性较好，内部一致性系数较高，利用该量表进行数据调查是可行的。

2. 量表效度分析

在进行验证性因素分析前，需要从三个方面对量表的有效性进行讨论。如表 3 所示，是该量表效度的评价结果，其中，效应性记忆、象征性记忆、情感性记忆、价值性记忆的组合信度（CR）分别为 0.829 1、0.848 6、0.831、0.882，均高于 0.60；收敛效度（AVE）值分别为 0.617 9、0.651 5、0.621 2、0.713 8，均高于 0.5，说明该模型内在质量符合要求，收敛效度较好。因子本身 AVE 的算术平方根大，该因子跟其他因子相关系数的绝对值具有良好的区分效度的表现。通过表 3 可知，该量表的区分效度较好。

表 3　组合效度、收敛效度与区分效度评价结果（N=349）

潜变量	组合信度 （CR）	收敛效度 （AVE）	效应性记忆	象征性记忆	情感性记忆	价值性记忆
效应性记忆	0.829 1	0.617 9	0.786 1			
象征性记忆	0.848 6	0.651 5	0.568**	0.807 2		
情感性记忆	0.831	0.621 2	0.511**	0.636**	0.788 2	
价值性记忆	0.882	0.713 8	0.323**	0.158**	0.264**	0.844 9

3. 初始结构方程模型拟合度评价

理论模型如图 2 所示，对研究数据进行拟合得到的初始模型拟合度指标如表 4 所示。

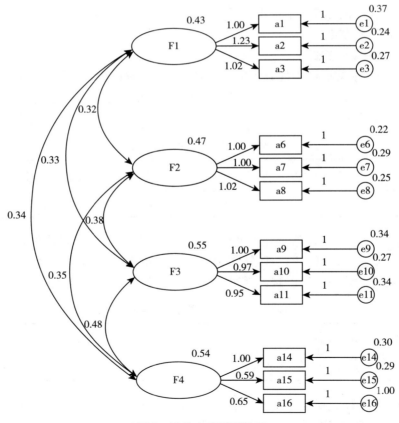

图 2　结构方程模型路径

表 4　整体模型拟合指标

指标	本模型值	专家建议指标
χ^2/df（卡方自由度比）	5.578	越小越好，大样本情况可接受范围 2～5
RMSEA（近似误差均方根）	0.115	好<0.1，非常好<0.05，非常出色<0.01
NFI（标准拟合指数）	0.877	0.7<可以接受<0.9，好>0.9，非常好>0.95
RFI（修正拟合优度指数）	0.831	0.7<可以接受<0.9，好>0.9
IFI（增量适合度指数）	0.897	0.7<可以接受<0.9，好>0.9
CFI（比较拟合指数）	0.857	0.7<可以接受<0.9，好>0.9
GFI（拟合优度指数）	0.896	0.7<可以接受<0.9，好>0.9
RMR（残差平方根）	0.093	好<0.1，非常好<0.05，非常出色<0.01

从表 4 中可以看出，初始模型与数据的拟合程度不是很高，并且大部分的数据都仅在可以接受的范围内，距离较好的拟合度标准稍差一些，因此需要进一步修正初始模型。

4. 初始模型的修正

主要运用 AMOS 中的修正指标（MI，Modification Index）来识别导致模型与实际适配度不相符的原因。经过一次修正后的模型的各项适配度指标满足科学研究的需要，因此修正结束（表 5）。

表 5　初始模型的修正系数

修正关系			修正指数 MI	适配度变化
e15	↔	e16	147.968	0.771

如表 6 所示，大部分的拟合指标经过调整后都比较好，例如，NFI、RFI、IFI、TLI、CFI 的值分别为 0.967、0.954、0.988、0.983、0.988，均处于较好的状态，所以修正后的模型与理论模型相吻合，具体见图 3。

表 6　修正后的整体模型拟合检验

拟合指数	χ^2/df	RMSEA	NFI	RFI	IFI	TLI	CFI	GFI	RMR
数值	1.548	0.040	0.967	0.954	0.988	0.983	0.988	0.966	0.030

因此，本研究所构建的测量模型与调研数据的拟合程度是良好的，即本研究建立的品牌记忆的结构维度测量模型是可以接受的。

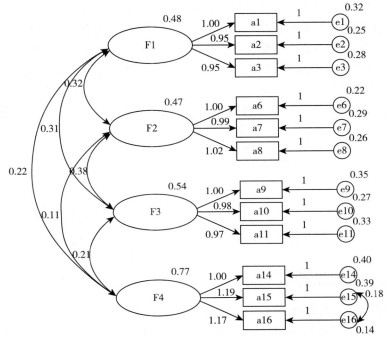

图 3　修正后的 SEM 路径

（四）品牌记忆结构维度的进一步探索

为了进一步验证四个因素模型的合理性，还需要将相关的竞争模型进行对比验证，即将品牌记忆结构维度可能存在的模型进行比较，这些竞争模型主要包括单因素、双因素与三因素模型等。根据社会科学的研究经验，由于研究变量之间的界限难以划分，很容易出现概念交叉重叠的现象，因此有必要运用 Anderson 等检验新变量的区分效度。首先，将测量题项和概念相近的测量题项划分为一个维度，然后进行验证性因子分析。可以看出四因子模型的各项拟合指标是最好的。

二、乳制品伤害危机下消费者乳制品品牌记忆形成的影响因素跨层实证研究

（一）理论与假设

本研究构建了群体沟通影响消费者品牌记忆跨层次理论模型（图 4）。提出如下假设，假设 1：消费者群体沟通对品牌记忆的形成具有跨层次的显著正向影响。假设 2：消费者群体沟通对消费者产品形象感知具有跨层次的显著正向影

响。假设 3：消费者产品形象感知对品牌记忆的形成具有显著的正向影响。假设 4：消费者产品形象感知在消费者群体沟通与品牌记忆之间发挥跨层中介作用。假设 5：群体卷入程度在消费者群体沟通与消费者产品形象感知之间发挥跨层次的负向调节作用。假设 6：群体卷入程度显著跨层次负向调节消费者产品形象感知在消费者群体沟通与消费者品牌记忆之间的中介作用。即群体卷入越低，群体沟通通过消费者产品形象感知影响消费者品牌记忆的作用越强，反之越弱。

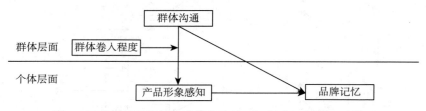

图 4　消费者群体沟通对消费者品牌记忆影响机制的概念模型

（二）研究设计

1. 样本和数据收集

本研究主要采用实地调查、线上调查相结合的方式搜集数据。选择研究样本时遵循以下原则：①确认样本是否为乳制品消费者，即是否购买过一种或多种乳制品产品；②群体人数需要大于 2 人，即群体规模 3 人及 3 人以上；③群体交流频率需每周大于 5 次；④样本职业要尽量多元。本研究的实地调研问卷主要来自东北三省的消费者群体，为确保群体的区分，调研主要选择办公室、寝室或班级等之间具有较为稳定交流的，且以乳制品消费者群体作为样本，同时也为实地调查中参与者准备了小礼物，在填写完成后赠予对方；线上调查主要选择微信群、QQ 群、微博群等社交软件，具体如下：选择在不同时段发放问卷，确保同一群体内样本填写完成后再进行下一群体填写；向群组内提供专属编号（如：日期＋字母），以确保准确区分不同群体；线上调查问卷采用问卷星软件匿名填写，并向样本说明本次调研数据仅供学术研究，完成填写后设置系统随机发放红包、优惠券等作为感谢。

本研究共发放调研问卷 550 份，剔除无法配对、多选漏选过多、具有明显反应倾向以及不符合上述收集原则的问卷，最后获得 102 组消费者群体填写的 484 份有效问卷，问卷有效回收率为 88％。其中，男性 155 人，占 32.0％；女性 329 人，占 68％；从受教育程度上来看，博士及以上 6 人，占 1.2％，硕士 78 人，占 16.1％，本科 348 人，占 71.9％，本科以下 52 人，占 10.7％；从年龄分布上来看，18 岁以下 35 人，占 7.2％，19～30 岁 363 人，占 75％，

31～45 岁 66 人，占 13.6％，45～60 岁 17 人，占 3.5％，60 岁以上 3 人，占 0.6％；从职业上来看，学生 276 人，占 57％，公司职员 75 人，占 15.5％，个体经营者 49 人，占 10.1％，教师 17 人，占 3.5％，公务员 10 人，占 2.1％，高层管理 8 人，占 1.7％，其他职业或不方便透露 49 人，占 10.1％；从群体规模来看，3～5 人 55 组，占 53.9％，6～8 人 31 组，占 30.4％，9～11 人 11 组占 10.8％，11 人以上 5 组，占 4.9％；从群体沟通频率来看，每周 5～7 次 25 组，占 24.5％，每周 8～10 次 7 组，占 6.9％，每周 11～13 次 16 组，占 15.7％，每周 13 次以上 54 组，占 52.9％。

2. 测量工具

本研究问卷设计采用国际、国内一流期刊认可的成熟量表，但为确保研究的内容效度，尽量选用在中国情景下运用过的量表。同时采用"翻译—回译"方式多次进行修正，形成正式调查问卷，具体过程如下：首先，由本研究的合著者将英语量表翻译成中文，然后由三位管理学博士生修改中文译本；之后，我们邀请了东北农业大学英语系的老师将中文翻译成英文；最后，由合著者根据翻译后的英文版本确定中文版本。同时问卷中除人口统计学变量外，所有量表均采用李克特（Likert）5 级评分法（从 1 "非常不认同"到 5 "非常认同"）作为问卷选项。

群体沟通主要参考 Penley & Hawkins（1985）编制的量表，并结合本研究的具体内容进行了修改，共 13 个题项。在本研究中，该量表的信度系数为 0.868。包括"当提到某一品牌乳制品时，你的同事、室友或朋友会互相给建议"，"当我问问题时，我们同事、室友或朋友总是尽全力给出一个答案"，"我们同事、室友或朋友之间会互相推荐乳制品产品"等。

产品形象感知主要参考 Biel（1993）编制的量表，并结合本研究的具体内容进行了修改，共 6 个题项。包括"您认为您目前购买的乳制品品牌产品价格很实惠"等。在本研究中，该量表的信度系数为 0.802。

品牌记忆主要参考王磊（2020）编制的量表，共 12 个题项。在本研究中，该量表的信度系数为 0.888。包括"我会通过家人或同事、朋友对某一乳制品品牌的推荐产生对这一品牌积极的看法"，"我认为乳制品品牌在某种程度上可以引起他人的注意和尊敬"，"如果某一乳制品品牌承诺其产品质量，并表示一定会承担社会责任，我会比较放心地购买该产品"，"我在购买该品牌的产品时，会注重品牌产品对我提供的消费体验"等。

群体卷入程度主要参考 Zaichkousky（1985）编制的量表，并结合本研究的具体内容进行了修改，共 4 个题项。在本研究中，该量表的信度系数为 0.856。包括"乳制品对于我来说是重要的"等。

控制变量。消费者的性别、年龄、受教育水平和职业可能会影响消费者品牌记忆；由于本研究采用跨层次分析方法，样本来自不同的消费者群体，消费者所处的群体沟通频率和群体规模也会影响群体沟通和品牌记忆。因此，本研究将消费者的性别、年龄、受教育程度、职业、群体沟通频率和群体规模作为控制变量处理。

（三）数据分析方法

本研究采用 SPSS 25、AMOS 23.0 和 Mplus 7.4 进行数据分析。①运用验证性因子分析方法检验量表的区分效度；②通过计算数据聚合指标，判定个体层面数据是否适合聚合到团队层面；③进行描述性统计分析和变量之间的相关性检验；④运用跨层次分析方法对本研究的理论假设进行检验，检验中介效应和有调节的中介效应的显著性，因为该方法处理非正态数据更具优势。

1. 数据分析与结果

（1）验证性因子分析。 在区分并确认各个变量的聚合效度（convergent validity）和区分效度（discriminant validity）之前，先采用 Harman 单因子法进行检验，可知第一个因子解释的变异量为 20.327%，小于临界标准 40%，说明本研究不存在严重的共同方法偏差（Podskoff，2016）。因此采用因子分析法对量表的结构效度进行检验。该量表的 KMO=0.915，Bartlett=7 457.715，在 $p<0.001$ 水平下显著，因此可以进行因子分析。该量表"群体沟通""产品形象感知""品牌记忆""群体卷入程度"的 AVE 值分别为 0.505 8、0.631 4、0.515 2、0.801 1，均大于 0.5，且 CR 值均大于 0.8，说明该量表具有很好的聚敛效度。然后，本研究继续对数据质量进行进一步的验证，假设基准模型由四个因子组成，分别是群体沟通（X 表示）、产品形象感知（M 表示）、群体卷入程度（W 表示）、品牌记忆（Y 表示），从表 7 可以看出四因子模型的拟合指标是最好的，远远优于其他的竞争模型，因此，该量表具有很好的区分效度。

表 7　验证性因子分析结果

模型	χ^2	df	χ^2/df	$RMSEA$	NFI	IFI	CFI	TLI
四因子模型（X、M、W 和 Y）	604.857	219	2.762	0.06	0.920	0.948	0.947	0.939
三因子模型（$X+M$、W 和 Y）	1 679.660	227	7.399	0.115	0.779	0.803	0.802	0.779
三因子模型（X、$M+W$ 和 Y）	1 908.875	227	8.409	0.124	0.749	0.772	0.771	0.745
三因子模型（X、M 和 $W+Y$）	2 322.485	227	10.231	0.138	0.694	0.715	0.714	0.682
二因子模型（$X+M$ 和 $W+Y$）	2 997.450	229	13.089	0.158	0.605	0.624	0.623	0.583
单因子模型（$X+M+W+Y$）	3 610.199	230	15.697	0.174	0.524	0.541	0.539	0.493

注：X 为群体沟通、M 为产品形象感知、W 为群体卷入程度、Y 为品牌记忆（下同）。

（2）变量的描述性统计分析。 通过表 8 可以看出群体沟通、产品形象感知、群体卷入程度和品牌记忆之间均存在显著正相关，其中，群体沟通与产品形象感知和品牌记忆之间的相关系数已经达到 0.522**（$p < 0.01$）和 0.557**（$p < 0.01$），说明群体沟通与产品形象感知和品牌记忆密切相关，符合理论预期。

表 8　各主要变量的描述性及相关性分析（$N = 484$）

	变量	均值	标准差	1	2	3	4	5	6	7	8	9
1	性别	1.68	0.467									
2	年龄	2.15	0.618	−0.138**								
3	受教育水平	2.08	0.559	0.065	−0.143**							
4	职业	2.51	2.007	−0.072	0.324**	−0.172**						
5	GCF	3.90	1.280	−0.009	−0.005	0.034	−0.124**					
6	GS	2.79	0.920	0.000	−0.099*	0.024	−0.018	−0.597**				
7	X	4.070	0.534	0.078	0.055	−0.02	−0.107*	0.239**	−0.134**			
8	M	4.094	0.734	0.073	0.041	−0.089	−0.005	0.160**	−0.155**	0.522**		
9	Y	3.696	0.717	−0.007	0.122**	−0.072	−0.021	0.386**	−0.287**	0.557**	0.514**	
10	W	4.013	0.901	0.161**	−0.047	−0.059	−0.022	0.162**	−0.191**	0.415**	0.456**	0.356**

注：* 表示 $p < 0.05$，** 表示 $p < 0.01$，*** 表示 $p < 0.001$，下同。GCF：Group communication frequency，表示群体沟通频率，GS：Group size，表示群体规模。

（3）数据聚合。 群体沟通与群体卷入程度是群体层面的变量。因此，首先需要检验团队内部成员意见的一致性，从而将个体层数据聚合到群体层。本研究采用组内评分者信度 Rwg（j）和组内相关系数 ICC，判断个体层面感知到的群体沟通和群体卷入程度是否能够聚合到群体层面。结果显示，群体沟通的 ICC（1）＝0.483，大于 0.12；ICC（2）＝0.816，大于 0.7；Rwg（j）大于 0.83，小于 1.00。群体卷入程度的 ICC（1）＝0.62，大于 0.12；ICC（2）＝0.88，大于 0.7；Rwg（j）大于 0.80，小于 1.00。因此，将个体层感知到的群体沟通与群体卷入程度聚合到群体层是适当和有效的。

（4）假设检验。 本研究中群体沟通和群体卷入程度处于团队层面，产品形象感知和品牌记忆处于个体层面，因此群体沟通通过产品形象感知影响品牌记忆的路径涉及跨层次的作用。本研究采用多层次的分析模型，先进行零模型的检验，以检验跨层次分析的合理性。

①零模型检验。分别设置以产品形象感知、品牌记忆为结果变量的零模

型，以考察其组内与组间方差。最后结果显示，产品形象感知的组内方差与组间方差分别为 0.374 和 0.147，ICC＝0.298；品牌记忆的组内方差与组间方差分别为 0.096 和 0.361，ICC＝0.21。说明存在显著的组间差异，由此，可以接着进行多层线性回归分析。

②主效应检验。在将消费者性别、年龄、受教育程度、职业、群体沟通频率和群体规模进行控制后，第二层的群体沟通对品牌记忆（$M5$，$\beta=1.093$，$p<0.001$）有显著的正向影响，结果如表 8 所示。由此，假设 1 得到了支持。

③中介效应检验。跨层中介的检验共分 4 步进行：步骤 1 和步骤 2，分别检验品牌记忆的零模型和群体沟通对品牌记忆的主效应，已得到了支持。步骤 3，检验群体沟通对产品形象感知的影响。结果发现，群体沟通（$M2$，$\beta=0.870$，$p<0.001$）对产品形象感知有显著的正向影响。由此，假设 2 得到支持。步骤 4，将产品形象感知放入方程，结果表明产品形象感知（$M6$，$\beta=0.138$，$p<0.01$）对品牌记忆有显著影响，假设 3 得到了支持。然后将群体沟通和产品形象感知同时放入方程，结果表明产品形象感知对品牌记忆仍有显著影响，但群体沟通（$M7$，$\beta=-0.034$，$p>0.05$）对品牌记忆没有显著影响。这说明产品形象感知在群体沟通和品牌记忆之间发挥了完全的中介作用。由此，假设 4 得到支持。

④有调节的中介效应检验。对于群体卷入程度的调节效应检验：首先，由表 9 可知，群体沟通对产品形象感知有显著正向影响（$M2$）。群体沟通和群体卷入程度对产品形象感知均有显著影响，回归系数分别为（$M3$，$\beta=0.560$，$p<0.001$）和（$M3$，$\beta=0.237$，$p<0.001$）。加入交互项之后，交互项对产品形象感知的影响系数显著（$\beta=-0.264$，$p<0.001$），由此说明群体卷入程度在群体沟通和产品形象感知之间起调节作用，假设 5 得以验证。

表 9 跨层次模型检验结果

变量	M			Y				
	模型 1	模型 2	模型 3	模型 4	模型 5	模型 6	模型 7	模型 8
截距项	4.087***	4.090***	3.424***	3.670***	3.670***	3.671***	4.088***	4.126***
个体层面								
sex	0.035	0.035	0.04	−0.016	−0.022	−0.017	−0.026	−0.027
age	0.044	0.031	0.02	0.052	0.051	0.047	0.047	0.052
edu	−0.116	−0.100	−0.061	−0.066	−0.063	−0.052	−0.049	−0.044
title	−0.029	−0.025	0.03	−0.017	−0.016	−0.013	−0.013	−0.010
M						0.138**	0.126**	0.129**

（续）

变量	M			Y				
	模型 1	模型 2	模型 3	模型 4	模型 5	模型 6	模型 7	模型 8
群体层面								
GCF	0.068	−0.025	−0.017	0.171**	0.063	0.167**	0.077**	0.078*
GS	−0.068	−0.074	−0.06	−0.082	−0.081	−0.08	−0.039	−0.039
X		0.870***	0.560***		1.093***		−0.034	−0.821
W			0.237***					−0.802*
X×W			−0.264***					0.725*
方差分解								
σ^2	0.374	0.371	0.364	0.096	0.096	0.09	0.09	0.09
T_{00}	0.147	0.033	0.004	0.361	0.175	0.341	0.11	0.028

　　为了更直观地反映群体卷入程度的调节效应，本研究分别绘制了群体卷入程度在高于和低于均值一个标准差的水平下的调节效应交互作用图（图 5）。简单斜率分析结果表明，较之高群体卷入程度（$\beta=0.296$，$p<0.01$），低群体卷入程度条件下，群体沟通和产品形象感知的关系（$\beta=0.824$，$p<0.001$）更加密切，假设 5 得到进一步验证。

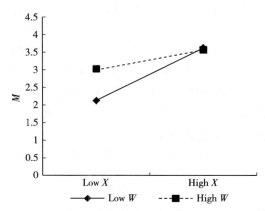

图 5　群体卷入程度在群体沟通与产品形象感知之间的调节作用

　　根据 Preacher 等的方法对假设 6 进行检验，结果如表 9 所示，群体沟通对品牌记忆有显著正向影响（M5），加入中介变量和交互项后，产品形象感知对品牌记忆有显著正向影响（M8，$\beta=0.129$，$p<0.01$），此时交互项对品牌记忆的作用依然显著（M8，$\beta=0.725$，$p<0.05$）。

三、基于扎根理论的乳制品伤害危机下消费者乳制品品牌记忆对乳制品品牌转换意愿作用机理的实证研究

（一）理论与假设

根据扎根理论的结果，本文得出的理论模型如下图6所示。并提出如下假设，H1：消费者对国内乳制品品牌的正面记忆越多，其转换消费国外品牌的意愿越小，反之则越大。H2a：在产品伤害危机背景下，消费者国内品牌的记忆对消费者转换品牌的行为态度具有显著的正向影响。H2b：在产品伤害危机背景下，消费者国内品牌的记忆对消费着转换品牌的主观规范具有显著的正向影响。H2c：在产品伤害危机背景下，消费者国内品牌的记忆对消费者转换品牌的知觉行为控制具有显著的正向影响。H3a：消费者的行为态度对消费者品牌转换意愿具有显著的正向影响。H3b：消费者的主观规范对消费者品牌转换意愿具有显著的正向影响。H3c：消费者的知觉行为控制对品牌转换意愿具有显著的正向影响。H4a：消费者的行为态度在品牌记忆与品牌转换意愿之间发挥中介作用。H4b：消费者的主观规范在品牌记忆与品牌转换意愿之间发挥中介作用。H4c：消费者的知觉行为控制在品牌记忆与品牌转换意愿之间发挥中介作用。H5a：品牌危机伤害程度在消费者品牌记忆与品牌转换意愿之间发挥正向的调节作用。品牌危机伤害程度越大，消费者的正面品牌记忆对品牌转换意愿影响越大。H5b：品牌危机伤害程度在消费者品牌记忆与行为态度之间发挥正向的调节作用。品牌危机伤害程度越大，消费者的正面品牌记忆对行为态度的影响越大。H5c：品牌危机伤害程度在消费者品牌记忆与主观规范之间发挥正向的调节作用。品牌危机伤害程度越大，消费者的正面品牌记忆对主观规范的影响越大。H5d：品牌危机伤害程度在消费者品牌记忆与知觉行为控制之间发挥正向的调节作用。品牌危机伤害程度越大，消费者的正面品牌记忆对知觉行为控制的影响越大。

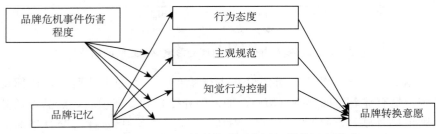

图6　品牌记忆对品牌转换意愿作用机制的概念模型

（二）数据分析与结果

1. 验证性因子分析

为避免同源偏差问题，首先采用 Harman 单因子法检验方法，将六个主要变量进行主成分因子分析。结果表明，第一个因子解释变量的变异量为 23.368%，小于临界标准 40%，说明本研究不存在严重的共同方法偏差（Podsakoff 等，2016），所以利用因子分析方法对量表的结构效度进行检验。本文量表中，KMO＝0.918，Bartlett＝17 403.095，在 $p < 0.001$ 水平下显著，因此可以继续进行因子分析。假设基准模型由 6 个因子组成，分别是品牌记忆（X 表示）、行为态度（$M1$ 表示）、主观规范（$M2$ 表示）、知觉行为控制（$M3$ 表示）、品牌转换意愿（Y 表示）、品牌危机事件伤害程度（W 表示），从表 10 可以看出，六因子模型的拟合指标远远优于其他模型，拟合效果最好，所以六因子量表具有很好的区分效度。

表 10　验证性因子分析结果

模型	χ^2	df	χ^2/df	RMSEA	IFI	CFI
六因子模型（X、$M1$、$M2$、$M3$、Y、W）	2 864.452	1 221	2.346	0.054	0.903	0.902
五因子模型（$X+M1$、$M2$、$M3$、Y、W）	6 016.041	1 249	4.817	0.091	0.717	0.716
四因子模型（$X+M1+M2$、$M3$、Y、W）	9 880.562	1 268	7.792	0.121	0.489	0.487
三因子模型（$X+M1+M2+M3$、Y、W）	10 032.583	1 271	7.893	0.122	0.480	0.478
二因子模型（$X+M1+M2+M3+Y$、W）	12 349.688	1 273	9.701	0.137	0.342	0.340
单因子模型（$X+M1+M2+M3+Y+W$）	12 999.196	1 274	10.203	0.141	0.304	0.301

注：X 为品牌记忆、$M1$ 为行为态度、$M2$ 为主观规范、$M3$ 为知觉行为控制、Y 为品牌转换意愿、W 为品牌危机事件伤害程度（下同）。

2. 变量的描述性统计分析

通过表 11 可以看出品牌记忆与主观规范（$r=0.493$，$p < 0.01$）、知觉行为控制（$r=0.371$，$p < 0.01$）和品牌危机事件伤害程度（$r=-0.539$，$p < 0.01$）相关，行为态度与主观规范（$r=0.191$，$p < 0.01$）、知觉行为控制（$r=0.333$，$p < 0.01$）、品牌转换意愿（$r=0.870$，$p < 0.01$）相关，主观规范与知觉行为控制（$r=0.462$，$p < 0.01$）、品牌转换意愿（$r=0.171$，$p < 0.01$）和品牌危机事件伤害程度（$r=0.505$，$p < 0.01$）相关，知觉行为控制与品牌转换意愿（$r=0.265$，$p < 0.01$）和品牌危机事件伤害程度（$r=0.407$，$p < 0.01$）相关。

表 11   各主要变量的描述性及相关性分析（N=465）

变量		均值	标准差	1	2	3	4	5	6	7	8
1	性别	1.69	0.462	1							
2	年龄	2.05	0.353	−0.123**	1						
3	受教育水平	2.15	0.585	0.145**	−0.218**	1					
4	X	3.79	0.597	0.021	0.120**	−0.082	1				
5	$M1$	3.48	0.961	0.014	0.097*	−0.048	−0.029	1			
6	$M2$	3.90	0.477	0.046	0.064	−0.047	0.493**	0.191**	1		
7	$M3$	3.93	0.542	0.090	0.010	−0.062	0.371**	0.333**	0.462**	1	
8	Y	3.44	1.046	−0.008	0.083	0.028	−0.090	0.870**	0.171**	0.265**	1
9	W	3.99	0.610	0.124**	−0.011	−0.021	−0.539**	−0.061	0.505**	0.407**	−0.070

注：* 表示 $p<0.05$，** 表示 $p<0.01$，*** 表示 $p<0.001$，下同。

3. 主效应检验

首先进行多元回归分析，利用 Mplus 软件，将品牌转换意愿作为因变量，然后加入控制变量，包括性别、年龄、受教育水平等，最后加入自变量品牌记忆，结果见表12。正如表12中模型2所示，品牌记忆对品牌转换意愿具有显著的负向影响（$\beta=-0.173$，$p<0.05$）。因此，假设 H1 得到支持。

表 12   主效应检验结果（N=465）

		品牌转换意愿（Y）	
		模型 1	模型 2
	性别	−0.007	0.002
控制变量	年龄	0.274*	0.307
	受教育水平	0.086	0.075
自变量	品牌记忆（X）		−0.173*
	R^2	0.009	0.019
	ΔR^2		0.010

4. 中介效应检验

为了进一步验证六个变量之间的关系，基于图6中理论模型进行了中介效应检验。将性别、年龄、受教育水平得分作为控制变量，品牌记忆得分作为自变量，行为态度、主观规范、知觉行为控制得分作为中介变量，品牌转换意愿得分作为因变量，并以此进行中介效应检验。

　　首先将三个中介变量分别加入模型，结果如表 13 所示。表 13 展示了中介模型的系数估计值、标准误差和 95％CI。结果显示，品牌记忆对行为态度（$M1$）作用显著性不成立，$p > 0.05$（模型 3），系数估计值为 -0.070（LLCI $= -0.210$；ULCI $= 0.047$），因此假设 H2a、H3a、H4a 不成立。同时结果表明，将主观规范（$M2$）和知觉行为控制（$M3$）分别作为中介变量，在 0.001 显著性水平下，品牌记忆对二者具有显著的正向影响，品牌记忆对主观规范的系数估计值为 0.392（LLCI $= 0.320$；ULCI $= 0.474$），品牌记忆对知觉行为控制的系数估计值为 0.335（LLCI $= 0.255$；ULCI $= 0.420$）（模型 3）。

表 13　中介效应检验结果（$N = 465$）

变量	$M1$	$M2$	$M3$	Y			
	模型 3			模型 4		模型 5	
	系数 (95％CI)	系数 (95％CI)	系数 (95％CI)	系数 (95％CI)	系数 (95％CI)	系数 (95％CI)	系数 (95％CI)
性别	0.006 (−0.158~ 0.164)	0.039 (0.320~ 0.474)	0.100 (0.015~ 0.189)	−0.030 (−0.209~ 0.128)	−0.022 (−0.203~ 0.127)	−0.070 (−0.240~ 0.093)	−0.066 (−0.218~ 0.101)
年龄	0.261* (0.058~ 0.436)	0.010 (−0.025~ 0.112)	−0.054 (−0.149~ 0.052)	0.243* (0.021~ 0.440)	0.301* (0.052~ 0.518)	0.270* (0.046~ 0.483)	0.344* (0.108~ 0.574)
受教育水平	−0.051 (−0.191~ 0.075)	−0.009 (−0.067~ 0.045)	−0.048 (−0.113~ 0.013)	0.099 (−0.024~ 0.233)	0.080 (−0.051~ 0.218)	0.123 (−0.002~ 0.259)	0.108 (−0.016~ 0.243)
$M1$							
$M2$				0.372*** (0.203~ 0.535)	0.626*** (0.433~ 0.802)		
$M3$						0.523*** (0.523~ 0.699)	0.685*** (0.489~ 0.877)
X	−0.070 (−0.210~ 0.047)	0.392*** (0.320~ 0.474)	0.335*** (0.255~ 0.420)	−0.418*** (−0.563~ −0.266)		−0.402*** (−0.546~ −0.250)	

其次，根据上述结果，接下来将品牌转换意愿加入模型，结果显示主观规范（$M2$）对品牌转换意愿（Y）的系数估计值为 0.372（LLCI=0.203；ULCI=0.535）（模型 4），知觉行为控制对品牌转换意愿的系数估计值为 0.523（LLCI=0.523；ULCI=0.699）（模型 5）。

最后，检验品牌记忆对品牌转换意愿的直接效应，将主观规范与知觉行为控制分别代入模型，结果显示品牌记忆与品牌转换意愿之间的直接效应显著（$p<0.001$），因此二者起到部分中介作用，系数估计值分别为 −0.418（LLCI=−0.563；ULCI=−0.266）（模型 4）和 −0.402（LLCI=−0.546；ULCI=−0.250）（模型 5），假设 H2b、H2c、H3b、H3c、H4b 和 H4c 成立。

5. 调节效应检验

将品牌记忆与品牌危机事件伤害程度以及二者交互项代入模型中（表 14），结果显示品牌危机事件伤害程度在品牌记忆与行为态度间调节作用不显著（模型 6），在品牌记忆与主观规范间调节作用不显著（模型 6），在品牌记忆与知觉行为控制间调节作用，在 0.05 显著性水平下显著（模型 7），系数估计值为 −0.090（LLCI=−0.170；ULCI=−0.022）。表明品牌危机事件伤害程度越大，品牌记忆对知觉行为控制影响越大，假设 H5d 成立。

表 14　调节效应检验结果（$N=465$）

变量	$M1$	$M2$	$M3$
	模型 6		模型 7
	系数 （95%CI）	系数 （95%CI）	系数 （95%CI）
性别	0.016 （−0.156～0.174）	0.001 （−0.061～0.062）	0.061 （−0.022～0.151）
年龄	0.251* （0.044～0.425）	0.040 （−0.059～0.140）	−0.027 （−0.122～0.078）
受教育水平	−0.053 （−0.195～0.072）	−0.008 （−0.062～0.047）	−0.049 （−0.112～0.010）
X	−0.034 （−0.182～0.125）	0.237*** （0.155～0.306）	0.537** （0.273～0.862）
W	−0.097 （−0.244～0.050）	0.260*** （0.183～0.324）	0.578** （0.305～0.872）
$X \times W$ （交互项）	−0.053 （−0.171～0.065）	−0.031 （−0.110～0.087）	−0.090* （−0.170～−0.022）

为了更直观地反映品牌危机事件伤害程度的调节效应，本文分别绘制了品牌危机事件伤害程度在高于和低于均值一个标准差的水平下的调节效应交互作用图（图7）。简单斜率分析结果表明，较之高品牌危机事件伤害程度（$\beta=0.447$，$p<0.001$），低品牌危机事件伤害程度下，品牌记忆和知觉行为控制的关系（$\beta=0.627$，$p<0.001$）更加密切，假设 H5d 得到进一步验证。

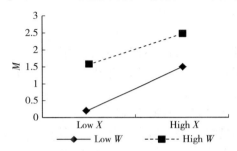

图 7　品牌危机事件伤害程度在品牌记忆与知觉行为控制之间的调节作用

四、结论与管理启示

（一）结论

本研究以质性研究与扎根理论的方法为基础进行品牌记忆内涵的界定并构建出品牌记忆结构维度的初始模型，利用探索性因子与验证性因子分析方法进行模型拟合与验证，该模型解释了品牌记忆的各个维度的含义以及各维度之间的相关关系，完善和丰富了品牌记忆维度方面的理论研究。通过品牌记忆结构维度的实证研究最终开发出品牌记忆结构量表，为产品伤害危机下的企业提供品牌记忆重塑的方法及思路。

首先，本研究以扎根理论为基础，通过访谈和焦点会议两种方式收集资料信息，进行资料整理、开放式编码、主轴式编码、选择性编码，提炼出品牌记忆的主范畴并确定了品牌记忆结构维度的逻辑体系，最终确定品牌记忆内涵并构建出品牌记忆结构初始模型。结果表明以品牌产品为依托，品牌记忆的形成以四个结构维度为主线，从效应性记忆、价值性记忆的硬性指标上升到情感性记忆、象征性记忆的软性指标，四个维度逐层上升、分级递进，最终品牌给予消费者的不仅局限于产品功能与消费满足感，更多的是基于品牌消费者的个人归属感与自我成就感。

其次，利用探索性因子分析与验证性因子分析对品牌记忆的结构进行各构成要素以及各要素之间内部相互关系的探索，对品牌记忆结构维度模型进行验证与拟合。通过探索性因子分析，统计出样本数据的数值特征和结构特征，将品牌记忆结构维度初始模型的要素浓缩为四个有待解释的潜变量来表达品牌记忆的结构维度；通过验证性因子分析来对品牌记忆结构维度模型进行验证、修正、拟合，通过比较不同模型与数据的拟合指数，最终确定最理想的构成品牌记忆结构维度的指标系统。研究结果表明，品牌记忆的结构维度由效应性记忆、情感性记忆、价值性记忆和象征性记忆 4 个一级指标，12 个二级指标构成。

基于上述研究结论，可以看出品牌记忆结构维度问卷设计的科学性、逻辑合理性、系统性较好，四个维度之间由低到高、逐层递进。效应性记忆是重塑品牌记忆的基础，价值性记忆是重塑品牌记忆的关键，情感性记忆和象征性记忆则是重塑品牌记忆的升华，有助于我国的危机品牌企业从本质上挖掘重塑品牌记忆的方法，帮助危机品牌走出当前面临的困境，以及在危机情境下促进我国企业健康稳定快速发展。

本研究回应已有研究的呼吁，在乳制品伤害危机事件背景下考察了消费者群体沟通为何以及在何种情况下对消费者品牌记忆的形成产生影响（王磊，2020）。通过引入消费者感知视角的产品形象感知作为中介变量，和消费者群体卷入程度作为调节变量，研究结果表明，消费者群体沟通对品牌记忆的形成具有显著的正向影响。根据 S-O-R 理论本研究发现，消费者产品形象感知是联结消费者群体沟通和品牌记忆形成的重要机制，这表明消费者群体沟通可以通过影响消费者心中有关产品的积极认知及态度，进而影响消费者的品牌记忆。研究结果也表明，消费者群体卷入程度能够通过调节消费者群体沟通影响消费者产品形象感知，进而影响消费者品牌记忆。且当群体卷入程度较低时，群体沟通才能更好地发挥效果，促使消费者形成积极的品牌记忆。这也进一步说明，消费者群体沟通对品牌记忆的形成效果并不是"放之四海而皆准"的，群体沟通的有效性需要以特定的条件（如群体卷入程度）作为前提和保障。

本研究以计划行为理论为基础，以乳制品消费者为研究对象，采用问卷调研的方法，对消费者品牌记忆和品牌转换意愿之间的作用机制进行了研究。结果表明，品牌记忆对品牌转换意愿具有显著的负向影响；主观规范和知觉行为控制在品牌记忆与品牌转换意愿之间发挥部分中介作用。同时品牌危机事件危害程度会调节品牌记忆与知觉行为控制之间的关系，即品牌危机事件危害程度越大，品牌记忆对知觉行为控制的正向影响越大。但行为态度在品牌记忆与品牌转换意愿的中介效应不显著，且品牌危机事件危害程度对品牌记忆与行为态度和主观规范的调节作用也不成立。这也说明，消费者品牌记忆对品牌转换意愿的形成效果，需要以特定条件作为前提，如品牌危机事件伤害程度。

（二）管理启示

1. 基于结构维度的消费者乳制品品牌记忆修复策略研究

首先，对于效应性记忆，企业应重视乳制品品牌传播与消费者之间口传交流的影响力。对于危机企业来说，乳制品品牌传播主要把握在企业自己手中，包括促销传播、人际传播、广告传播与公关传播，企业可以通过鼓励对本企业产品或服务进行尝试或促进销售等活动来增加促销传播的影响力，通过对企业人员的讲解培训、示范运营与服务等，让公众更好地了解和认识企业与品牌，通过广告经营部门建立恰当的广告营销模式来进行企业品牌宣传，创造品牌在消费者心中的记忆点，通过与其他品牌或合作方进行合作，利用第三方的认证，为企业品牌提供有力信息，从而引导消费者的购买行为，基于企业品牌知名度和品牌综合价值的不断提高，消费者之间的正向口传发生率也会相应增加，会使企业乳制品品牌在市场上形成良性循环、稳定持续发展，消除乳制品危机事件带来的不良影响。

其次，对于价值性记忆，企业应从乳制品品牌标识、产品功能与消费体验这三方面构建乳制品品牌记忆。首先，乳制品品牌的标识性记忆是消费者识别品牌的第一元素，企业应参考本公司的名称、宗旨、企业文化与发展战略等因素，综合评定出符合大众审美与公司发展的标识；产品功能是乳制品品牌的关键要素，也体现着乳制品品牌价值的核心，企业应结合公司发展战略与企业文化，制定出具体的产品计划书，确定并保障企业产品的质量、属性、技术与设计方案，将产品功能作为企业的核心竞争力，从根本上提升乳制品品牌价值，创造乳制品品牌记忆；消费体验是消费者亲身感受乳制品品牌文化与乳制品品牌价值的重要因素，是乳制品品牌价值的间接体现，企业在制定营销策略时要注重在不同方面提升消费和体验，包括乳制品品牌环境与乳制品品牌服务，通过购物前、中、后三个过程中的高标准、精心设计的服务充分满足消费者的购物需求，增强消费者的感官体验。通过价值性记忆的重塑，危机企业能够把握重塑乳制品品牌记忆的关键点，加快乳制品品牌记忆向乳制品品牌价值的转化速度与质量。

再次，对于情感性记忆，企业可以通过乳制品品牌精神、乳制品品牌责任与乳制品品牌个性来塑造与加强乳制品品牌记忆，特别是在产品伤害危机事件下，消费者对乳制品品牌的信任程度与情感都受到严重的打击，企业重塑乳制品品牌记忆、深化乳制品品牌记忆都要在修复消费者的情感记忆点上。对于品牌精神，企业可以通过展示本品牌的创新点、品牌蕴含的文化内涵与品牌历史来提升消费者对本品牌的认同感，通过向大众明确品牌责任，表明品牌承担的社会责任、品牌诚信度、品牌的社会作风等来减少消费者对品牌的不信任度，通过宣传乳制品品牌个性，例如乳制品品牌的独创性、合作精神等来增加消费者对本品牌在心灵上的共鸣与契合感，通过上述三方面的举措来消除不确定、增加共鸣与认同感来递进，逐层重塑并构建乳制品品牌记忆。

最后，对于象征性记忆，企业可以通过抓住消费者的特性、重视社会地位、强调社会识别与个人识别这三方面来引导消费者的消费行为，增加乳制品品牌认知度。基于效应性记忆、价值性记忆与情感性记忆，企业在社会上拥有一定的社会地位和独特标识，抓住消费者的心理，提升乳制品品牌地位，让消费者感到提升自尊和自信感；企业还可以通过私人订制或针对特定消费群体开发专有品牌，为消费者表达自我个性、彰显自我价值提供充足空间。对于危机品牌企业，应积极构建乳制品品牌的象征性记忆，重新建立乳制品品牌与消费者之间的归属关系，例如在身份地位、经济实力等物质层面和在生活方式、理念和生活态度等精神层面给予消费者满足感与归属感，最大化地提升乳制品品牌记忆的广度与深度，实现品牌价值最大化。

2. 基于影响因素的消费者乳制品品牌记忆修复策略研究

首先，本研究的结论可以启示企业及品牌，在产品营销管理中可通过消费者群体沟通形成积极的品牌记忆。群体沟通是促进消费者品牌记忆形成的有效方式，通过沟通，消费者可以对品牌有更深刻的了解和认知，进而形成积极的品牌记忆。因此，企业可以通过适当地参与消费者群体沟通来促成消费者品牌记忆的形成。具体来说，消费者群体沟通本是消费者与消费者间的交流互动，但企业及品牌可根据自身产品销量、购买过程中消费者对产品的反馈，帮助企业更加了解消费者群体之间关于产品的态度。例如，线上销售渠道可邀请购买过产品的消费者加入产品交流群，通过与消费者们进行交流来了解消费者需求和建议；也可通过向群组内对感兴趣向其同样有着购买需求的朋友或家人推荐该产品，来换取二次购买的优惠和礼物等措施，促进群组内形成良好的群体沟通效果。

其次，本研究结论有助于企业及品牌理解消费者群体沟通能够促进消费者品牌记忆形成的内在机理，从而为促进消费者正面品牌记忆的形成创造良好条件。当消费者对产品形成了积极的产品形象感知，才能更有效地将良好的品牌记忆内化于心。因此，企业和品牌可以采用优化产品性能、服务，提升产品质量等方式使消费者增加对产品的形象感知。具体来讲，在群体沟通的过程中，企业也可适时了解消费者群体间沟通交流的意见，通过不断地听取建议、优化产品和服务，提升消费者对产品及品牌的记忆。

最后，本研究有助于企业和品牌理解群体沟通有效性的前提条件。企业需要根据消费者群体的卷入程度，获得更加有针对性的提升消费者品牌记忆的方案。在以往的营销实践中，企业会认为消费者群体沟通应尽量地分享有利于品牌或产品的内容，来促成消费者的购买行为。然而，消费者群体沟通通过其自身产品形象感知对品牌记忆形成积极还是消极的感知，还要依据消费者对品牌及产品的了解及投入程度，简单来说，一味地夸奖可能会适得其反。本研究在对一些消费者群体访谈时也发现，群体沟通中成员分享的对品牌产品的看法和使用体验虽然能够改善对某一产品的产品形象感知，但是当成员对乳制品十分了解且投入了很多精力时，群体沟通中成员提供的与自己购买经验相违背的信息，并不会对自身产品形象感知产生多大影响。相反，当群体成员对某一品牌或产品不了解时，群体沟通影响消费者感知进而影响品牌记忆的效果非常显著。因此，群体沟通与群体卷入程度结合才会更准确地预判结果。企业在面对不同群体卷入程度的群体沟通时，应该制定专门的方案，如面对高卷入度群体可多提供产品的特色和亮点，以及相较于同类品牌产品，应体现自身产品的核心竞争力和竞争优势；面对低卷入度群体可多提供更加直观的产品信息，如优惠的价格、精美的包装等信息激发消费者及潜在消费者了解该品牌的兴趣，为消费者形成良好的品牌记忆打下基础，进而促进购买行为。

3. 基于品牌转换意愿的消费者乳制品品牌记忆修复策略研究

首先，本研究的结论可以启示企业在产品营销管理中，通过消费者形成的积极的品牌记忆，可减少消费者品牌转换意愿的形成。品牌记忆是消费者选择购买品牌的基础，是消费者购买决策的第一步，是消费者品牌转换意愿形成的基础。通过消费者积极的品牌记忆可对品牌有更深刻的了解和认知，进而减少态度的转变，减少品牌转换意愿的形成，进而做出购买决策。因此，企业可以通过促进消费者正面品牌记忆的形成，进而减少消费者品牌转换意愿的形成。具体来讲，消费者品牌记忆本是消费者形成的对品牌的印象，但企业及品牌可根据消费者的态度、反馈及评价，帮助企业更了解消费者对于产品及品牌的印象。例如，积极宣传国产乳制品品牌的安全性、适用性和购买体验，让更多消费者参与分享购买体验，通过促进其消费者形成正面品牌记忆，减少购买国外乳制品品牌的品牌转换意愿，来选择购买国产乳制品产品。

其次，本研究结论有助于企业了解消费者品牌记忆能够促进消费者品牌转换意愿形成的内在机理，从而为减少消费者转换意愿的形成创造良好条件。根据计划行为理论，当消费者对产品形成了积极的品牌记忆，对消费者主观规范和知觉行为控制均会产生影响，进而影响品牌转换意愿的产生。因此，企业和品牌可以根据消费者主观规范和知觉行为控制、判断消费者对品牌的态度和看法。具体来讲，当消费者形成了对某一品牌的记忆，通过关注消费者在社交平台或线下分享的对品牌持有的态度，即可知晓消费者对品牌满意或不满意之处，以此进行精准宣传，此时当消费者了解了其他消费者的购买经验或建议，对该品牌转换意愿也会大大减少。

最后，本研究有助于企业理解消费者品牌记忆对知觉行为控制形成有效性的前提条件。企业需要根据品牌危机事件伤害程度，获得更加有针对性提升知觉行为控制的方案。在营销实践中，有些企业会认为消费者形成了正面的品牌记忆就一定会改变知觉行为控制的形成，然而根据本文的研究结果，消费者品牌记忆对知觉行为控制的强弱还要依据品牌本身的危机事件伤害程度。本研究从对一些消费者访谈中发现，当品牌处于品牌危机事件时，消费者对其知觉行为控制的影响是不同的。当品牌危机伤害程度越大时，消费者的品牌记忆对知觉行为控制的影响越大。简单来说当在产品伤害危机背景下时，消费者对国产品牌的信任会减少，为此，企业需要提高消费者的信任，比如为产品提供更多的有利宣传、提高产品自身的安全性和实用性，提升消费者信任感，使其减少品牌转换意愿的形成。

项目负责人：王磊
主要参加人：樊斌、赵建、赵丽娟、苑婧婷、王立民、蔡玉秋、王聪、
　　　　　　邬莎莎